JN272005

# 情報セキュリティ管理の法務と実務

野村総合研究所
浅井国際法律事務所 〔著〕

株式会社 きんざい

きんざいプロフェッショナルとは、㈱きんざい出版センター刊行の出版物で金融実務において専門性が高く、かつ実務・体系的に解説されている書籍に対して付与される。

# 巻頭言

　本書は、情報セキュリティにかかわる法令を順守しつつ、情報システムや情報サービスを活用する官公庁や企業が果たすべき情報セキュリティマネジメントの枠組みを確立するためのノウハウを、書籍としてまとめたものです。

　社会環境や情報セキュリティ上のリスクは、時代とともに急速に変容を遂げています。

　最近では、標的型メール攻撃をはじめ、マルウエアや巧妙な偽装などのセキュリティにかかわる脅威が増大しています。中央官庁や国会議員の機密情報をスパイウエアで盗んだり、不正アクセスで企業が保有する個人情報が漏洩したりする事件が起きているほか、金融機関では内部者がカードを偽造してお金を詐取したり、インターネットバンキングでフィッシング犯罪が生じたりするなど、セキュリティに絡む問題が多発していることから、各組織ではいっそう、情報セキュリティ確保に向けて継続的な改善・向上に努めることが必要になっています。

　官公庁や企業においては、法令の順守と問題発生の未然防止のため、各組織内で情報セキュリティ規程や実施要領、ガイドラインなどの整備を行うとともに、情報セキュリティ管理体制を敷いて、組織的・人的・技術的・物理的な情報セキュリティ対策を推進しなければなりません。

　情報セキュリティへの法務対応と実務対応については、今後もセキュリティ問題の深刻化が予想されることから、新たな脅威への取組みは終わりがないことを覚悟する必要があります。本書がこのような環境のなかで、重大な危機に遭遇するリスクを回避し、各組織における法務と実務の対策立案やその実施、ならびに情報セキュリティ人材の育成に、いくらかでもお役に立てば幸いです。

　最後に、本書の発刊にあたり、ご尽力いただいた株式会社きんざい出版セ

ンター西野弘幸部長および出版センターの方々に対し、あらためて厚くお礼を申し上げます。

2014年2月吉日

株式会社野村総合研究所
常務執行役員　板野　泰之

# 巻頭言

　情報セキュリティの重要性が古くから強調され、その高度化が図られている業種の一つに金融機関がある。

　近年、法規制の緩和により金融機関の業務範囲が拡大し、またIT技術の進歩により金融機関の業務・事務のIT化が進んでいる。金融機関は、古くから情報産業といわれているが、上記の業務範囲の拡大・IT化の進展により、金融機関が取り扱う顧客情報の量は飛躍的に増加しており、金融機関における情報セキュリティの重要性が、いっそう増している。

　他方で、近年、企業の情報セキュリティを揺るがす事象が多数発生しており、こうした企業と取引を行う消費者や国民の間に不安が広がっている。一例をあげれば、企業に対する海外からのサイバー攻撃の多発、新手の手法を駆使したインターネット犯罪の多発、金融機関や外部委託先の職員による情報の漏洩・悪用などである。

　本書の第1編法務編では、こうした近年の社会経済情勢をふまえ、企業における情報セキュリティに関する法規制や、最先端の情報セキュリティが確立している金融機関に関する法規制を中心に、情報セキュリティに関する法規制を整理・解説し、あわせて実務上の留意点を述べたものである。

　近年、対面チャネル・非対面チャネルを問わず、B to C取引において、物販・役務提供取引と金融取引（決済等）との融合が進み、一人の消費者との間の一つの取引に、小売業者、流通業者、通信事業者、決済事業者、金融機関など複数の業種に属する企業が同時に関与する形態の取引が増加している。このようなB to C取引における「融合」は、今後もいっそう、顕著なスピードで進展するように思われる。

　B to C取引において、消費者は、小売業者・流通業者・決済業者等の企業に対し、自らの各種情報を提供するが、その際には、当該情報が適切に取り

扱われ漏洩等が生ずることのないよう安全に管理されることを期待・信頼しており、こうした期待・信頼は法的保護に値すると考えられる。このため、金融機関に限らず、上記のようなBtoC取引に関与するすべての企業が、こうした消費者の期待・信頼に違わぬよう、十分に適切な情報セキュリティを確保することが重要である。

本書の第1編法務編では、企業における情報セキュリティに関する法規制のほか、最先端の情報セキュリティが確立している金融機関に関する法規制や金融機関の取組みを多数紹介しているが、これは、当該法規制や当該取組みがBtoC取引に携る一般事業会社にとっても実務上参考になると考えたからである。

本書が、金融機関をはじめ一般事業会社における情報セキュリティ態勢の整備・高度化の一助になれば、筆者のひとりとして、望外の幸せである。

最後に本書の企画・出版に関し、株式会社きんざい出版センターの西野弘幸部長に大変お世話になった。特にここに記し謝意を表したい。

2014年2月吉日

浅井国際法律事務所

弁護士　浅井　弘章

## 実務編　編集紹介

**株式会社　野村総合研究所**

野村総合研究所（NRI）は1965年に日本初のシンクタンクとして誕生して以来、長年にわたり、企業戦略の提案や政策提言、システム開発・運用を行ってきた。新しい社会のパラダイムを洞察し、その実現を担う「未来社会創発企業」として、企業の経営革新、公共セクターへの政策提言、資産運用ビジネス支援などを行う「コンサルティング・ナレッジサービス」とシステム・インテグレーションやアウトソーシングサービス、共同利用型システムなどの提供を行う「システムソリューションサービス」の二つの事業により、問題発見から問題解決までのトータルソリューションを提供している。

**NRIセキュアテクノロジーズ株式会社**

1995年、株式会社野村総合研究所の社内ベンチャーとして情報セキュリティ事業を開始。2000年、NRIグループの情報セキュリティ専門会社としてNRIセキュアテクノロジーズ株式会社設立。テクノロジーとマネジメント両面から情報セキュリティを考え、お客様の経営基盤を支えるマネジメントサイクルが組織のなかで有機的に機能することを目標として、最適なナビゲーションとソリューションを提案している。

**実務編　執筆者および担当**

| | | |
|---|---|---|
| 安田　守 | 野村総合研究所 | 監修、第1章、第2章 |
| 間宮　正行 | 野村総合研究所 | 第2章、第3章、第9章 |
| 東田　拓也 | 野村総合研究所 | 第2章、第4章、第5章、第9章 |
| 宇野　博志 | 野村総合研究所 | 第5章、第7章 |
| 宇和田弘美 | 野村総合研究所 | 第3章、第4章、第6章、第8章 |
| 石川　保行 | NRIセキュアテクノロジーズ | 第8章、第10章 |
| 北原　幸彦 | NRIセキュアテクノロジーズ | 第4章、第5章、第6章、第7章 |
| 小川　恭幸 | NRIセキュアテクノロジーズ | 第6章、第7章、第8章 |
| 宇佐見彰浩 | NRIセキュアテクノロジーズ | 第5章、第7章、第8章 |

**実務編　監修協力**

潮見　登　野村総合研究所

第1編
法　務　編

## 法務編　筆者・事務所紹介

### 浅井　弘章

一橋大学法学部卒業、浅井国際法律事務所（千代田区丸の内3－4－1新国際ビル811区）代表。1999年弁護士登録、銀行・信託銀行・保険会社・証券会社・金融機関の業界団体等からの法律相談・意見書作成などを行う。著書に『個人情報保護法と金融実務〔第3版〕』『FATCA－ここがききたかったQ&A55』（金融財政事情研究会、共著）などがある。
金融法学会・日本保険学会・信託法学会会員。

# 目　次

## 第1編　法務編

### 第1章　企業における情報セキュリティに関する法規制

1. 情報保護に関する法規制 … 2
   1. 個人情報保護法 … 2
   2. 不正競争防止法 … 4
   3. 経済産業省告示 … 7
   4. 内部統制システム … 8
2. 刑事法 … 10
   1. 刑法 … 11
   2. 不正アクセス禁止法 … 17
3. 情報セキュリティマネジメントに関する標準 … 24
4. 行政機関における情報の取扱いに関する規制 … 25
   1. 行政機関における情報の取扱いの重要性 … 25
   2. 行政機関個人情報保護法 … 26
   3. 情報公開法 … 27
   4. 公文書管理法 … 28
   5. 情報セキュリティ政策会議の統一管理基準 … 29
   6. 公務員の守秘義務 … 30

### 第2章　金融機関における情報セキュリティに関する規制の概観

1. 業法上の規制 … 31
   1. 規制の全体像 … 31
   2. 各種業法が求める情報セキュリティの内容 … 32
   3. 金融検査マニュアルが求める情報セキュリティ … 36
   4. 中小・地域金融機関向けの総合的な監督指針 … 38
2. 情報保護に関する法規制 … 39

|   |   | **1** 守秘義務 ………………………………………………… 39 |
|---|---|---|
|   |   | **2** 金融庁ガイドライン ……………………………………… 41 |
|   |   | **3** 金融庁Q&A ……………………………………………… 47 |
|   | 3 | 情報管理に関する法規制 ……………………………………… 48 |
|   |   | **1** インサイダー情報・法人関係情報の規制 ……………… 48 |
|   |   | **2** 金商法上のファイアウォール規制 ……………………… 52 |
|   |   | **3** 利益相反管理 ……………………………………………… 56 |
|   |   | **4** 非公開情報保護措置（保険業法）……………………… 57 |

### 第3章　情報の利用と情報セキュリティ管理

| 1 | 厳格管理が求められる情報の類型 …………………………… 59 |
|---|---|
|   | **1** 機微（センシティブ）情報の取得・利用・管理 ……… 59 |
|   | **2** 個人信用情報・クレジットカード情報の管理 ………… 68 |
|   | **3** 反社会的勢力に関する情報の厳格管理 ………………… 71 |
| 2 | 守秘義務と開示義務との衝突 ………………………………… 74 |
|   | **1** 守秘義務と情報提供義務の衝突 ………………………… 74 |
|   | **2** 情報提供義務の意義 ……………………………………… 75 |
|   | **3** 顧客情報の提供義務の根拠 ……………………………… 76 |
|   | **4** 守秘義務と情報提供義務との関係 ……………………… 79 |
|   | **5** 実務上の留意点 …………………………………………… 86 |
| 3 | 情報共有の推進と情報セキュリティ管理 …………………… 88 |
|   | **1** 情報共有の必要性 ………………………………………… 88 |
|   | **2** ファイアウォール規制との関係 ………………………… 88 |
|   | **3** 守秘義務との関係 ………………………………………… 90 |
|   | **4** 個人情報保護法 …………………………………………… 91 |

### 第4章　情報の安全管理

| 1 | 総　論 …………………………………………………………… 96 |
|---|---|
|   | **1** 安全管理措置 ……………………………………………… 96 |
|   | **2** 組織的安全管理 …………………………………………… 98 |
|   | **3** 人的安全管理 ……………………………………………… 104 |

|   | **4** 技術的安全管理 ………………………………………… 106 |
|---|---|
|   | **5** 漏洩時の対応と法的責任 ………………………………… 106 |

2 個別的問題 …………………………………………………………… 113
   **1** 携帯端末（タブレット）の活用と情報セキュリティ ……… 113
   **2** ATM・CDを利用した取引と情報セキュリティ …………… 116
   **3** 情報の保管・保存とコンプライアンス上の留意点 ………… 120

## 第5章　情報セキュリティ管理と人事・労務上の問題

   **1** 従業者に対する監督 …………………………………………… 124
   **2** 雇用管理情報（健康情報を含む）の安全管理 ……………… 126
   **3** 職場のEメールのモニタリングの可否 ……………………… 129
   **4** 不祥事件の調査とプライバシー ……………………………… 134
   **5** 職員によるSNSの利用とそのリスク管理 …………………… 137
   **6** 職員の故意による情報漏洩対策の問題 ……………………… 141

## 第6章　情報の外部への提供と情報セキュリティ管理

1 外部委託先管理 ……………………………………………………… 145
   **1** 外部委託先管理に関する法規制 ……………………………… 145
2 第三者との業務提携と情報セキュリティ ………………………… 156
   **1** 電気通信事業者との提携 ……………………………………… 156
   **2** 特別な取扱いを要する情報の類型 …………………………… 157

## 第7章　業態別の諸問題

1 銀行業務と情報セキュリティ ……………………………………… 161
   **1** 営業店における情報セキュリティの管理 …………………… 161
   **2** インターネットバンキングと情報セキュリティ …………… 164
   **3** 個人信用情報機関と情報セキュリティ ……………………… 169
   **4** 電子記録債権と情報セキュリティ …………………………… 173
2 保険業務と情報セキュリティ ……………………………………… 175
   **1** 保険募集人に対する管理 ……………………………………… 175
   **2** 再委託の問題 …………………………………………………… 178

|　　　**3**　保険募集人である金融機関における情報管理 ………………… 179
**3** 金融商品取引業務と情報セキュリティ ………………………………… 179
|　　　**1**　日本証券業協会「個人情報の保護に関する指針」…………… 179
|　　　**2**　法人関係情報の管理の高度化 ………………………………… 180

## 第8章　情報セキュリティと最近のトピックス

**1** クラウドサービスの利用と情報セキュリティ ………………………… 187
|　　　**1**　個人データの「委託」との関係 ……………………………… 187
|　　　**2**　ベンダーに対する監査との関係 ……………………………… 187
|　　　**3**　海外のデータセンターでの保管の場合の留意点 …………… 188
**2** グループ化の進展と情報セキュリティ ………………………………… 189
|　　　**1**　銀行持株会社の取締役の職責 ………………………………… 189
|　　　**2**　グループ内の顧客情報の共有と情報セキュリティ ………… 190
**3** 番号制度 ………………………………………………………………… 193
|　　　**1**　番号制度の概要 ………………………………………………… 193
|　　　**2**　番号（マイナンバー）と情報セキュリティ ………………… 194

## 第2編　実　務　編

情報セキュリティの実務編の構成 …………………………………………… 198

## 第1章　情報セキュリティの実務と現状

**1** 情報セキュリティ業務 ………………………………………………… 199
|　　　**1**　情報セキュリティの概況 ……………………………………… 199
|　　　**2**　情報セキュリティに関する主な概念 ………………………… 203
|　　　**3**　情報セキュリティ対策の歴史 ………………………………… 205
|　　　**4**　情報セキュリティにかかわる組織 …………………………… 209
**2** 情報セキュリティ業務等の内容 ……………………………………… 215
|　　　**1**　情報セキュリティリスクと対応 ……………………………… 215
|　　　**2**　情報セキュリティ管理のフレーム …………………………… 218

## 第2章　情報セキュリティ管理のための組織・体制・ルール

1. 情報セキュリティの責任者・管理者 ……………………………………… 225
   1. 情報セキュリティの基本方針 ………………………………………… 225
   2. 情報セキュリティの統括責任者・管理者・担当者 ………………… 227
2. 情報セキュリティの会議体と危機管理体制 …………………………… 232
   1. 情報セキュリティの会議体 …………………………………………… 232
   2. 危機管理体制 …………………………………………………………… 233
3. 外部認証の取得と更新 …………………………………………………… 239
4. ルール・規程の整備 ……………………………………………………… 249
   1. 規程類の整備 …………………………………………………………… 249
   2. 情報セキュリティ管理に関する実施要領 …………………………… 253
5. 情報セキュリティ管理に関するその他のドキュメント ……………… 256
   1. 契約書による情報セキュリティの確保 ……………………………… 256
   2. プロジェクト実施時の情報セキュリティ管理 ……………………… 260
   3. 文書管理システムの運用ルール ……………………………………… 262

## 第3章　従業者の管理および教育訓練

1. 従業者の管理 ……………………………………………………………… 264
   1. 社員・役員から機密保持に関する誓約書 …………………………… 264
   2. 派遣社員の機密情報に関する誓約書 ………………………………… 267
   3. 社内に常駐する委託先従業者の管理 ………………………………… 271
   4. 電子メールの利用状況管理 …………………………………………… 273
   5. インターネット利用状況の管理 ……………………………………… 282
2. 情報セキュリティに関する教育訓練 …………………………………… 285
   1. 従業者への教育訓練 …………………………………………………… 285
   2. 委託先の従業者に対する教育訓練 …………………………………… 291
   3. 標的型攻撃メール対応訓練 …………………………………………… 293
   4. 情報セキュリティにかかわる全社CP訓練 ………………………… 294

## 第4章 情報資産のセキュリティ管理

1. 情報資産へのアクセス管理 ……………………………………………………… 297
   1. 概　要 ………………………………………………………………………… 297
   2. アクセス管理の方法 ………………………………………………………… 297
2. 機密情報に関する対策 …………………………………………………………… 299
   1. 機密情報の管理と受渡し …………………………………………………… 299
   2. 機密情報の受渡しに関する対策 …………………………………………… 302
3. 重要情報に関する対策 …………………………………………………………… 307
   1. 重要情報の管理 ……………………………………………………………… 307
   2. 物理的なアクセス管理 ……………………………………………………… 307
   3. 論理的なアクセス管理 ……………………………………………………… 309
   4. 重要情報の持出し管理と廃棄 ……………………………………………… 310

## 第5章 施設・環境の情報セキュリティ管理

1. オフィスの情報セキュリティ管理 ……………………………………………… 312
   1. 入退館および入退室の管理 ………………………………………………… 312
   2. 入退館および入退室の記録 ………………………………………………… 315
   3. 入退管理システム …………………………………………………………… 316
   4. 鍵の貸出管理 ………………………………………………………………… 318
2. データセンターの情報セキュリティ管理 ……………………………………… 320
   1. 物理セキュリティ …………………………………………………………… 321
   2. 論理セキュリティ …………………………………………………………… 330

## 第6章 端末・媒体のセキュリティ管理

1. 端末管理 …………………………………………………………………………… 338
   1. シンクライアント端末の利用 ……………………………………………… 338
   2. 携帯PCの管理 ……………………………………………………………… 340
   3. 端末セキュリティ総合管理ソリューション ……………………………… 343
   4. セキュリティパッチの管理 ………………………………………………… 350
   5. ウイルス対策 ………………………………………………………………… 351

| | 6 | スマートデバイスの安全な利用 | 354 |
| | 7 | BYOD | 357 |
| 2 | 媒体管理 | | 359 |
| | 1 | 電子媒体の管理 | 359 |
| | 2 | 紙媒体の管理 | 363 |

## 第7章 ネットワークのセキュリティ管理

| 1 | インターネット | | 366 |
| | 1 | インターネットセキュリティ | 366 |
| | 2 | 情報セキュリティ診断 | 369 |
| 2 | 社内ネットワーク | | 371 |
| | 1 | 社内LANとネットワーク技術 | 371 |
| | 2 | 社内LANのセキュリティ管理 | 373 |
| | 3 | 共用エリアの安全なネットワーク認証 | 377 |
| | 4 | 社内LANから社外ネットワークへの安全な接続 | 380 |
| | 5 | 社外ネットワークから社内LANへの安全な接続 | 381 |
| | 6 | 社外ネットワークから社内システムをメンテナンスする際の留意事項 | 382 |
| 3 | クラウドコンピューティング | | 385 |
| | 1 | 概　要 | 385 |
| | 2 | クラウドサービスの分類 | 386 |
| | 3 | クラウドサービス利用時のセキュリティ要件 | 387 |
| | 4 | 最適なクラウドを選択する際の留意点 | 397 |

## 第8章 情報セキュリティのシステム化

| | 1 | 顧客略号と管理システム | 398 |
| | 2 | セキュリティ関連情報の管理 | 400 |
| | 3 | 個人情報の利用状況管理 | 401 |
| | 4 | 情報セキュリティインシデントの管理 | 405 |
| | 5 | 社外とのファイル共有の管理 | 410 |

目次　xiii

## 第9章　情報セキュリティ監査

- **1** 情報セキュリティ監査 ……………………………………………… 414
- **2** 自己監査 …………………………………………………………… 417
- **3** 個別監査 …………………………………………………………… 418
- **4** 内部監査部門（あるいは社外監査機関）による監査 …………… 419
- **5** 委託元に対する監査 ……………………………………………… 420
- **6** 委託先に対する監査 ……………………………………………… 422
- **7** ウェブサイトの審査 ……………………………………………… 424

## 第10章　グループ会社および海外拠点の情報セキュリティ管理

- 1 **グループ会社および海外拠点の情報セキュリティ対策** ………… 427
  - **1** 背　景 ……………………………………………………………… 427
  - **2** 概　要 ……………………………………………………………… 427
  - **3** 管理の実務 ………………………………………………………… 428
  - **4** 管理の体制 ………………………………………………………… 431
  - **5** その他の対策 ……………………………………………………… 433
  - **6** 「情報セキュリティ報告書」の作成と公開 ……………………… 435
- 2 **海外拠点の情報セキュリティ技術対策** …………………………… 437
  - **1** 情報システム基盤に関する基本的な技術対策 ………………… 437
  - **2** 海外拠点における対策の留意点 ………………………………… 438
  - **3** 海外現地ベンダーとの協力体制の構築 ………………………… 441

索　引 ……………………………………………………………………… 442

# 第1編

# 法務編

第1編
法務編

# 第 1 章
# 企業における情報セキュリティに関する法規制

　情報セキュリティは、情報の機密性（Confidentiality）、完全性（Integrity）および可用性（Availability）の三要素を維持することを意味する（経済産業省「情報セキュリティ関連法令の要求事項集」（2011年4月）2頁）。ここで、機密性とは情報へのアクセスを認められた者だけが当該情報にアクセスできることを意味する。情報漏洩は機密性の喪失の典型例である。また、完全性とは、情報および処理方法が完全かつ確実であることを保護することを意味する。情報の改ざんは完全性の喪失の典型例である。さらに、可用性とは、情報へのアクセスを認められた者が必要に応じて当該情報にアクセスしこれを利用しうることを意味する。情報の滅失やシステム障害などによる情報の利用不能は可用性の喪失の典型例であると考えられる。

　日本には、情報セキュリティを直接かつ包括的に保護することを目的とする法令は存在しないが（経済産業省「情報セキュリティ関連法令の要求事項集」2頁）、情報セキュリティに関係する法令は多岐にわたり存在する（情報セキュリティに関連する法令をまとめたものとして、上記の経済産業省資料のほか、日本セキュリティオペレーション事業者協議会「マネージドセキュリティサービス事業者のための情報セキュリティ小六法」（同協議会のウェブサイト掲載）があり参考になる）。本節では、これらを概観する（金融機関固有の法制度については、第2章において概説するので、こちらもあわせて参照されたい）。

## 1 情報保護に関する法規制

### ❶ 個人情報保護法

　個人情報の保護に関する法律（以下、「個人情報保護法」という）は、2003

年に成立し、2005年4月から全面施行されている（同法附則1条但書、2003年政令506号）。

　個人情報保護法は、二つの側面をもっている。一つは「規制強化」の側面であり、もう一つは「個人情報の利用促進」という側面である。

　個人情報保護法は、その名が示すとおり、個人情報を保護することを目的とする法律であり、その目的を達成するため、個人情報取扱事業者（個人情報データベース等を事業の用に供している者）に対し法的義務を課す法律である。したがって、事業者の側からみると、同法は、規制強化の側面をもっている。このような規制強化が行われた背景には、特に情報通信技術（IT）によって処理されている個人情報について、その適正な取扱いのルールを確立することが不可欠であるという現状認識がある（同法1条参照）。

　B to Cの企業にとって、個人情報・顧客情報の収集・利用は、顧客ニーズに沿った質の高いサービスを提供するために必要不可欠である。そのため、B to Cの企業では、多数の個人情報・顧客情報を収集して集約管理し、営業活動などに活用しており、これらは取引の基礎をなすものといえる。顧客は、企業が自らの個人情報を安全に管理し適法に利用すること（情報セキュリティの確保）を前提に、企業に自らの情報を提供し、取引を行っていると考えられるから、この信頼を裏切らないためにも、B to Cの企業にとって、個人情報保護法の遵守が不可欠であると考えられる。

　以上のような「規制強化」の側面とは反対に、個人情報保護法は個人情報の積極活用を促進する側面をもっている。個人情報保護法によって新たに設けられた制度のうち重要なものとして、①個人データの共同利用を許容した23条4項3号、②オプトアウト制度を新設した23条2項などがある。このような制度が新設された背景には、情報通信技術の活用による個人情報の多様な利用が、個人のニーズの事業への的確な反映、迅速なサービスの提供等を可能にし、事業活動の面でも国民生活の面でも欠かせなくなっているという現状認識がある。

## 2 不正競争防止法

### (1) 不正競争防止法の内容

　不正競争防止法は、事業者間の公正な競争等を確保するため、不正競争の防止および不正競争に係る損害賠償に関する措置等を講ずること等を目的とする法律であり（同法1条）、経済産業省が所管している。

　不正競争によって営業上の利益を侵害され、または侵害されるおそれがある者は、その営業上の利益を侵害する者または侵害するおそれがある者に対し、その侵害の停止または予防を請求することができる（同法3条1項、差止請求権）。また、故意または過失により不正競争を行って他人の営業上の利益を侵害した者は、これによって生じた損害を賠償する必要がある（同法4条、損害賠償義務）。

　同法によって禁じられている「不正競争」行為には営業秘密の窃取・流用等が含まれており、営業秘密侵害行為のうち悪質なものについて10年以下の懲役または1,000万円以下の罰金という重い刑事罰が設けられている（同法21条）。

　ここで営業秘密とは、秘密として管理されている生産方法、販売方法その他の事業活動に有用な技術上または営業上の情報であって、公然と知られていないものをいう（同法1条6項）。不正競争防止法は、前述したとおり、事業者の営業秘密を侵害する行為について、営業秘密の保有者に差止請求権と損害賠償請求権を付与し、また営業秘密侵害行為に対して刑事罰を定めることを通じて、これを保護することにより、情報セキュリティを確保する機能を営むものといえる。

　不正競争行為の内容は図表1－1－1記載のとおりである。

### (2) 営業秘密の意義と管理方法

　前述したとおり、営業秘密とは、秘密として管理されている生産方法、販

売方法その他の事業活動に有用な技術上または営業上の情報であって、公然と知られていないものをいう（同法1条6項）。営業秘密に該当するためには、①秘密管理性、②有用性、③非公知性が必要とされている（経済産業省「営業秘密管理指針」（最終改訂2013年8月16日）14頁）。

営業秘密として不正競争防止法上の保護を受けるためには、当該情報が企業のなかで「秘密として管理されている」ことが必要であるが、この点について、その情報を客観的に秘密として管理していると認識できる状態にある

▼ 図表1−1−1　不正競争行為（概要）

| |
|---|
| ①　窃取、詐欺、強迫などの不正の手段により営業秘密を取得する行為（以下、「不正取得行為」という）または不正取得行為により取得した営業秘密を使用・開示する行為（秘密を保持しつつ特定の者に示すことを含む。以下同じ） |
| ②　その営業秘密について不正取得行為が介在したことを知って、もしくは重大な過失により知らないで営業秘密を取得し、またはその取得した営業秘密を使用し、もしくは開示する行為 |
| ③　その取得した後にその営業秘密について不正取得行為が介在したことを知って、または重大な過失により知らないでその取得した営業秘密を使用し、または開示する行為 |
| ④　営業秘密を保有する事業者（以下、「保有者」という）からその営業秘密を示された場合において、不正の利益を得る目的で、またはその保有者に損害を加える目的で、その営業秘密を使用し、または開示する行為 |
| ⑤　その営業秘密について不正開示行為（④に規定する場合において④に規定する目的でその営業秘密を開示する行為または秘密を守る法律上の義務に違反してその営業秘密を開示する行為をいう。以下同じ）であることもしくはその営業秘密について不正開示行為が介在したことを知って、もしくは重大な過失により知らないで営業秘密を取得し、またはその取得した営業秘密を使用し、もしくは開示する行為 |
| ⑥　その取得した後にその営業秘密について不正開示行為があったこともしくはその営業秘密について不正開示行為が介在したことを知って、または重大な過失により知らないでその取得した営業秘密を使用し、または開示する行為 |

ことが必要であり、具体的には、①情報にアクセスできる者を特定すること、②情報にアクセスした者が、それを秘密であると認識できること、の二つが要件となるといわれており（経済産業省「営業秘密管理指針」15頁）、実務上問題となる事案において、この要件を満たしているか否かが問題となることが多い。

具体例をあげると、前記の営業秘密管理指針では、「従業者等（役員・従業者）が創作した情報であっても、単にその従業者等の頭の中に留まり、事業者が秘密として管理していない情報については、営業秘密とはならない」「技能・設計に関して従業者等が体得したノウハウやコツなどについても、事業者が秘密として管理しているものであれば営業秘密となり得るが、事業者によってそのような管理がなされていなければ、営業秘密には該当しない。このため、個人に身に付いた技能のように管理することが難しいものは、一般的には営業秘密になりにくい」とされている。

営業秘密に該当するか否かがよく問題になる事例として、「顧客リスト」があるが、どの従業員でも「顧客リスト」が閲覧できる状態に置かれている場合には秘密管理性を満たすことができるか疑問であると考える。

どのような情報管理体制を講ずると、営業秘密としての保護が認められるかについては、営業秘密管理指針が詳細なガイドラインを提供しており、参考になる。

### (3) 不正競争防止法の適用除外

不正競争防止法は、19条において、適用除外規定を設け、営業秘密の保有者の保護と情報の転得者の保護の調和を図っている。同条では、「第3条から第15条まで……の規定は、次の各号に掲げる不正競争の区分に応じて当該各号に定める行為については、適用しない」とし、同条1項6号では、「第2条第1項第4号から第9号までに掲げる不正競争取引によって営業秘密を取得した者（その取得した時にその営業秘密について不正開示行為であることま

たはその営業秘密について不正取得行為若しくは不正開示行為が介在したことを知らず、かつ、知らないことにつき重大な過失がない者に限る。）がその取引によって取得した権原の範囲内においてその営業秘密を使用し、または開示する行為」と規定している。

この趣旨は、取引によって営業秘密を取得した者が、その取得した時にその営業秘密について不正開示行為であることまたはその営業秘密について不正取得行為もしくは不正開示行為が介在したことを知らず、かつ、知らないことにつき重大な過失がないときには、当該取得者はその取引によって取得した権原の範囲内においてその営業秘密を使用しまたは開示することができ、当該行為は不正競争防止法違反にならない旨を定めたものである。

### 3 経済産業省告示

経済産業省は、情報セキュリティに関し、①ソフトウエア等脆弱性関連情報取扱基準（平成16年経済産業省告示第235号）、②情報システム安全対策基準（平成7年通商産業省告示第518号）、③コンピュータ不正アクセス対策基準（平成8年通商産業省告示第362号）、④コンピュータウイルス対策基準（平成7年通商産業省告示第429号）、⑤ソフトウエア管理ガイドライン（平成7年公表）などを策定・公表しており、これらも情報保護に関する法規制の一つである。

たとえば、①のソフトウエア等脆弱性関連情報取扱基準は、ソフトウエア等に係る脆弱性関連情報等の取扱いについて関係者に推奨する行為を定めることにより、脆弱性関連情報の適切な流通と対策の促進を図り、コンピュータウイルス、コンピュータ不正アクセス等によって不特定多数の者に対して引き起こされる被害を予防することを目的とする告示であり、脆弱性の発見者やウェブサイトを運営する者の行動基準を定めている。

また、③のコンピュータ不正アクセス対策基準は、コンピュータ不正アクセスによる被害の予防、発見、復旧、拡大・再発防止について、企業等が実行すべき対策を取りまとめた告示であり、システム管理者（ユーザの管理な

らびにシステムおよびその構成要素の導入、維持、保守等の管理を行う者)に対し、不正アクセス被害の拡大・再発を防止するため、必要な情報を独立行政法人情報処理推進機構（IPA）に届け出るよう求めている。

最後に、④のコンピュータウイルス対策基準は、コンピュータウイルスに対する予防、発見、駆除、復旧等について実効性の高い対策を取りまとめたものであり、コンピュータウイルスを発見したり、これに感染した場合には、感染被害の拡大と再発防止に役立てるために独立行政法人情報処理推進機構（IPA）に届け出ることが求められている。IPAのウェブサイトによれば、2012年の届出件数は１万351件である。

## 4　内部統制システム

### (1)　会社法に基づく情報セキュリティ体制構築義務

会社法は、株式会社の取締役会に対し、「取締役の職務の執行が法令及び定款に適合することを確保するための体制その他株式会社の業務の適正を確保するために必要なものとして法務省令で定める体制の整備」について決定を行うよう義務づけている（会社法362条4項6号）。会社法施行規則100条は、会社法362条4項6号を受けて、取締役会が決定すべき事項として、次の5点を規定している。

①取締役の職務の執行に係る情報の保存および管理に関する体制
②損失の危険の管理に関する規程その他の体制
③取締役の職務の執行が効率的に行われることを確保するための体制
④使用人の職務の執行が法令および定款に適合することを確保するための体制
⑤当該株式会社ならびにその親会社および子会社から成る企業集団における業務の適正を確保するための体制

株式会社については、上記①、③、⑤との関係で、情報セキュリティに関する体制整備が求められていることになる。

取締役は、法令・定款・株主総会の決議に従い会社の利益を極大化するよう最善を尽くす必要がある（会社法330条、民法644条、会社法355条）。

　会社法および個人情報保護法は、株式会社（個人情報取扱事業者）の取締役に対し、個人データの漏洩・滅失・毀損の防止その他の個人データの安全管理のために必要かつ適切な措置（安全管理措置）を講ずるよう義務づけているところ、これらの法令は会社法355条の「法令」に含まれると考えられるから、個人情報取扱事業者の取締役は、その権限を適切に行使し、個人データに関する内部的安全管理体制（従業員の監督を含む）および外部的安全管理体制（委託先への監督）を構築する義務を負うことになると考えられる。

　もっとも、会社法362条および個人情報保護法20条から22条は、どのような安全管理体制を構築すべきかを具体的に定めているわけではなく、その義務内容は必ずしも一義的ではない。これらの法令が株式会社および個人情報取扱事業者の義務を明定しながら、安全管理体制の内容・レベルを具体的かつ一義的に定めなかった趣旨は、その具体的内容の決定を、法令の趣旨に反しない範囲で、各事業者の創意工夫に委ねる趣旨であると考えられる。

　具体的には、個人情報取扱事業者の取締役は、個人情報保護法20条の趣旨に反しない範囲で、①会社の規模・事業内容、②取り扱う個人データの分量・内容、③個人データの処理・保管状況、④個人データを取り扱う従業員の員数、⑤安全管理体制に要するコストと効果、⑥個人データの漏洩・滅失・毀損事例の分析結果、⑦技術水準および⑧自社を取り巻く社会情勢などを的確に把握し、これらを総合考慮したうえで、自社に最適で合理的な安全管理体制を構築し、それが機能しているか否かを適宜確認する義務を負っていると考えられる。

(2)　金融商品取引法に基づく情報セキュリティ体制構築義務

　また、金融商品取引法は、上場会社等について、財務報告に係る内部統制の有効性の評価に関する報告書（内部統制報告書）の作成と開示を義務づけ

ている（金融商品取引法24条の4の4第1項）。すなわち、同法24条の4の4第1項は、「第24条第1項の規定による有価証券報告書を提出しなければならない会社（第23条の3第4項の規定により当該有価証券報告書を提出した会社を含む。次項において同じ。）のうち、第24条第1項第1号に掲げる有価証券の発行者である会社その他の政令で定めるものは、内閣府令で定めるところにより、事業年度ごとに、当該会社の属する企業集団及び当該会社に係る財務計算に関する書類その他の情報の適正性を確保するために必要なものとして内閣府令で定める体制について、内閣府令で定めるところにより評価した報告書（以下「内部統制報告書」という。）を有価証券報告書（同条第8項の規定により同項に規定する有価証券報告書等に代えて外国会社報告書を提出する場合にあっては、当該外国会社報告書）と併せて内閣総理大臣に提出しなければならない」と規定している。この内部統制報告制度は、正確な財務データ等の確保を求めるものであり、財務情報の完全性に関連するため、情報セキュリティに関する制度であると位置づけることができる。

## 2 刑事法

　刑事法上、情報セキュリティを保護法益とし、これに対する侵害行為を処罰するための直接的・一般的規定は見当たらず、情報セキュリティを侵害する個々の行為が、個別の刑罰法規の構成要件に該当する場合に限り、刑事罰が科されることになる。

　IT社会が到来して久しく、電磁的記録など情報の重要性は、日々増すばかりであるが、情報自体を刑法の財産犯規定で保護することはむずかしいとされている（前田雅英『刑法各論講義』183頁（1995年））。その理由は、刑法上の保護の対象となる範囲の特定が困難だからである。

　もっとも、近年、インターネットの普及やサイバー犯罪の増加に対応し、刑罰法規の現代化が進み、実際にその適用・執行（容疑者の逮捕・起訴）が行われている。以下では、最近の適用事例などを交えて、情報セキュリティ

の確保に関連する刑事法上の諸制度について概説する。

# 1 刑 法

### (1) 伝統的な刑罰法規

　情報の機密性・可用性を侵害する行為を処罰するために適用可能な刑法上の規定として、窃盗罪（刑法235条）、私文書毀棄罪（刑法259条）、建造物侵入罪（刑法130条）が考えられる。すなわち、刑法235条は「他人の財物を窃取した者は、窃盗の罪とし、十年以下の懲役又は五十万円以下の罰金に処する」と規定しているところ、機密情報が記載された紙などの媒体は「他人の財物」に該当するから、これを持ち出した者は窃盗罪に当たる。また、刑法259条は「権利又は義務に関する他人の文書又は電磁的記録を毀棄した者は、五年以下の懲役に処する」と規定しているところ、権利・義務に関する機密情報が記載された文書を破棄しその可用性を損なった者は、私文書毀棄罪にあたる。さらに、刑法130条は「正当な理由がないのに、人の住居若しくは人の看守する邸宅、建造物若しくは艦船に侵入し、又は要求を受けたにもかかわらずこれらの場所から退去しなかった者は、三年以下の懲役又は十万円以下の罰金に処する」と規定しているところ、情報の機密性を侵害するため事業者が管理する建物に侵入する行為は「正当な理由がないのに、人の……建造物に侵入し」たことに該当するから、建造物侵入罪の構成要件を充足することになる。

　このほか、サーバーなどを物理的に破壊する行為については器物損壊罪（刑法261条。「他人の物を損壊し、又は傷害した者は、三年以下の懲役又は三十万円以下の罰金若しくは科料に処する」）の構成要件に該当すると考えられるし、情報を不正に複製すること等により会社に損害を与えた場合には背任罪（刑法247条）に該当する可能性がある（東京地判昭和60年3月6日判例時報1147号162頁）。刑法247条は「他人のためにその事務を処理する者が、自己若しくは第三者の利益を図り又は本人に損害を加える目的で、その任務に背く行為

第1編
法　務　編

をし、本人に財産上の損害を加えたときは、五年以下の懲役又は五十万円以下の罰金に処する」と規定しているところ、上記の行為がこの構成要件に該当する可能性があるからである。

　加えて、情報セキュリティに対する侵害行為が重大である場合には、偽計業務妨害罪（刑法233条）・威力業務妨害罪（同法234条）の適用も検討する必要がある。すなわち、刑法233条は「虚偽の風説を流布し、又は偽計を用いて、人の信用を毀損し、又はその業務を妨害した者は、三年以下の懲役又は五十万円以下の罰金に処する」と規定し、同法234条は「威力を用いて人の業務を妨害した者も、前条の例による」と規定しているところ、情報セキュリティに対する侵害・妨害行為が「偽計を用いて……その業務を妨害し」や「威力を用いて人の業務を妨害し」に該当しないかを検討することになる。

(2)　IT時代の到来をふまえ導入された刑罰法規

　警察白書（平成25年版）では「サイバー空間の脅威への対処」という特集を組み、サイバー空間は国民の生活・事業者の経済活動の重要な一部となっているなか、インターネットバンキングに対する不正アクセス事件等のサイバー犯罪や、政府機関、重要インフラ事業者等の基幹システムに対するサイバー攻撃が頻発し、サイバー空間における脅威は深刻化していると指摘している。

　上記警察白書によれば、こうした事態に対する戦略的対応を強化するため、2012年7月、警察庁は、新たにサイバーセキュリティ戦略を統括する長官官房審議官を置き、同審議官のもと、組織横断的な体制を構築し、サイバー犯罪やサイバー攻撃への対処能力の向上等を重点的に検討・推進している。また、新聞報道によれば、警視庁はサイバー犯罪対策課の捜査員を60人増員し、新型ウイルスの研究にあたる専従班を発足させている（2013年9月20日付日本経済新聞夕刊）。

　サイバー犯罪・サイバー攻撃を受けた場合にいかなる刑事法的対応が考え

られるかという問題は、いざというときのために平時から整理・検討しておくべき重要課題（情報セキュリティに関する重要課題）の一つである。

　a　コンピュータ・ウイルスに関する罪の新設

　情報処理の高度化等に対処するための刑法等の一部を改正する法律（平成23年法律第74号）が2011年6月に公布され、刑法に不正指令電磁的記録に関する罪（いわゆる、コンピュータ・ウィルスに関する罪）（刑法168条の2および3）が新設された（2011年7月施行）。これにより、コンピュータ・ウイルスの作成、提供、供用、取得、保管行為を処罰することが可能となった。

　具体的には、刑法168条の2第1項は「正当な理由がないのに、人の電子計算機における実行の用に供する目的で、次に掲げる電磁的記録その他の記録を作成し、又は提供した者は、三年以下の懲役又は五十万円以下の罰金に処する」とし、その1号において、「人が電子計算機を使用するに際してその意図に沿うべき動作をさせず、又はその意図に反する動作をさせるべき不正な指令を与える電磁的記録」、2号において、「前号に掲げるもののほか、同号の不正な指令を記述した電磁的記録その他の記録」をあげている。1号に規定されているものがコンピュータ・ウィルスであり、同条第1項は「コンピュータ・ウィルス作成・提供罪」と呼ばれている。

　また、同条2項は「正当な理由がないのに、前項第一号に掲げる電磁的記録を人の電子計算機における実行の用に供した者も、同項と同様とする」と規定しており、「コンピュータ・ウィルス供用罪」と呼ばれている。最近、スマートフォンから連絡先データなどを抜き取る不正アプリが社会問題となっているが、こうした事案において同条2項の適用が検討されている（2013年8月16日付日本経済新聞朝刊「サイバー空間　潜む罠2」）。

　さらに、刑法168条の3は、「正当な理由がないのに、前条第一項の目的で、同項各号に掲げる電磁的記録その他の記録を取得し、又は保管した者は、二年以下の懲役又は三十万円以下の罰金に処する」と規定しており、「コンピュータ・ウィルス取得・保管罪」と呼ばれている。

第1編
法　務　編

　コンピュータ・ウィルスに関する罪は、情報ネットワークに対する侵害行為を処罰する側面を有しており、b以降で後述する犯罪類型とは異なる特徴を有する（佐久間修「情報犯罪・サイバー犯罪」ジュリ1348号112頁）。
　b　威力業務妨害罪等の特別規定
　刑法では、コンピュータに向けられた業務妨害行為を処罰するため、偽計業務妨害罪（刑法233条）と威力業務妨害罪（同法234条）の特別規定として、電子計算機損壊等業務妨害罪（同法234条の2）を設けている。伝統的な解釈によれば、業務妨害罪の構成要件である偽計・威力はコンピュータではなく人に向けられることを前提にしていると解されており、こうした解釈を前提にすると、コンピュータ等に向けられた業務妨害行為について、その処罰の必要性があるにもかかわらず処罰できないという不都合が生ずるからである（前田雅英『刑法各論講義』174頁（1995年））。
　刑法234条の2は「人の業務に使用する電子計算機若しくはその用に供する電磁的記録を損壊し、若しくは人の業務に使用する電子計算機に虚偽の情報若しくは不正な指令を与え、又はその他の方法により、電子計算機に使用目的に沿うべき動作をさせず、又は使用目的に反する動作をさせて、人の業務を妨害した者は、五年以下の懲役又は百万円以下の罰金に処する」と規定しており、データを消去する行為や事業者のウェブサイトを改ざんする行為にも適用される可能性がある。
　c　詐欺罪の特別規定
　刑法では、電子計算機を使用して利得を得る行為を処罰するため、詐欺罪の特別規定として、電子計算機使用詐欺罪を置いている（刑法246条の2）。伝統的な解釈によれば、詐欺罪は人に対する欺罔行為を処罰する規定であり、電子計算機に対する欺罔行為を観念できないとされているが、IT社会の到来により、財産犯のコンピュータ化が進行した。電子計算機使用詐欺罪はこうした背景をふまえて、詐欺罪の特別規定として導入されたものである（佐久間修「情報犯罪・サイバー犯罪」ジュリ1348号110頁）。

刑法246条の2は、「……人の事務処理に使用する電子計算機に虚偽の情報若しくは不正な指令を与えて財産権の得喪若しくは変更に係る不実の電磁的記録を作り、又は財産権の得喪若しくは変更に係る虚偽の電磁的記録を人の事務処理の用に供して、財産上不法の利益を得、又は他人にこれを得させた者は、十年以下の懲役に処する」と規定している。

　窃取したクレジットカードの名義人氏名、番号等を冒用して、これらを、インターネットを介し、クレジットカード決済代行業者の使用する電子計算機に入力送信して名義人本人が電子マネーの購入を申し込んだとする虚偽の情報を与え、その購入に関する不実の電磁的記録を作成し、電子マネーの利用権を取得した行為は、電子計算機使用詐欺罪に当たる（最決平成18年2月14日刑集60巻2号165頁）。また、最近では、不正アプリを使って大手書店が運用するウェブサイトから電子書籍をだましとった事件などにおいて電子計算機使用詐欺罪が適用されている（2013年8月20日付日本経済新聞朝刊）。

　d　虚偽データを作出する行為等に関する罪

　刑法161条の2は「人の事務処理を誤らせる目的で、その事務処理の用に供する権利、義務又は事実証明に関する電磁的記録を不正に作った者は、五年以下の懲役又は五十万円以下の罰金に処する」と規定し、同条3項は、「不正に作られた権利、義務又は事実証明に関する電磁的記録を、第一項の目的で、人の事務処理の用に供した者は、その電磁的記録を不正に作った者と同一の刑に処する」と規定している。

　これは、電磁的記録不正作出・供用罪と呼ばれ、電磁的記録の証明機能を重視し、文書と同様の刑法的保護を与えるために設けられた規定である（前田・前掲書469頁）。窃取したキャッシュカードから磁気ストライプ部分を複写、印磁し、別のカードを不正に作出したうえ、これを利用してＡＴＭ機から現金を窃取したときは、私電磁的記録不正作出罪、同供用罪が成立する（東京地判平成元年2月17日判タ700号279頁）。

第1編
法務編

e　クレジットカード等に対する保護

　刑法163条の2以下では、クレジットカードなど代金・料金の支払い用のカードや預貯金の引出し用のカードに関する罪を規定している。具体的には、①支払い用カード電磁的記録不正作出・供用・譲渡・貸渡・輸入罪（刑法163条の2）、②不正電磁的記録カード所持罪（同法163条の3）、③支払い用カード電磁的記録不正作出準備罪（同法163条の4）である。

　まず、刑法163条の2第1項は、「人の財産上の事務処理を誤らせる目的で、その事務処理の用に供する電磁的記録であって、クレジットカードその他の代金又は料金の支払用のカードを構成するものを不正に作った者は、十年以下の懲役又は百万円以下の罰金に処する。預貯金の引出用のカードを構成する電磁的記録を不正に作った者も、同様とする」と規定し（不正作出罪）、同条2項は「不正に作られた前項の電磁的記録を、同項の目的で、人の財産上の事務処理の用に供した者も、同項と同様とする」と規定し（供用罪）、同条3項は「不正に作られた第一項の電磁的記録をその構成部分とするカードを、同項の目的で、譲り渡し、貸し渡し、又は輸入した者も、同項と同様とする」と規定している（譲渡・貸渡・輸入罪）。

　また、同法163条の3は「前条第一項の目的で、同条第三項のカードを所持した者は、五年以下の懲役又は五十万円以下の罰金に処する」と規定し、同法163条の4第1項は「第百六十三条の二第一項の犯罪行為の用に供する目的で、同項の電磁的記録の情報を取得した者は、三年以下の懲役又は五十万円以下の罰金に処する。情を知って、その情報を提供した者も、同様とする」と規定し、同条2項は不正に取得された第百六十三条の二第一項の電磁的記録の情報を、前項の目的で保管した者も、同項と同様とする」と規定している。

　犯人らが、クレジットカード会社の財産上の事務処理を誤らせる目的で、その事務処理の用に供する電磁的記録であって、クレジットカードを構成するものを不正に作出するという犯罪行為の用に供する目的で、給油所におい

て、犯人ら所持に係るハンディスキマー内に不正に取得されたクレジットカードの電磁的記録情報134件を保管した行為は、刑法168条の4（支払用カード電磁的記録情報保管罪）に当たる（東京高判平成16年6月17日東京高等裁判所判決時報刑事55巻1～12号48頁）。

## 2　不正アクセス禁止法

　不正アクセス行為の禁止等に関する法律（以下、「不正アクセス禁止法」という）は、不正アクセス行為を禁止すること等により、電気通信回線を通じて行われるコンピュータ犯罪の防止およびアクセス制御機能により実現される電気通信に関する秩序の維持を図ること等を目的とする法律である（同法1条）。

### (1)　不正アクセス行為の禁止

　同法は「不正アクセス行為」を禁止しているが（同法3条）、この不正アクセス行為とは、①他人のパスワード等（識別符号）を悪用したり（この不正アクセス行為を不正ログイン型、識別符合窃用型などと呼ぶ場合がある。同法2条4項1号）、②コンピュータプログラムの不備を衝いたりする（この不正アクセス行為をセキュリティホール攻撃型と呼ぶ場合がある。同項2号、3号）ことにより、本来アクセスする権限のないコンピュータを利用する行為を意味する（警察庁「不正アクセス行為の禁止等に関する法律の解説」（警察庁のウェブサイト掲載）、図表1-1-6参照）。

　不正アクセス行為を行った者は3年以下の懲役または100万円以下の罰金に処せられる（同法11条、不正アクセス罪）。この不正アクセス罪について、電子的な不法侵入罪（ネットワーク犯罪）として現実社会での住居侵入罪との対比でとらえる見解が有力である（前田厳「不正アクセス行為の禁止等に関する法律8条1号の罪と私電磁的記録不正作出罪との罪数関係」ジュリスト1350号82頁）。

第1編
法務編

　金融分野では、不正アクセス罪は、近時頻発しているインターネットバンキングにおける不正アクセス行為に適用されている。最近では、手当たり次第に記号を組み合わせてパスワードを探り当てる「総当たり攻撃」と呼ばれる手口や、パスワードに使われやすい単語を類推する「辞書攻撃」と呼ばれる手口などを用いて不正アクセスを試みようとする犯罪なども発生している（2013年8月15日付日本経済新聞朝刊「サイバー空間　潜む罠　1」、同月19日付日本経済新聞朝刊「サイバー空間　潜む罠4」）。
　不正アクセス行為の認知件数と犯行態様は図表1－1－2、3、4、5のとおりである。
　不正アクセス行為とは、正確には、次のいずれかを行うことを意味する（同法2条4項）。
① 　アクセス制御機能を有する特定電子計算機に電気通信回線を通じて当該アクセス制御機能に係る他人の識別符号（パスワード）を入力して当該特定電子計算機を作動させ、当該アクセス制御機能により制限されている特定利用をしうる状態にさせる行為
② 　アクセス制御機能を有する特定電子計算機に電気通信回線を通じて当該アクセス制御機能による特定利用の制限を免れることができる情報

▼　図表1－1－2　不正アクセス行為の認知件数の推移（2008～2012年）

| 区分　　　　　　　　　年次 | 2008 | 2009 | 2010 | 2011 | 2012 |
|---|---|---|---|---|---|
| 認知件数（件） | 2,289 | 2,795 | 1,885 | 889 | 1,251 |
| 　国内からのアクセス | 1,993 | 2,673 | 1,755 | 678 | 987 |
| 　海外からのアクセス | 214 | 40 | 57 | 110 | 122 |
| 　アクセス元不明 | 82 | 82 | 73 | 101 | 142 |

（注）　認知件数とは、不正アクセス被害の届出を受理した場合のほか、余罪として確認した場合、報道をふまえて確認した場合、援助の申出を受理した場合、その他関係資料により不正アクセス行為の事実確認ができた場合において、被疑者が行った構成要件に該当する行為の数をいう。

（出所）　警察白書（平成25年版）

▼ 図表1−1−3　不正アクセス行為の態様の推移（2008〜2012年）

| 区分 | 年次 | 2008 | 2009 | 2010 | 2011 | 2012 |
|---|---|---|---|---|---|---|
| 識別符号窃用型 | 検挙件数 | 1,736 | 2,529 | 1,597 | 241 | 532 |
| | 検挙事件数 | 100 | 94 | 102 | 100 | 133 |
| セキュリティ・ホール攻撃型 | 検挙件数 | 1 | 3 | 1 | 1 | 1 |
| | 検挙事件数 | 1 | 1 | 1 | 1 | 1 |
| 計 | 検挙件数（件） | 1,737 | 2,532 | 1,598 | 242 | 533 |
| | 検挙事件数（事件） | 101 | 95 | 103 | 101 | 133（重複1） |

（出所）　警察白書（平成25年版）

▼ 図表1−1−4　不正アクセス行為に係る犯行の手口の内訳の推移
　　　　　　　（2011、2012年）

| 区分 | 年次 | 2011 | 2012 |
|---|---|---|---|
| 識別符号窃用型（件） | | 241 | 532 |
| | フィッシングサイトにより入手したもの | 59 | 18 |
| | 共犯者等から入手したもの | 38 | 22 |
| | 他人から購入したもの | 0 | 0 |
| | 識別符号を知り得る立場にあった元従業員や知人等によるもの | 52 | 101 |
| | 利用権者のパスワードの設定・管理の甘さにつけ込んだもの | 59 | 122 |
| | 言葉巧みに利用権者から聞き出したまたはのぞき見たもの | 29 | 229 |
| | スパイウェア等のプログラムを使用して識別符号を入手したもの | 1 | 29 |
| | ファイル交換ソフトや暴露ウイルスで流出した識別符号を含む情報を利用したもの | 0 | 0 |
| | その他 | 3 | 11 |
| セキュリティ・ホール攻撃型（件） | | 1 | 1 |

（出所）　警察白書（平成25年版）

第1編
法 務 編

▼ 図表1−1−5　不正アクセス行為に利用されたサービスの内訳の推移
　　　　　　　（2011、2012年）

| 区分　　　　　　　　　　　　　　　　　　年次 | 2011 | 2012 |
|---|---|---|
| 識別符号窃用型（件） | 241 | 532 |
| 　インターネット・オークション | 4 | 5 |
| 　電子メール | 23 | 44 |
| 　オンラインゲーム、コミュニティサイト | 83 | 318 |
| 　インターネットバンキング | 14 | 31 |
| 　ホームページ公開サービス | 5 | 8 |
| 　会員専用・社員用内部サイト | 16 | 98 |
| 　インターネットショッピング | 87 | 28 |
| 　その他 | 9 | 0 |

（出所）　警察白書（平成25年版）

（パスワードを除く）または指令を入力して当該特定電子計算機を作動させ、その制限されている特定利用をしうる状態にさせる行為
　③　電気通信回線を介して接続された他の特定電子計算機が有するアクセス制御機能によりその特定利用を制限されている特定電子計算機に電気通信回線を通じてその制限を免れることができる情報または指令を入力して当該特定電子計算機を作動させ、その制限されている特定利用をしうる状態にさせる行為

(2)　他人のパスワード等を不正に取得・保管行為の禁止
　不正アクセス禁止法4条では、他人のパスワード等（識別符号）を不正に取得する行為を禁止しており、同法6条では、他人のパスワード等を不正に保管する行為を禁止している。これらの禁止行為は2012年改正により設けられたものであり、これらの禁止行為を行った者は1年以下の懲役または50万円以下の罰金に処される（同法12条）。

不正アクセス行為を行うことを目的としている者が、他人のID・パスワードを入手すると、不正アクセス行為を技術的に防止することはきわめて困難であり、こうした行為を実効的に防止するためには、その前段階である他人のID・パスワードの不正流通を防ぐことが重要である。このような観点から、前述したとおり、2012年改正により他人のID・パスワードの不正取得行為・不正保管行為自体が禁じられることとなったのである。

(3)　フィッシング行為の禁止
　不正アクセス禁止法7条は、フィッシング行為（パスワード等の入力を不正に要求する行為）を禁止している（警察庁「不正アクセス行為の禁止等に関する法律の解説」（警察庁ウェブサイト））。フィッシング行為を行った者は、1年以下の懲役または50万円以下の罰金に処される（同法12条）。
　不正アクセス禁止法では、フィッシング行為を次の二つに類型化している。
①アクセス管理者がアクセス制御機能に係る識別符号を付された利用権者に対し当該識別符号を特定電子計算機に入力することを求める旨の情報を、電気通信回線に接続して行う自動公衆送信を利用して公衆が閲覧することができる状態に置く行為
②アクセス管理者がアクセス制御機能に係る識別符号を付された利用権者に対し当該識別符号を特定電子計算機に入力することを求める旨の情報を、電子メールにより当該利用権者に送信する行為
　前者は、事業者の正規のホームページであると誤認させるフィッシングサイトを公開する行為であり、後者は、フィッシングサイトを用いず、事業者が正規に送信したと誤認させる内容の電子メールによってID・パスワードを詐取するフィッシング行為である。
　警察庁によると、2013年1月から7月に確認されたインターネットバンキングの不正送金は398件、総額約3億6,000万円に達するが、こうした被害のなかには、銀行のサイトに模した偽画面に誘導するフィッシング行為などに

第1編
法務編

▼ 図表1-1-6　不正アクセス行為の分類

### 第1号（不正ログイン）

不正アクセス行為者 → 他人のID・パスワード（識別符号）を入力 → アクセス制御機能を有する特定電子計算機

### 第2号・第3号（セキュリティ・ホール攻撃）

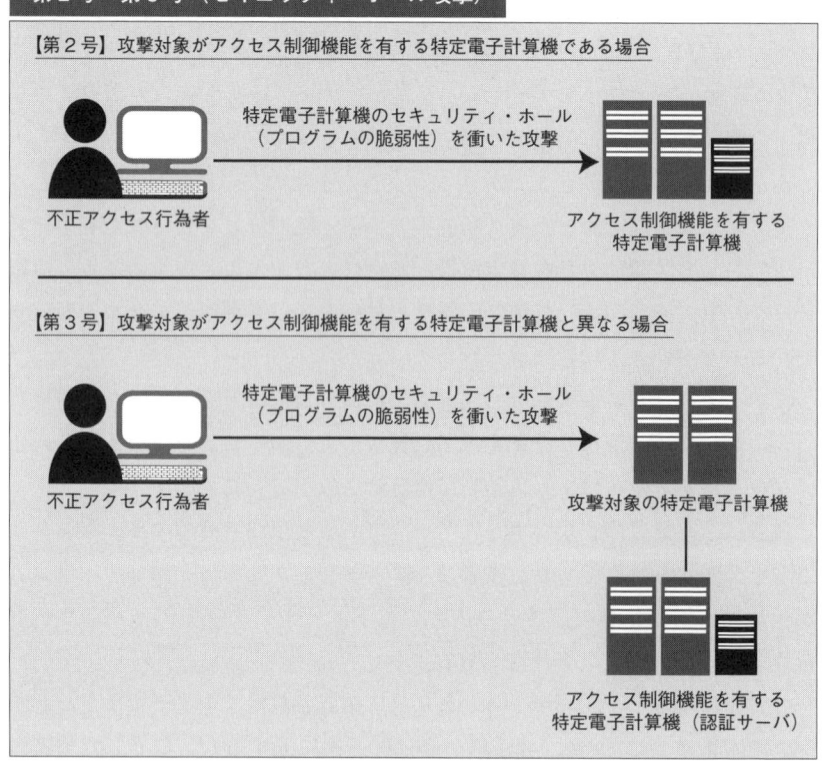

【第2号】攻撃対象がアクセス制御機能を有する特定電子計算機である場合

不正アクセス行為者 → 特定電子計算機のセキュリティ・ホール（プログラムの脆弱性）を衝いた攻撃 → アクセス制御機能を有する特定電子計算機

【第3号】攻撃対象がアクセス制御機能を有する特定電子計算機と異なる場合

不正アクセス行為者 → 特定電子計算機のセキュリティ・ホール（プログラムの脆弱性）を衝いた攻撃 → 攻撃対象の特定電子計算機 ― アクセス制御機能を有する特定電子計算機（認証サーバ）

よりインターネットバンキングのログインIDとパスワードを盗み取られることにより生じたケースが含まれている（2013年8月15日付日本経済新聞朝刊「サイバー空間　潜む罠1」）。

### (4) アクセス管理者の責務

　不正アクセス禁止法8条は、アクセス管理者による防御措置構築に関する努力義務を定めている。すなわち、同条は「アクセス制御機能を特定電子計算機に付加したアクセス管理者は、当該アクセス制御機能に係る識別符号またはこれを当該アクセス制御機能により確認するために用いる符号の適正な管理に努めるとともに、常に当該アクセス制御機能の有効性を検証し、必要があると認めるときは速やかにその機能の高度化その他当該特定電子計算機を不正アクセス行為から防御するため必要な措置を講ずるよう努めるものとする」と規定している。

　アクセス管理者に努力義務が課された趣旨は、不正アクセス行為の発生を防止するためには、不正アクセス行為が行われにくい環境を整備する必要があるところ、そのためには個々のアクセス管理者が自ら防御措置を講じることが必要となるからである。

　本条により、インターネットバンキングサービスを提供している金融機関は、ID・パスワードといった識別符号等の適正な管理に努めるとともに、常にアクセス制御機能の有効性を検証し、必要があると認めるときにはアクセス制御機能の高度化その他必要な措置を講ずるよう努めるものとされているが、その具体的内容は次のとおりである（以上につき、警察庁「不正アクセス行為の禁止等に関する法律の解説」（警察庁ウェブサイト）参照）。

① 顧客の異動時におけるパスワード等の確実な追加・削除、長期間利用されていないパスワード等の確実な削除、パスワード・ファイルの暗号化といったパスワード等の適正な管理
② アクセス制御機能として用いているシステムのセキュリティに関する

第1編
法　務　編

情報（セキュリティ・ホール情報、バージョン・アップ情報など）の収集といったアクセス制御機能の有効性の検証
③　パッチプログラムによるセキュリティ・ホールの解消、アクセス制御プログラムのバージョン・アップ、指紋・虹彩などを利用したアクセス制御システムの導入といったアクセス制御機能の高度化
④　ワンタイム・パスワードや指紋、暗号鍵等の他人に窃用されにくいパスワード等の採用
⑤　コンピュータ・ネットワークの状態を監視するのに必要なログを取得しその定期的な検査を行う、ログを利用して前回アクセス日時を表示し顧客にその確認を求めるといったログの有効活用
⑥　ネットワーク・セキュリティ責任者の設置

これらの諸点については、インターネットバンキングサービスを提供している大半の金融機関においてすでに講じられていると思われるから、今後は既存の情報セキュリティ体制の高度化が課題になると思われる。

## 3　情報セキュリティマネジメントに関する標準

　情報セキュリティマネジメントシステム（ISMS: Information Security Management System）とは、情報セキュリティを確保・維持するための、人的、物理的、技術的、組織的な対策を含む、経営者を頂点とした組織的な取組みを意味する。
　ISMSに関する国際標準としてISO/IEC 27000シリーズがある。これは企業等が保有する情報にかかわるリスクを適切に管理し、企業等の価値向上をもたらす国際規格である。
　これに対し、日本のISMSに関する標準として、JIS Q 27001（ISO/IEC 27001）がある。企業等が構築したISMSがこの標準に適合しているか否かを第三者が評価する制度をISMS適合性評価制度と呼んでいる（一般財団法人日本情報経済社会推進協会（JIPDEC）のウェブサイト参照）。最近では、大量の

情報を取り扱う業務の入札に際し、ISMSの認証の取得（またはこれと同等のものの取得）が入札参加条件とされる場合があるため、この取得が事業遂行・拡大のうえで重要であるといわれている。

一般財団法人日本情報経済社会推進協会（JIPDEC）が運営する制度として、プライバシーマーク（Pマーク）制度があるが、これはISMS適合性評価制度とは異なる制度である。プライバシーマーク制度は、個人情報保護の取組みが適切であると認められた事業者に、それを認定するプライバシーマークの使用を許可する制度であり、「JIS Q 15001 個人情報保護に関するマネジメントシステム―要求事項」に適合しているかどうかを検証する。

Pマークの有効期間は2年とされ、2年ごとに更新を行うことができる。更新に際しては、事業者の申請に基づき、文書審査と現地審査が行われ、指摘事項がある場合には改善報告書を提出するなどの手続を経て、プライバシーマーク付与の決定（更新）がなされる。

## 4 行政機関における情報の取扱いに関する規制

### 1 行政機関における情報の取扱いの重要性

民間企業が国や地方公共団体を相手方として取引を行うことがある。民間企業と国・地方自治体の法律関係・契約関係は、個々の取引によってさまざまであるが、国・地方自治体が委託者、民間企業が受託者となる場合もある。このような場合、受託者としては、国・地方公共団体に適用される情報の取扱いに関する諸規制をふまえて受託業務を遂行する必要がある。

民間企業である銀行が国・地方公共団体の委託を受けて業務・事務を行う場面として、たとえば、国税・地方税の収納などの公金取扱いのほか、制度融資、国債・地方債等の引受け・売出しなどがある。

国・地方自治体による情報の取扱いに関する法規制として、①行政機関の保有する情報の公開に関する法律（以下、「情報公開法」という）、②行政機関

第1編
法務編

の保有する個人情報の保護に関する法律（以下、「行政機関個人情報保護法」という）、③公文書等の管理に関する法律（以下、「公文書管理法」という）、④条例が重要であり、①から③を総称して行政情報関連三法と呼ぶ場合がある。

以上に加え、国の情報セキュリティに関し、情報セキュリティ政策会議と、その遂行機関である内閣官房情報セキュリティセンターが公表している各種資料が、実務上、重要である。

## 2　行政機関個人情報保護法

行政機関個人情報保護法は、行政機関において個人情報の利用が拡大していることにかんがみ、行政機関における個人情報の取扱いに関する基本的事項を定めることにより、行政の適正かつ円滑な運営を図りつつ、個人の権利利益を保護することを目的とする法律である（同法1条）。

同法が適用される行政機関は国の行政機関である（高橋滋ほか『条解行政情報関連三法』511頁（2011年））。独立行政法人等による個人情報の取扱いについては、別途、独立行政法人等の保有する個人情報の保護に関する法律が制定されており、同法が適用される。また、地方自治体が保有する個人情報の取扱いは条例に基づき規律される（高橋滋ほか・前掲書511頁）。

国の行政機関の長は、保有個人情報の漏洩、滅失または毀損の防止その他の保有個人情報の適切な管理のために必要な措置を講じなければならない（行政機関個人情報保護法6条1項）。この安全確保措置に関する義務は、行政機関から個人情報の取扱いの委託を受けた者が受託した業務を行う場合にも準用される（同条2項）。行政機関から事務を受託する民間企業としては、国の行政機関の長が定めた安全確保措置を遵守する必要がある点に注意が必要である。

## 3 情報公開法

　情報公開法は、国民主権の理念にのっとり、行政文書の開示を請求する権利につき定めること等により、行政機関の保有する情報のいっそうの公開を図り、もって政府の有するその諸活動を国民に説明する責務が全うされるようにすること等を目的とする法律である（同法1条）。

　同法によれば、何人も、同法の定めるところにより、行政機関の長に対し、当該行政機関の保有する行政文書の開示を請求することができ（同法3条）、行政機関の長は、この開示請求があったときは、開示請求に係る行政文書に不開示情報が記録されている場合を除き、開示請求者に対し、当該行政文書を開示しなければならない（同法5条）。

　不開示情報には、①個人に関する不開示情報、②法人その他の団体に関する不開示情報、③国の安全等に関する不開示情報、④公共の安全等に関する不開示情報、⑤審議、検討等に関する不開示情報、⑥国等の事務または事業に関する不開示情報があり、これらのいずれかに該当しない場合には、金融機関の民間企業が行政庁に提出した文書であっても開示の対象になる可能性がある点に注意が必要である。

　金融機関が行政庁に提出した文書が不開示文書になるか否かは、②と⑥に該当するか否かで判断されることが多いと思われる。

　②の不開示情報の具体的内容は、法人その他の団体（法人等）に関する情報または事業を営む個人の当該事業に関する情報であって、(ア)公にすることにより、当該法人等または当該個人の権利、競争上の地位その他正当な利益を害するおそれがあるもの、または、(イ)行政機関の要請を受けて、公にしないとの条件で任意に提供されたものであって、法人等または個人における通例として公にしないこととされているものその他の当該条件を付することが当該情報の性質、当時の状況等に照らして合理的であると認められるものである。

事業者のなかには、行政庁に対し、文書を提出する際、当該文書が、後日、情報公開法に基づき開示されることを防止するため、文書の欄外に「本文書は、行政機関の要請を受けて、公にしないとの条件で任意に提供されたものです」旨を記載しているところもあり、金融機関においても同様の工夫を講ずることが考えられる。

また、⑥の不開示情報の具体的内容は、国の機関、独立行政法人等、地方公共団体または地方独立行政法人が行う事務または事業に関する情報であって、公にすることにより、監査、検査、取締り、試験または租税の賦課もしくは徴収に係る事務に関し、正確な事実の把握を困難にするおそれまたは違法もしくは不当な行為を容易にし、もしくはその発見を困難にするおそれその他当該事務または事業の性質上、当該事務または事業の適正な遂行に支障を及ぼすおそれがあるものである。保険会社に対して実施された立入検査に際して金融庁が作成した資料や保険会社から提出された立入検査結果に対する報告書がこの不開示情報に当たるとされた下級審裁判例がある（東京地判平成16年4月23日訟月51巻6号1548頁）。

金融機関が行政庁に提出した文書が情報公開法に基づき開示される場合、それに先立ち、金融機関に対し、行政庁から意見照会がなされる（情報公開法13条）。金融機関の機密文書が行政機関を通じて開示される事態を防止する観点から、これに対して的確に対応することも重要である。

## 4　公文書管理法

公文書管理法は、国・独立行政法人等の諸活動や歴史的事実の記録である公文書等の管理に関する基本的事項を定めること等により、行政文書等の適正な管理、歴史公文書等の適切な保存・利用等を図り、もって行政が適正かつ効率的に運営されるようにするとともに、国および独立行政法人等の有するその諸活動を現在および将来の国民に説明する責務が全うされるようにすることを目的とする法律であり（同法1条）、2011年4月から施行されてい

る。

　公文書管理法10条1項は、行政機関の長に対し、行政文書の管理が同法の規定に基づき適正に行われることを確保するため、行政文書管理規則を制定するよう求めている。行政文書管理規則に定めるべき事項は、①作成に関する事項、②整理に関する事項、③保存に関する事項、④行政文書ファイル管理簿に関する事項、⑤移管・廃棄に関する事項、⑥管理状況の報告に関する事項などである（同条2項）。

　行政機関が制定した行政文書管理規則は内閣府のウェブサイトで公表されている。また、行政機関による文書管理に関し、行政文書の管理に関するガイドライン（2011年4月1日内閣総理大臣決定）が策定されており、民間企業が文書管理規定を策定・改訂するうえでも示唆に富む記述が含まれており、参考になる。

　同法34条では、地方自治体による公文書管理について、「地方公共団体は、この法律の趣旨にのっとり、その保有する文書の適正な管理に関して必要な施策を策定し、及びこれを実施するよう努めなければならない」と規定している。地方公共団体の公文書等の取扱いはこれによる。

## 5　情報セキュリティ政策会議の統一管理基準

　政府の情報セキュリティ政策会議は、行政機関を名宛人として、①政府機関の情報セキュリティ対策のための統一規範、②政府機関の情報セキュリティ対策のための統一管理基準（平成24年度版）、③政府機関の情報セキュリティ対策のための統一技術基準（平成24年度版）などを策定・公表している。

　中央省庁は、それぞれの省庁ごとに自らの責任において情報セキュリティ対策を講じているが、上記の統一規範や統一管理基準は、政府機関の情報セキュリティを確保するため、政府機関のとるべき対策の統一的な枠組みを定め、政府機関全体の情報セキュリティ対策の強化・拡充を図ることを目的とする文書である（政府機関の情報セキュリティ対策のための統一規範1条参照）。

第1編
法　務　編

　情報セキュリティ政策会議は、高度情報通信ネットワーク社会推進戦略本部令4条に基づき、官民における統一的・横断的な情報セキュリティ対策の推進を図るため、高度情報通信ネットワーク社会推進戦略本部に設けられた会議体であり、内閣官房長官が議長を務めている（高度情報通信ネットワーク社会推進戦略本部長決定「情報セキュリティ政策会議の設置について」（2005年5月30日））。

　政府機関の情報セキュリティ対策のための統一管理基準（平成24年度版）については、その解説書も作成・公表されており、民間企業における情報セキュリティの高度化のために示唆に富む記述が多数含まれている。

　また、政府機関全体の情報セキュリティ対策の実施状況に係る評価結果を取りまとめた「政府機関における情報セキュリティに係る年次報告」が、2010年度以降、毎年公表されており、サイバー犯罪などに対する行政機関の取組状況などがまとめられている。民間企業に対するサイバー攻撃が多発するなか、統一管理基準と解説書を含め一読をお勧めしたい。

## 6　公務員の守秘義務

　国家公務員法100条1項および地方公務員法34条1項は「職員は、職務上知ることのできた秘密を漏らしてはならない。その職を退いた後といえども同様とする」と規定し、公務員の守秘義務を規定している。

　また、自衛隊法では、自衛隊の運用、防衛力整備計画、武器・弾薬等に関する情報などの防衛秘密の漏洩について罰則を設けて禁止している（自衛隊法122条。このほかに日米相互防衛援助協定等に伴う秘密保護法も参照）。

　これらの規定も行政機関が取り扱う情報のセキュリティに関する規制の一つであるといえる。

　なお、情報漏洩の防止を目的に、機密情報の管理徹底を目的とする特定秘密保全法が2013年に成立したが、これも行政機関が取り扱う情報のセキュリティに関する法制度の一つである。

# 第 2 章
# 金融機関における情報セキュリティに関する規制の概観

## 1 業法上の規制

### 1 規制の全体像

　金融機関における情報セキュリティに関する法規制は多岐に及ぶが、その一つに個人情報保護法に基づく規制と各種業法上の規制がある。

　この２種類の規制は、規制目的や保護法益を異にする別個の規制であるが、金融機関における情報セキュリティに関する規制という点では共通している。実務にあたっても、両者を明確に区別しつつ、それぞれの規制内容に配慮した経営・業務運営を行う必要がある。

　前者の個人情報保護法に基づく規制には、①個人情報保護法、②施行令、③個人情報の保護に関する基本方針（2004年４月２日閣議決定、2008年４月25日および2009年９月１日一部変更）、④金融分野における個人情報保護に関するガイドライン（以下、「金融庁ガイドライン」という）、⑤金融分野における個人情報保護に関するガイドラインの安全管理措置等についての実務指針（以下、「安全管理実務指針」という）、および、⑥認定個人情報保護団体が策定・公表している「個人情報保護指針」がある。

　また、後者の各種業法上の規制には、①銀行法施行規則等の施行規則上の規制、②中小・地域金融機関向けの総合的な監督指針など監督指針上の留意事項、③預金等受入金融機関に係る検査マニュアル（以下、「金融検査マニュアル」という）など検査マニュアル上のチェック項目などがある（金融機関における個人情報保護に関するＱ＆Ａ問Ⅰ－１）。

本章では、これらの内容を概説する。

## 2 各種業法が求める情報セキュリティの内容

### (1) 業法上の規制導入の背景

銀行法施行規則には、個人顧客情報の安全管理措置等（同規則13条の6の5）に関する規定が設けられている。保険業法施行規則、金融商品取引業に関する内閣府令、信用金庫法施行規則および労働金庫法施行規則などにおいても、同様の規定が設けられている。

各種業法にこれらの規定が設けられた趣旨は、金融審特別部会による個人情報保護法の全面施行に向けた取りまとめ（金融審特別部会「個人情報の保護に関する法律の全面施行に向けて」（2014年12月20日））をふまえて、「個人である顧客に関する情報」（以下、「個人顧客情報」という）の取扱いに関する規定を整備することにより、いわゆる業法の体系上も個人顧客情報の漏洩等の防止の実効性を確保し、行政措置の根拠の透明性を確保する点にある（個人顧客情報の取扱い等に関する関連府省令の改正に関するパブリックコメント手続における金融庁回答（回答番号(1)））。以下では、銀行法施行規則等の内容を概説する。

### (2) 規制内容

銀行は、その取り扱う個人である顧客に関する情報の安全管理、従業者の監督および当該情報の取扱いを委託する場合にはその委託先の監督について、当該情報の漏洩、滅失または毀損の防止を図るために必要かつ適切な措置を講じなければならない（銀行法施行規則13条の6の5）。銀行が取り扱う個人顧客情報について機密性を求める法規制である。

#### a 「個人顧客情報」の意義

銀行法施行規則13条の6の5では、安全管理措置等の対象が個人顧客情報（個人である顧客に関する情報）に限定されている点が特徴的である。「個人顧

客情報」には、銀行にとって「顧客」に当たらない者に関する個人情報は含まれない（個人顧客情報の取扱い等に関する関連府省令の改正に関するパブリックコメント手続における金融庁回答（回答番号(13)））。したがって、銀行と取引のない個人に関する情報は、原則として「個人顧客情報」に含まれないと考えられる。たとえば、銀行が、Ｍ＆Ａ業務等に関連して、銀行と取引のない個人に関する情報を取得する場合（対象企業のデュー・デリジェンスに伴って対象企業の役員・従業員の情報や対象企業が保有する個人情報を取得する場合など）があるが、この場合には当該情報は、「個人顧客情報」に含まれない。また、銀行の従業員に関する情報についても、当該従業員と当該銀行との間に取引がない場合には、「個人顧客情報」に含まれない。これに対し、銀行が現に具体的な取引を行おうとしている者（いわゆる、見込み客）に関する情報は、「個人顧客情報」に含まれる（個人顧客情報の取扱い等に関する関連府省令の改正に関するパブリックコメント手続における金融庁回答（回答番号(11)））。また、「個人顧客情報」には、法人である顧客との取引において取得した法人顧客の代表者・従業員などに係る個人情報は含まれない（個人顧客情報の取扱い等に関する関連府省令の改正に関するパブリックコメント手続における金融庁回答（回答番号(11)））。この点は、個人情報保護法の場合と大きく異なる。

「個人顧客情報」に、過去に取引関係があったが、すでに死亡している個人顧客に関する情報が含まれるか否かについて、金融庁は、「既に死亡した者に関する情報について、銀行等が当該死亡者の生存している関係者との関係で引き続き財産の管理等の業務を行っている場合には、本施行規則改正案における『個人である顧客に関する情報』に含まれるものと解されます」と述べている（個人顧客情報の取扱い等に関する関連府省令の改正に関するパブリックコメント手続における金融庁回答（回答番号(12)））。

さらに、「個人顧客情報」に該当するためには、当該情報に含まれる記述等により特定の個人を識別することができることを要するか、それとも、このような個人識別可能性がない情報（個人顧客との取引に関する統計情報など）

も、「個人顧客情報」に含まれるかについては、議論がある（個人顧客情報の取扱い等に関する関連府省令の改正に関するパブリックコメント手続における金融庁回答（回答番号⑿）参照）。銀行法施行規則改正の経緯や趣旨などに照らせば、個人識別可能性のない情報は「個人顧客情報」に含まれないと考えるのが妥当である。

　b　「必要かつ適切な措置」の意義

　銀行法施行規則13条の6の5は、金融機関に対し、個人顧客情報について「必要かつ適切な措置」（安全管理措置等）を講ずるよう求めている。

　銀行法施行規則上の個人顧客情報と個人情報保護法上の個人データの関係については議論があるが、金融庁ガイドライン・安全管理実務指針に沿って個人データに関し「適切かつ必要な措置」（個人情報保護法20条）を講じている場合には、当該金融機関は、銀行法施行規則上も「必要かつ適切な措置」（銀行法施行規則13条の6の5）を講じているものと考えられている（金融庁Q&A問Ⅴ-1、個人顧客情報の取扱い等に関する関連府省令の改正に関するパブリックコメント手続における金融庁回答（回答番号(5)～(8)））。

　「必要かつ適切な措置」は、①個人である顧客に関する情報の安全管理、②従業者の監督および③当該情報の取扱いを委託する場合にはその委託先の監督について、講ずる必要がある。自社内における個人顧客情報の安全管理・従業者に対する監督だけではなく、個人顧客情報の取扱いを外部委託する場合については、当該外部委託先に対する監督についても、「必要かつ適切な措置」を講ずる必要がある。

(3)　二つの規制の関係

　a　規制目的の相違

　金融機関は、個人情報保護法に基づく規制と銀行法施行規則に基づく規制の双方を遵守する必要がある。前述したとおり、個人情報保護法や金融庁ガイドラインは、個人情報の有用性に配慮しつつ個人の権利利益を保護するこ

とを目的とする規制であるのに対し（個人情報保護法1条参照）、銀行法施行規則は、銀行の業務の健全かつ適切な運営を期すること等を目的とする規制である（銀行法1条）。

　b　銀行法施行規則違反の影響

　銀行法に基づく検査の結果および不祥事件等により、顧客情報の管理体制に問題があると認められる場合には、必要に応じ、銀行法24条に基づき報告を求め、重大な問題があると認められる場合には、同法26条に基づき業務改善命令を発出される可能性がある。

　業務改善命令は、「銀行の業務もしくは財産または銀行およびその子会社等の財産の状況に照らして、当該銀行の業務の健全かつ適切な運営を確保するため必要があると認めるとき」（銀行法26条1項）に発せられるものであり、業務改善命令の具体的内容は、「措置を講ずべき事項および期限を示して、当該銀行の経営の健全性を確保するための改善計画の提出を求め、もしくは提出された改善計画の変更を命じ、またはその必要の限度において、期限を付して当該銀行の業務の全部もしくは一部の停止を命じ、もしくは当該銀行の財産の供託その他監督上必要な措置を命ずること」である（同条項）。この業務改善命令は、個人情報保護法に基づく勧告・命令とは別個のものであり、両者は、その目的・法律上の位置づけ・要件等を異にしている。

　すなわち、個人情報保護法に基づく勧告は、個人情報取扱事業者が個人情報保護法16条から18条、20条から27条、または30条2項の規定に違反した場合において、個人の権利利益を保護するため必要があると認めるときに、主務大臣が当該個人情報取扱事業者に対し当該違反行為の中止その他違反を是正するために必要な措置をとるべき旨を勧告するものである（法34条1項）。また、個人情報保護法に基づく命令は、個人情報保護法34条1項に基づく勧告を受けた個人情報取扱事業者が正当な理由がなくてその勧告に係る措置をとらなかった場合において個人の重大な権利利益の侵害が切迫していると認めるとき、主務大臣が当該個人情報取扱事業者に対し発するもので、勧告に

係る措置をとるべきことを命ずることを内容としている（同条2項）。

## 3 金融検査マニュアルが求める情報セキュリティ

　金融検査マニュアルでは、主に、システムリスク管理態勢、顧客情報管理態勢に関連して、情報セキュリティに関するチェック項目が設けられている。以下、それぞれについて詳述する。

(1) システムリスク管理態勢と情報セキュリティ

　システムリスクとは、コンピュータシステムのダウンまたは誤作動等、システムの不備等に伴い金融機関が損失を被るリスク、さらにコンピュータが不正に使用されることにより金融機関が損失を被るリスクをいう。金融検査マニュアルは、こうしたリスクが顕在化することのないよう金融機関に求めている。

　システムリスク管理も、他のリスクの管理と同様、PDCAサイクル（方針の策定→内部規程・組織体制の整備→評価・改善）により管理される。このうち、方針の策定に関し、システムリスク管理に関する方針（以下、「システムリスク管理方針」という）を定め、これを組織全体に周知させることが求められるが、システムリスク管理方針の一内容として、セキュリティポリシー（組織の情報資産を適切に保護するための基本方針であり、①保護されるべき情報資産、②保護を行うべき理由、③それらについての責任の所在等の記載がなされたもの）を定めることが求められている。

　また、「情報セキュリティ管理」という項目のなかでは、

①システムの企画、開発、運用、保守等にわたるすべてのセキュリティの管理を行うこと

②システム、データ、ネットワーク管理上のセキュリティについて管理を行うことが求められているほか、

③セキュリティをフィジカルセキュリティとロジカルセキュリティに分類

し、それぞれの観点からセキュリティを確保するよう求めている。

ここで、フィジカルセキュリティには、①物理的侵入防止策・防犯設備、②コンピュータ稼働環境の整備、③機器の保守・点検態勢が含まれ、ロジカルセキュリティには、①システム開発・運用の各組織間・組織内の相互牽制態勢、②開発管理態勢、②電子的侵入防止策、③プログラムの管理、④障害発生時の対応策、⑤外部ソフトウエアパッケージ導入時の評価・管理、⑥オペレーション面の安全管理等が含まれる。

このほかに、不正使用防止の観点から、不正アクセス状況を管理するためシステムの操作履歴を監査証跡として取得し、事後の監査を可能とするとともに、定期的にチェックすること、インターネットを利用した取引の管理、偽造・盗難キャッシュカード対策、防犯・防災・バックアップ・コンピュータ犯罪・事故対策について定めを設けている。

(2) 顧客情報管理態勢と情報セキュリティ

金融検査マニュアルでは、金融機関に対し、顧客情報管理マニュアルの策定を求め、これに定めるべき項目として、①管理の対象となる帳票や電子媒体等、②帳票や電子媒体等を収納する場所、廃棄方法等適切に管理するための方法、③アクセスできる役職者の範囲、アクセス権の管理方法、④顧客情報を外部に持ち出す場合の顧客情報の漏洩を防止するための取扱方法、⑤漏洩事故が発生した場合の対応方法（顧客情報統括管理責任者や顧客情報管理担当者および当局への報告、必要に応じた情報のアクセス制限や顧客への説明など情報漏洩による二次被害を防止するための方策など）をあげている。

また、情報セキュリティのためのシステム対応として、①顧客情報のプリントアウトやダウンロードについて、適切な方法により、利用目的に応じたデータの内容・量の制限を行うこと、②顧客情報へのアクセスについて、職制や資格に応じて必要な範囲内に制限すること、③パソコンやホストコンピュータ等に保存された顧客情報データについて、顧客情報データベースへ

のアクセスにおけるパスワードの設定や認証システムの整備、暗号化等により保護すること、④外部委託先との間における顧客情報のやりとりに関しては、システム上必要な保護措置を講ずることを求めている。

## 4 中小・地域金融機関向けの総合的な監督指針

### (1) 顧客情報管理

金融庁は、中小・地域金融機関向けの総合的な監督指針（以下、「総合的な監督指針」という）において、「顧客情報管理」と題する項を設け、①「顧客に関する情報の管理について、具体的な取扱い基準を定めた上で役職員に周知徹底しているか。特に、当該情報の他者への伝達については、コンプライアンス（顧客に対する守秘義務、説明責任）およびレピュテーションの観点から検討を行った上で取扱い基準を定めているか」、②「顧客情報へのアクセス管理の徹底、内部関係者による顧客情報の持出しの防止に係る対策、外部からの不正アクセスの防御等情報管理システムの堅牢化、店舗の統廃合等を行う際の顧客情報の漏えい等の防止などの対策を含め、顧客に関する情報の管理が適切に行われているかを検証できる体制となっているか」、③「個人である顧客に関する情報については、施行規則第13条の6の5に基づき、その安全管理および従業者の監督について、当該情報の漏えい、滅失またはき損の防止を図るために必要かつ適切な措置……が講じられているか」、④「顧客情報の漏えい等が発生した場合に、当局への報告が迅速かつ適切に行われる態勢が整備されているか」といった監督上の留意事項をあげている。

### (2) 外部委託

また、総合的な監督指針では、外部委託については、個人顧客情報の取扱いを委託する場合には、「施行規則第13条の6の5に基づき、その委託先の監督について、当該情報の漏えい、滅失またはき損の防止を図るために必要かつ適切な措置が講じられているか」「外部委託先による顧客等に関する情

報へのアクセス権限について、委託業務の内容に応じて必要な範囲内に制限しているか」といった監督上の留意点をあげている。

(3) ATM・インターネットバンキング

さらに、総合的な監督指針では、ATMシステムやインターネットバンキングなどについて情報セキュリティに係る監督上の着眼点が記載されている。

特に、①ATMシステムを通じた取引は非対面で行われるため異常な取引態様を確認できないこと、②偽造・盗難キャッシュカード等による預貯金の不正払戻しを未然に防止する必要があること（預金者保護法9条）、③ATMシステムは、統合ATMスイッチングサービスを通じて他の金融機関と相互に接続していることから、仮にセキュリティ対策が脆弱なATMシステムを放置している金融機関が存在した場合、他の金融機関に対する影響が及ぶことから、銀行はATMシステムの情報セキュリティ対策を十分に講ずる必要がある。

## 2 情報保護に関する法規制

### 1 守秘義務

(1) 法規制としての守秘義務

金融機関は、顧客との取引内容に関する情報や顧客との取引に関して得た顧客の信用にかかわる情報などの顧客情報につき、商慣習上または契約上、当該顧客との関係において守秘義務を負い、その顧客情報をみだりに外部に漏らすことは許されない（最高裁平成19年12月11日決定（民集61巻9号3364頁））。この最高裁決定は、守秘義務の根拠が商慣習か契約（黙示のものを含むと解される）のいずれかであることを明らかにし、また守秘義務の内容が「顧客との取引内容に関する情報や顧客との取引に関して得た顧客の信用にかかわ

る情報などの顧客情報をみだりに外部に漏らしてはならない」義務であることを明らかにしている。

守秘義務は法的義務であると考えられるため、金融機関がこれに違反した場合には顧客に対し債務不履行責任または不法行為責任を負う。守秘義務は、金融機関が保有する顧客情報の外部への提供を原則として禁止する効果をもつから、顧客情報の機密性に関する一規制としての側面を有している。

(2) 守秘義務の対象

守秘義務の対象となる情報としては、①顧客と金融機関の取引内容に関する情報（預金額、貸付債権額など）、②金融機関が業務上知った顧客の資産・年収・売上げなど顧客の財産に関する情報、③金融機関が業務上知った顧客の私的事項に関する情報などがある（松本貞夫『改訂　銀行取引法概論』17頁(2007年)）。顧客と金融機関の取引の有無に関する情報そのものが、守秘義務の対象に含まれるかについては諸説あるが、顧客と金融機関と取引の有無自体に関する情報も、守秘義務の対象となると考えるべきである（含まれると解する下級審裁判例として大阪地判平成4年6月25日金法1357号64頁、含まれるか疑問であるとする下級審裁判例として東京地判平成3年3月28日同1295号68頁がある）。また、自己査定情報や債務者に対する与信審査に関する情報など評価情報も守秘義務の対象となると考えられる（加藤一郎ほか編『銀行取引法講座上巻』28頁［河本一郎］(1976年)）。

これに対し、公表されている事項は、守秘義務の対象とはならない。換言すれば、守秘義務の対象となる情報は、公表されていない秘密情報に限られる。公開情報の例としては、①商業登記制度により公示されている情報（代表者氏名・役員氏名・会社の目的など）、②新聞報道された情報、③会社法上公告義務が課されている情報（貸借対照表またはその要旨）（会社法440条）、④有価証券報告書など金融商品取引法上の制度によって公表されている情報などがある。

また、特定の顧客を識別することができないような処理を施した「統計情報」についても、守秘義務の対象とはならない。
　第三者から取得した顧客に関する情報（側面調査によって取得した情報など）が、守秘義務の対象となるかについては見解が分かれているが、第三者から取得した情報が顧客との取引関係が縁由となって直接・間接に知った顧客の財産状態および取引状態に関する事項であれば、守秘義務の対象となると解する見解が有力である（河本一郎「銀行の守秘義務」金法744号5頁）。

(3)　個人情報保護法との関係

　守秘義務の対象となる情報は、基本的に、個人情報保護法上の個人情報に含まれると考えられる。また、守秘義務の対象とならない情報のうち、統計情報は、同法上の「個人情報」に該当しないと考えられるが、それ以外の情報は、「個人情報」に含まれると考えられる。個人情報保護法と守秘義務とは別個独立した規制であるから、個人情報に関する問題点を検討する際には、個人情報保護法上の問題点と守秘義務との関係での問題点を区別して、それぞれ検討する必要がある。

## 2　金融庁ガイドライン

(1)　金融庁ガイドラインの位置づけ

　金融分野における個人情報保護に関するガイドライン（以下、「金融庁ガイドライン」という）は、個人情報保護法・施行令・基本方針をふまえ、金融分野における個人情報取扱事業者（金融機関）が講ずべき措置の適切かつ有効な実施を図るための指針として、金融庁が制定したものである（金融庁ガイドライン1条1項）。

　個人データの安全管理措置などについては、金融庁ガイドラインのほかに、安全管理実務指針において詳細に規定されている。したがって、個人データの安全管理措置などについては、個人情報保護法・金融庁ガイドライ

ンに加え、安全管理実務指針もふまえた実務対応を行う必要がある。

(2) 義務規定と努力規定

　金融庁ガイドラインは、個人情報保護法上の義務と同じ内容を定めた規定や同法の解釈を定めた規定（これらを以下、「義務規定」と総称する）のほかに、金融分野の個人情報の性質・利用方法に照らし個人情報の取扱いに関して金融機関などが特に厳格な措置が求められる事項（これを以下、「努力措置」という）に関する規定を定めている。

　努力措置を規定する場合には、「こととする」「適切である」「望ましい」という表現が用いられ、義務規定と明確に区別されている（金融庁ガイドライン1条3項(注)）。「こととする」「適切である」「望ましい」という3種類の表現の間に、法的効果の差異はない（金融庁ガイドラインに関するパブリックコメント手続における金融庁回答（回答番号37））。また、金融庁ガイドラインに「こととする」「適切である」「望ましい」と定められた事項について、あくまで「努力措置」であるから、これに違反したとしても、個人情報保護法違反の問題が生じることはなく、個人情報保護法に基づく勧告・命令（同法34条）の対象になることはない（金融庁ガイドラインに関するパブリックコメント手続における金融庁回答（回答番号38・39））。

(3) 金融庁ガイドラインの適用対象である情報の類型

　　a　顧客情報とそれ以外の情報

　個人情報保護法では、いわゆる「主務大臣制」が敷かれており、個人情報取扱事業者が行う事業を所管する大臣が、「主務大臣」として、個人情報取扱事業者からの報告徴求、助言、勧告・命令を行うこととなっている（同法32条から36条）。

　すなわち、個人情報保護法36条1項では、「主務大臣」について、原則として、個人情報取扱事業者が行う事業を所管する大臣等（以下、「事業所管大

臣」という）が、個人情報保護法上の主務大臣となることを定め、個人情報取扱事業者が行う個人情報の取扱いのうち、雇用管理に関するものについては、厚生労働大臣と事業所管大臣が主務大臣となると定めている。

　この点について、金融機関の雇用管理に関する個人情報の取扱いについては厚労省告示のみが適用され、金融庁ガイドラインは適用されない（金融庁ガイドラインに関するパブリックコメント手続における金融庁回答（回答番号26～28））。また、金融機関の株主に関する個人情報の取扱いについても、金融庁ガイドラインは適用されない（金融庁ガイドラインに関するパブリックコメント手続における金融庁回答（回答番号25））。

　b 「個人情報」の定義等

　金融庁ガイドラインでは、「個人情報」「個人情報データベース等」「個人データ」などの基本的な概念について、個人情報保護法と同様の定義を用いている。

　(a) 「個人情報」の定義

　まず、「個人情報」とは、生存する個人に関する情報であって、当該情報に含まれる氏名、生年月日、その他の記述等により特定の個人を識別できるもの（他の情報と容易に照合することができ、それにより特定の個人を識別することができることとなるものを含む）をいう（金融庁ガイドライン2条1項）。金融機関が取得する「個人情報」には、①預金者の氏名、②ローン契約の債務者・保証人の氏名、③振込取引における受取人の氏名、④割引手形の手形券面上に記載された裏書人などの氏名、⑤防犯ビデオの画像情報のうち、特定の個人を識別することができるものなどがある。

　公的に入手可能な情報も、「個人情報」の定義に該当する限り、「個人情報」に含まれる（金融庁ガイドラインに関するパブリックコメント手続における金融庁回答（回答番号43・44））。したがって、官報・日刊紙に掲載された情報や、登記事項証明書に記載されている情報なども、上記定義に該当する限り「個人情報」に当たると考えられる。

氏名が含まれていない情報であっても、氏名以外の記述等により特定の個人を識別できる情報は、「個人情報」に該当する（金融庁ガイドラインに関するパブリックコメント手続における金融庁回答（回答番号43））。氏名以外の記述等と他の情報とを容易に照合することができ、それにより特定の個人を識別することができる場合も同様である。「他の情報と容易に照合することができ、それにより特定の個人を識別することができる」か否かは、当該個人情報取扱事業者において、通常の業務における一般的方法で、個人を識別する他の情報との照合が可能な状態にあるか否かによって判断されると考えられる（園部逸夫ほか『個人情報保護法の解説 改訂版』49頁（2005年）参照）。

　ビッグデータに代表される「匿名化された情報」の個人情報該当性も、この基準に従って個別に判断されると考えられ、他の情報と容易に照合することができそれにより特定の個人を識別できる場合には、いわゆる「匿名化された情報」も「個人情報」に該当する場合がある点に注意が必要である（金融庁ガイドラインに関するパブリックコメント手続における金融庁回答（回答番号55・56））。

(b)　「個人情報データベース等」の定義

　「個人情報データベース等」とは、個人情報を含む情報の集合物であって、特定の個人情報をコンピュータを用いて検索できるように体系的に構成したもの、またはコンピュータを用いていない場合であっても、50音順に索引を付して並べられた顧客カードなど、個人情報を一定の規則に従って整理することにより特定の個人情報を容易に検索することができるよう体系的に構成したものであって、目次・索引・符号等により一般的に容易に検索可能な状態に置かれているものをいう（金融庁ガイドライン2条2項）。「個人情報データベース等」の具体例としては、口座番号順などに並べられた印鑑票などがある。

(c)　「個人データ」の定義

　「個人データ」とは、個人情報データベース等を構成する個人情報をいう（金

融庁ガイドライン2条4項)。

　個人情報データベース等から記録媒体へダウンロードされたものや、紙面に出力されたもの（またはそのコピー）も、「個人データ」に含まれる（金融庁ガイドライン2条4項)。

　実務上、ある個人情報が「個人データ」に該当するか否かの判断に迷う場面も多い。後述するとおり、安全管理措置の対象は個人データに限定されているから、情報セキュリティとの関係で、この問題は重要である。個人データとは、「個人情報データベース等を構成する個人情報」を意味するから（金融庁ガイドライン2条4項)、個人データに該当するか否かの問題は、結局のところ、当該個人情報が「個人情報データベース等」を構成しているといえるか否かという問題に帰着する場合が多い。前述したとおり、個人情報データベース等とは、「個人情報を含む情報の集合物であって、特定の個人情報をコンピュータを用いて検索できるように体系的に構成したもの、またはコンピュータを用いていない場合であっても、五十音順に索引を付して並べられた顧客カードなど、個人情報を一定の規則に従って整理することにより特定の個人情報を容易に検索することができるよう体系的に構成したものであって、目次・索引・符号等により一般的に容易に検索可能な状態に置かれているもの」を意味する（金融庁ガイドライン2条2項)。

　個人情報データベース等の定義の重要なポイントは、「体系的に構成した」という要件である。個人情報データベース等に該当するためには、個人情報としてのそれぞれの属性に着目して検索できるように構成されている必要があり、データベース内の情報を文字列検索等でたまたま検索できるというだけでは、当該データベースは「個人情報データベース等」には該当しないと考えられる（園部逸夫ほか『個人情報保護法の解説　改訂版』51頁（2005年）参照。同書では、この点に注目して、インターネット上の検索エンジンや電子掲示板について「個人情報データベース等」該当性を否定している)。

　したがって、このような「体系性」を有しないデータベースや紙媒体ファ

# 第1編
## 法務編

イルは、「個人情報データベース等」に該当せず、これに含まれている個人情報は「個人データ」に該当しないと考えられる（なお、金融庁ガイドラインに関するパブリックコメント手続における金融庁回答（回答番号59）参照）。CRMシステムの日誌機能なども、上記のような意味での「体系性」を欠いていると評価できる場合には、「個人情報データベース等」に該当しないと考えることも可能であるように思われる。

### (4) 金融庁ガイドラインが適用される主体

　個人情報保護法・金融庁ガイドラインは、「個人情報取扱事業者」を対象とする規制である。「個人情報取扱事業者」とは、個人情報データベース等を事業の用に供している者で、①国の機関、②地方公共団体、③独立行政法人等、④地方独立行政法人、⑤その取り扱う個人情報の量および利用方法からみて個人の権利利益を害するおそれが少ないものとして政令で定める者（その事業の用に供する個人情報データベース等を構成する個人情報によって識別される特定の個人の数（当該個人情報データベース等の全部または一部が他人の作成に係る個人情報データベース等で個人情報として氏名・住所・居所（地図上・電子計算機の映像面上において住所・居所の所在の場所を示す表示を含む）・電話番号のみが含まれる場合であって、これを編集・加工することなくその事業の用に供するときは、当該個人情報データベース等の全部または一部を構成する個人情報によって識別される特定の個人の数を除く）の合計が過去6カ月以内のいずれの日においても5000を超えない者）以外の者を意味する（個人情報保護法2条3項、施行令2条）。

　金融庁ガイドラインは、金融分野における個人情報取扱事業者に適用される。したがって、金融機関の子会社や関連会社については、当該事業者が「金融分野における個人情報取扱事業者」に該当しなければ、金融庁ガイドラインは適用されない。また、金融分野における個人情報取扱事業者である限り、民間の営利法人のみならず、公益社団法人などにも金融庁ガイドライ

ンが適用される(第12回金融審特別部会における金融庁担当者説明)。

　なお、金融分野において個人情報データベース等を事業の用に供している者のうち、個人情報保護法2条3項5号の規定により「個人情報取扱事業者」から除かれる者についても、金融庁ガイドラインの遵守に努めるよう求められている(金融庁ガイドライン1条3項、努力措置)。個人情報取扱事業者に該当しない金融機関との関係では、金融庁ガイドラインは、全体として「努力措置」であるから、個人情報取扱事業者に該当しない金融機関が金融庁ガイドラインに違反したとしても、個人情報保護法上の勧告(法34条)などが発せられることはない(金融庁ガイドラインに関するパブリックコメント手続における金融庁回答(回答番号32))。

## 3　金融庁Q&A

### (1)　金融庁Q&Aの意義

　2007年10月に公表された「金融機関における個人情報保護に関するQ&A」(以下、「金融庁Q&A」という)の目的は二つある。

　一つ目は、金融行政の透明性・予測可能性の向上である。2005年4月に個人情報保護法が全面施行されてから、金融庁や各財務局に金融機関における個人情報保護に関する実務等について、さまざまな照会が寄せられた。金融庁Q&Aは、これらの照会とその回答を体系的に整理したものである。換言すれば、金融庁Q&Aの公表によって行政の透明性・予測可能性の向上を図ることが一つ目の目的である。

　二つ目の目的は、金融機関間の公平性と行政事務の効率的運営の確保である。金融庁ガイドラインや実務指針では、金融分野の個人情報取扱事業者に対し、個人情報の漏洩、滅失、毀損が生じた場合に、金融庁への報告や本人への通知、公表を求めているが、この具体的な内容や方法等については、金融機関において統一されていなかった。このような状況のもと、金融庁へ報告すべき事項などについて、金融庁として一般的な解釈を示すことが、各金

第1編
法務編

融機関間における公平性および行政事務の効率的な運営の観点からは、有用である。このような観点から金融庁Q&Aが策定・公表された。

(2) 金融庁Q&Aの対象とその構成

金融庁Q&Aは、金融分野における事業者を対象としている（問Ⅰ－1）。具体的には、銀行などの預金取扱金融機関、保険会社、証券会社、貸金業者などが金融庁Q&Aの対象になる。

金融庁Q&Aは、①総論、②個人情報・個人データ、③個人情報取扱事業者、④センシティブ情報、⑤安全管理措置等、⑥第三者提供等という六つの大項目を設定し、Q&Aを整理している。このうち、②や③では、「個人情報」「個人データ」「個人情報取扱事業者」の意義や範囲などについて、具体例をあげて解説されている。また、⑤では、「漏洩」「滅失」「毀損」の意義などが、具体例をあげて解説されている。さらに、⑥では、金融分野の個人情報取扱事業者が、本人の同意を得ずに個人データを第三者に提供できる場合などについて、具体例をあげて解説されている。

(3) 経済産業省のQ&A

金融庁のほかに、経済産業省でも、経済産業省ガイドラインに関するQ&Aを公表しており（経産省のウェブサイト参照）、このなかにも、実務上の参考となるQ&Aが記載されている。

## 3 情報管理に関する法規制

### 1 インサイダー情報・法人関係情報の規制

(1) 重要事実（インサイダー情報）の管理

インサイダー取引は、上場会社等の重要事実（インサイダー情報）に接する立場にある会社役員等（会社関係者）が、その職務等に関して上場会社等

の重要事実（インサイダー情報）を知り、その情報が公表される前に上場会社等の株式等を売買することを意味する。会社関係者から重要事実の伝達を受けた（一次）情報受領者もインサイダー取引規制の対象になる。

　金融商品取引法はインサイダー取引を禁じており、これに違反した場合には課徴金と罰則が課されるが、その趣旨は、このような取引が行われると一般投資家との不公平が生じ、金融商品取引市場の公正性・健全性が損なわれ、一般投資家の市場への信頼が損なわれるからである（神崎克郎ほか著『金融商品取引法』1212頁（2012年））。

　課徴金制度が導入された2005年4月以降、インサイダー取引の摘発が活発化している。最近では上場会社等の役職員やその契約先である「会社関係者」よりも、こうした会社関係者から重要事実（インサイダー情報）の伝達を受けた情報受領者に対する課徴金事例がふえており、情報管理の重要性が強調されている。

　証券取引所自主規制法人は、上場会社等に対し、インサイダー取引の未然防止を目的として、①重要な会社情報の適時開示、②重要事実（インサイダー情報）の情報管理・役職員による株式取引の管理などの社内体制の整備と適切な運用を行うよう求めている。会社関係者や情報受領者によるインサイダー取引が発覚した場合、その行為者だけでなく、上場会社等の情報管理体制も問題となるおそれがあるため、インサイダー取引の未然防止として情報管理の徹底に努めることが上場会社等の責務である。

　金融機関は、特に顧客である上場会社等の重要事実を入手する機会が多いところ、金融庁が策定している平成24検査事務年度検査基本方針においても、「昨今、金融市場における不公正取引等が相次いで発生している。国内においては、金融機関の役職員が、インサイダー情報等を悪用した不公正取引により、自己や第三者の利益を不当に図る事件が発生し……ている」と指摘しており、平成24事務年度主要行等向け監督方針でも、「情報セキュリティ管理等に係る内部管理態勢の適切な整備や、役職員による不正行為（情報漏

えい・インサイダー取引等）の防止に向けた職業倫理の強化や法令遵守意識の涵養等に関する取組みを強く促していく。特に、金融機関によるインサイダー取引は、グループ全体の信用失墜・風評等につながりかねないのみならず、金融システムの健全性を損ね、国民の信頼を著しく傷つけかねない問題である。そこで、子会社・兄弟会社や、信託部門等も含め、グループ内の事後チェックの頻度や内容、経営陣への報告態勢など、不正行為の防止に向けて十分な内部管理態勢が構築されているかを確認する」とされている。

(2) 法人関係情報の管理に関する規制
　a　法人関係情報の意義
　法人関係情報とは、上場会社等（金融商品取引法163条1項参照）の運営・業務・財産に関する公表されていない重要な情報であって、顧客の投資判断に影響を及ぼすと認められるもの等を意味する（金融商品取引業等に関する内閣府令（以下、「金商業府令」という）1条4項14号）。
　法人関係情報の範囲は、インサイダー取引の対象である「重要事実」より広い。重要事実（インサイダー情報）は、上場会社等の運営、業務または財産に関する公表されていない重要な事実であって、顧客の投資判断に著しい影響を及ぼすもの」を意味し、重要事実の定義には、「著しい影響を及ぼすもの」という限定が加えられているが、法人関係情報にはこうした限定がないからである。
　たとえば、時期的に重要事実の発生に至る前のもの（たとえば、上場会社等が業務執行機関で決定をすれば、決定事実として重要事実となる事象について、いまだ機関決定がなされていないが、相当の可能性で近々当該決定が予定されている事象）は、法人関係情報には当たるが重要事実には当たらない。
　b　法人関係情報の管理態勢
　金融機関では、法人関係情報を日常的に取得する部門などを中心に、法人関係情報について厳格な管理が行われている。

金融機関(金融商品取引業者や登録金融機関を念頭におく)は、法人関係情報に関する管理等について不公正な取引の防止を図るために必要かつ適切な措置を講じていないと認められる状況に該当することのないよう、同業務を行う必要がある(金商法40条2号、金商業府令123条5号)。この「措置」には研修・人事管理・社内規則の整備などが含まれる。実務上、この措置として、チャイニーズウォールの構築とNeed to knowルールの策定が行われている。前者は、組織内の情報の流れを遮断する障壁のことであり、その実質は部門間の情報伝達を制限する社内規程である。後者は、担当者が社内の未公表の重要事実を、それを知る必要がない者に伝達することを禁ずる社内規程である。

　c　監督指針の内容

　金融商品取引業者向けの総合的な監督指針では「金融商品取引業者は、法人関係情報……を入手し得る立場であることから、その厳格な管理とインサイダー取引等の不公正な取引の防止が求められる」と述べ、中小・地域金融機関向けの総合的な監督指針でも、「銀行は、法人関係情報……を入手し得る立場であることから、その厳格な管理と、インサイダー取引等の不公正な取引の防止が求められる」と述べている。両監督指針は、「法人関係情報を利用したインサイダー取引等の不公正な取引の防止」として、次の3点を監督上の着眼点としてあげている。

①役職員による有価証券の売買その他の取引等に係る社内規則を整備し、必要に応じて見直しを行う等、適切な内部管理態勢を構築すること
②役職員によるインサイダー取引等の不公正な取引の防止に向け、職業倫理の強化、関係法令や社内規則の周知徹底等、法令等遵守意識の強化に向けた取組みを行うこと
③法人関係情報を入手しうる立場にある役職員が当該法人関係情報に関連する有価証券の売買その他の取引等を行った際には報告を義務づける等、不公正な取引を防止するための適切な措置を講ずること

第1編
法　務　編

## 2　金商法上のファイアウォール規制

### (1)　規制の概要

　金融商品取引法は、証券会社と親法人等である銀行の間の発行者等（非公開情報に係る有価証券の発行者または顧客を意味する）に関する非公開情報の授受を禁止しているが、これはファイアウォール規制（弊害防止措置）の一つであり、金融機関に関する情報セキュリティに関する法規制の一つである。

　証券会社が発行者等に関する非公開情報を当該証券会社の親法人等・子法人等から受領し、または当該親法人等・子法人等に提供することが原則として禁じられ（金商法44条の3第1項4号、金商業府令153条1項7号）、例外的にこれを提供できるのは、次の場合などに限られる。

①金融商品取引業者またはその親法人等・子法人等による非公開情報の提供についてあらかじめ当該発行者等の書面による同意がある場合

②銀行法第13条2項に規定する信用の供与等の額および合算信用供与等限度額等を算出するため金融商品取引業者がその親銀行等・子銀行等に顧客への信用の供与等の額を提供する場合

③金融商品取引法24条の4の2第1項に規定する確認書または同法24条の4の4第1項に規定する内部統制報告書を作成するために必要な情報を受領し、または提供する場合（当該金融商品取引業者および当該情報を当該金融商品取引業者に提供し、または当該金融商品取引業者から受領する親法人等または子法人等において当該確認書および内部統制報告書の作成を行う部門から非公開情報が漏洩しない措置が的確に講じられている場合に限る）

④　電子情報処理組織の保守・管理を行うために必要な情報を受領し、または提供する場合（金融商品取引業者および当該情報を金融商品取引業者に提供し、または金融商品取引業者から受領する親法人等・子法人等において電子情報処理組織の保守・管理を行う部門から非公開情報が漏洩しない措置が的確に講じられている場合に限る）

⑤法令等に基づいて非公開情報を受領し、または提供する場合
⑥内部管理に関する業務を行うために必要な情報を受領し、またはその特定関係者に提供する場合（当該金融商品取引業者および当該情報を当該金融商品取引業者に提供し、または当該金融商品取引業者から受領する特定関係者において内部管理に関する業務を行う部門から非公開情報が漏洩しない措置が的確に講じられている場合に限る）

　⑥の「内部管理に関する業務」には、法令遵守管理に関する業務、損失の危険の管理に関する業務、内部監査・内部検査に関する業務、財務・経理・税務に関する業務などが含まれる（金商業府令153条3項）。たとえば、取扱商品・サービスに関連する法律問題の検討、顧客等からの苦情・照会等への対応および顧客等との紛争の処理、利益相反管理および非公開情報の管理、監督当局への対応、営業部門の取引等における法令等違反の管理（社内処分の検討を含む）、インサイダー取引等の不正行為防止のための法人関係情報の管理およびモニタリング、レピュテーション・リスクおよび企業倫理の観点からの業務の検証などの証券会社等における業務は、「法令遵守管理に関する業務」に該当するものと考えられる（金融商品取引業者向けの総合的な監督指針参照）。

　また、市場リスク・信用リスク・オペレーショナル・リスク・流動性リスクの管理や、災害時等の業務継続体制（BCM）の整備・管理などの証券会社等における業務は、「損失の危険の管理に関する業務」に該当するものと考えられる（金融商品取引業者向けの総合的な監督指針参照）。

(2) 非公開情報の授受に係る留意事項

　金融商品取引業者向けの総合的な監督指針では、証券会社が親法人等・子法人等との間で顧客の非公開情報の授受を行うにあたって、次の諸点に留意するよう求めている。

　①親子法人等との間で授受を行う非公開情報の範囲が、あらかじめ特定さ

れていること
② 親子法人等との間で授受を行う非公開情報について、アクセス管理の徹底、関係者による持出し防止に係る対策および外部からの不正アクセスの防止など、十分な情報管理がされていること
③ 証券会社等および非公開情報の授受を行う親子法人等のそれぞれにおいて、内部管理部門に非公開情報の管理を行う責任者を設置するなど、非公開情報の管理を一元的に行う体制が整備されていること。また、オプトアウトした法人顧客やオプトインしていない顧客に係る非公開情報（以下、「非共有情報」という）については、その他の非公開情報と分離して管理されていること。さらに、非公開情報および非共有情報の管理状況について、定期的に検証する態勢となっていること
④ 内部管理部門に設置する非公開情報の管理を行う責任者等が、営業部門等に対し十分に牽制機能を発揮できるよう、たとえば、以下の措置が講じられていること
　　ⅰ 内部管理部門の職員と営業部門その他の非公開情報を利用して業務を行う部門の職員との間で、兼務を認めないこと
　　ⅱ 非公開情報の管理に関する事項について、内部管理部門の判断が営業部門等の判断に必ず優先するなど、的確な牽制権限を有していること
　　ⅲ 非公開情報の管理に関する事項について、営業部門等（経営責任者を除く）から指揮命令を受けないこととされていること
⑤ 非公開情報の管理を行う責任者等の権限および責任体制や非公開情報の取扱いに関する手続が、書面等において明確にされていること。特に、営業部門における非共有情報の取扱手続が、具体的に定められていること。さらに、こうした手続について、当該証券会社等およびその親子法人等の役職員への研修の実施等により、周知徹底が図られていること
⑥ 証券会社等または非公開情報の授受を行う親子法人等の営業部門その他の非公開情報を用いて業務を行う部門の役職員について、以下の措置が

講じられていること
　ⅰ 当該職員が、当該証券会社等または非公開情報の授受を行う親子法人等のうち、一の法人等が管理する非共有情報以外の非共有情報にアクセスできないこと
　ⅱ 当該役職員が、そのアクセスできる非共有情報を管理する法人等以外の法人等が非共有情報を管理する顧客に対して、当該非共有情報を用いて勧誘等を行わないこと
⑦非公開情報を取り扱う各部門と非公開情報を取り扱わない各部門との間の人事異動等に際し、非公開情報が漏洩しないような措置（守秘義務規定の整備および資料管理等）が講じられていること。また、たとえば、証券会社等において非共有情報を取り扱う営業部門その他の非公開情報を用いて業務を行う部門とその親子法人等の営業部門その他の非公開情報を用いて業務を行う部門との間の人事異動等に際しても、同様の措置が講じられていること
⑧証券会社等が事務の外部委託を行う場合には、非共有情報が委託先を経由して親子法人等に提供されることがないよう、以下の措置が講じられていること
　ⅰ 委託先において、非共有情報とその他の顧客の情報を分離して管理すること等により、非共有情報が親子法人等に提供されない措置を講じていること
　ⅱ 委託先を通じて顧客へのサービス提供を行う場合において、当該サービスが、当該証券会社等の親子法人等が提供するものと誤認されないような措置を講じていること
　ⅲ 上記ⅰおよびⅱの措置が適切に講じられるよう、証券会社等が委託先を適切に監督していること
⑨内部管理部門等において、非公開情報が漏洩しないよう、たとえば以下のような措置が的確に講じられていること

ⅰ 内部管理部門等と、営業部門その他の非公開情報を利用して業務を行う部門の職員との間で、兼務を認めないこと
　ⅱ 内部管理部門等とそれ以外の部門の間の人事異動に際し、非公開情報が漏洩しないような措置（守秘義務規定の整備および資料管理等）を講じていること
　ⅲ 内部管理部門等と非公開情報を取り扱わない部門との間で兼務をする職員がある場合には、非公開情報を取り扱わない部門において、上記ⅰおよびⅱに準じた措置を講じていること
⑩役員等（役員または法令遵守管理に関する十分な知識・経験を有し、他の職員の指導・監督を行う立場にある職員をいう）が、経営管理または内部管理に関する業務を行うために、その従事する一の法人等が管理する非共有情報以外の非共有情報の提供を受けることは、非共有情報の漏洩には該当しないと考えられるが、その場合には、たとえば以下のような措置が講じられていること
　ⅰ 当該役員等から当該非共有情報が漏洩しないこと
　ⅱ 当該役員等が、当該非共有情報を、経営管理または内部管理に関する業務を行う以外の目的（たとえば営業目的）で利用しないこと
⑪上記⑨および⑩の措置に関する社内規則を整備するとともに、その遵守状況を検証する態勢となっていること

### 3　利益相反管理

　前述したファイアウォール規制はグループ内の銀行と証券会社の間の顧客情報の授受を規制するものであるが、利益相反管理は、銀行・証券会社間だけに生じる問題ではなく、銀行（グループ）内の部門間、または同一金融グループ内の親会社・子会社・兄弟会社・関連会社のいずれとの間でも起こりうる。
　このため、銀行法、保険業法および金融商品取引法では、金融機関に対し、利益相反管理態勢の構築を求めている。一例をあげれば、銀行法13条の3の

2第1項は、「銀行は、当該銀行、当該銀行を所属銀行とする銀行代理業者又は当該銀行の親金融機関等若しくは子金融機関等が行う取引に伴い、当該銀行、当該銀行を所属銀行とする銀行代理業者又は当該銀行の子金融機関等が行う業務（銀行業、銀行代理業その他の内閣府令で定める業務に限る。）に係る顧客の利益が不当に害されることのないよう、内閣府令で定めるところにより、当該業務に関する情報を適正に管理し、かつ、当該業務の実施状況を適切に監視するための体制の整備その他必要な措置を講じなければならない」と規定している。

利益相反管理の方法としては、①部門の分離（情報共有の制限）、②取引条件または方法の変更、一方の取引の中止、③利益相反事実の顧客への開示という管理方法を選択し、または組み合わせることが考えられる。

このうち、①の管理方法は、情報共有先の制限を行うにあたっては、利益相反を発生させる可能性のある部門間において、システム上のアクセス制限や物理上の遮断を行う等、業務内容や実態をふまえた適切な情報遮断措置が講じるものであり、情報管理規制の一つといえる。

## 4 非公開情報保護措置（保険業法）

銀行等が保険募集人として保険募集業務を営む場合に関し、保険業法では、非公開情報保護措置を設けている。この規制は、預金・為替・貸出等の銀行取引を通じて得た顧客の非公開情報（非公開金融情報）を保険募集に利用する場合には、顧客の事前同意が必要であり、また、逆に保険募集の際に得た顧客の非公開情報（非公開保険情報）を、銀行取引に利用する場合も、顧客の事前同意が必要であるという規制である（一般社団法人全国銀行協会「生命保険・損害保険コンプライアンスに関するガイダンス・ノート」（2012年2月）参照）。保険募集業務においてアクセスできる顧客情報の範囲を制限する規制であり、情報管理に関する規制の一つといえる。

保険募集人である銀行等が顧客の同意を取得する際に、当該同意の有効期

第1編
法務編

間およびその撤回の方法、非公開金融情報を利用する保険募集の方式（対面、郵便等の別）、利用する非公開金融情報の範囲（定期預金の満期日、預金口座への入出金に係る情報、その他金融資産の運用に係る情報等）を顧客に具体的に明示するとともに、非公開金融情報の保険募集に係る業務への利用について、当該業務に先立って書面による説明を行い、同意を得た旨を記録し、契約申込みまでに書面による同意を得る必要がある（保険会社向けの総合的な監督指針）。

# 第 3 章
# 情報の利用と情報セキュリティ管理

## 1 厳格管理が求められる情報の類型

　金融機関は多種多様な情報を取り扱うが、このうち、特に厳格な管理が求められる情報がある。本節では、こうした情報として、①機微（センシティブ）情報、②個人信用情報、③クレジットカード情報等、④反社会的勢力に関する情報について取り上げる。

### 1 機微（センシティブ）情報の取得・利用・管理

(1) 厳格管理の内容

　金融機関は、政治的見解、信教（宗教、思想および信条をいう）、労働組合への加盟、人種および民族、門地および本籍地、保健医療および性生活、ならびに犯罪歴に関する情報（以下、「センシティブ情報」という）の取得・利用・第三者提供（以下、「取得等」という）を、原則として行わないよう求められており（金融庁ガイドライン6条1項、努力措置）、また、センシティブ情報を、同条1項各号に定める事由により取得等する場合には、各号の事由を逸脱したセンシティブ情報の取得等を行うことのないよう、特に慎重に取り扱う必要がある（同条2項、努力措置）。

　金融庁ガイドラインでは、これらの情報がプライバシーに与える影響が特に大きいことにかんがみ、原則として、金融機関がセンシティブ情報を取得等することを禁止している（寺田達史ほか編『金融分野における個人情報の保護』47頁（2006年））。

　また、銀行法、保険業法などの業法においても、金融機関は、その取り扱う個人である顧客に関する人種、信条、門地、本籍地、保健医療または犯罪

経歴についての情報その他の特別の非公開情報を、適切な業務の運営の確保その他必要と認められる目的以外の目的のために利用しないことを確保するための措置を講じなければならない旨の規定が置かれている（銀行法施行規則13条の6の7）。

金融庁ガイドライン上の規制と業法上の規制は実質的に同内容であるから、以下では金融庁ガイドライン上の規制について概説する。

(2) センシティブ情報の定義

前述したとおり、センシティブ情報とは、①政治的見解、②信教（宗教、思想および信条をいう）、③労働組合への加盟、④人種および民族、⑤門地および本籍地、⑥保健医療および性生活、ならびに⑦犯罪歴に関する情報をいう。

センシティブ情報に該当するためには、上記定義に当たる「情報」であれば足り、個人情報データベース等を構成しているか否かは問わない（金融庁ガイドラインに関するパブリックコメント手続における金融庁回答（回答番号135））。

金融庁ガイドライン6条の文言に照らせば、センシティブ情報に含まれる情報は、同条に列記された情報に限る趣旨と考えられる（限定列挙）（西方建一「『金融分野における個人情報保護に関するガイドライン』および安全管理措置等に関する『実務指針』の概要」（以下、「西方・概要」という）金法1729号12頁）。金融実務では、相続手続や納税義務との関係から、準拠法を確認するため、顧客から国籍情報を取得することがあるが、国籍情報自体は、「センシティブ情報」に含まれていない（金融庁ガイドラインに関するパブリックコメント手続における金融庁回答（回答番号126・174））。また、個人信用情報も、センシティブ情報に当たらない。

新聞・官報などに掲載された公知の情報も、「センシティブ情報」に含まれない（金融庁ガイドラインに関するパブリックコメント手続における金融庁回

答（回答番号143～145））。これらの情報はプライバシーに配慮する必要性に乏しいからである。したがって、たとえば、新聞などに掲載された犯罪に関する情報は、「センシティブ情報」には当たらない。実務にあたっては、新聞から犯罪歴に関する情報を取得した場合には、その旨を記録にとどめ、当該情報が「公知の情報」であることを明確化しておくことが望ましい。同様に、外形から一見して明白な身体などに関する情報（顔写真を含む）も「センシティブ情報」に含まれない（金融庁ガイドラインに関するパブリックコメント手続における金融庁回答（回答番号144・145））。ビデオカメラの映像も同様である（上記金融庁回答（回答番号154）参照）。

　金融機関が政治団体や宗教団体、その構成員と取引をする場合、当該取引に伴って不可避的に、政治団体・宗教団体の構成員の政治的見解や信教に関する情報を取得する場合がある。また、金融機関が、適合性の原則に照らした取引の妥当性を判断するため、顧客に対して、職業の申告を求めることがあるが、その職業が僧侶・牧師・政治家などである場合には、結果として、顧客の政治的見解・信教に関する情報を取得してしまうことがある（金融庁ガイドラインに関するパブリックコメント手続における金融庁回答（回答番号158）の「質問の概要」欄参照）。

　また、金融機関が取得する保健医療情報には、①取引先の成年後見開始の原因に関する情報（認知症であるなどの具体的病名を含む情報など）、②団体信用生命保険の申込書兼告知書に記載された病歴に関する情報などが考えられる。具体的な病名を含む情報は、「センシティブ情報」に該当する場合が多いと考えられるが、たとえば、「骨折をしている」など外形から一見して明白な身体などに関する情報が、「センシティブ情報」に該当するか否かは必ずしも明確ではない。顧客が「成年後見制度における被後見人である」という情報は、「被後見人である」という情報自体からは、病気などの保健医療に関する情報の内容が特定されるものではなく、「被後見人である」という法律的な位置づけを示しているにすぎないため、「センシティブ情報」には

# 第1編
## 法務編

当たらないと考えられている（寺田達史ほか編『金融分野における個人情報の保護』49頁（2006年））。さらに、金融機関が取得する犯罪歴に関する情報には、融資取引先における犯罪に関する情報（詐欺・横領・背任などの発生等）などがある（金融庁ガイドラインに関するパブリックコメント手続における金融庁回答（回答番号120・138）の「質問の概要」欄参照）。

### (3) 取得・利用・第三者提供の意義

金融庁ガイドライン6条1項では、センシティブ情報の「取得」「利用」または「第三者提供」を行うことを禁止している（努力措置）。

金融庁ガイドライン6条の「取得」とは、金融機関の事業の用に供するものとしてファイルに綴じるなどにより保管等することを意味する。したがって、金融機関の従業者が本人から口頭でセンシティブ情報に該当する情報を聞いたとしても、保管等しない限り、センシティブ情報の「取得」に当たらないと考えられる（金融庁ガイドラインに関するパブリックコメント手続における金融庁回答（回答番号160））。また、金融機関が、センシティブ情報が記載された書面を受け取った場合であっても、すみやかに、センシティブ情報の部分を黒塗りして保管すれば、センシティブ情報の「取得」には当たらないと考えられる（金融庁ガイドラインに関するパブリックコメント手続における金融庁回答（回答番号161）参照）。

### (4) 例外規定

金融機関によるセンシティブ情報の取得等が例外的に認められるのは、次の八つの場合に限られる（金融庁ガイドライン6条1項）。

①法令等に基づく場合
②人の生命・身体・財産の保護のために必要がある場合
③公衆衛生の向上・児童の健全な育成の推進のため特に必要がある場合
④国の機関もしくは地方公共団体またはその委託を受けた者が法令の定め

る事務を遂行することに対して協力する必要がある場合
⑤源泉徴収事務等の遂行上必要な範囲において、政治・宗教等の団体もしくは労働組合への所属もしくは加盟に関する従業員等のセンシティブ情報を取得・利用・第三者提供する場合
⑥相続手続による権利義務の移転等の遂行に必要な限りにおいて、センシティブ情報を取得・利用・第三者提供する場合
⑦保険業その他金融分野の事業の適切な業務運営を確保する必要性から、本人の同意に基づき業務遂行上必要な範囲でセンシティブ情報を取得・利用・第三者提供する場合
⑧センシティブ情報に該当する生体認証情報を、本人の同意に基づき本人確認に用いる場合

　法令等に基づく場合には、例外的にセンシティブ情報の取得等が許容される。「法令等」の「等」には、法令に基づく告示、指針等、条約・政府間協定、公務所から発出された指導文書などが含まれる（金融庁ガイドラインに関するパブリックコメント手続における金融庁回答（回答番号148））。また、外国の法令が明示的に金融機関にセンシティブ情報の取得等を義務づけている場合には、当該法令は「法令等」の「等」に含まれる（金融庁ガイドラインに関するパブリックコメント手続における金融庁回答（回答番号150））。

　金融庁ガイドライン6条1項2号は、個人情報保護法16条3項2号を参考に立案されたものである（金融庁ガイドラインに関するパブリックコメント手続における金融庁回答（回答番号120））。「人」には、金融機関自身も含まれると考えられるから、金融機関の生命・身体・財産を保護するために必要がある場合には、金融庁ガイドライン6条1項2号に基づき、本人の同意を得ずにセンシティブ情報を取得等することができると考えられるが、同号が適用されるためには、「人の生命・身体・財産に関する権利利益が侵害される具体的おそれが存在するとともに、当該センシティブ情報を利用することにより、その財産等の保護が図られることについての合理的説明を要」するから

# 第1編
## 法　務　編

（金融庁ガイドラインに関するパブリックコメント手続における金融庁回答（回答番号120・140））、その解釈・適用については個別の事案ごとに慎重な検討が必要である。同号に該当する場合の具体例として、いわゆる総会屋および暴力団などの違法行為に関する情報を収集する場合がある（金融庁ガイドラインに関するパブリックコメント手続における金融庁回答（回答番号111））。

　金融庁ガイドライン6条1項7号では、「保険業その他金融分野の事業の適切な業務運営を確保する必要性から、本人の同意に基づき業務遂行上必要な範囲で機微（センシティブ）情報を取得、利用または第三者提供する場合」について、例外的にセンシティブ情報の取得等を認めている。同号は、①業務遂行上、センシティブ情報を取得等する必要性があること（必要性）、②金融分野の事業の適切な業務運営を確保する必要があること（適切性）、③本人の同意に基づくこと（本人同意）という三つの要件をすべて満たす場合に、センシティブ情報の取得等を許容したものである（寺田達史ほか編『金融分野における個人情報の保護』58頁（2006年））。

　したがって、本人同意がある場合であっても、必要性や適切性を欠く場合には、同号に基づくセンシティブ情報の取得等は認められない（金融庁ガイドラインに関するパブリックコメント手続における金融庁回答（回答番号146））。実務上、金融機関が、債務者や法人債務者の代表者の健康状態に関する情報を取得する場合がある。債務者や法人債務者の代表者の健康状態などが、債務者の返済能力に影響することも少なくないから、債務者や法人債務者の代表者の保健医療情報(体調・健康状態などの一般的な情報)を取得することが「必要性」や「適切性」を欠くとは即断できないが、必要性・適切性の有無については、個別に慎重な検討が必要である。

　金融庁ガイドライン6条1項7号の同意は、明示の同意であることを要する（金融庁ガイドラインに関するパブリックコメント手続における金融庁回答（回答番号162）参照。なお、法施行前に取得したセンシティブ情報につき、回答番号167・168参照)。また、同意を得る必要があるのは、「保険業その他金融機関

の事業の適切な業務運営を確保する必要性から、業務遂行上必要な範囲で、センシティブ情報を取得、利用または第三者提供する」という点である（金融庁ガイドラインに関するパブリックコメント手続における金融庁回答（回答番号166））。この点について同意を得ていれば、それ以上に詳細なセンシティブ情報の利用の態様についてまで同意を得る必要はないと考えられる。本人が成年被後見人である場合には、成年後見人から同意を取得することも可能であると考えられる（金融庁ガイドラインに関するパブリックコメント手続における金融庁回答（回答番号172）参照）。

　金融庁ガイドライン6条1項8号は、センシティブ情報に該当する生体認証情報を本人の同意に基づき、本人確認に用いる場合について、例外的にセンシティブ情報の取得等を認めている。同号は、センシティブ情報に該当する生体認証情報については、本人の同意に基づく場合であっても、本人確認目的以外に用いることを認めない趣旨を規定したものである（金融庁ガイドラインに関するパブリックコメント手続における金融庁回答（回答番号146））。生体認証情報としては、指紋・網膜・血管パターンなどがあり、たとえば、ATMを利用した預金取引などでの本人確認方法として、生体認証情報を取得等する場合が考えられる。

### (5) センシティブ情報の取扱い（金融庁ガイドライン6条2項）

　金融機関は、金融庁ガイドライン6条1項各号に基づきセンシティブ情報を取得等する場合には、同項各号の事由を逸脱した取得等を行うことのないよう、特に慎重に取り扱うことが求められている（金融庁ガイドライン6条2項、努力措置）。「特に慎重に取り扱う」という表現は、金融庁ガイドライン6条1項に定められた目的・使用方法等以外の取得等を禁止する旨を努力措置として規定したものである（金融庁ガイドラインに関するパブリックコメント手続における金融庁回答（回答番号125））。

　センシティブ情報の取扱いについては、安全管理実務指針別添2において

詳細な定めが設けられている。安全管理実務指針では、センシティブ情報について、安全管理実務指針Ⅰ～Ⅲに規定する措置に加えて、特別な上乗せ措置を講じるよう求めている（一部につき努力措置。なお、安全管理実務指針に関するパブリックコメント手続における金融庁回答（回答番号80）参照）。また、センシティブ情報に該当する生体認証情報（機械による自動認証に用いられる身体的特徴のうち、非公知の情報）の取扱いについては、安全管理実務指針別添2に規定するすべての措置を実施することを求めている。

a　センシティブ情報に関する特別な上乗せ措置

金融機関は、安全管理実務指針1－2所定の安全管理取扱規程において、センシティブ情報の取扱いについて規程を整備するとともに、情報通信技術の状況などをふまえ、必要に応じて、当該規程の見直しを行うことが求められている（安全管理実務指針7－1、努力措置）。

具体的には、個人データの管理段階（取得・入力段階、利用・加工段階、保管・保存段階、移送・送信段階、消去・廃棄段階）ごとに、各管理段階の安全管理取扱規程において、「本人同意が必要である場合における本人同意の取得および本人への説明事項」や「必要最小限の者に限定したアクセス権限の設定およびアクセス制御の実施」などに関する定めを設けるよう求めている（安全管理実務指針7－1－1・7－1－2・7－1－3・7－1－4・7－1－5、努力措置）。「本人への説明事項」とは、金融庁ガイドライン6条1項7号に定める事業の適切な業務運営を確保する必要性から、本人の同意に基づき業務遂行上必要な範囲でセンシティブ情報の取得等を行うことについて説明することを意味し、これ以上の詳細な内容の説明は不要であると考えられる（安全管理実務指針に関するパブリックコメント手続における金融庁回答（回答番号75・79・81）参照）。

また、金融機関は、必要に応じて、センシティブ情報の取扱いについて外部監査を行うことが求められている（安全管理実務指針7－2後段、努力措置）。「外部監査」とは、当該個人情報取扱事業者から独立した者が実施主体

となり、当該事業者において金融庁ガイドライン・安全管理実務指針に従った安全管理措置が実施されていることを確認するための監査を意味する（安全管理実務指針に関するパブリックコメント手続における金融庁回答（回答番号84））。

　b　センシティブ情報に該当する生体認証情報の取扱い

　「センシティブ情報に該当する生体認証情報」（以下、単に「生体認証情報」という）とは、機械による自動認証に用いられる身体的特徴のうち、非公知の情報を意味する。生体認証情報については、取得・入力段階、利用・加工段階、保存段階および消去段階の安全管理取扱規程において、「なりすましによる登録の防止策」「生体認証情報の取得後、基となった生体情報の速やかな消去」「保存時における生体認証情報の暗号化」などの項目について、追加的に定めを置くことを求めている（安全管理実務指針7－1－1－1・7－1－2－1・7－1－3－1・7－1－5－1）。

　また、金融機関は、安全管理実務指針2－5－2所定の監査の実施にあたり、生体認証情報の取扱いに関し、外部監査を行うことが求められている（安全管理実務指針7－2前段）。

　安全管理実務指針7－1－1－1・7－1－2－1・7－1－3－1（保存時の暗号化に係る部分）・7－1－5－1所定の生体認証情報に関する安全管理措置については、安全管理実務指針の文言上、義務的措置と規定されている点に注意を要する。これと同様に、生体認証情報の取扱いに関する外部監査は、義務規定と解されているようである（安全管理実務指針に関するパブリックコメント手続における金融庁回答（回答番号82）、西方・概要14頁）。

　したがって、生体認証情報を預金者の本人確認等に用いる場合には、これらの点に留意する必要があると考えられる。これに対し、従業員の入退室などに、指紋・静脈認証等の生体認証情報を利用する場合には、金融庁ガイドライン・安全管理実務指針の適用がないため、当該生体認証情報については、安全管理実務指針所定の外部監査を行う必要はない（安全管理実務指針に関

第1編
法　務　編

するパブリックコメント手続における金融庁回答（回答番号83））。後者の場合には、厚生労働省「雇用管理に関する個人情報の適正な取扱いを確保するための事業者が講ずべき措置に関する指針」に沿った措置を講じる必要がある。

## 2　個人信用情報・クレジットカード情報の管理

### (1)　個人信用情報に関する厳格管理

　個人信用情報機関とは、個人の返済能力に関する情報の収集および与信事業を行う個人情報取扱事業者に対する当該情報の提供を業とするものをいう（金融庁ガイドライン2条6項）。銀行業界では、1988年10月、各地の銀行協会が運営していた個人信用情報センターを統合し、「全国銀行個人信用情報センター」が設置された。現在は、全国銀行協会が、同センターを運営している。

　信用情報機関に登録される資金需要者の返済能力に関する情報を個人信用情報という。

　個人信用情報機関に対して個人データが提供される場合には、個人信用情報機関を通じて、当該機関の会員企業にも情報が提供されるため、個人信用情報機関に個人データを提供する金融機関が、この点につき本人の同意を取得することになる（金融庁ガイドライン13条3項、努力措置）。金融庁ガイドラインは、金融機関に対し、与信事業に係る個人の返済能力に関する情報を個人信用情報機関に提供するにあたっては、オプトアウト制度（法23条2項）を用いず、本人の同意を得るよう求めている（金融庁ガイドライン13条5項、努力措置）。これは、個人信用情報機関への個人データの提供について、オプトアウト制度によることを禁止する趣旨である（努力措置）（金融庁ガイドラインに関するパブリックコメント手続における金融庁回答（回答番号289・290））。

　金融庁ガイドラインでは、金融機関に対し、個人信用情報機関から得た資金需要者の返済能力に関する情報については、当該者の返済能力の調査以外

の目的に使用することのないよう、慎重に取り扱うことを求めている（金融庁ガイドライン13条3項なお書、努力措置）。

　安全管理実務指針では、個人信用情報機関に対し、特別な安全管理措置を課している。具体的には、「個人信用情報機関は、その会員が適正に個人信用情報（信用情報機関に登録される資金需要者の返済能力に関する情報。以下、同じ）を登録・照会し、個人信用情報を返済能力の調査以外の目的のために使用しないことを確保するため、本実務指針Ⅰ(2)に規定する措置に加え、8－1から8－4までの措置を講ずることとする」と規定し、次の4点を定めている。

　①　資格審査

　個人信用情報機関は、入会申込時においては、適正な事業者のみが会員となるよう、あらかじめ定めた入会基準に基づき、厳正に入会審査を行うこととする。

　②　モニタリング

　個人信用情報機関は、入会後においては、会員が入会基準を逸脱し、また返済能力の調査以外の目的のために個人信用情報を使用しないよう、会員による個人信用情報へのアクセスに対する適切かつ継続的なモニタリングを行うこととする。

　③　不適正使用に対する処分

　個人信用情報機関は、個人信用情報の不適正な使用があった場合、あらかじめ定めた会員管理に関する規程に基づき、利用停止、退会その他の処分を実施するとともに再発防止策を講じることとする。

　④　外部監査

　個人信用情報機関は、個人信用情報機関におけるガイドラインおよび本実務指針に従った安全管理措置が実施されていることを確認するため、外部監査を受けることとする。

#### (2) クレジットカード情報の厳格管理

##### a　クレジットカード情報管理の必要性

　銀行は自らまたは子会社を通じてクレジットカードを発行している。また、保険会社の保険募集人は初回保険料の領収にあたりクレジットカード決済を利用するよう保険契約者に勧めることが多い。このように、金融機関が顧客のクレジットカード情報（カード番号、有効期限等）を取り扱う機会がふえているが、金融機関は、こうしたクレジットカード情報を含む個人情報について特に厳格な管理を行う必要がある。クレジットカード情報が漏洩した場合、不正使用によるなりすまし購入など二次被害が発生する可能性が高いからである。

##### b　厳格管理の具体的内容

　クレジットカード情報を取り扱う金融機関は、クレジットカード情報については、少なくとも次の措置を講ずることが望ましい（保険会社向けの総合的な監督指針参照）。

① クレジットカード情報等について、利用目的その他の事情を勘案した適切な保存期間を設定し、保存場所を限定し、保存期間経過後適切かつすみやかに廃棄する。

② 業務上必要とする場合を除き、クレジットカード情報等をコンピュータ画面に表示する際には、カード番号をすべて表示させない等の適切な措置を講ずる。

③ クレジットカード情報等の取扱いを第三者に委託する場合は、代理店を含む外部委託先において、クレジットカード情報等を保護するためのルールおよびシステムが有効に機能しているかについて、定期的または随時に、点検・立入検査を行う。

④ クレジットカード情報等について、二段階以上の委託が行われた場合には、代理店を含む外部委託先が再委託先等の事業者を十分に監督していると認められる場合を除き、定期的または随時に、点検・立入検査を

行う等、再委託先等の事業者に対して自社による直接の監督を行う。

まず、クレジットカード情報について、①保存期間を設定すること、②保存場所を限定すること、③保存期間経過後はきちんと廃棄することが求められる。保存期間については、たとえば、「お客様との取引が終了するまで」「お客様との取引が終了してから一定期間（たとえば、3年）が経過するまで」などと定めることが考えられる。

クレジットカード情報をどの程度の期間、保存するかは、クレジットカード情報をどのような目的で利用しているかに応じて異なる。初回保険料の領収のためだけに利用するのであれば、その後、すみやかに廃棄することが望ましい。いずれにしても、実務に支障が生じないよう適切な保存期間を設定することが重要である。

次に、上記②から④は、クレジットカード情報について、いわば上乗せした安全管理を求めるものである。クレジットカード情報を取り扱う個人情報取扱事業者は、この上乗せした安全管理が実効性あるものとなっているかを定期的にチェックする必要がある。

## 3 反社会的勢力に関する情報の厳格管理

### (1) 中小・地域金融機関向け監督指針

中小・地域金融機関向けの総合的な監督指針においては、「反社会的勢力による被害の防止」と題し、金融機関と反社会的勢力との取引の解消の重要性を強調している。

反社会的勢力との取引関係の遮断については、取引開始を防止するための取引時のスクリーニングと取引開始後に発覚した場合の取引モニタリングと取引解消の努力が重要であるが、前者について、中小・地域金融機関向けの総合的な監督指針では、「反社会的勢力対応部署において反社会的勢力に関する情報を積極的に収集・分析するとともに、当該情報を一元的に管理したデータベースを構築する体制となっているか。また、当該情報を取引先の審

査や当該金融機関における株主の属性判断等を行う際に、活用する体制となっているか」という監督上の着眼点があげられている。

反社会的勢力に関する情報については、その性質に照らし、相応の厳格な安全管理（漏洩や目的外利用の防止）が求められると考える。

(2) 反社会的勢力に関する情報の取得・利用時の留意点
　a　問題の所在

前述したとおり、金融機関が、反社会的勢力の不当要求に対して毅然と対処し、その被害を防止するためには、金融機関において、反社会的勢力の情報をデータベース化し、反社会的勢力による被害防止のために利用することが重要であるが、このように反社会的勢力に関する個人情報を取得・利用することが個人情報保護法に違反しないかという点が問題になる。

この点について、政府が公表している「企業が反社会的勢力による被害を防止するための指針に関する解説」において整理されているため、以下ではこれに即して、検討する。

　b　反社会的勢力の個人情報の取得時の整理

金融機関は、個人情報を取得した場合は、あらかじめその利用目的を公表している場合を除き、すみやかに、その利用目的を、本人に通知し、または公表しなければならない（個人情報保護法18条1項）。また、金融機関が、本人との間で契約を締結することに伴って契約書その他の書面（電磁気記録を含む）に記載された当該本人の個人情報を取得する場合、その他本人から直接書面に記載された当該本人の個人情報を取得する場合は、あらかじめ、本人に対し、その利用目的を明示しなければならない（同条2項）。もっとも、「利用目的を本人に通知し、または公表することにより本人または第三者の生命、身体、財産その他の権利利益を害するおそれがある場合」や「利用目的を本人に通知し、または公表することにより当該個人情報取扱事業者の権利または正当な利益を害するおそれがある場合」には上記の利用目的の通

知、公表、明示は不要とされている（同条4項）。

　金融機関が、反社会的勢力の個人情報を取得する場面において、利用目的を本人に通知・公表・明示することにより、金融機関やその従業員等に危害が加えられる、あるいは金融機関に不当要求等がなされる等のおそれがある場合、個人情報保護法18条4項1号（本人または第三者の生命、身体または財産その他の権利利益を害するおそれがある場合）および2号（事業者の正当な権利または利益を害するおそれがある場合）に当たり、本人に利用目的を通知・公表・明示する必要はないと考えられる。

　c　反社会的勢力の個人情報の利用時の整理

　金融機関が公表している個人情報の利用目的は非常に広い。金融機関が反社会的勢力に関する個人情報を利用することは、通常、この利用目的に含まれると考えられる。たとえば、来店者が反社会的勢力に当たるため銀行が預金口座の開設を拒絶することは、銀行が公表している利用目的のうち、「犯罪収益移転防止法に基づくご本人さまの確認等や、金融商品やサービスをご利用いただく資格等の確認のため」に当たる。また、債務者が反社会的勢力に当たるため、銀行が銀行取引約定書の反社会的勢力排除条項を根拠に期限の利益を喪失させ貸付金の回収を行うことは、「お客さまとの契約や法律等に基づく権利の行使や義務の履行のため」に当たる。

　保険会社・証券会社の場合も結論としてはおおむね同様であり、金融機関が反社会的勢力に関する個人情報を利用し、反社会的勢力との取引関係を遮断することは、通常、金融機関が公表している利用目的に当たり、適法であると考えられる。

　万が一、金融機関が公表している個人情報の利用目的の達成のために必要な範囲内に収まらない場合にはどのように考えたらよいのであろうか。金融機関は、あらかじめ本人の同意を得ないで、特定された利用目的の達成に必要な範囲を超えて、個人情報を取り扱うことはできない（個人情報保護法16条1項）。もっとも、「人の生命、身体または財産の保護のために必要がある

場合であって、本人の同意を得ることが困難であるとき」には、本人の同意を得ないで個人情報を目的外利用することができる（同条3項）。

金融機関が反社会的勢力による被害防止という利用目的のもと反社会的勢力の個人情報を利用することは、同条3項2号（人の生命、身体または財産の保護のために必要がある場合であって、本人の同意を得ることが困難であるとき）に該当し、本人の同意がなくとも反社会的勢力情報を利用することができると考えられる。

d　個人データの提供

金融機関が、その子会社に対して反社会的勢力の個人データを提供し、金融機関グループ一体となって反社会的勢力排除の取組みを推進することは可能であろうか。

個人情報取扱事業者は、原則として、あらかじめ本人の同意を得ないで、個人データを第三者に提供することが禁じられているが、例外的に「人の生命、身体または財産の保護のために必要がある場合であって、本人の同意を得ることが困難であるとき」には本人の同意を得ずに個人データを提供できる（同法23条1項）。金融機関が反社会的勢力による被害防止という利用目的のもと反社会的勢力の個人情報を利用することは、同法23条1項2号（人の生命、身体または財産の保護のために必要がある場合であって、本人の同意を得ることが困難であるとき）に当たり、本人の同意がなくとも第三者提供を行うことができると考えられる。

## 2　守秘義務と開示義務との衝突

### 1　守秘義務と情報提供義務の衝突

前述したとおり、金融機関は、顧客との取引内容に関する情報や顧客との取引に関して得た顧客の信用にかかわる情報などの顧客情報につき、商慣習上または契約上、当該顧客との関係において守秘義務を負い、その顧客情報

をみだりに外部に漏らすことは許されない（最高裁平成19年12月11日決定（民集61巻9号3364頁。以下、「平成19年最高裁決定」という））。

近時、金融機関の守秘義務と情報提供義務の衝突が問題となることがふえている。情報提供義務がないにもかかわらず、金融機関が外部に情報を提供することは情報漏洩に当たるし、守秘義務がないにもかかわらず、金融機関が外部への情報提供を拒むと情報提供義務違反を理由とする損害賠償責任を負うこととなるから、実務上、注意が必要である。

## 2 情報提供義務の意義

### (1) 情報提供義務が問題となる場面の多様性

金融機関がその有する情報を外部に提供する義務を負うかが問題となる場面は、その情報の内容や提供の相手方などに応じてさまざまなものがある。実務上、問題となる場面として次の四つがあげられる。

まず一つ目として、①金融機関が、その有する自己（当該金融機関）に関する情報を顧客や外部に提供する義務が問題となる場面である。この類型に属する最近の最高裁判決として最高裁判平成23年4月22日（民集65巻3号1405頁）［信用協同組合による出資勧誘にあたり当該信用協同組合の債務超過状態にかかる情報の提供義務が問題となった事案］などがある。

二つ目として、②金融機関が、顧客情報以外の情報を顧客に提供する義務が問題となる場面である。金融商品の販売等に関して議論されている「説明義務」の問題はこの類型に属することが多い。この類型に属する最近の最高裁判決として、最高裁判平成18年6月12日（集民220号403頁）［顧客に対し融資を受けて顧客所有地に容積率の制限の上限に近い建物を建築した後にその敷地の一部売却により返済資金を調達する計画を説明した金融機関の担当者につき前記計画に建築基準法にかかわる問題があることについての説明義務違反等が問題となった事例］などがある。

三つ目として、③金融機関が、その有する顧客情報を外部に提供する義務

が問題となる場面である。

最後に四つ目として、④金融機関が、その有する顧客情報を当該顧客に提供する義務が問題となる場面である。この類型に属する最近の最高裁判決として最高裁平成17年7月19日（民集59巻6号1783頁）［貸金業者は、債務者から取引履歴の開示を求められた場合、貸金業法の適用を受ける金銭消費貸借契約の付随義務として、信義則上、取引履歴を開示すべき義務を負うとしたもの］などがある。また、後述する最高裁平成21年1月22日判決もこの類型の亜種と考えることが可能である。

(2) 各場面に応じた留意点

前記①の類型や②の類型のように、「顧客情報」以外の情報の提供が問題となる場面では守秘義務が問題となる余地はない。なぜならば、平成19年最高裁決定によれば守秘義務は顧客情報に関する義務だからである。

また、前記④の類型のように、顧客情報の提供の相手方が当該顧客自身である場面でも、守秘義務が問題となる余地はない。なぜならば、平成19年最高裁決定によれば守秘義務は顧客情報を外部に提供することを禁止する義務だからである。

守秘義務と情報提供義務との交錯が問題となるのは③の類型である。以下ではこの場面に絞って検討を進める。

### 3 顧客情報の提供義務の根拠

金融機関がその有する顧客情報を外部に提供する義務を負うためには、法的根拠が必要である。法的根拠がないにもかかわらず、金融機関が顧客情報を外部に提供する義務を当然に負うということはない。

(1) 三つの法的根拠

実務において問題となりうる顧客情報の提供義務の法的根拠として、次の

三つがあると考えられる。

① 法令に基づく場合（類型A）

取締法規などの法令が金融機関に対し特定の顧客情報を外部に提供するよう義務づけている場合や、法令上の規制を遵守するために金融機関が特定の顧客情報を外部に提供する必要がある場合などがある。たとえば、犯罪収益移転防止法では、金融機関が収受した財産が犯罪による収益である疑いがある場合等について所定の事項を行政庁に届出るよう義務づけている。

この類型Aに属する最近の最高裁判決として、平成19年最高裁決定［裁判所が訴訟外の第三者である金融機関を名宛人として顧客情報を提出するよう文書提出命令（民事訴訟法223条）を発した事案］などがある。

② 契約に基づく場合（類型B）

金融機関が締結した私法上の契約において、当該金融機関が契約の相手方等に対して特定の顧客情報を提供する義務を負う場合である。(a)金融機関が、外部委託先（従属業務子会社など）に対して、金融機関の事務の一部を外部委託するにあたり、その業務委託契約の目的を達するために必要な範囲で顧客情報を当該外部委託先に提供する場合などがある。

③ 信義則等を根拠として情報提供義務を負う場合（類型C）

三つ目の法的根拠として、不法行為規範との関係において、金融機関が、その有する顧客情報を外部に提供する義務を負う場合がある。この類型に属する最近の高裁判決として最高裁判平成24年11月27日［シ・ローンのアレンジャーの情報提供義務違反の責任が肯定された事案］などがある。

(2) **類型Cの情報提供義務の特殊性**

類型A・類型Bの場合、法令・契約において金融機関に顧客情報を外部に提供する作為義務が課されている。これに対して、類型Cの場合には、法令・契約に明文の規定がないにもかかわらず金融機関が顧客情報を外部に提供する作為義務を負い、金融機関がこの義務を履行しなかったことが違法と評価

され損害賠償責任を負う（民法709条）。

　類型Cは、被告とされる者の不作為を違法と評価しこれを根拠にその損害賠償責任を導くものであり、講学上、「不作為による不法行為」として論じられる分野に属する問題である。

　「不作為の不法行為」において、被告の不作為が不法行為を構成するのは、その不作為が作為と同程度の違法性があると評価できる場合に限られる。換言すれば、被告に一定の行為を行うべき法的義務（作為義務）があり、かつ被告がこの作為義務に違反したこと（作為義務違反）が必要である。

　重要な点であるが、判例が被告の「作為義務」を導く場面は（意外とも思えるほど）ごく例外的な場面に限られているという点である（最高裁判昭和62年1月22日（民集41巻1号17頁）、最高裁判平成20年2月28日（集民227号345頁））。

　具体的には、昭和62年最高裁判決は、「事故を惹起させる蓋然性が高い事態」が生じたことや「事故の発生を予見可能であったこと」などの要件を設けたうえで、レール上の置石の有無を確認したり置石を除去する等の作為義務を導いており、また、平成20年最高裁判決は、被告の作為義務を否定するにあたり、①被告らが問題となっている作為を行わなかった点に無理からぬ事情があるという点や、②被告らの所為によって被害少年の救護が困難になったとはいえないという点を考慮している。

　また、不作為を理由とする不法行為責任が認められるためには、作為義務の存在のほかに、被告に故意・過失があることが必要である（民法709条）。

　不作為の不法行為における「故意」とは、結果の発生および作為義務の存在を認識しながら、それを認容して行為をすることを意味する。また、不作為の不法行為における「過失」も、結果の発生と作為義務の存在の双方について必要である[1]。

---

1　篠原勝美「レール上の置石により生じた電車の脱線転覆事故について置石をした者との共同の認識ないし共謀のない者が事故回避措置をとらなかったことにつき過失責任を負う場合」（「最高裁判所判例解説民事編昭和62年」所収）の27頁参照。

作為義務があるにもかかわらず、これがないと誤認したことに正当な理由がある場合には過失が否定されることもあると考えられる。

## 4 守秘義務と情報提供義務との関係

平成19年最高裁決定を端緒とする守秘義務に関する判例法理の発展には目覚ましいものがあるが、こうした近年の最高裁判決・決定の多くは、金融機関の守秘義務と顧客情報の提供義務の双方が同時に問題となり、両者の関係が問われた事案に関するものである。守秘義務 vs 情報提供義務の問題を実務的観点から解決するにあたっては、こうした判例法理をふまえた検討を行う必要がある。以下、最近の判例法理の進展について詳述する。

(1) 平成19年最高裁決定
　a　事案の概要

本件の本案訴訟は、訴外Aの相続人であるXらが、相続人であるBに対し、遺留分減殺請求権を行使しAの遺産に属する預貯金につき金員の支払等を求めた事案である。

本案訴訟においては、BがAの生前にその預貯金口座から払戻しを受けた金員がAのための費用に充てられたのか、それともBがこれを取得したのかが争われ、Xらは、BがA名義の預金口座から預貯金の払戻しを受けて取得したのはAからBへの贈与による特別受益に当たる等と主張し、Bがその取引金融機関であるY金融機関に開設した預金口座に前記払戻金を入金した事実を立証するために必要があるとして、Y金融機関に対し、BとY金融機関との間の取引履歴が記載された取引明細表（本件明細表）を提出するよう求める文書提出命令の申立てを行った。

Y金融機関は、本件明細表の記載内容が「職業の秘密」に該当するので提出義務を負わないなどと主張し、これを争った。

# 第1編
法務編

　b　裁判所の判断（法廷意見）

　本件では民事訴訟上の文書提出義務と守秘義務との関係が問題となったところ、最高裁は、この点について、「金融機関が民事訴訟において訴訟外の第三者として開示を求められた顧客情報について、当該顧客自身が当該民事訴訟の当事者として開示義務を負う場合には、当該顧客は上記顧客情報につき金融機関の守秘義務により保護されるべき正当な利益を有さず、金融機関は、訴訟手続において上記顧客情報を開示しても守秘義務には違反しない」と判示した。

　c　田原裁判官の補足意見

　平成19年最高裁決定には田原裁判官の補足意見が付されている。同裁判官はその補足意見のなかで次のとおり述べており、守秘義務と法令に基づく情報提供義務の関係を考えるうえで示唆に富む。

　すなわち、「顧客情報についての一般的な守秘義務は、上記のとおりみだりに外部に漏らすことを許さないとするものであるから、金融機関が法律上開示義務を負う場合のほか、その顧客情報を第三者に開示することが許容される正当な理由がある場合に、金融機関が第三者に顧客情報を開示することができる」「文書提出命令は、公正な裁判を実現すべく一般義務として定められたものであるから、金融機関が文書提出命令に応じることは、原則として、当該顧客との一般的な守秘義務の関係では、前記の正当な理由に該当するということができ、金融機関がその命令に応じることを以て、当該顧客は、金融機関の守秘義務違反の責任を問うことはできない」「文書提出命令の申立てを受けた顧客情報に係る文書が……当該顧客において提出を拒絶することができるものであることが、金融機関において容易に認識し得るような文書である場合には、金融機関は、当該守秘義務に基づき、上記顧客情報が職業の秘密に該ることを主張すべき義務が存在する……。金融機関が上記義務が存するにもかかわらず、その主張をすることなく文書提出命令に応じて対象文書を提出した場合には、金融機関は、当該顧客に対して、債務不履行に

よる責任を負うことがあり得る」と述べている。

　d　本決定のポイント

　平成19年最高裁決定は、①法令に基づく顧客情報の提供義務（類型A）と守秘義務との関係が問題となった事案であること、②本件で問題となった顧客情報は預金取引明細表であること、③本件で問題となった情報提供の（直接の）相手方は裁判所（その後、顧客が当事者である訴訟の相手方に当該情報が提供される）であること、④平成19年最高裁決定は、顧客が守秘義務により保護されるべき正当な利益を有しない場合には金融機関による顧客情報の外部への提供が守秘義務に反しないこと、を示唆している点などが特徴的である。

　また、田原裁判官補足意見の特徴として、①一般論として「法律上開示義務を負う場合」にはその情報提供義務が守秘義務に優先すると述べていること、②文書提出命令と守秘義務の関係について、金融機関が文書提出命令に応ずることは守秘義務に違反しないと述べつつ、例外的に金融機関が漫然とこれに応じた場合には守秘義務違反の責任を負う可能性があることを指摘している点をあげることができる。

(2)　平成21年最高裁判決

　a　事案の概要

　最高裁平成21年1月22日判決（民集63巻1号228頁）は、被相続人である預金者が死亡し、その共同相続人の一人であるXが、被相続人が預金契約を締結していたY金融機関に対し、預金契約に基づき被相続人名義の預金口座における取引経過の開示を求めた事案である。

　b　裁判所の判断

　最高裁判所は、「金融機関は、預金契約に基づき、預金者の求めに応じて預金口座の取引経過を開示すべき義務を負う」「その共同相続人の一人は……共同相続人全員に帰属する預金契約上の地位に基づき、被相続人名義の

預金口座についてその取引経過の開示を求める権利を単独で行使することができる」と述べたうえで、情報提供義務（預金口座取引経過開示義務）と守秘義務との関係について、「上告人（筆者注：Y金融機関）は、共同相続人の一人に被相続人名義の預金口座の取引経過を開示することが預金者のプライバシーを侵害し、金融機関の守秘義務に違反すると主張するが、開示の相手方が共同相続人にとどまる限り、そのような問題が生ずる余地はない」と判示した。

　　c　本判決のポイント

　平成21年最高裁判決は、預金契約に基づく顧客情報の提供義務（類型B）と守秘義務の関係が問題となった事案であるが、顧客情報の提供の相手方が預金契約上の地位を承継した共同相続人であるという点に特徴がある。

　前記の分類に従えば、平成21年最高裁判決の事案は類型Bの亜種ということになると考えられる。

(3)　大阪高裁平成19年1月30日判決

　　a　事案の概要

　大阪高裁判平成19年1月30日（金融・商事判例1263号25頁）は、Xらが、Y銀行らに開設された預金口座の開設者の氏名・住所等について弁護士会から弁護士法23条の2所定の照会による報告を求められながらその回答をしなかったこと等が、Xらに対する関係で不法行為になるなどと主張し、損害賠償を求めた事案である。

　　b　裁判所の判断

　大阪高裁は、顧客情報の提供義務の有無について、「弁護士法23条の2所定の照会を受けた公務所または公私の団体は、……当該照会により報告を求められた事項について、照会をした弁護士会に対して、法律上、報告する公的な義務を負う」と判示した。

　また、守秘義務の内容について、「一般的には、Y銀行らとその顧客との

間には、Y銀行らの取引契約上の付随義務として、一定の場合を除いて、顧客の個人情報をみだりに第三者に提供してはならない義務を負うものと解される」と判示した。

そのうえで、前記の公的な回答義務（情報提供義務）が守秘義務によって制約を受けるか否かという問題を定立し、「被控訴人ら（筆者注：Y銀行ら）の上記のとおりの回答義務は、上記5の観点（筆者注：守秘義務の観点）から何らの制約を受けない」と述べた。その理由として、「弁護士法によって弁護士会がその個人情報を得ることが必要であると判断し……た情報が個人情報であるとの理由でその取得を制限されるのであれば、弁護士法……の趣旨が没却され、必要な事実関係の解明を追求する国の司法制度は維持できなくなってしまうものであり、この理は、被控訴人らが、銀行として、司法警察職員や検察官の刑事事件の捜査に協力するために個人情報の提供をする場合（刑訴法189条……）、税務当局の税務調査に応じて個人情報を提供する場合（所得税法234条……）……場合と同様であると解されるからである。したがって、被控訴人ら（筆者注：Y銀行ら）とその顧客との間で、仮に、顧客の同意がない限りその個人情報を被控訴人らが第三者に提供することを禁止するとの明示の契約をした場合であっても、そのような契約は、法律に基づいて上記のように弁護士会や裁判所に個人情報を提供することまで禁止する限度において、公の秩序に反するもので無効である」と述べている。

c　本判決のポイント

この大阪高裁判決の特徴は、①法令に根拠を有する公的報告義務（類型A）と守秘義務との関係が問題となった事案であること、②本件で問題となった顧客情報は顧客の氏名・住所などであり、これらの情報は人が社会生活を営むえで一定の範囲の他者には当然開示されることが予定されている個人識別情報であること、③本件で問題となった情報提供の（直接の）相手方は弁護士会であること、④本判決は守秘義務を契約に基づく義務と解したうえで、法令に根拠を有する公的報告義務を制限する内容の契約（黙示の契約を

含むと解される）は無効であると解することにより、守秘義務と情報提供義
務の関係の問題を解決したことなどの点にある。

### (4) 最高裁判平成24年11月27日判決
#### a　事案の概要
　同判決の事案は、Y銀行がアレンジャーとなりX銀行らの参加を得て、訴
外Z株式会社に対するシンジケート・ローン（以下、「シ・ローン」という）を
実行したところ、1カ月も経たないうちにZ社が他の金融機関から期限の利
益喪失通知を受け、引き続き経営破綻したため、Xらが、Y銀行に対して、
Z社に粉飾決算の疑惑があったことを開示しなかった等の不法行為があった
として、融資金の回収不能の損害の賠償を求めた事案である。
#### b　裁判所の判断
　「本件情報（筆者注：C銀行がA社の平成19年3月期決算書に不適切な処理があ
る旨の疑念を有しており、別件シ・ローンの参加金融機関にその旨等を記載した
書面を送付した旨の情報）は、A社のメインバンクであるCが、A社の平成19
年3月期決算書の内容に単に疑念を抱いたというにとどまらず、A社に対
し、外部専門業者による決算書の精査を強く指示した上、その旨を別件シ・
ローン（筆者注：C銀行がアレンジャーとなり、平成19年3月、A社に対し実行
した約30億円のシ・ローン）の参加金融機関にも周知させたというものであ
る。このような本件情報は、A社の信用力についての判断に重大な影響を与
えるものであって、本来、借主となるA社自身が貸主となるXらに対して明
らかにすべきであり、Xらが本件シ・ローン参加前にこれを知れば、その参
加を取り止めるか、少なくとも上記精査の結果を待つことにするのが通常の
対応であるということができ、その対応をとっていたならば、本件シ・ロー
ンを実行したことによる損害を被ることもなかったものと解される。他方、
本件情報は、別件シ・ローンに関与していないXらが自ら知ることは通常期
待し得ないものであるところ、前記事実関係によれば、Bは、本件シ・ロー

ンのアレンジャーであるY銀行ないしその担当者のEに本件シ・ローンの組成・実行手続の継続に係る判断を委ねる趣旨で、本件情報をEに告げたというのである。

　これらの事実に照らせば、アレンジャーであるY銀行から本件シ・ローンの説明と参加の招へいを受けたXらとしては、Y銀行から交付された資料の中に、資料に含まれる情報の正確性・真実性についてY銀行は一切の責任を負わず、招へい先金融機関で独自にA社の信用力等の審査を行う必要があることなどが記載されていたものがあるとしても、Y銀行がアレンジャー業務の遂行過程で入手した本件情報については、これがXらに提供されるように対応することを期待するのが当然といえ、Xらに対し本件シ・ローンへの参加を招へいしたY銀行としても、そのような対応が必要であることに容易に思い至るべきものといえる。また、この場合において、Y銀行がXらに直接本件情報を提供したとしても、本件の事実関係の下では、Y銀行のA社に対する守秘義務違反が問題となるものとはいえず、他にY銀行による本件情報の提供に何らかの支障があることもうかがわれない。

　そうすると、本件シ・ローンのアレンジャーであるY銀行は、本件シ・ローンへの参加を招へいしたXらに対し、信義則上、本件シ・ローン組成・実行前に本件情報を提供すべき注意義務を負うものと解するのが相当である。そして、Y銀行は、この義務に違反して本件情報をXらに提供しなかったのであるから、Xらに対する不法行為責任が認められる」。

　c　本判決のポイント
　まず、この最高裁判決は、参加金融機関の期待・信頼の合理性を根拠に開示義務の存在を肯定している。同判決と同様、不法行為責任を導くにあたり被害者の「信頼」や「期待」に言及する最高裁判決は少なくない（最高裁判平成18年9月4日（集民221号63頁）、最高裁判平成15年9月12日（民集57巻8号973頁））。

　次に、本判決では、本件情報が「アレンジャー業務の遂行過程で入手した」

ものであることを考慮した説示を行っており、アレンジャーの情報提供義務の範囲を限定している。

さらに、本判決は、情報提供義務と守秘義務の関係について、①本件情報が別件シ・ローンの参加金融機関に周知されたこと、②BはY銀行やその担当者のEに本件シ・ローンの組成・実行手続の継続に係る判断を委ねる趣旨で本件情報をEに告げたことなどをふまえ、「本件の事実関係の下では、Y銀行のA社に対する守秘義務違反が問題となるものとはいえ」ないと説示している。この説示内容にかんがみ、守秘義務と情報提供義務が同時に問題となる場面においていずれを履行すべきかという問題に関し、いずれかの義務の履行が常に優先されるという極端な考え方をとっていないと考えられる。

## 5 実務上の留意点

守秘義務と情報提供義務の関係が問題となる場面の解決方法としては、論理的には次の六つの方法が考えられる。

① （なんらかの方法により）守秘義務を消滅させ、情報提供義務の履行を許容する解決
② （なんらかの方法により）情報提供義務を消滅させ、守秘義務の遵守を許容する解決
③両義務とも存続するとしたうえで、常に情報提供義務を優先させる解決（要件事実論的にみると守秘義務の存在は抗弁とならず、守秘義務の抗弁は主張自体失当となる）
④両義務とも存続するとしたうえで、常に守秘義務を優先させる解決（守秘義務の存在が抗弁となり、守秘義務が消滅しない限り情報提供義務違反の責任を問われることはない）
⑤両義務とも存続するとしたうえで、情報提供義務を優先すべき場合と守秘義務を優先すべき場合とに場合分けをする
⑥当該場面から離れることにより（顧客との取引解消など）、両義務を消滅

させる

　前記の最高裁・高裁判決のうち、平成19年最高裁決定は当該場面（文書提出命令の場面）において解決方法①を採用し、平成21年最高裁判決は当該場面（共同相続人への開示の場面）において解決方法①を採用し、平成19年大阪高裁判決は守秘義務契約が無効であることを理由に解決方法①を採用し、平成24年最高裁判決も解決方法①を採用している。

　このように守秘義務と顧客情報の提供義務の関係が問題となった最近の最高裁判決・高裁判決を概観すると、その傾向として、解決方法①による解決を試みているものが多いという特徴がある。こうした判例の傾向を前提にすると、実務上、守秘義務と情報提供義務の交錯が生じた場合、まず両義務のうち守秘義務の存在や守秘義務違反の存在を否定し「両者が同時に存在する」という局面を回避できないかを検討することが有益であるように思われる。なぜならば、情報提供義務・情報提供義務違反の存在を否定する判例より、守秘義務・守秘義務違反の存在を否定する判例が充実しており、こちらをまず検討するほうが判例をふまえた堅実かつ安定的な分析・検討ができる可能性が高いからである。

　守秘義務の存在や守秘義務違反の存在を否定するための具体的方法としては、前記の各裁判例をふまえれば、①顧客が特定の顧客情報につき金融機関の守秘義務により保護されるべき正当な利益を有するか否かを検討する（平成19年最高裁決定）、②顧客情報の提供の相手方の属性を検討する（平成21年最高裁判決）、③守秘義務を負う顧客の同意・黙示の同意があるかを検討する、④外部に提供する情報の範囲を限定したうえで、判例法理をふまえ守秘義務違反の有無を検討し、当該情報提供について守秘義務違反がない旨の弁護士意見を取得するなどの方法が考えられる。

　これに対して、情報提供義務を消滅させる方法としては、情報提供義務を負う相手方（シ・ローンの事例であれば参加金融機関）と接触をとり、当該相手方に働きかけて、積極的に当該情報を取得するよう促し、相手方自らが当

第1編
法 務 編

該情報を取得させることなどが考えられる。

### 3　情報共有の推進と情報セキュリティ管理

#### 1　情報共有の必要性

　近時、金融機関グループによる総合的・一体的な金融サービス提供の必要性や金融機関グループのシナジー効果の発揮の必要性が強調されている。これらを実現するためには、金融機関グループにおいて顧客情報の共有のいっそうの推進が効果的であり、こうした施策の適法な遂行が経営上の重要課題になることも少なくない。

　金融機関グループにおいて顧客情報の共有を推進する場合、①個人情報保護法、②守秘義務、③ファイアウォール規制（銀行と証券会社での共有）、④法人関係情報に関する規制などに留意する必要がある。

　以下、①から③を中心に詳述する。

#### 2　ファイアウォール規制との関係

　前述したとおり、個人顧客に関する非公開情報をグループ内の銀行と証券会社の間で共有するためには、あらかじめ個人顧客の書面による同意を得るなどの必要がある。

　これに対し、法人顧客に関する非公開情報については、法人顧客に対してオプトアウト（あらかじめ非公開情報を共有する旨を通知されたうえで、共有を望まない場合に非公開情報の提供の停止を求めることをいう）の機会を提供することにより共有することができる（金商業府令153条2項）。

　後述するとおり、法人顧客に関する情報については、守秘義務との関係でも個人顧客情報と別異に取り扱うべきとする見解が有力であり、また、個人情報保護法も適用されないから、法人顧客に関する情報については、個人顧客情報と比べ、グループ内共有が行いやすいといえる。

ファイアウォール規制における法人顧客に対するオプトアウトの機会の提供については、金融商品取引業者向けの総合的な監督指針において、次のような留意点があげられており、これらを遵守する必要がある。

① 法人顧客に対し、あらかじめ授受を行う非公開情報の範囲、非公開情報の授受を行う当事者の範囲、非公開情報の授受の方法、提供先における非公開情報の管理の方法、提供先における非公開情報の利用目的および非公開情報の授受を停止した場合における当該非公開情報の管理方法を通知すること。なお、これらの事項の詳細について店舗での掲示・閲覧やホームページへの掲載を行っている旨および問合せ先を法人顧客に対する通知において明らかにするなど、法人顧客が必要な情報を容易に入手できるようにしていれば、当該通知においてこれらの事項の詳細が含まれていなくても、適切に通知が行われていると認められる場合がある。

② 法人顧客に通知した内容に軽微な変更があった場合は、そのつど通知を行う必要まではないが、たとえば、最新の情報をホームページに常時掲載するとともに、その旨を法人顧客に適切に説明するなど、法人顧客が必要な情報を入手できるようにすること。

③ オプトアウトの機会の通知は、契約締結時に書面等により行うなど、法人顧客がオプトアウトの機会について明確に認識できるような手段を用いて行うこと。なお、長期の契約を締結している場合など、たとえばおおむね1年以上にわたり法人顧客に対してオプトアウトの機会の通知を行っていない場合は、当該法人顧客との取引の状況にかかわらず、あらためて当該通知を行うこと。

④ 法人顧客にオプトアウトの機会の通知を行ってから当該法人顧客に係る非公開情報の授受を開始するまでの間に、当該法人顧客がオプトアウトするか否かを判断するために必要な期間を確保すること。

⑤ 個別の通知とあわせて、オプトアウトの機会に関する情報について店

舗での掲示・閲覧やホームページへの掲載を常時行うとともに、たとえば、ホームページにおいて法人顧客が常時オプトアウトできるようにすることや、法人顧客がオプトアウトする場合の連絡先を内部管理部門に常時設置することなどにより、法人顧客に対し、オプトアウトの機会が常時提供されていることを明確にすること。
⑥ オプトアウトの機会を提供せず、オプトイン（非公開情報を共有されることについて書面により積極的に同意することをいう）した場合にのみ非公開情報の授受を行う取扱いとする法人顧客がある場合には、どのような属性の法人顧客に対してオプトアウトの機会を提供するのか（または、提供しないのか）の情報の店舗での掲示・閲覧やホームページへの掲載等を通じて、各法人顧客において、自己がオプトアウトの機会の提供を受ける顧客に該当するかを容易に認識できるようにすること。

## 3 守秘義務との関係

グループ会社間の顧客情報の授受が守秘義務に違反しないかという問題について、顧客の同意を得るなどしない限り守秘義務に違反するという見解と、守秘義務に違反しないと解すべきであるとする見解とがある。

後者の見解の一つに、金融機関は、顧客との取引内容に関する情報や顧客との取引に関して得た顧客の信用にかかわる情報などの顧客情報をみだりに外部に漏らすことは許されないが（最高裁決定平成19年12月11日金法1828号46頁）、昨今の金融機関グループを取り巻く社会経済情勢、グループ全体でのリスク管理の必要性、取引慣行の変化等に照らせば、金融機関のグループ会社は、上記の最高裁決定の「外部」に当たらないと解することができるのではないかという考え方がある。上記の最高裁決定は、商慣習を根拠に守秘義務を導いているから、契約で明示の定めがある場合を除き、「外部」の意義も商慣習に照らし判断するのが自然であるが、上記の諸点に照らせば、金融機関がグループ会社に対し顧客情報を提供することは、法令・契約で禁止さ

れている場合を除き、「みだりに外部に漏らす」に当たらないと解するのである。

　二つ目は、金融機関によるグループ会社への顧客情報の提供について正当な事由がある場合には、「みだりに」の要件を欠き、守秘義務違反とはならないという考え方である。どのような要件を満たす場合に、「みだりに」の要件を欠き守秘義務違反とならないかについては、たとえば、①情報開示の目的、②開示する情報の内容、③顧客に及ぼす影響、④情報の開示先、⑤情報の管理体制などを総合的に考慮し、守秘義務に違反するか否かを判断する考え方などがある（全国銀行協会「貸出債権市場における情報開示に関する研究会報告書」（平成16年4月）参照）。

　近時の金融機関グループでは、グループ一体としての総合金融サービスの提供を強く志向しており、これを実現するためには、親会社・兄弟会社への顧客情報の提供が不可欠である。また、守秘義務は、究極的には、顧客の金融機関に対する期待・信頼への法的保護を根拠としているところ、金融機関と取引をする顧客の立場からみても、金融機関のグループ化の進展・グループ一体としての総合金融サービスの提供の拡大に伴い、金融機関とその親子会社・兄弟会社は別法人であるという理解より、金融機関グループとして一体であるという理解が強くなりつつあるように思われる。このような点に照らすと、少なくとも一定の場合には、金融機関によるグループ会社に対する顧客情報の提供は守秘義務に違反しないと解するのが望ましいと考える。

## 4　個人情報保護法

(1)　事前同意の原則

### a　規制の概要

　個人情報取扱事業者である金融機関は、原則として、あらかじめ本人の同意を得ないで、個人データを第三者に提供してはならない（個人情報保護法23条1項）。もっとも、①法令に基づく場合、②人の生命・身体・財産の保

護のために必要がある場合であって、本人の同意を得ることが困難であるとき、③公衆衛生の向上・児童の健全な育成の推進のために特に必要がある場合であって、本人の同意を得ることが困難であるとき、④国の機関・地方公共団体またはその委託を受けた者が法令の定める事務を遂行することに対して協力する必要がある場合であって、本人の同意を得ることにより当該事務の遂行に支障を及ぼすおそれがあるときは、この限りでない（同項）。

金融庁ガイドライン13条は、個人情報保護法23条をふまえて、①「第三者」の意義、②第三者提供の同意は原則として書面によること（努力措置）、③第三者提供の同意を取得する際の留意点、④個人信用情報機関に対する第三者提供時の留意点などについて定めている。

金融庁ガイドライン13条は、金融機関が個人データを第三者に提供する場合に適用されるが、金融機関が、金融機関以外の者から個人データの提供を受ける場合には、適用されない（金融庁ガイドラインに関するパブリックコメント手続における金融庁回答（回答番号278））。

　b　「第三者」の意義

個人情報保護法23条・金融庁ガイドライン13条における「第三者」とは、個人データを提供しようとする個人情報取扱事業者および当該個人データに係る本人のいずれにも該当しないものを意味する（金融庁ガイドライン13条2項）。自然人、法人その他の団体を問わない。

また、個人情報保護法23条1～3項との関係では、①個人情報取扱事業者が利用目的の達成に必要な範囲内において個人データの取扱いの全部または一部を委託する場合の受任者、②合併その他の事由による事業の承継に伴って個人データが提供される場合の事業承継者、③いわゆる個人データの共同利用の場合の共同利用者は、「第三者」には当たらない（同条4項、金融庁ガイドライン13条6項）。

　c　書面同意の原則

金融庁ガイドラインでは、個人情報保護法23条1項に基づく第三者提供の

同意は、原則として書面によって得ることとし（金融庁ガイドライン4条・13条、努力措置）、また、当該書面における記載を通じて、①個人データを提供する第三者、②提供を受けた第三者における利用目的、③第三者に提供される情報の内容を本人に認識させたうえで同意を得るよう求めている（金融庁ガイドライン13条1項なお書。努力措置。以下この三つの内容を「金融庁ガイドライン13条1項なお書の3要件」という）。

　書面同意が求められる趣旨は、本人のまったく予期しないかたちで個人データが利用されたり、他のデータと結合・加工されたりするなどして、本人に不測の権利・利益の侵害を及ぼすおそれが生じることを防止するため、金融機関が本人から第三者提供の同意を取得するにあたり上記3点を本人に認識させることを、努力措置として求めた点にある（金融庁ガイドラインに関するパブリックコメント手続における金融庁回答（回答番号279）、寺田達史ほか編『金融分野における個人情報の保護』92頁（2006年）参照）。この趣旨に照らせば、「提供を受けた第三者における利用目的」は、第三者における利用目的すべてを本人に認識させる必要はなく、提供を受けた第三者における主な利用目的を本人に認識させれば足りると考えられる（第16回金融審特別部会における金融庁担当官説明、西方・概要13頁）。

　d　同意の形式（金融庁ガイドライン4条）

　金融庁ガイドラインは、金融機関に対し、個人情報保護法16条・23条に定める本人の同意を得る場合には、原則として、書面（電子的方式、磁気的方式、その他人の知覚によっては認識することのできない方式でつくられる記録を含む）によることを求めている（金融庁ガイドライン4条、努力措置）。自動音声ガイドによるプッシュホン操作の電子的記録も、「書面」に含まれると考えられる（金融庁ガイドラインに関するパブリックコメント手続における金融庁回答（回答番号94））。また、口頭で同意を取得し、これを録音した場合も同様である（金融庁ガイドラインに関するパブリックコメント手続における金融庁回答（回答番号95））。

第1編
法務編

　金融機関が、あらかじめ作成した同意書面（書式）を用いる場合には、文字の大きさおよび文章の表現を変えることなどにより個人情報の取扱いに関する条項が他と明確に区別され、本人に理解されるよう配慮することや、あらかじめ作成された同意書面に確認欄を設け本人がチェックを行うなど本人の意思が明確に反映できる方法により本人の同意意思の確認を行うことが望ましい（金融庁ガイドライン4条、努力措置）。
　本人がチェックを行う確認欄が当該契約に基づく個人情報の取得・利用などに関する一体的同意であることが、書面上、本人にとって明らかであれば、事項ごとに確認欄を設ける必要はなく、1カ所設けることで足りる（金融庁ガイドラインに関するパブリックコメント手続における金融庁回答（回答番号105））。

(2)　オプトアウト制度
　個人情報保護法23条2項は、第三者に提供される個人データについて、本人の求めに応じて当該本人が識別される個人データの第三者への提供を停止することとしている場合で、同項各号に掲げる事項について、あらかじめ、本人に通知し、または本人が容易に知りうる状態に置いているときは、個人情報取扱事業者は当該個人データを第三者に提供することができると定めている。これを、「オプトアウト制度」という。
　「本人が容易に知りうる状態」とは、本人が知ろうと思えば、時間的にも、その手段においても、容易に知ることができる状態をいい、金融機関は、自らの金融商品の販売方法などの事業の態様に応じた適切な方法により、継続的な公表を行う必要があり、たとえば、事務所の窓口などでの常時掲示・備付け、インターネットのホームページへの常時掲載などが考えられる（金融庁ガイドライン13条4項）。

(3) 個人データの共同利用

　個人情報保護法23条4項3号は、個人データを特定の者との間で共同して利用する場合であって、その旨ならびに共同して利用される個人データの項目、共同して利用する者の範囲、利用する者の利用目的および当該個人データの管理について責任を有する者の氏名・名称について、あらかじめ、本人に通知し、または本人が容易に知りうる状態に置いているときは、当該共同利用者は「第三者」（同条1項）に当たらないと定めている。個人情報保護法23条4項3号に基づく個人データの提供を「個人データの共同利用」という。個人データの共同利用を行う場合、共同利用者間の個人データの提供について、あらかじめ本人の同意（同条1項）を得る必要はない（同条4項柱書）。個人情報保護法23条4項3号所定の「通知」は、原則として書面によることが求めている（金融庁ガイドライン13条7項、努力措置）。

　また、「共同して利用する者の範囲」の記載について、必ずしも事業者名を個別に列挙することを義務づけられておらず、本人からみて共同して利用するものが具体的に特定できるよう外延を明らかにする必要があり、かつ、それで足りると考える（金融庁ガイドラインに関するパブリックコメント手続における金融庁回答（回答番号81）参照）。金融庁ガイドラインに関するパブリックコメント手続における金融庁の回答では、「ホームページ（ホームページURLを表示）に掲載した当社提携先」といった記載により、客観的に外延を示すことも許容される（上記金融庁回答（回答番号296））。

第1編
法務編

# 第4章
# 情報の安全管理

## 1　総論

### ❶　安全管理措置

(1)　安全管理措置

　個人情報取扱事業者は、その取り扱う個人データの漏洩・滅失・毀損の防止その他の個人データの安全管理のために必要かつ適切な措置を講じなければならない（個人情報保護法20条）。金融庁ガイドライン10条は、これをふまえて、個人データの安全管理のために必要かつ適切な措置の内容について規定している。また、金融庁は、安全管理実務指針において、個人データの安全管理のための必要かつ適切な措置について詳細に規定している。したがって、個人データの安全管理措置については、金融庁ガイドラインと安全管理実務指針に沿った対応を講ずることも必要である。

(2)　安全管理措置の内容

　金融機関は、その取り扱う個人データの漏洩・滅失・毀損の防止その他の個人データの安全管理のため、安全管理に係る基本方針・取扱規程などの整備および安全管理措置に係る実施体制の整備などの必要かつ適切な措置を講じなければならない（金融庁ガイドライン10条1項）。

　この「必要かつ適切な措置」には、個人データの取得・利用・保管などの各段階に応じた、①組織的安全管理措置、②人的安全管理措置および③技術的安全管理措置を含むものでなければならない（金融庁ガイドライン10条1項、義務規定）。

ここで、「組織的安全管理措置」とは、個人データの安全管理措置について従業者（法21条参照）の責任と権限を明確に定め、安全管理に関する規程などを整備・運用し、その実施状況の点検・監査を行うことなどの、個人情報取扱事業者の体制整備および実施措置をいう（金融庁ガイドライン10条2項）。また、「人的安全管理措置」とは、従業者との個人データの非開示契約等の締結および従業者に対する教育・訓練などを実施し、個人データの安全管理が図られるよう従業者を監督することをいう（金融庁ガイドライン10条3項）。さらに、「技術的安全管理措置」とは、個人データおよびそれを取り扱う情報システムへのアクセス制御、情報システムの監視など、個人データの安全管理に関する技術的な措置をいう（金融庁ガイドライン10条4項）。

(3)　**基本方針等整備義務**

　金融機関は、個人データの安全管理に係る基本方針・取扱規程などの整備として、以下の組織的安全管理措置を講じなければならない（金融庁ガイドライン10条5項、義務規定）。

　①　規程等の整備
　　　ⅰ 個人データの安全管理に係る基本方針の整備
　　　ⅱ 個人データの安全管理に係る取扱規程の整備
　　　ⅲ 個人データの取扱状況の点検・監査に係る規程の整備
　　　ⅳ 外部委託に係る規程の整備
　②　各管理段階における安全管理に係る取扱規程
　　　ⅰ 取得・入力段階における取扱規程
　　　ⅱ 利用・加工段階における取扱規程
　　　ⅲ 保管・保存段階における取扱規程
　　　ⅳ 移送・送信段階における取扱規程
　　　ⅴ 消去・廃棄段階における取扱規程
　　　ⅵ 漏洩事案などへの対応の段階における取扱規程

# 第1編
## 法務編

(4) 実施体制整備義務

金融機関は、個人データの安全管理に係る実施体制の整備として、以下の組織的安全管理措置・人的安全管理措置・技術的安全管理措置を講じなければならない（金融庁ガイドライン10条6項、義務規定）。

【組織的安全管理措置】
①個人データの管理責任者等の設置
②就業規則等における安全管理措置の整備
③個人データの安全管理に係る取扱規程に従った運用
④個人データの取扱状況を確認できる手段の整備
⑤個人データの取扱状況の点検・監査体制の整備と実施
⑥漏洩事案等に対応する体制の整備

【人的安全管理措置】
①従業者との個人データの非開示契約等の締結
②従業者の役割・責任等の明確化
③従業者への安全管理措置の周知徹底、教育および訓練
④従業者による個人データ管理手続の遵守状況の確認

【技術的安全管理措置】
①個人データの利用者の識別および認証
②個人データの管理区分の設定およびアクセス制御
③個人データへのアクセス権限の管理
④個人データの漏洩・毀損防止策
⑤個人データへのアクセスの記録および分析
⑥個人データを取り扱う情報システムの稼働状況の記録および分析
⑦個人データを取り扱う情報システムの監視および監査

## 2 組織的安全管理

金融機関は、金融庁ガイドライン10条6項に基づき、個人データの安全管

理措置に係る実施体制の整備における組織的安全管理措置として、①個人データの管理責任者等の設置、②就業規則等における安全管理措置の整備、③安全管理取扱規程に従った運用、④個人データの取扱状況を確認できる手段の整備、⑤個人データの取扱状況の点検・監査体制の整備と実施、および⑥漏洩事案等に対応する体制の整備に関する措置を講じなければならない。以下、それぞれの組織的安全管理措置の内容について詳述する。

(1) 個人データ管理責任者と個人データ管理者の設置

　金融機関が設置しなければならない役職は、①個人データ管理責任者と②個人データ管理者の二つである（安全管理実務指針2－1。なお、個人データ取扱部署が単一である事業者の場合には、両者の兼務が認められる）。「個人データ管理責任者」は、個人データの安全管理に係る業務遂行の総責任者であり、株式会社組織の金融機関であれば、取締役・執行役などの業務執行に責任を有する者を充てることが必要である（安全管理実務指針2－1）。

　個人データ管理責任者は、①個人データの安全管理に関する規程および委託先の選定基準の承認・周知、②個人データ管理者等の任命、③個人データ管理者からの報告徴収・助言・指導、④個人データの安全管理に関する教育・研修の企画、⑤その他個人情報取扱事業者全体における個人データの安全管理に関することを所管する（安全管理実務指針2－1－1）。個人データ管理責任者が上記業務を所管している限り、個人データ管理責任者自身がこれらの作業を実際に行う必要まではなく、業務を行う権限を他の従業者に委譲することは可能である（安全管理実務指針に関するパブリックコメント手続における金融庁回答（回答番号20））。

　具体的には、上記①②の決裁は、個人データ管理責任者名義で行われる必要があるが、規程・基準の具体的作成作業は、他の従業者に委譲することができる。また、上記③④⑤に関する権限の委譲を行う場合には、この手続などを規程等で明確化する必要があると考えられる（上記金融庁回答（回答番号

第1編
法　務　編

20))。

　次に、「個人データ管理者」は、個人データを取り扱う各部署における管理者である。個人データ管理者が所管すべき業務は、①個人データの取扱者の指定・変更等の管理、②個人データの利用申請の承認・記録等の管理、③個人データを取り扱う保管媒体の設置場所の指定・変更等、④個人データの管理区分・権限についての設定・変更の管理、⑤個人データの取扱状況の把握、⑥委託先における個人データの取扱状況等の監督、⑦個人データの安全管理に関する教育・研修の実施、⑧個人データ管理責任者に対する報告、⑨その他所管部署における個人データの安全管理に関することである（安全管理実務指針2－1－2）。

　ここで、「部署」とは、課やグループなど、金融機関における内部規程などに定められた分掌上の最小組織単位を意味すると考えられる（なお、安全管理実務指針に関するパブリックコメント手続における金融庁回答（回答番号19））。

(2)　就業規則等における安全管理措置の整備

　金融機関は、①個人データの取扱いに関する従業者の役割・責任、②違反時の懲戒処分に関する事項を就業規則等に定めるとともに、従業者との個人データの非開示契約等の締結を行わなければならない（安全管理実務指針2－2）。安全管理実務指針2－2の趣旨は、労働関係法令の範囲内で、漏洩等の防止策の一環として、故意に漏洩等を行った従業者等に対する懲戒処分に関する規定の整備を求める点にある（安全管理実務指針に関するパブリックコメント手続における金融庁回答（回答番号22））。「就業規則等」には、内規や労働協約も含まれる（上記金融庁回答（回答番号22））。実務上は、就業規則の懲戒規定にその旨を盛り込んでいるケースが多いと思われる。

(3) 安全管理取扱規程に従った運用

　金融機関は、安全管理取扱規程に従った体制を整備し、当該取扱規程に従った運用を行うとともに、安全管理取扱規程に規定する事項の遵守状況の記録・確認を行わなければならない（安全管理実務指針2-3）。個人データの各管理段階において作成される帳票類に各取扱者が捺印等することも、上記「記録・確認」に含まれる（安全管理実務指針に関するパブリックコメント手続における金融庁回答（回答番号23））。

(4) 個人データ取扱台帳の整備

　金融機関は、個人データの取扱状況を確認するための台帳等（以下、「個人データ取扱台帳」という）を整備しなければならない（安全管理実務指針2-4）。個人データ取扱台帳に記載すべき項目は、①個人データの取得項目、②個人データの利用目的、③個人データの保管場所・保管方法・保管期限、④個人データの管理部署、⑤個人データのアクセス制御の状況である。個人データ取扱台帳は、事業者ごとに整備をすれば足り、部署ごと、または顧客ごとに整備する必要はない。また、個人データ取扱台帳における各項目の記載は、基本的には「データベース」単位で、紙媒体の場合には「同種の書類・帳票」単位で記載することが必要である（以上につき、安全管理実務指針に関するパブリックコメント手続における金融庁回答（回答番号24・25）参照）。

　個人データ取扱台帳の整備が求められる理由は、個人データの漏洩等が発生した場合にその影響を把握しやすくするため等であると考えられるが、金融機関に過大な負担を課しているという面が否めない。

(5) 個人データの取扱状況の点検・監査体制の整備と実施

　金融機関は、①個人データを取り扱う部署が自ら行う点検体制を整備し点検を実施すること、および②当該部署以外の者による監査体制を整備し監査を実施することが必要である（安全管理実務指針2-5。なお、個人データ取

第 1 編
法 務 編

扱部署が単一である事業者においては、点検により監査を代替することが認められる)。

具体的には、金融機関は、個人データを取り扱う部署において点検責任者・点検担当者を選任するとともに、点検計画を策定することにより点検体制を整備し、定期的および臨時の点検を実施しなければならない。また、点検の実施後において、規程違反事項等を把握したときは、その改善を行わなければならない(以上につき、安全管理実務指針2-5-1)。部署が少人数の場合には、点検責任者と点検担当者の兼務も認められる(安全管理実務指針に関するパブリックコメント手続における金融庁回答(回答番号27))。

また、金融機関は、監査の実施にあたっては、監査対象となる個人データを取り扱う部署以外から監査責任者・監査担当者を選任し、監査主体の独立性を確保するとともに、監査計画を策定することにより監査体制を整備し、定期的および臨時の監査を実施しなければならない。監査の実施後において、規程違反事項等を把握したときは、その改善を行わなければならない(以上につき、安全管理実務指針2-5-2)。監査は、点検とは異なり、監査対象部署とは別個の立場から個人データの取扱状況を確認するものであり、単に各部署における個人データの取扱状況を確認するだけでなく、監査をふまえて当該事業者全体としての個人データの取扱いの見直しが行われることが必要である(安全管理実務指針に関するパブリックコメント手続における金融庁回答(回答番号28))。

したがって、監査部署は取扱状況の監督および全体的見直しなどの機能をもつ、監査部などの部署が一元的に行うことが望ましいと考えられるが、そうした一元化の機能を有する部署が存在しない場合には、監査結果を集約し金融機関全体としての個人データの取扱いに関する適正な実施体制などを整備することを前提として、各部署が相互に監査を行うという手法も許容されると考えられる(上記金融庁回答(回答番号28))。なお、監査部署が監査業務などにより個人データを取り扱う場合には、当該部署における個人データの

取扱いについて、個人データ管理責任者が特に任命する者がその監査を実施しなければならない(安全管理実務指針2-5-2)。「個人データ管理責任者が特に任命する者」とは、監査部署の従業者以外の者であることが必要である(安全管理実務指針に関するパブリックコメント手続における金融庁回答(回答番号29))。

(6) 漏洩事案等に対応する体制の整備

　金融機関は、個人データの漏洩事案等に対応する体制として、①対応部署、②漏洩事案等の影響・原因などに関する調査体制、③再発防止策・事後対策の検討体制、および④自社内外への報告体制を整備しなければならない(安全管理実務指針2-6)。

　この規程は、個人データの漏洩事案等への対応部署を新設することを求める趣旨ではない。対応部署が明確にされている限り、既存部署が「対応部署」となることも可能である(安全管理実務指針に関するパブリックコメント手続における金融庁回答(回答番号33))。また、金融機関は、個人データの漏洩事案等が発生した場合には、①監督当局等への報告、②本人への通知等、③二次被害の防止・類似事案の発生回避等の観点からの漏洩事案等の事実関係および再発防止策等の早急な公表を行わなければならない(安全管理実務指針2-6-1)。「監督当局等」の「等」には、警察など捜査機関が含まれる(安全管理実務指針に関するパブリックコメント手続における金融庁回答(回答番号34))。また、「本人への通知等」の「等」には、漏洩等に関する謝意の表明や漏洩等の原因の説明などが含まれる(上記金融庁回答(回答番号35))。

　安全管理実務指針2-6-1の定めは、個人データの漏洩事案等が発生した場合の金融庁等への報告、本人への通知等を義務づける規程であり、努力措置ではない。この点は、個人情報の漏洩事案等が発生した場合に監督当局への報告、本人への通知等を行うよう定めている金融庁ガイドライン22条が努力措置であることと異なっており、実務上注意が必要である。また、安全

管理実務指針2-6-1に基づき「本人への通知等」を行う場合には、通知の送付に起因してトラブルが発生しないよう、本人以外の第三者に通知が送付されることのないよう工夫することが望まれる（安全管理実務指針に関するパブリックコメント手続における金融庁回答（回答番号36）参照）。

### 3 人的安全管理

#### (1) 安全管理実務指針Ⅱのポイント

　安全管理実務指針Ⅱでは、金融庁ガイドライン11条に定める従業者の監督に関する細目を定めている。具体的には、金融機関は、金融庁ガイドライン11条に基づき、安全管理実務指針所定の人的安全管理措置を講ずることにより、従業者に対し「必要かつ適切な監督」を行わなければならない。

　安全管理実務指針所定の人的安全管理措置の内容は、大きく分けて四つある。具体的には、①従業者との個人データの非開示契約等の締結、②従業者の役割・責任等の明確化、③従業者への安全管理措置の周知徹底、教育・訓練、④従業者による個人データ管理手続の遵守状況の確認である（安全管理実務指針3-1～3-4）。以下、詳述する。

#### (2) 従業者との個人データの非開示契約等の締結

　安全管理実務指針は、金融機関に対し、①採用時等に従業者と個人データの非開示契約等を締結すること、②非開示契約等に違反した場合の懲戒処分を定めた就業規則等を整備することを求めている（安全管理実務指針3-1）。安全管理実務指針は、一従業者の誤った個人データの取扱いにより多大な被害が発生しうる危険があるため、個人データの取扱いに関し各従業者における責任等の認識が不可欠であるという観点に立脚し、就業規則等の定めのほかに、別途、従業者との個人データ非開示契約等の締結を求めていると考えられる（安全管理実務指針に関するパブリックコメント手続における金融庁回答（回答番号37））。

(3) 従業者の役割・責任等の明確化

　また、安全管理実務指針は、金融機関に対して、①各管理段階における個人データの取扱いに関する従業者の役割・責任の明確化、②個人データの管理区分・アクセス権限の設定、③違反時の懲戒処分を定めた就業規則等の整備、④必要に応じた規程等の見直しを行うことを求めている（安全管理実務指針3－2）。

(4) 従業者への安全管理措置の周知徹底、教育・訓練

　さらに、安全管理実務指針は、金融機関に対して、①従業者に対する採用時の教育および定期的な教育・訓練、②個人データ管理責任者および個人データ管理者に対する教育・訓練、③個人データの安全管理に係る就業規則等に違反した場合の懲戒処分の周知、④従業者に対する教育・訓練の評価および定期的な見直しを求めている（安全管理実務指針3－3）。

　「個人データの安全管理に係る就業規則等に違反した場合の懲戒処分の周知」については、従業者に対する採用時およびその後の定期的な教育の際に周知することが考えられる（安全管理実務指針に関するパブリックコメント手続における金融庁回答（回答番号39））。

(5) 従業者による個人データ管理手続の遵守状況の確認

　安全管理実務指針は、金融機関に対し、①安全管理取扱規程に定めた事項の遵守状況について、同指針2－3に基づく記録・確認を行うことと、②同指針2－5に基づき点検・監査を実施することを求めている（同指針3－4）。遵守条項の確認の程度や頻度について、金融機関において創意工夫を行うことが期待されている（安全管理実務指針に関するパブリックコメント手続における金融庁回答（回答番号40））。

第1編
法 務 編

## 4 技術的安全管理

　金融機関は、金融庁ガイドライン10条6項に基づき、個人データの安全管理措置に係る実施体制の整備における技術的安全管理措置として、①個人データの利用者の識別・認証、②個人データの管理区分の設定・アクセス制御、③個人データへのアクセス権限の管理、④個人データの漏洩・毀損等防止策、⑤個人データへのアクセスの記録・分析、⑥個人データを取り扱う情報システムの稼働状況の記録・分析、⑦個人データを取り扱う情報システムの監視・監査に関する措置を講じなければならない。

　紙媒体の個人データについても、技術的安全管理措置を講じることが必要であると考えられるが、当該個人データへの技術的安全管理措置の適用が物理的に不可能な場合には、技術的安全管理措置の対象外となることがある（安全管理実務指針に関するパブリックコメント手続における金融庁回答（回答番号41））。たとえば、紙媒体については保存時の暗号化は不可能であるが、こうした場合には、紙媒体については当該技術的安全管理措置を講じないことも許容される（寺田達史ほか編『金融分野における個人情報の保護』119頁（2006年））。

　技術的安全管理措置として求められている項目は、広範かつ詳細であるため、実務にあたっては、直接、安全管理実務指針の該当箇所（4-1～4-7）を参照することが望まれる。

## 5 漏洩時の対応と法的責任

　金融庁ガイドラインでは、個人情報の漏洩等の事故が発生した場合には、少なくとも三つの対応を行うことを求めている（いずれも努力措置）。まず、①監督当局に直ちに報告することとすることが必要である。また、②二次被害の防止、類似事案の発生回避等の観点から、漏洩事案等の事実関係および再発防止策等を早急に公表することが必要である。さらに、③漏洩事案等の

対象となった本人へのすみやかな漏洩事案等の事実関係等の通知を行うことが必要である。

また、安全管理実務指針2-6-1では、個人データの漏洩事案等が発生した場合には、①監督当局等への報告、②本人への通知等、③二次被害の防止・類似事案の発生回避等の観点からの漏洩事案等の事実関係および再発防止策等の早急な公表、を実施しなければならないとされている（義務規定）。

以下、詳述する。

### (1) 監督当局への報告

金融機関は、個人情報・個人データの漏洩事案等の事故が発生した場合には、監督当局に直ちに報告する必要がある。「漏洩等」とは、漏洩のほか、滅失・毀損を含む。

ただし、FAXの誤送信や配送等の誤配、メール誤送信等については、金融機関が個別の事案ごとに、漏洩等した情報の量や、センシティブ情報の有無、二次被害や類似事案の発生の可能性などを検討し直ちに報告を行う必要性が低いと判断したものであれば、業務上の手続の簡素化を図る観点から、月に一回程度にまとめて報告することも可能とされている（金融庁Q&A）。

### (2) 公　表

金融機関は、個人情報・個人データの漏洩事案等の事故が発生した場合には、二次被害の防止、類似事案の発生回避などの観点から、漏洩事案等の事実関係および再発防止策などを早急に公表する必要がある。

公表が求められる趣旨は、本人である個人の権利保護のためである（金融庁Q&A）。

金融庁ガイドライン22条1項・3項と異なり、同条2項では、「二次被害の防止、類似事案の発生回避等の観点から」という文言が付加されている。金融庁ガイドライン22条2項にだけ、このような文言が付加された趣旨は、

金融機関が漏洩等の事実関係を自主的に公表するか否かを判断する際の視点を提供する趣旨であると考えられる。換言すれば、二次被害の防止・類似事案の発生回避などの必要性がない場合には、公表を行わないことを許容する趣旨である（金融庁ガイドラインに関するパブリックコメント手続における金融庁回答（回答番号331・332）参照）。

公表することによりかえって二次被害等が発生・拡大するおそれがある場合や、漏洩等が生じた情報の量・性質等にかんがみて、漏洩事案等としては軽微であり、かつ二次被害の防止・類似事案の発生回避等の観点から必要でないことが十分に説明できる場合には、必ずしも公表する必要はない（金融庁Q&A）。二次被害防止の必要性等については、漏洩事案等の経緯、情報の量・性質等にかんがみて個別に判断する必要があり、記載されている情報が公知であることのみをもって、二次被害防止の必要性がないと判断することは妥当でないと考えられる（金融庁Q&A）。

たとえば、インターネット上でファイル交換を行うソフトウエアの使用により、個人情報が流出した場合、回収が不可能であり、当該事案の発生を公表することで当該個人情報がさらに検索・共有され、被害が拡大することも予想される場合には、公表によりかえって二次被害を誘引する場合など、個人の権利利益を保護するため公表しないほうが望ましいと認められるような場合にまで事案の公表を行う必要はない（金融庁Q&A）。

(3) **本人への通知**

金融機関は、個人情報・個人データの漏洩事案等の事故が発生した場合には、漏洩事案等の対象となった本人にすみやかに漏洩事案等の事実関係などの通知を行う必要がある。本人への通知を行う場合には、通知の送付に起因してトラブルが発生しないよう、本人以外の第三者に通知が送付されることのないよう工夫することが望まれる（安全管理実務指針に関するパブリックコメント手続における金融庁回答（回答番号36）参照）。

個人データの漏洩数が多数であり、本人への通知が困難である場合には、公表によって本人への通知に代替するケースもある。また、たとえば、漏洩事案が発生した場合において、高度な暗号化処理等が施されている場合や即時に回収できた場合等、本人の権利利益が侵害されておらず、今後も権利利益の侵害の可能性がないまたはきわめて小さい場合等には、本人への通知を省略しうるケースもある（金融庁Q&A）。

(4)　外部委託先等からの個人情報の漏洩等の場合の留意点
　金融庁ガイドライン22条に基づく対応を行う必要があるのは、金融機関が取り扱う個人情報が漏洩等した場合である（金融庁ガイドラインに関するパブリックコメント手続における金融庁回答（回答番号330）参照。同回答では、「管理」という言葉が用いられている）。
　このことは、安全管理実務指針２－６－１・６－６－１についても、同様であると考えられる。なぜならば、安全管理実務指針２－６－１等は、個人情報保護法20条に基づく規定であるところ、同条は、個人情報取扱事業者が「取り扱う」個人データを対象に、安全管理措置を講じるよう求めているからである。
　金融機関が、外部委託先に対して個人情報・個人データの取扱いを委託していたところ、当該外部委託先において、個人情報・個人データが漏洩等した場合には、当該個人情報・個人データも「金融機関が取り扱う個人情報・個人データ」に含まれると考えられるから、外部委託先のみならず、金融機関においても、監督官庁等に報告を行うなど金融庁ガイドライン22条所定の対応を行う必要があると考えられる。
　これに対して、金融機関が、個人情報保護法23条１項所定の同意を得て、第三者に対し個人情報・個人データを提供したところ、当該第三者において当該個人情報・個人データの漏洩等が発生した場合には、提供者である金融機関は、金融庁ガイドライン22条所定の対応を行う必要はないと考えられる

(金融庁Q&A)。なぜならば、この場合は、「金融機関が取り扱う個人情報が漏洩等した場合」には当たらないからである。

(5) 認定個人情報保護団体への報告

　個人情報の漏洩等が生じた場合、認定個人情報保護団体の対象事業者である金融機関は、認定個人情報保護団体の個人情報保護指針に基づき、認定個人情報保護団体に対しても、報告を行うことが義務づけられている場合がある。全国銀行個人情報保護協議会の個人情報保護指針、信託協会の個人情報の保護と利用に関する指針では、その旨の規定が設けられている。

(6) 事実調査の重要性

　上記対応を行うためには、正確かつ迅速な事実調査を行うことが必要である。個人情報の漏洩等の事故が発生した場合には、直ちに、所管部が中心になって事実関係の確認を行い、迅速に対応する必要がある。

　自社からの個人情報の漏洩等が生じた場合には、調査に困難をきたす可能性はそれほど大きくないが、外部委託先から個人情報が漏洩等した場合には、事情が異なる。外部委託先が任意の調査に協力してくれる場合には、迅速な事実関係の調査が可能であるが、外部委託先の任意の協力が得られない場合や外部委託先の対応が遅い場合には、外部委託先との間の委託契約に基づき必要な資料の迅速な提出等を求めるなどの手段を講じる必要性が生じる可能性もある。

(7) 加害者等への法的措置の検討

　最近の個人情報漏洩等事件では、被害者である個人情報取扱事業者が、加害者や漏洩した個人情報を所持している者に対して、法的手段を講じる例がみられる。具体的には、民事上の請求として、①加害者に対して損害賠償請求を行うこと（債務不履行・不法行為）、②漏洩した個人情報を所持している

者を相手方とした仮処分命令申立てを行うことなどが考えられる。

また、刑事責任として、窃盗罪や不正競争防止法違反による刑事告訴などが考えられる。

(8) 問合せ窓口の設置

個人情報の漏洩等の事故が生じた場合、顧客からの問合せ等に対応するための専用電話を設ける例が多くみられる。実務上の工夫として、望ましい運用であると考えられる。

(9) 漏洩か否かの判断基準

 a 「漏洩」等の意義

個人データの「漏洩」とは、「個人データが外部に流出すること」を意味する。また、個人データの「滅失」とは、「個人データの内容が失われること」を意味する。さらに、個人データの「毀損」とは、「個人データの内容が意図しないかたちで変更されたり、内容を保ちつつも利用不能な状態となること」を意味する（金融庁Q&A）。

 b バックアップデータがある場合と「滅失」

個人データを記録しているUSBを破損したが、その内容と同じデータが他に保管されている場合のように、「個人データ」を記録している媒体を破損したとしても、その内容と同じデータが他に保管されている場合には、当該情報を個人情報取扱事業者が自らの手で復元することができ、当該情報の「内容」は失われていない。したがって、このような場合には、個人データの「滅失」には当たらない。

以上のことは、USBの場合だけでなく、携帯電話、ノートパソコン、PDA等の場合についても、同様に考えられる（金融庁Q&A）。

 c 無権限者によるアクセスと「漏洩」

また、社内において、権限のない者が個人データにアクセスした場合のよ

うに、社内の無権限者が、個人データにアクセスした段階では、個人データが当該会社の「外部に流出」したとはいえない。したがって、この段階では、個人データの「漏洩」には当たらない。

これに対して、無権限者が、会社の外部の者に対し、個人データの内容を伝えた場合、個人データが「外部に流出」したといえるため、個人データの「漏洩」に当たると考えられる（金融庁Q&A）。

　　d　個人データの所在が確認できない場合

保有しているはずの個人データを紛失し、存在を確認できない場合のように、保有しているはずの個人データの所在が確認できない場合、「漏洩、滅失、毀損」が発生していない確証がある場合を除いて、安全管理義務違反となる懸念がある。したがって、この場合も、「漏洩、滅失、毀損」に準じて、当局への報告等の措置を講じることになる（金融庁Q&A）。

　　e　暗号化処理と「漏洩」

前述したとおり、個人データの「漏洩」とは、「個人データが外部に流出すること」を意味する。個人データについて暗号化処理されたUSBを漏洩した場合のように、たとえ流出した媒体において暗号化処理がされていたとしても、「個人データ」の「漏洩」に当たると考えられる。また、暗号化処理ではなく、パスワードが設定されている場合も、同様に考えられる（金融庁Q&A）。

　　f　復元キーの失念と「毀損」

前述したとおり、個人データの「毀損」とは、「個人データの内容が意図しないかたちで変更されたり、内容を保ちつつも利用不能な状態となること」を意味する。暗号化処理されたUSBの復元キーを失念し、当該個人データの内容を個人情報取扱事業者が自らの手で復元できない場合、当該個人データは「内容を保ちつつも利用不能な状態」となったといえる。したがって、この場合は、個人データの「毀損」に当たると考えられる（金融庁Q&A）。

## 2 個別的問題

### 1 携帯端末（タブレット）の活用と情報セキュリティ

(1) 問題の所在

　近時、金融機関では、渉外職員に携帯端末（タブレット端末）を貸与し、携帯端末から金融機関のコンピュータシステムにリモートアクセスすることを可能にし渉外業務の効率化を進めている。

　また、金融機関が保有する携帯端末（タブレット端末）を顧客が操作し、各種金融取引を行うことが実用化されたり、こうした取組みの法的問題点の検討に関心が集まったりしている。

　このような取組みを推進する場合、情報セキュリティの観点から、どのような点に留意すべきであろうか。

(2) リモートアクセス許容時の留意点

　a　携帯端末からアクセスできる情報の範囲

　まず、携帯端末（タブレット端末）からリモートアクセスできる情報・データベースの範囲内は、渉外職員の業務上必要な範囲に限る必要がある。

　渉外職員による不適切なリモートアクセスの予防等の観点から、リモートアクセスを許容する目的にふさわしい範囲で、リモートアクセスできる情報・データベースの範囲を設定することが重要である。

　b　携帯端末紛失時の対応

　また、渉外職員が携帯端末（タブレット端末）を紛失した場合に備え、適切な保護機能を導入しておくことが重要である。

　たとえば、携帯端末（タブレット端末）に暗証番号を設定するほか、当該携帯端末による金融機関のデータベース等へのアクセスを遮断するための措置を遠隔操作で講ずることができるスペックなどを講ずることが考えられ

る。
　　c　携帯端末（タブレット端末）への情報保存の禁止
　携帯端末（タブレット端末）に顧客情報を保存できるスペックになっている場合、これを紛失したときには、前述したとおり、たとえ当該携帯端末にパスワードによる保護措置が講じられていたとしても、顧客情報の漏洩と評価されてしまう可能性が高い。
　万一の携帯端末（タブレット端末）の紛失に備え、携帯端末（タブレット端末）には顧客情報の保存ができないスペックにすることが望ましい。
　　d　業務時間終了後の端末管理
　携帯端末（タブレット端末）の就業時間外の使用を防止する観点から、業務時間終了後は、営業店において携帯端末（タブレット端末）を保管するよう義務づけ、自宅への持ち帰りを禁止することが望ましい。
　近時、金融機関では、労働基準監督署の指導等に従い、職員の労働時間管理を厳格に行っている。渉外職員が、業務時間終了後、携帯端末（タブレット端末）を使用して自宅で上司からのEメールに返信している場合、当該自宅での作業時間が「労働時間」に当たるのではないかが問題となりうるからである（仮に、「労働時間」に当たるとすると、いわゆる「サービス残業」の問題が生ずることになる）。

(3)　タブレット端末を利用した金融取引に関する留意点
　　a　操作ログ保存の必要性
　金融機関が保有する携帯端末（タブレット端末）を顧客が操作して金融取引を行うという取引形態の場合、紙ベースの帳票類が作成されず、金融取引のペーパーレス化が実現する。
　紙ベースの帳票類を利用した取引では、顧客が自署し届出印を押印した申込書の提出を受け、申込書に押印されている印影と銀行があらかじめ顧客から届出を受けている印影を照合し、相違ないと判断した場合に限り、取引に

応ずることとしているが、携帯端末（タブレット端末）を利用した取引の場合には、印影を利用した本人確認等ができない。携帯端末（タブレット端末）を利用した取引において、顧客に携帯端末（タブレット端末）上に自署してもらうこととしている金融機関もあるが、届出印を押してもらうこととしている金融機関は見当たらないようであり、従来の届出印が果たしていた機能（本人意思確認・本人確認機能）を、どのように代替するかが問題となる。

　この問題に対する工夫には種々のものが考えられるが、たとえば、①当該携帯端末（タブレット端末）の操作ログを改ざん不能なかたちで保管する、②当該携帯端末（タブレット端末）を利用した取引に際し写真付きの本人確認書類による本人確認を行う、③当該携帯端末の操作者の顔をカメラ機能を利用して撮影するなどの工夫が考えられる。

　b　不祥事防止の必要性

　電子機器を利用した業務を推進するにあたっては、外部の侵入者および内部の不正利用による顧客データの改ざん、書き換え等を防止する態勢を確実に整備することが重要である。金融機関が保有する携帯端末（タブレット端末）を利用して顧客が金融取引を行うことを許容する場合には、渉外職員による取引データの改ざんリスクがあるため、この点に特に注意する必要がある。

　この点について、最近の金融検査結果事例集では、「渉外用ハンディー端末について、事務リスク管理部門は、監査部門から「渉外担当者による預りデータの訂正・削除が可能となっているため、不祥事件防止の観点から操作履歴の検証を行う必要がある」と指摘を受けている。しかしながら、同部門は、対応策を講じていないため、操作履歴の検証は行われていないほか、自店検査の検証項目となっていない」という問題点の指摘がなされたケースが紹介されており、参考になる。

第1編
法務編

## 2 ATM・CDを利用した取引と情報セキュリティ

(1) 法令上の規制

 a　銀行法上の規制

　銀行法施行規則13条の6の4では、「銀行は、現金自動支払機又は現金自動預入払出兼用機による預金又は資金の貸付けの業務に係る金銭の受入れ又は払出しに関する事務を第三者に委託する場合には、当該事務に支障を及ぼすことがないよう現金自動支払機又は現金自動預入払出兼用機の管理業務に経験を有するものとして金融庁長官が別に定める者（資金の貸付け（銀行が受け入れた顧客の預金等又は国債を担保として行う契約を除く。）の業務に係る金銭の受入れ又は払出しに関する事務を第三者に委託する場合には、金融庁長官が別に定める業務を主たる業務とする者を除く。）に委託するとともに、顧客に関する情報が漏洩しないための的確な措置及び顧客が当該銀行と当該委託を受けた者その他の者を誤認することを防止するための適切な措置を講じなければならない」と定めている。

　本条は、銀行が現金自動支払機（CD）、現金自動預入払出兼用機（ATM）に関する事務を外部委託する場合に、顧客情報の漏洩防止措置を講ずるよう求めた規定であり、銀行の情報セキュリティに関する規制の一つである。

 b　預金者保護法上の規制

　また、預金者保護法9条1項は、「金融機関は、偽造カード等又は盗難カード等を用いて行われる不正な機械式預貯金払戻し等の発生を防止するため、できるだけ速やかに、機械式預貯金払戻し等に係る認証の技術の開発並びに情報の漏えいの防止及び異常な取引状況の早期の把握のための情報システムの整備その他の措置を講ずることにより、機械式預貯金払戻し等が正当な権限を有する者に対して適切に行われることを確保することができるようにするとともに、預貯金者に対するこれらの措置についての情報の提供並びに啓発及び知識の普及、容易に推測される暗証番号が使用されないような適切な

措置の実施その他必要な措置を講じなければならない」と定め、適切な認証技術の採用、情報漏洩の防止、異常取引の早期検知など不正払戻し防止のための措置を講ずるよう金融機関に求めている。これも、情報セキュリティに関する法規制の一つである。

(2) 金融検査マニュアル上の規制内容

　金融検査マニュアルでは、「ATMシステムに関し、外部委託している場合、必要なセキュリティ対策が講じられるよう適切に外部委託先の管理状況をモニタリングし、監督しているか」というチェック項目があげられている。

(3) 監督指針上の規制内容

　a　ATMシステムの特徴

　中小・地域金融機関向けの総合的な監督指針では、「ATMシステムのセキュリティ対策」という項目を設け、「ATMシステムは、簡便・迅速に各種サービスを提供するものであり、顧客にとって利便性が高く、広く活用されている。一方で、ATMシステムを通じた取引は、非対面で行われるため、異常な取引態様を確認できないことなどの特有のリスクを抱えている。銀行が顧客にサービスを提供するに当たっては、顧客の財産を安全に管理することが求められる。従って、利用者利便を確保しつつ、利用者保護の徹底を図る観点から、銀行にはATMシステムの情報セキュリティ対策を十分に講じることが要請される」「金融機関のATMシステムは、統合ATMスイッチングサービスを通じて他の金融機関と相互に接続していることから、仮にセキュリティ対策が脆弱なATMシステムを放置している金融機関が存在した場合、他の金融機関に対する影響が及ぶことにも留意し、セキュリティ対策を講じる必要がある」（下線は筆者による）と述べている。

　b　内部管理態勢の整備の必要性

　そのうえで、「犯罪技術の巧妙化等の情勢の変化を踏まえ、キャッシュカー

# 第1編
## 法 務 編

ド偽造等の犯罪行為に対する対策等について、銀行が取り組むべき最優先の経営課題の一つとして位置付け、取締役会等において必要な検討を行い、セキュリティ・レベルの向上に努めているか。また、ATMシステムに係る健全かつ適切な業務の運営を確保するため、銀行内の各部門が的確な状況認識を共有し、銀行全体として取り組む態勢が整備されているか」「その際、犯罪の発生状況などを踏まえ、自らの顧客や業務の特性に応じた検討を行った上で、必要な態勢の整備に努めているか」「リスク分析、セキュリティ対策の策定・実施、効果の検証、対策の評価・見直しからなるいわゆるPDCAサイクルが機能しているか」といった監督上の着眼点をあげている。

最近のATMに関する犯罪のうち、特徴的なものとして、①ATMで現金を引き出した直後の利用者に言葉巧みに話しかけ、利用者が気をとられた隙に現金を窃取する窃盗事件、②ATM機にカード情報の読取機を設置し、ATM機の操作画面のモニタリング用小型カメラを設置し、利用者のキャッシュカードの情報を読取機で読み取り、その暗証番号を小型カメラで盗みみて、偽造カードを作成し預金を不正に払い戻す事件などがある。

c　セキュリティの確保

また、上記の監督指針では、セキュリティの確保に関し、「キャッシュカードやATMシステムについて、そのセキュリティ・レベルを一定の基準に基づき評価するとともに、当該評価を踏まえ、一定のセキュリティ・レベルを維持するために体制・技術、両面での検討を行い、適切な対策を講じているか。その際、情報セキュリティに関する検討会の検討内容等を踏まえ、体制の構築時および利用時の各段階におけるリスクを把握した上で、自らの顧客や業務の特性に応じた対策を講じているか。また、個別の対策を場当たり的に講じるのではなく、セキュリティ全体の向上を目指しているか」「高リスクの高額取引をATMシステムにおいて行っている場合、それに見合ったセキュリティ対策を講じているか。特に脆弱性が指摘される磁気カードについては、そのセキュリティを補強するための方策を検討しているか」と述べて

いる。

(4) ATMの利用明細の管理
　a　問題の所在
　金融機関のATMコーナーにはゴミ箱が置かれており、そのなかに、ATMを利用した預金者が「利用明細書」を捨てることが、多々見受けられる。この利用明細書には、預金口座の口座番号、取引年月日、取引金額、預金残高が記載されているが、預金者名が記載されていないから、利用明細書の記述自体で特定の個人を識別することはそれほど容易なことではないが、金融機関が、金融機関内のデータベースと照合すれば、容易に特定の個人（預金者）を識別することができる。したがって、利用明細書に記載されている情報は、金融機関にとっては、「個人情報」に該当すると考えられる。
　また、利用明細書に記載されている個人情報は、金融機関内のデータベースをもとに作成・印刷された情報であるから、金融機関にとっては、「個人データ」に該当すると考えられる。
　それでは、金融機関は、ATMコーナーに捨てられた利用明細書について、漏洩、滅失が生じないよう、安全に管理する義務（個人情報保護法20条）を負うか。
　b　検　討
　この点について、利用明細書は、ATM機によって預金者に一度交付されており、その時点で、「金融機関の取り扱う個人データ」ではなくなり、「預金者が取り扱う個人データ」になったから、その後の利用明細書の管理については、金融機関はいっさい安全管理責任を負わず、預金者自身がその責任を負うべきであるとする見解や、一度、預金者に交付されたとしても、その後、金融機関が設置・管理するATMコーナー内のゴミ箱に捨てられた時点で、再度、利用明細書は、預金者の手を離れ、金融機関の管理・支配下に入ったと評価できるから、金融機関が設置・管理するゴミ箱内の個人データは、

第4章　情報の安全管理　　119

「金融機関の取り扱う個人データ」という側面をもっているとする見解などが成り立ちうるが、実務上は、安全をみて、金融機関が設置・管理するゴミ箱内の個人データについては金融機関が安全管理責任を負うことを前提に、

①ATMコーナーのゴミ箱内の利用明細書を定期的に顧客が出入りできない店内のゴミ箱に移し替える

②ゴミ箱内を物色する不審者がいないかを監視する

③預金者に対し、ATMコーナー内のゴミ箱に利用明細書を捨てる際には、利用明細書の内容が判読できない程度に細かく破って捨てるように注意喚起する

などの対策を講ずることが望ましいと考えられる。

## 3 情報の保管・保存とコンプライアンス上の留意点

### (1) 法令上の保管・保存義務

金融機関を名宛人とする取締法規において、帳簿、記録、記録媒体等の保存義務を定めているものがある。

たとえば、金融商品取引法48条は、「登録金融機関は、内閣府令で定めるところにより、その業務に関する帳簿書類を作成し、これを保存しなければならない」と定めている。

また、犯罪収益移転防止法では、資金のトレースを可能とするため、金融機関に対し、取引時確認を行った後、直ちに確認記録を作成するよう義務づけ（同法6条1項）、契約終了日等から7年間、これを保存することを義務づけている（同条2項）。

さらに、預金者保護法10条では、「金融機関は、機械式預貯金払戻し等の状況をビデオテープ、写真その他の記録媒体に記録し、それらの物件を保存するとともに、預貯金者からその預貯金等契約に係る偽造カード等又は盗難カード等による機械式預貯金払戻し等に係る事実を確認するために必要な資料の提供その他の協力を求められたときは、これに誠実に協力するものとす

る」と定めている。

　以上に加え、中小・地域金融機関向けの総合的な監督指針では、金融機関に対する苦情について、「苦情等について、自ら対処したものに加え、外部機関が介在して対処したものを含め、適切かつ正確に記録・保存しているか。また、その分析結果を活用し、継続的に顧客対応・事務処理についての態勢の改善や苦情等の再発防止策・未然防止策に活用する態勢を整備しているか」という監督上の着眼点を定めている。

(2)　個人情報の保管に関する法規制

　個人情報保護法19条は、個人情報取扱事業者である金融機関に対し、利用目的の達成に必要な範囲内において、個人データを正確かつ最新の内容に保つよう努めることを求めている。金融庁ガイドライン9条では、これを受けて、金融機関に対し、預金者・保険契約者などの個人データの保存期間については契約終了後一定期間内とするなど、保有する個人データの利用目的に応じ保存期間を定め、当該期間経過後の個人データを消去することなどを求めている（金融庁ガイドライン9条第2文本文、努力措置）。したがって、金融機関は、利用目的の達成に必要な範囲内において、個人データの正確性・最新性を確保するように努める必要がある。

　正確性・最新性を確保するための具体的な方法については、個人情報保護法・金融庁ガイドラインの趣旨に反しない範囲で、金融機関の裁量に委ねられている。正確性・最新性を確保するための具体的方法として、

　①顧客に対して正確かつ最新のデータ提供を働きかける方法
　②顧客から提出される取引開始時の各種届出や、取引開始後の変更届について、本人確認等の実務の一環として当該届出内容の正確性を確認する方法
　③顧客からの届出内容について、迅速かつ正確に個人情報データベース等に反映する方法

などが考えられる。

　個人データの正確化・最新化の頻度は、その利用目的との関係でおのずと定まるものと考えられる。具体的には、①誤りなどを発見した場合には、そのつど訂正する、②一定期間ごとに更新するなどが考えられる（金融庁ガイドラインに関するパブリックコメント手続における金融庁回答（回答番号200・206）参照）。

　顧客との取引自体はすでに終了しており、顧客からの問合せに回答するためなどの目的で、顧客との取引内容に関する個人データを保存している場合、特段の事情がない限り、金融機関は、当該個人データの正確性を定期的に確認したり、定期的にこれを最新化する必要はなく、誤りなどが発見された場合にはそのつど訂正するといった対応で足りると考えられる。

　保存期間については、個人データの保存期間の定めは、保有する個人データの利用目的に応じて定めることが必要である（金融庁ガイドライン9条第2文本文、努力措置）。保存期間を「永久」と定めることも可能であると考えられるが、永久に保存することの合理性について、金融機関の側で十分な説明ができるようにしておく必要がある（金融庁ガイドラインに関するパブリックコメント手続における金融庁回答（回答番号205））。法令等に基づく保存期間の定めがある場合には、金融庁ガイドライン9条第2文本文の規定の適用はないが（金融庁ガイドライン9条第2文但書）、同条但書の「法令等に基づく保存期間の定めがある場合」としては、犯罪収益移転防止法に基づく取引時確認記録の保存期間（7年）などが考えられる。

　保存期間経過後の「消去」（金融庁ガイドライン9条）とは、通常の方法によって当該データを復旧できない状態にすることを意味し、必ずしもハードディスクなどの記録媒体を物理的に破壊することまでは求められていない（金融庁ガイドラインに関するパブリックコメント手続における金融庁回答（回答番号203・208））。バックアップ目的で保存してある過去のデータについても、消去の対象となる（上記金融庁回答（回答番号204））。

⑶ クレジットカード情報

　前述したとおり、クレジットカード情報等の保存について、中小・地域金融機関向けの総合的な監督指針に特別の定めがある。

　すなわち、クレジットカード情報等については、利用目的その他の事情を勘案した適切な保存期間を設定し、保存場所を限定し、保存期間経過後適切かつすみやかに廃棄することが求められている。

# 第5章
# 情報セキュリティ管理と人事・労務上の問題

## １ 従業者に対する監督

(1) 従業者に対する監督の必要性

　個人情報取扱事業者である金融機関は、その従業者に個人データを取り扱わせるにあたっては、当該個人データの安全管理が図られるよう、当該従業者に対する必要かつ適切な監督を行わなければならない（個人情報保護法21条）。また、金融機関は、個人情報保護法21条に従い、個人データの安全管理が図られるよう、適切な内部管理体制を構築し、その従業者に対する必要かつ適切な監督を行わなければならない（金融庁ガイドライン11条１項）。

　従業者とは、金融機関の組織内にあって直接・間接に事業者の指揮監督を受けて事業者の業務に従事している者をいい、雇用関係にある従業者（正社員、契約社員、嘱託社員、パート社員、アルバイト社員等）のみならず、事業者との間の雇用関係にない者（取締役、執行役、理事、監査役、監事、派遣社員等）を含む広い概念である（金融庁ガイドライン11条２項、金融庁ガイドラインに関するパブリックコメント手続における金融庁回答（回答番号227）参照）。

　「従業者」に該当するためには、金融機関の指揮監督を受けていることが必要である。請負業者の従業者が金融機関の施設内で個人データの取扱いを行う場合があるが、このような従業者は、個人情報保護法21条・金融庁ガイドライン11条２項の「従業者」には含まれないと考えられる。このような従業員に対する監督は、自社の従業者に対する内部監督の問題ではなく、外部委託先に対する監督の問題である（金融庁ガイドラインに関するパブリックコメント手続における金融庁回答（回答番号232・253）参照）。

　安全管理実務指針Ⅱにおいて、「従業者の監督」について、具体的な定め

が設けられており、従業者への監督についてはこの点にも留意する必要がある。

(2) 金融庁ガイドラインの内容

金融庁ガイドライン11条3項では、「必要かつ適切な監督」(金融庁ガイドライン11条1項)の具体的内容として、次の3点を行うよう求めている。

①従業者が、在職中およびその職を退いた後において、その業務に関して知りえた個人データを第三者に知らせ、または利用目的外に使用しないことを内容とする契約(これを「非開示契約」という)等を採用時等に締結すること

②個人データの適正な取扱いのための取扱規程の策定を通じた従業者の役割・責任の明確化および従業者への安全管理義務の周知徹底、教育および訓練を行うこと

③従業者による個人データの持出し等を防ぐため、社内での安全管理措置に定めた事項の遵守状況等の確認および従業者の個人データ保護に対する点検・監査制度を整備すること

金融庁ガイドライン11条3項が従業者との非開示契約等の締結を求めた趣旨は、一従業者による誤った取扱いに起因する個人データの漏洩等により重大な被害が発生する危険性があるため、各従業者が、個人データを取り扱うにあたり、その責任を認識することが不可欠であるという考え方に立脚し、金融機関に対し、各従業者に上記認識をもたせたことを確認できる手段を整備するよう求めることによって、個人データの漏洩等を防止しようとする点にある(金融庁ガイドラインに関するパブリックコメント手続における金融庁回答(回答番号236・244)、寺田達史ほか編『金融分野における個人情報の保護』81頁(2006年)参照)。

金融庁ガイドライン11条3項①では、「採用時等」に非開示契約等を締結することを求めているが、異動等により従業者の取り扱う個人データの内

第1編
法　務　編

容・範囲が変更された場合についても、この手続を経る必要がある（金融庁ガイドラインに関するパブリックコメント手続における金融庁回答（回答番号233）参照、寺田ほか編『金融分野』81頁）。

## ❷　雇用管理情報（健康情報を含む）の安全管理

### (1)　雇用管理情報の取扱いに関するルール

　前述したとおり、金融機関の従業者に関する雇用管理に関する情報の取扱いについては、厚生労働省が策定・公表している「雇用管理分野における個人情報保護に関するガイドライン」が適用される。

　ここで、「雇用管理情報」とは、金融機関が労働者等の雇用管理のために収集、保管、利用等する個人情報をいい、病歴、収入、家族関係等の機微に触れる情報を含む労働者個人に関するすべての情報を意味する（同ガイドライン第2、2参照）。

　また、「労働者等」とは、金融機関に使用されている労働者（労働基準法9条所定の労働者）、当該労働者になろうとする者および当該労働者になろうとした者ならびに過去において当該事業者に使用されていた者をいう（同ガイドライン第2、7参照）。

　以下では、雇用管理情報の取扱いに関するルールのうち、情報セキュリティに関するものの内容について、概説する。

### (2)　安全管理措置

　金融機関は、雇用管理情報に関する安全管理措置として、次の四つの措置を講ずるよう努めることが求められている（同ガイドライン第6、2参照）。

　　①個人データを取り扱う従業者およびその権限を明確にしたうえで、その業務を行わせること

　　②個人データは、その取扱いについての権限を与えられた者のみが業務の遂行上必要な限りにおいて取り扱うこと

③個人データを取り扱う者は、業務上知り得た個人データの内容をみだりに第三者に知らせ、または不当な目的に使用してはならないこと（その業務に係る職を退いた後も同様とする）

④個人データの取扱いの管理に関する事項を行わせるため、当該事項を行うために必要な知識および経験を有していると認められる者のうちから個人データ管理責任者を各事業所において選任すること

また、金融機関は、その従業者に雇用管理情報を取り扱わせるにあたり、人的安全管理措置として、次の二つの措置を講ずるよう努めることが求められている（同ガイドライン第6、3参照）。

①その責務の重要性を認識させるために必要な教育および研修の実施

②具体的な個人データの保護措置に習熟させるために必要な教育および研修の実施

さらに、金融機関が、雇用管理情報の取扱いを第三者に委託する場合には、委託先に対する監督措置として、次の2点に留意しつつ、必要かつ適切な措置を講ずることが求められている（同ガイドライン第6、4参照）。

①個人情報の保護について十分な措置を講じている者を委託先として選定するための基準を設けること

②委託先が委託を受けた個人データの保護のために講ずべき措置として、次のⅰ～ⅷに掲げる内容が委託契約において明確化されていること

　ⅰ 委託先において、その従業者に対し、当該個人データの取扱いを通じて知り得た個人情報を漏らし、または盗用してはならないこととされていること

　ⅱ 当該個人データの取扱いの再委託を行うにあたっては、委託元へその旨の文書をもって報告すること。ただし、個人データの取扱いの再委託については、雇用管理情報の漏洩等の危険性が増大すること等からできる限り行わないことが望ましい

　ⅲ 委託契約の期間、委託先における個人データの管理方法および委託契

約終了後の個人データの処理（返却または委託先における破棄もしくは削除をいう）の方法を明記すること
- iv 利用目的達成後の個人データの処理が適切かつ確実になされること
- v 委託先における個人データの加工（委託契約の範囲内のものを除く）、改ざん、委託契約の範囲を超えたデータの書換えおよび不正な情報の追加を禁止し、または制限すること
- vi 委託先における個人データの複写または複製（以下、「複写等」という。安全管理上必要なバックアップを目的とするもの等委託契約の範囲内のものを除く）を禁止すること。なお、個人データの複写等は、委託契約の範囲内であっても、バックアップを目的とする場合等の必要不可欠なものに限定すること
- vii 委託先において個人データの漏洩等の事故が発生した場合における委託元への報告義務を課すこと
- viii 委託先において個人データの漏洩等の事故が発生した場合における委託先の責任が明確化されていること。なお、委託先において個人データの漏洩等の事故が発生した場合には、委託元と委託先との連携により、再発防止に努めること

(3) 雇用管理情報の漏洩時の対応

雇用管理情報が漏洩した場合など、個人情報保護法違反またはそのおそれが発覚した場合には、金融機関は、次の①～⑤の対処を実施することが望ましいとされている。

① 事実調査および原因の究明

事実関係につき調査を行い、個人情報保護法違反またはそのおそれを把握したときは、その原因の究明にあたる。

② 影響の及ぶ範囲の特定

上記①の規定により把握した事実による影響の及ぶ範囲を特定する。

③ 再発防止対策の検討および実施

上記①の規定により究明した原因をふまえ、再発防止対策を検討し、すみやかに実施する。

④ 二次的な被害の発生等の防止

特に個人データの安全管理について個人情報保護法違反があった場合には、二次的な被害の発生または類似の法違反の防止を図るため、事実関係等についてすみやかに本人へ連絡し、または本人が容易に知りうる状態に置くとともに、事実関係および再発防止対策等について、すみやかに公表することが望ましい。

⑤ 主務大臣および認定個人情報保護団体への報告

金融機関は、個人情報保護法またはそのおそれが発覚した場合には、事実関係および再発防止対策等について、すみやかに主務大臣に報告するよう努めなければならない。また、認定個人情報保護団体に加入している場合は、当該認定個人情報保護団体に報告するよう努めなければならない。

## 3 職場のEメールのモニタリングの可否

(1) 問題の所在

金融機関の職員が、その業務に関し、Eメールを利用する機会が増加しており、Eメールを利用した不正行為（社外への顧客情報の違法な送信など）が行われるリスクが生じている。

このような事態を防止するため、部単位・グループ単位で、管理職が部内・グループ内の職員によるEメール（特に社外に送信されるEメール）のモニタリングを行っている場合がある。

このようなモニタリング自体を違法視する見解は、現在では少数説であり、こうしたモニタリングの実施を一定の要件のもと許容する見解が多数説であると思われる。

第1編
法　務　編

　以下では、情報セキュリティを確保する観点から行われるEメールのモニタリングに関する留意点について、最近の裁判例などをふまえて検討する。

(2)　裁判例の検討
　企業が職員に貸与した業務用パソコンのEメールのモニタリングに関し、Eメールの内容に私的事項が含まれていることに着目しプライバシー侵害の有無を検討する裁判例が複数、公刊されている（砂押以久子「従業員の電子メール私的利用をめぐる法的問題」労働判例827号29頁）。以下、これらの裁判例について検討する。

　a　東京地裁平成13年12月3日判決（労働判例826号76頁）
　この事案は、F社Z事業部に勤務していた原告とその夫（いずれも原告）が、Z事業部の事業部長であった被告を相手方として、原告らがF社の社内コンピュータネットワークシステムを用いて送受信した原告らの間の私的なEメールを被告が原告の許可なく閲覧したことが違法であると主張し、不法行為に基づく損害賠償を求めた事案である。
　被告（事業部長）が原告のEメールの閲覧を始めたきっかけは、原告が被告に対する不満を記載したEメールを夫に送信すべきところ、誤って被告（事業部長）に送信したことにある。
　東京地裁は、「会社のネットワークシステムを用いた電子メールの私的使用に関する問題は、通常の電話装置におけるいわゆる私用電話の制限の問題とほぼ同様に考えることができる。……会社における職務の遂行の妨げとならず、会社の経済的負担も極めて軽微なものである場合には、……外部からの連絡に適宜即応するために必要かつ合理的な限度の範囲内において、会社の電話装置を発信に用いることも社会通念上許容されていると解すべきであり、このことは、会社のネットワークシステムを用いた私的電子メールの送受信に関しても基本的に妥当する」と述べ、「社員の電子メールの私的利用が前記……の範囲に止まるものである限り、その使用について社員に一切の

プライバシー権がないとはいえない。しかしながら、……社内ネットワークシステムを用いた電子メールの送受信については、一定の範囲でその通信内容等が社内ネットワークシステムのサーバーコンピュータや端末内に記録されるものであること、社内システムネットワークには当該会社の管理者が存在し、ネットワーク全体を適宜監視しながら保守を行っているのが通常であることに照らすと、利用者において、通常の電話装置の場合と全く同程度のプライバシー保護を期待することはできず、当該システムの具体的情況に応じた合理的な範囲での保護を期待し得るに止まるものというべきである」と判示した。

そのうえで、「職務上従業員の電子メールの私的使用を監視するような責任ある立場にない者が監視した場合、あるいは、責任ある立場にある者でも、これを監視する職務上の合理的必要性が全くないのに専ら個人的な好奇心等から監視した場合あるいは社内の管理部署その他の社内の第三者に対して監視の事実を秘匿したまま個人の恣意に基づく手段方法により監視した場合など、監視の目的、手段およびその態様等を総合考慮し、監視される側に生じた不利益とを比較考量の上、社会通念上相当な範囲を逸脱した監視がなされた場合に限り、プライバシー権の侵害となる」と述べ、本件において被告は職務上電子メールの私的使用を監視するような責任ある立場にあり、その監視方法も社会通念上相当な範囲を超えておらず、適法であるとして、原告らの請求を棄却した。

b 東京地裁平成14年2月26日判決（労働判例825号50頁）
何者かが日経クイック情報株式会社（被告）の社員に対し誹謗中傷メールを送っているという同社の社員からの苦情を端緒としてその発信者等の調査を行う過程で、同社の従業員であった原告がその発信者である可能性が高いと判明したため、同社の管理職らが同社所有のファイルサーバー等の調査を行った。本件は、原告が同社による上記調査等が原告のプライバシーを侵害すると主張し、不法行為に基づき損害賠償請求した事案である。

# 第1編
## 法務編

　東京地裁は、「(企業による)調査や命令も、それが企業の円滑な運営上必要かつ合理的なものであること、その方法態様が労働者の人格や自由に対する行きすぎた支配や拘束ではないことを要し、調査等の必要性を欠いたり、調査の態様等が社会的に許容しうる限界を超えていると認められる場合には労働者の精神的自由を侵害した違法な行為として不法行為を構成することがある」と判示したうえで、日経クイック情報が所有し管理するファイルサーバー等の原告が使用していた部分を調査した点について、「被告会社としては……誹謗中傷メール事件について、原告にはその送信者であると合理的に疑われる事情が存したことから、原告から事情聴取したが、その結果、原告が送信者であることを否定する一方、その疑いをぬぐい去ることができなかったのであるから、さらに調査をする必要があり、事件が社内でメールを使用して行われたことからすると、その犯人の特定につながる情報が原告のメールファイルに書かれている可能性があり、その内容を点検する必要があった」「被告会社が行った調査は、業務に必要な情報を保存する目的で被告会社が所有し管理するファイルサーバー上のデータの調査であり、かつ、このような場所は、会社に持ち込まれた私物が保管されるために貸与されるロッカー等のスペースとは異なり、業務に何らかの関連を有する情報が保存されていると判断されるから、上記のとおりファイルの内容を含めて調査の必要が存する以上、その調査が社会的に許容しうる限界を超えて原告の精神的自由を侵害した違法な行為であるとはいえない」として同社による調査を適法とし、原告の請求を棄却した。

　　ｃ　東京高裁平成17年3月23日判決（労働判例893号42頁）
　本件は、労働政策研究・研修機構（被告）の従業員であった原告が、同機構に対し、退職金の未払い分等の支払いを求めた事案である。すなわち、平成13年12月、週刊誌に「お気楽特殊法人日本労働研究機構」などという見出しで機構の現職員である「A氏」が同機構の実態を内部告発する趣旨の記事が掲載された。原告は、同月、自己都合により同機構を退職したが、同機構

は、①原告が就業時間中に私用目的で業務用パソコンを使用して職務専念義務に違反したこと、②同機構の内部文書を業務とは無関係に週刊誌編集部に提供し機構の秩序または規律を乱したことなどを理由に退職手当支給規程に基づき退職金を減額して支払ったところ、原告がこれを不服として未払い分の退職金等の支払いを求めたものである。

この事案では、争点の一つとして、同機構が原告に無断で原告が使っていた業務用パソコンの使用履歴を調査した点が原告のプライバシーを侵害するか否かが争われた。

東京高裁は、「私人である使用者の行為が労働者に対するプライバシー権の侵害にあたるか否かについては、行為の目的、態様等と労働者の被る不利益とを比較衡量した上で、社会通念上相当な範囲を逸脱したと認められる場合に限り、公序に反するものとしてプライバシー権の侵害となると解するのが相当である」と述べ、「本件パソコンに関する調査は、被告が上記記事に関する事実関係を明らかにして監督官庁への説明をするなどの目的で行われたものであり、その態様は、リース元への返却に伴い原告から回収した後で、調査項目をパソコン作業の対象となった電子ファイルの保管場所、ファイル名、作業開始日時、継続期間等に限って調査するというものであって、調査目的が正当である上、調査態様も妥当であり、原告の被る不利益も大きくないから、プライバシー権の侵害にあたるということはできない」と説示した。

(3) **実務上の留意点**

以上の裁判例をふまえると、金融機関において、業務用のEメールのモニタリングを行う際には、その旨の規程を制定し、

①モニタリングの職責を担う職員に対し、職務上の合理的必要性がまったくないのにもっぱら個人的な好奇心等からモニタリングを行うことを禁止したり、

②モニタリングを行う目的（正当な目的）を明確化し、その目的に沿ったかたちでモニタリングを行うよう求めること

などが考えられる。

### 4　不祥事件の調査とプライバシー

**(1)　問題の所在**

　金融機関（特に、預金取扱金融機関）に対する最近の行政処分事例をみると、営業店の職員が顧客から預かった金銭を、長期間、横領し続けていたにもかかわらず、その発見が遅れたことを理由とするものが目立つ。現金を取り扱う企業（バス会社など）においては、職員による現金の横領の事前予防と横領発覚時の適切・迅速な調査の実施が重要課題であり、金融機関（特に預金取扱金融機関）もその例外ではない。

　また、金融機関またはその外部委託先の職員が故意に大量の顧客情報等を外部に持ち出すなどの事件も発生している。

　このように不祥事件等の発生時やそれが強く疑われる場合、金融機関では、不祥事件等にかかわった疑いのある職員について事実関係の調査を行うが、これらを行う際、法的観点からどのような点に注意する必要があるのであろうか。

　この分野については古くから、最高裁判決を含め、判例の蓄積があることから、それらをふまえた適切な調査に努める必要がある。次項では、不祥事件に対する企業の調査に関する裁判例を概観する。

**(2)　不祥事発生後の調査と質問応答義務**

　不祥事件が発生した場合における企業の調査権限と職員の協力義務について、最高裁昭和52年12月13日判決（民集31巻7号1037頁）が参考になる。

　この事案は、Xが勤務先であるY社に対し譴責処分の無効確認を求めた事案である。すなわち、Y社は、従業員2名が就業時間中に就業規則違反行為

をしたとして、事実関係の調査を開始したところ、上記2名の従業員のうち1名がXに対し就業規則違反行為（作業の依頼）を行ったことが判明したため、Y社の人事部は、主として上記2名の従業員による就業規則違反の事実関係をさらに明確に把握することを目的としてXに対し事情聴取を行った。ところが、Xは、これに対し「わかりません」「答える必要がありません」と反問しY社の質問に答えなかった。このため、Y社は、就業規則違反を理由に、質問に答えなかったXを譴責処分に付した。

　上記最高裁判決は、不祥事件が発生した場合における企業の調査権限について、「企業秩序は、企業の存立と事業の円滑な運営の維持のために必要不可欠なものであり、企業は、この企業秩序を維持確保するため、これに必要な諸事項を規則をもって一般的に定め、あるいは具体的に労働者に指示、命令することができ、また、企業秩序に違反する行為があった場合には、その違反行為の内容、態様、程度等を明らかにして、乱された企業秩序の回復に必要な業務上の指示、命令を発し、または違反者に対し制裁として懲戒処分を行うため、事実関係の調査をすることができる」と述べたうえで、「企業が右のように企業秩序違反事件について調査をすることができるということから直ちに、労働者が、これに対応して、いつ、いかなる場合でも、当然に、企業の行う右調査に協力すべき義務を負っているものと解することはできない。けだし、労働者は、労働契約を締結して企業に雇用されることによって、企業に対し、労務提供義務を負うとともに、これに付随して、企業秩序遵守義務その他の義務を負うが、企業の一般的支配に服するものということはできないからである。そして、右の観点に立って考えれば、当該労働者が他の労働者に対する指導、監督ないし企業秩序の維持などを職責とするものであって、右調査に協力することがその職務の内容となっている場合には、右調査に協力することは労働契約上の基本的義務である労働提供義務の履行そのものであるから、右調査に協力すべき義務を負うものといわなければならないが、右以外の場合には、調査対象である違反行為の性質、内容、当該

労働者の右違反行為見聞の機会と職務執行との関連性、より適切な調査方法の有無等諸般の事情から総合的に判断して、右調査に協力することが労務提供義務を履行する上で必要かつ合理的であると認められない限り、右調査協力義務を負うことはない」と述べ、職員の協力義務（質問応答義務）について限定的な判断を示している。

### (3) 不祥事件発生前の一般予防的調査

　それでは、具体的な不祥事件が発生していない状況において、企業による職員に対する調査について、どのように考えられているのであろうか。
　この点について、一般予防的な所持品検査の適法性が争われた最高裁昭和43年8月2日判決（民集22巻8号1603頁）が参考になる。
　この事案は、電車・バス等の陸上運輸業を営むY社が、バスの乗務員による乗車賃着服等を摘発・防止することを目的として、就業規則に「社員が業務の正常な秩序維持のためその所持品の検査を求められたときは、これを拒んではならない」と定め、バスの乗務員に対し脱靴を含めた所持品検査を行っていたところ、X（バス運転手）が乗務終了後の脱靴を拒否したため、Y社が就業規則違反を理由にXを懲戒解雇した。このため、Xが懲戒解雇処分の有効性を争った事案である。
　最高裁は、「所持品検査は、被検査者の基本的人権に関する問題であって、その性質上つねに人権侵害のおそれを伴うものであるから、たとえ、それが企業の経営・維持にとって必要かつ効果的な措置であり、他の同種の企業において多く行われるところとしても、また、それが労働基準法所定の手続を経て作成・変更された就業規則の条項に基づいて行われ、これについて従業員組合または当該職場従業員の過半数の同意があるとしても、そのことの故をもって、当然に適法視されうるものではない。問題は、その検査の方法ないし程度であって、所持品検査は、これを必要とする合理的理由に基づいて、一般的に妥当な方法と程度で、しかも制度として、職場従業員に対

して画一的に実施されるものでなければならない。そして、このようなものとしての所持品検査が、就業規則その他、明示の根拠に基づいて行われるときは、他にそれに代わるべき措置をとりうる余地が絶無でないとしても、従業員は、個別的な場合にその方法や程度が妥当を欠く等、特段の事情がないかぎり、検査を受忍すべき義務が」あると判示した。

　そのうえで、Y社が上記の目的で就業規則に規程を設け乗務員の鞄等の携帯品や着衣・帽子・靴の内部にわたって検査を行い相当の成果を収め、隠匿箇所も着衣・鞄・靴の中が目立って多かったこと、Y社は所持品検査の方法について組合と協議を行い、乗務員の人権を尊重し、感情に走ることがないよう同社側において監督者の教育を十分行うことなどの合意をしたうえで、所持品検査を実施していること、Xに対する検査についてもその方法や程度に妥当を欠いたとすべき事情は認められないことなどを認定し、Y社による所持品検査の適法性を肯定した。

　金融機関の営業店においても、就業規則等に基づき、現金や業務資料の持出しを防止する目的で所持品検査が行われる場合があるが、本最高裁判決が述べる諸点に留意する必要がある。

## 5　職員によるSNSの利用とそのリスク管理

### (1)　問題の所在

　金融機関の若手職員のなかには、業務後の夜間や週末などのプライベートな時間を利用しブログ、SNS（ソーシャルネットワーキングサービス）、ツイッターなどを私的に利用している者が少なくない。ブログを利用する場合、利用者はその勤務先を明らかにしないことが多いが、SNSを利用する場合には、その利用者が勤務先を明らかにしている場合がある。後者の場合、利用者の個人的な（プライベートでの）情報発信が原因となり、その勤務先の信用が毀損される事態に至る事例が複数、発生するなどしたため、金融機関においても、職員によるブログ・SNS・ツイッターの利用について一定のガイ

第1編
法　務　編


ドライン等を設けることの要否・可否・当否などが話題になっている。

　この問題は、職員のプライベートな時間の自由利用の原則（表現の自由等）と、職員の軽率な情報発信による金融機関の信用毀損リスクの予防の必要性の調整が必要な問題であり、むずかしい問題である。

(2)　総務省のガイドライン

　総務省は、平成25年６月28日、「国家公務員のソーシャルメディアの私的利用に当たっての留意点」（以下、「留意点」という）を策定し公表した。この留意点は、総務省が、各府省庁等に対して、国家公務員によるソーシャルメディアの私的利用に関する注意点の周知徹底を行うほか、必要に応じて、内規の制定、研修の実施等を行うよう求める目的で作成したものである（総務省のプレスリリース参照）。この留意点のなかには、金融機関にとっても参考になる点が少なくない。以下、留意点のポイントを概説する。

　a　構　成

　留意点は、①はじめに、②ソーシャルメディアの特性、③ソーシャルメディアの私的利用にあたっての留意点の３項目から構成されている。このうち③は、(i)国家公務員として特に留意すべき事項と(ii)その他一般的に留意すべき事項に細分されている。以下、③を中心に概説する。

　b　国家公務員として特に留意すべき事項

　(a)　法令遵守の必要性

　「国家公務員として特に留意すべき事項」の１点目は、「法令（国家公務員法、著作権法等）を遵守すること」である。

　前述したとおり、国家公務員には、法令上、守秘義務が課されており、留意点はその遵守を求めている。この点は、金融機関の職員にも妥当すると考えられる。前述したとおり、金融機関は、顧客に対し、商慣習上または契約上、守秘義務を負っており、この実効性を確保するため、金融機関は、その職員に対し、就業規則等において守秘義務を課している。金融機関の職員が

私的な時間にブログ等を利用し情報発信を行う場合においても、守秘義務の遵守が必要であることはいうまでもない。

また、留意点では「信用失墜行為の禁止」に違反する情報発信を行わないよう求め、信用失墜行為に該当するおそれのある情報発信として、次の三つの場合を例示している。金融機関はその信用がきわめて重要であり、平素から風評リスクに注意を払っている。職員の不用意な情報発信により金融機関の信用が失墜するということが生じないよう、職員に注意喚起を行うことが望まれる。

①職務の公正性または中立性に疑義を生じさせるおそれの内容のある発信
②他人や組織を誹謗中傷する内容や他人に不快または嫌悪の念を起こさせるような発信
③公序良俗に反する内容の発信、他人の権利利益を侵害するおそれがある内容の発信および社会規範に反する発信（差別的発言等）

さらに、留意点では、「職務専念義務が課せられていることに鑑み、出張中の移動時間や超過勤務時間を含め、勤務時間中の発信は行わない」よう求めている。この点については金融機関の職員の場合も同様である。

(b) 組織の見解でないことの明示等

「国家公務員として特に留意すべき事項」では、2点目に、発言の位置づけや発言内容に関する注意点をあげている。具体的には、「所属又は氏名の一部又は全部を明らかにして発信する場合においては、その発信が自らが所属する組織の見解を示すものでない旨を自己紹介欄等であらかじめ断ることが必要であること」をあげ、そのうえで、「その旨を断ったとしてもなおその発信が当該組織の見解であるかのように誤解され、一人歩きするおそれがあることから、発信の内容が個人の見解に基づくものである場合には、その旨が明確に分かるような記述を心がける」ことの重要性を説いている。

また、発信する情報の内容に関する留意点として、「職務に関連する内容については、発信の可否も含め、慎重に取り扱うこと」をあげている。この

第1編
法 務 編

点も、金融機関の職員に同様に当てはまると考えられる。前述したとおり、金融機関は顧客に対し守秘義務を負っているから、金融機関の職員が業務に関する内容について情報発信を行う場合には、守秘義務に違反しないかを慎重に検討する必要があるからである。

(c) 業務用端末の利用禁止

最後に、三つ目の留意点として、「業務上支給されている端末を用いて発信を行わないこと」があげられている。この点も金融機関の職員に当てはまる。私的な情報発信であるといえるためには、勤務時間外に、私物である端末を利用して行われる情報発信であることが必要であり、業務上支給されている端末を用いて行われるものは「私的」なものとは言いがたいからである。

c その他一般的に留意すべき事項

「その他一般的に留意すべき事項」は、①総論、②事実に反する情報等、③事後対応、④安全管理措置、⑤特定のアプリケーションの動作の5項目から構成されている。これらのうち、情報セキュリティに関連する点として、④と⑤があるから、以下では、その内容について概説する。

まず、④の「安全管理措置」に関する留意事項として、次の5点をあげている。

① 「自己又は他人のプライバシーに関する情報を意に反して公開してしまわないよう、ソーシャルメディアの設定を十分に確認すること」

② 「面識のない者からソーシャルメディア上の交流（「友達」関係の形成等）の申し出を受けた場合には、安易に受諾しないこと。自己の情報の開示対象者を一定の範囲の者（「友達」のみ等）に限定している場合であっても、当該申出に応ずることにより情報が漏えいする危険性が高まることに留意すること」

③ 「アカウントが乗っ取られること等がないよう、ログイン名及びパスワードの管理を適切に行うこと」

④ 「発信を行う際に発言、画像等に位置情報を自動的に付与する機能を有

するサービスが多数あるため、当該サービスを利用する場合には、当該位置情報を他人に知られることの影響について留意するとともに、必要に応じて当該機能の停止等の対応を行うこと」

⑤「通信端末、パソコン等のウィルス対策を怠らないこと。特にスマートフォンではアプリケーションを装ったウィルスに注意すること」

また、⑤の「特定のアプリケーションの動作」として、次の2点があげられている。

① 「ソーシャルメディア上のアプリケーションの中には自動的に発信を行う機能を有するものがあることに鑑み、その利用の際にはその動作等に注意すること」

② 「ソーシャルボタン(「いいね」ボタン等)については、これを押下することにより意図せぬ発信を行ってしまう場合があることに鑑み、その挙動等に注意すること」

## 6 職員の故意による情報漏洩対策の問題

### (1) 情報漏洩の分類

職員による情報漏洩は、「故意」によるもの、「過失」によるもの、「非管理職」によるもの、「管理職」によるものなどに分類することができる。

このなかでも特に、管理職の職員による故意の情報漏洩については、それを予防したり早期発見することに大きな困難が伴う。非管理職の職員による情報漏洩については持出し等に関する上司による承認制などにより相当程度、予防することが可能であるが、管理職の職員の場合、当該従業員に集中した権限が濫用される危険への予防策としてどのようなものが有効かはむずかしい問題である。

### (2) 金融機関の情報管理責任

最近の裁判例のなかにも、こうした困難さに一定の理解を示すものがあ

る。

　たとえば、営業部門の部長が、その部下数名と共謀のうえ、伝票を偽造して架空の売上げを計上するという不祥事が発生した会社において適切なリスク管理体制が構築されていたか否かが問題となった事案において、最高裁平成21年7月9日判決（集民第231号241頁）は、「会社は、通常想定される架空売上げの計上等の不正行為を防止し得る程度の管理体制は整えていた」「本件不正行為は、部長がその部下である営業担当者数名と共謀して、偽造印を用いて注文書を偽造し、……営業担当者らが言葉巧みに販売会社の担当者を欺いて監査法人および財務部が販売会社あてに郵送した売掛金確認書の用紙を未開封のまま回収し、金額を記入して偽造印を押印した同用紙を監査法人または財務部門に送付し、……買掛金額が一致するように巧妙に偽装するという通常容易に想定し難い方法によるものであった」「本件以前に同様の手法による不正行為が行われたことがあったなど、会社が本件不正行為の発生を予見すべきであったという特別な事情も見あたらない」として、結論として会社のリスク管理体制に問題はなかったとしている。

　これに対し、管理職クラスの職員による故意の不祥事件についても予防策を講じることが不可能ではないとするものもある。たとえば、平成21年6月の金融庁による証券会社への行政処分である。これは、証券会社のシステム部の管理職クラスの従業員Aが、外部委託先職員Bに業務上必要であるという虚偽の説明をして、当該証券会社の個人顧客情報をコンパクトディスクに保存させてこれを社外に持ち出して第三者に売却したという事案において、「Aについては、顧客情報等の検索ツールの開発・運用等の実質的な責任者であったほか、Bを指導する立場にもあるなど、個人顧客情報の不正持ち出しを可能とする一連の権限等が分断されていなかった。Aへの管理・牽制も十分でなく、またAによる隠蔽行為も可能な状況であった。当社システム部は、内部者による不正行為の潜在的リスクを認識していたが、監視の強化等の対応は途上であり、Aの不正行為は監視対象外であった」として、当該証

券会社の管理態勢に問題があったとしている。

　この行政処分では「情報セキュリティ管理態勢の充実・強化」策の一つとして、①外部委託先を含めた各種手続の運用実態の検証と、②不正行為を可能とする一連の権限等の特定職員への集中状況の検証と、当該権限等の分断または幅広い権限等を有する職員への管理・牽制の強化をあげている。

(3)　実務上の留意点

　この考えに従うと、管理職クラスの従業員による故意の不祥事件の予防策の第1歩は、運用実態の把握を通じて、権限集中が生じている「特定職員」の抽出作業ということになるように思われる。

　次に、前記の行政処分のなかで、金融庁は、証券会社における具体的な問題点の一つとして「当社における職員への教育・研修は、今回の事案のような意図的な不正行為を防止する観点が希薄であり、とりわけ、大量の顧客情報等を取り扱うシステム部職員にはより高い倫理観が求められるにも関わらず、そうした点に着目した対応が不足していた。また、情報セキュリティ管理に関する外部委託先職員への教育・研修も、不足していた」ことをあげたうえで、当社に対し「不正行為の未然防止に向けて、人事管理等の改善を図ること。特に、職業倫理の強化等を図る観点から教育・研修のあり方を見直し、適切に実施すること」を通じ、情報セキュリティ管理態勢の充実・強化を図るよう求めている。

　この考え方によれば、二つ目になすべきことは職員への教育・研修内容やその方法の点検・見直しであると考えられる。具体的な点検・見直しのポイントは、内容の見直しと研修方法の見直しの2点である。まず、研修内容の見直しについては、「意図的な不正行為（顧客情報の漏えい等）を防止する」という観点を強く意識した研修を行う必要がある。次に、研修方法の工夫についてであるが、前述した権限が集中している特定職員や顧客情報等を大量に取り扱うシステム部門の職員に対する研修を、一般職員向けの研修とは別

第1編
法務編

個に、特に職業倫理の高揚という点に着目して行うことが考えられる。
　上記証券会社が公表している業務改善報告書では、「人事管理等の改善」策として、
　①職員に対する倫理教育等の徹底
　②マネジメント研修の実施
　③全職員向け研修の実施
　④システム関係職員向け研修の実施
　⑤外部委託会社職員向け研修の実施
という五つの柱を掲げ、マネジメント研修とシステム関係職員向け研修を、全職員向けの研修と別立てで行っている点が先進的な取組みとして注目される。

# 第 6 章
# 情報の外部への提供と情報セキュリティ管理

## 1 外部委託先管理

### 1 外部委託先管理に関する法規制

(1) 外部委託に関する業法上の規制

　金融機関が、その取り扱う情報を外部に提供する場面の一つとして、外部委託がある。外部委託の場合には、単なる情報の外部への提供と異なり、外部委託先を管理する必要があるため、情報セキュリティの観点からの実務の関心が高い。

　金融機関による外部委託に関し、業法においても、一定の規制が設けられている。たとえば、銀行法12条の2第2項は、「銀行は、内閣府令で定めるところにより、その業務に係る重要な事項の顧客への説明、その業務に関して取得した顧客に関する情報の適正な取扱い、その業務を第三者に委託する場合における当該業務の的確な遂行その他の健全かつ適切な運営を確保するための措置を講じなければならない」と定め、同法施行規則13条の6の8は、「銀行は、その業務を第三者に委託する場合には、当該業務の内容に応じ、次に掲げる措置を講じなければならない」として、次の五つの措置を規定している。

①当該業務を的確、公正かつ効率的に遂行することができる能力を有する者に委託するための措置
②当該業務の委託を受けた者（受託者）における当該業務の実施状況を、定期的に又は必要に応じて確認すること等により、受託者が当該業務を的確に遂行しているかを検証し、必要に応じ改善させる等、受託者に対

する必要かつ適切な監督等を行うための措置
③受託者が行う当該業務に係る顧客からの苦情を適切かつ迅速に処理するために必要な措置
④受託者が当該業務を適切に行うことができない事態が生じた場合には、他の適切な第三者に当該業務を速やかに委託する等、当該業務に係る顧客の保護に支障が生じること等を防止するための措置
⑤銀行の業務の健全かつ適切な運営を確保し、当該業務に係る顧客の保護を図るため必要がある場合には、当該業務の委託に係る契約の変更又は解除をする等の必要な措置を講ずるための措置

また、同様に保険業法100条の2、保険業法施行規則53条の11にも同趣旨の規定が設けられている。

(2) 行政上の規制
　a　レピュテーションの考慮の必要性

金融機関に対する監督行政上も、金融機関が、その取り扱う情報を外部に提供するにあたって、いくつかの留意点を設けている。たとえば、中小・地域金融機関向けの総合的な監督指針では、「顧客等に関する情報の取扱いについて、具体的な取扱基準を定めた上で、研修等により役職員に周知徹底しているか。特に、当該情報の他者への伝達については、コンプライアンス（顧客に対する守秘義務、説明責任）及びレピュテーションの観点から検討を行った上で取扱基準を定めているか」といった監督上の着眼点を設けている。

　b　外部委託先管理

また、同じく、上記の監督指針では、顧客保護・経営の健全性の観点から、外部委託に関する留意点をあげている。

まず、顧客保護の観点からの態勢整備義務に関し、次の9点をあげている。

①委託契約によっても当該銀行と顧客との間の権利義務関係に変更がな

く、顧客に対しては、当該銀行自身が業務を行ったのと同様の権利が確保されていることが明らかとなっているか。

② 委託業務に関して契約どおりサービスの提供が受けられないときに、銀行において顧客利便に支障が生じることを未然に防止するための態勢整備が行われているか。

③ 委託先における目的外使用の禁止も含めて顧客等に関する情報管理が整備されており、委託先に守秘義務が課せられているか。

④ 個人である顧客に関する情報の取扱いを委託する場合には、施行規則第13条の6の5に基づき、その委託先の監督について、当該情報の漏えい、滅失又はき損の防止を図るために必要かつ適切な措置として、以下の措置が講じられているか。

　イ．保護法ガイドライン第12条の規定に基づく措置
　ロ．実務指針Ⅲの規定に基づく措置

⑤ 外部委託先の管理について、責任部署を明確化し、外部委託先における業務の実施状況を定期的又は必要に応じてモニタリングする等、外部委託先において顧客等に関する情報管理が適切に行われていることを確認しているか。

⑥ 外部委託先において漏えい事故等が発生した場合に、適切な対応がなされ、速やかに委託元に報告される体制になっていることを確認しているか。

⑦ 外部委託先による顧客等に関する情報へのアクセス権限について、委託業務の内容に応じて必要な範囲内に制限しているか。

　その上で、外部委託先においてアクセス権限が付与される役職員及びその権限の範囲が特定されていることを確認しているか。

　さらに、アクセス権限を付与された本人以外が当該権限を使用すること等を防止するため、外部委託先において定期的又は随時に、利用状況の確認（権限が付与された本人と実際の利用者との突合を含む。）が行われ

# 第1編
## 法務編

ている等、アクセス管理の徹底が図られていることを確認しているか。

⑧二段階以上の委託が行われた場合には、外部委託先が再委託先等の事業者に対して十分な監督を行っているかについて確認しているか。また、必要に応じ、再委託先等の事業者に対して自社による直接の監督を行っているか。

⑨クレーム等について顧客から銀行への直接の連絡体制を設けるなど適切な苦情相談態勢が整備されているか。

また、経営の健全性の確保の観点からの態勢整備義務として、次の9点をあげている。

① リスク管理

　銀行は、当該委託契約に沿ってサービスの提供を受けられなかった場合の銀行業務への影響等外部委託に係るリスクを総合的に検証し、リスクが顕在化した場合の対応策等を検討しているか。

② 委託先の選定

　銀行経営の合理性の観点からみて十分なレベルのサービスの提供を行い得るか、契約に沿ったサービス提供や損害等負担が確保できる財務・経営内容か、銀行のレピュテーション等の観点から問題ないか等の観点から、委託先の選定を行っているか。

③ 契約内容

　契約内容は、例えば以下の項目について明確に示されるなど十分な内容となっているか。

　イ．提供されるサービスの内容及びレベル並びに解約等の手続き

　ロ．委託契約に沿ってサービスが提供されない場合における委託先の責務。委託に関連して発生するおそれのある損害の負担の関係（必要に応じて担保提供等の損害負担の履行確保等の対応を含む。）

　ハ．銀行が、当該委託業務及びそれに関する委託先の経営状況に関して委託先より受ける報告の内容

ニ．金融当局の銀行に対する検査・監督上の要請に沿って対応を行う際の取決め
④　銀行に課せられた法令上の義務等
　　当該委託業務を銀行自身が行った場合に課せられる法令上の義務等の履行に支障が生じる外部委託となっていないか。
⑤　銀行側の管理態勢
　　委託業務に関する管理者の設置、モニタリング、検証態勢（委託契約において、銀行が委託先に対して業務の処理の適切性に係る検証を行うことができる旨の規定を盛り込む等の対応を含む。）等の行内管理態勢が整備されているか。
⑥　情報提供
　　委託業務の履行状況等に関し委託先から銀行への定期的なレポートに加え、必要に応じ適切な情報が迅速に得られる態勢となっているか。
⑦　監　査
　　銀行において、外部委託業務についても監査の対象となっているか。
⑧　緊急対応
　　委託契約に沿ったサービスの提供が行われない場合にも、銀行業務に大きな支障が生じないよう対応が検討されているか。また、顧客に対して委託先に代わりサービス提供が可能な態勢等が整備されているか。
⑨　グループ会社への外部委託
　　委託契約が銀行とグループ会社との間において締結される場合に、契約の内容が実質的に委託先への支援となっており、アームズ・レングス・ルールに違反していないか。

(3)　行政による外部委託管理の取組み
　前述した「政府機関の情報セキュリティ対策のための統一管理基準」のなかには、情報セキュリティの観点から、情報システムに関する計画、構築、

**第1編**
法　務　編

運用等の情報処理業務の一部または全部を請け負った者（同基準ではこれを「委託先」と呼んでいる）に関する留意事項を定めており、金融機関による外部委託先管理の高度化の検討にあたって参考になる。

　a　適用範囲

　上記基準の外部委託に関する遵守事項は、府省庁による貸借、請負その他の契約に基づき提供される役務のうち、情報処理に係る業務であって、たとえば、①ソフトウエア開発（プログラム作成、システム開発等）、②情報処理（統計、集計、データエントリー、媒体変換等）、③賃貸借、④調査・研究（調査、研究、検査等）などの営業品目に該当するものに適用される。

　遵守事項の内容については、金融庁ガイドラインにも同趣旨の内容が定められている点も少なくないが、上記基準独自のものもある。以下、こうした点を中心に概説する。

　b　外部委託の対象とすることの可否の判断基準の策定

　上記基準では、「統括情報セキュリティ責任者は、外部委託の対象としてよい情報システムの範囲及び委託先によるアクセスを認める情報資産の範囲を判断する基準を整備する」よう求めている。

　金融機関においても、その情報システムすべてを外部委託する場合には慎重に外部委託の可否を検討することになると思われるが、外部委託の対象としてよい情報システムか否かの判断基準や、外部委託先によるアクセスを認めてよい情報資産か否かの判断基準については、特に設けず、そのつど、慎重に判断していることが多いように思われる。

　情報セキュリティの高度化の観点から、上記基準の考え方なども参考にしながら、上記の各判断基準を作成することが望まれる。

　c　委託契約の変更時の取扱い

　上記基準では、「情報システムセキュリティ責任者又は課室情報セキュリティ責任者は、委託先の提供する役務（情報セキュリティ基本方針、実施手順、管理策の維持及び改善を含む。）の変更に関しては、選定基準及び選定手続に

基づき、その是非を審査する」よう求めている。

　金融機関において、委託業務の範囲の追加など委託契約の変更はよく発生する事象の一つである。こうした委託契約の変更は、情報システムの外部委託に伴うリスクを増大させる可能性があるが、委託時点ですでに委託の可否等を審査ずみであることを理由に、委託契約の変更時の審査は緩くなりがちである。

　この点について、上記基準では、委託時と同様の基準・手続を再度実施し、慎重な審査を行うことを求めており、参考になる。

　　d　委託契約の更新時の取扱い

　上記基準では、委託契約の更新について、「情報システムセキュリティ責任者又は課室情報セキュリティ責任者は、外部委託契約の継続に関しては、選定基準及び選定手続に基づきその都度審査するものとし、安易な随意契約の継続をしない」よう求めているが、これは上記cと同様、金融機関にとって参考になると考えられる。

　　e　再委託の管理について

　上記基準では、再委託の管理について、「情報システムセキュリティ責任者又は課室情報セキュリティ責任者は、委託先がその役務内容を一部再委託する場合は、再委託されることにより生ずる脅威に対して情報セキュリティが十分に確保される措置を委託先に担保させる」よう求めている。

　再委託により生ずる脅威の有無を検討させ、その脅威に対する十分な措置を講ずるよう求めている点が特徴的である。

　　f　納品・検収時、委託契約終了時の取扱い

　上記基準では、納品・検収時、または委託契約終了時の取扱いに関し、「情報システムセキュリティ責任者又は課室情報セキュリティ責任者は、外部委託の終了時に、委託先に請け負わせた業務において行われた情報セキュリティ対策を確認し、その結果を納品検査における確認の判断に加える」よう求めている。

この点は、金融庁ガイドライン等でも特に定められていない点であり、委託先管理の高度化を検討するにあたり、参考になるように思われる。

### (4) 個人情報保護法制

個人情報取扱事業者である金融機関は、個人データの取扱いの全部または一部を委託する場合は、その取扱いを委託された個人データの安全管理が図られるよう、委託を受けた者に対する必要かつ適切な監督を行わなければならない（個人情報保護法22条）。

金融庁ガイドライン12条は、これをふまえて、委託先に対する「必要かつ適切な監督」の内容について、具体的な定めを置いている。委託先に対する必要かつ適切な監督の内容については、安全管理実務指針Ⅲにも規定されているから、実務にあたっては、この点にも留意する必要がある。

#### a 委託の意義

「委託」とは、契約の形態や種類を問わず、金融機関が他の者に個人データの取扱いの全部または一部を行わせることを内容とする契約のいっさいを含む（金融庁ガイドライン12条2項）。個人データを含む書面・磁気テープなどについての保管を依頼することも、「委託」に含まれる（金融庁ガイドラインに関するパブリックコメント手続における金融庁回答（回答番号252））。

#### b 必要かつ適切な監督の内容

金融庁ガイドラインでは、金融機関に対し、「必要かつ適切な監督」として、①委託先の選定基準の確立、および、②委託先における安全管理措置の確保を求めている（金融庁ガイドライン12条3項）。

具体的には、①個人データの安全管理のため、委託先における組織体制の整備および安全管理に係る基本方針・取扱規程の策定などの内容（委託先において、委託先と従業者との間で個人データの非開示契約等が締結されていることを含む。金融庁ガイドラインに関するパブリックコメント手続における金融庁回答（回答番号253）参照）を委託先選定の基準に定め、当該基準に従って委

託先を選定するとともに、当該選定基準を定期的に見直すこと、および、②(ア)委託者の監督・監査・報告徴収に関する権限、(イ)委託先における個人データの漏洩・盗用・改ざんおよび目的外利用の禁止、(ウ)再委託に関する条件および(エ)漏洩等が発生した場合の委託先の責任を内容とする安全管理措置を委託契約に盛り込むとともに、定期的または随時に当該委託契約に定める安全管理措置の遵守状況を確認し、安全管理措置の見直しを行う必要がある（金融庁ガイドライン12条3項）。

再委託が行われた場合には、委託先の事業者が再委託先の事業者に対して十分な監督を行っているかについても、委託元において監督を行わなければならない（金融庁ガイドライン12条3項）。再委託の場合には、委託元は、委託先による監督状況を確認すれば足り、必ずしも、再委託先を直接監督する必要まではないと考えられる。

c　委託先選定時の留意点

金融庁ガイドライン12条3項では、「委託先の選定基準」のなかに委託先における安全管理に係る基本方針・取扱規程の策定などを定め、これに従って委託先を選定するよう求めているが、これは、金融機関（委託元）が、委託先の安全管理に係る基本方針・取扱規程を取得することまで要求する趣旨ではない（金融庁ガイドラインに関するパブリックコメント手続における金融庁回答（回答番号258）、寺田達史ほか編『金融分野における個人情報の保護』86頁（2006年））。

したがって、たとえば、委託先がセキュリティ上の理由から委託先の安全管理に係る取扱規程そのものを金融機関（委託元）に提示しない場合であっても、金融機関による委託先に対するヒアリングなどの結果、金融機関（委託元）の委託先選定基準を満たし個人データの安全管理が図られると判断できる場合には、当該委託先に委託を行ったとしても、金融庁ガイドライン12条3項に反しないと考えられる（金融庁ガイドラインに関するパブリックコメント手続における金融庁回答（回答番号258）、寺田達史ほか編『金融分野におけ

# 第1編 法務編

る個人情報の保護』86頁（2006年））。

**d 安全管理実務指針Ⅲの内容**（個人データ保護に関する委託先選定の基準）

安全管理実務指針Ⅲでは、金融庁ガイドライン12条3項に定める「委託先の監督」について、細目を定めている。

具体的には、金融機関は、①個人データを適正に取り扱っていると認められる者を選定し、個人データの取扱いを委託するとともに、②委託先における当該個人データに対する安全管理措置の実施を確保しなければならない。

金融機関は、個人データの取扱いを委託する場合には、金融庁ガイドライン12条3項①に基づき、(a)委託先選定の基準を定めること、(b)当該基準に従って委託先を選定すること、および(c)当該基準を定期的に見直さなければならない（安全管理実務指針5－1）。

委託先選定基準に定めるべき事項は、①委託先における個人データの安全管理に係る基本方針・取扱規程等の整備、②委託先における個人データの安全管理に係る実施体制の整備、③実績等に基づく委託先の個人データ安全管理上の信用度、④委託先の経営の健全性である（安全管理実務指針5－1）。

(a) 基本方針・取扱規定等の整備

上記①の「委託先における個人データの安全管理に係る基本方針・取扱規程等の整備」とは、具体的には、(ｱ)委託先における個人データの安全管理に係る基本方針の整備、(ｲ)委託先における安全管理取扱規程の整備、(ｳ)委託先における個人データの取扱状況の点検および監査に係る規程の整備、(ｴ)委託先における外部委託に係る規程の整備を意味する（安全管理実務指針5－1－1）。

(b) 実施体制の整備

また、上記②の「委託先における個人データの安全管理に係る実施体制の整備」とは、安全管理実務指針Ⅰ(2)1)の組織的安全管理措置、同2)の人的安全管理措置および同3)の技術的安全管理措置に記載された事項を定めること、および、委託先から再委託する場合の再委託先の個人データの安全管

理に係る実施体制の整備状況に係る基準を定めることを意味する（安全管理実務指針5－1－2）。これは要するに、外部委託先（金融機関以外の場合もある）に対して、組織的安全管理措置・人的安全管理措置・技術的安全管理措置について、金融機関と同様の項目について措置を講じることを、事実上求めているものであり、金融機関でない外部委託先の負担はきわめて大きいものとなっている。　もっとも、外部委託先が安全管理措置の各項目についてどの程度の具体的措置を講じるかについては、外部委託先が取り扱う個人データの性質・分量などに応じて差異を設けることも可能であると考えられる（安全管理実務指針に関するパブリックコメント手続における金融庁回答（回答番号57・58））。

(c)　信用度

上記③に記載のとおり、安全管理実務指針は、委託先選定基準の1項目として「実績等に基づく委託先の個人データ安全管理上の信用度」を規定しているが、これは、漏洩事案等を発生させた外部委託先を一律に排除する趣旨ではない。過去に漏洩事案等を発生させた外部委託先であったとしても、その後適切な措置がなされており現時点で必要かつ適切な安全管理措置が図られていると判断できる場合には、引き続き当該外部委託先に対し委託を行うことは可能である（安全管理実務指針に関するパブリックコメント手続における金融庁回答（回答番号55））。また、委託先選定基準における上記項目は、受託実績がない外部委託先を一律排除する趣旨でもない（寺田達史ほか編『金融分野における個人情報の保護』131頁（2006年））。

(d)　健全性

上記④のとおり、安全管理実務指針は、委託先選定の基準の1項目として、「委託先の経営の健全性」を規定しているが、これは、委託先における適切な個人情報保護の遂行という視点から経営の健全性についての審査を求めるものであり、財務状況などが悪化している企業を一律に委託先から排除する趣旨ではない（安全管理実務指針に関するパブリックコメント手続における

第1編
法　務　編

金融庁回答（回答番号56））。

　　e　委託契約等に盛り込むべき事項
　金融機関は、外部委託先との間の委託契約に、①委託者の監督・監査・報告徴収に関する権限、②委託先における個人データの漏洩・盗用・改ざん・目的外利用の禁止、③再委託における条件、④漏洩事案等が発生した際の委託先の責任に関する事項を盛り込まなければならない（安全管理実務指針5－3）。
　また、金融機関は、定期的に委託契約に盛り込む安全管理措置を見直さなければならない（安全管理実務指針5－4）。
　　f　外部委託先における遵守状況の確認
　金融機関は、安全管理実務指針5－3に基づき、委託契約後に委託先選定の基準に定める事項の委託先における遵守状況を定期的または随時に確認するとともに、委託先が当該基準を満たしていない場合には、委託先が当該基準を満たすよう監督しなければならない（安全管理実務指針5－2）。
　また、金融機関は、安全管理実務指針5－3に基づき、定期的または随時に委託先における委託契約上の安全管理措置の遵守状況を確認するとともに、当該契約内容が遵守されていない場合には、委託先が当該契約内容を遵守するよう監督しなければならない（安全管理実務指針5－4）。

## 2　第三者との業務提携と情報セキュリティ

### 1　電気通信事業者との提携

　近時、金融サービスの提供に関し、電気通信事業者と金融機関が業務提携を行うことが少なくない。
　電気通信事業者に適用される電気通信事業法4条1項では、「電気通信事業者の取扱中に係る通信の秘密は、侵してはならない」として通信の秘密を規定している。また、電気通信事業者は総務省所管の事業者であり、「電気

通信事業における個人情報保護に関するガイドライン」（以下、「総務省ガイドライン」という）の適用を受けるなど金融分野と異なる特有の問題があり、電気通信事業者との業務提携にあたり、注意すべき問題点が少なくない。
　以下では、総務省ガイドラインに沿って、その概要を解説する。

## 2　特別な取扱いを要する情報の類型

### (1)　特別な取扱いが求められる情報群
　総務省ガイドラインでは、次の個人情報について、特別な取扱ルールを定めている。以下では、①、③、④について概説する。
　①通信履歴（同23条）　　⑤不払い者等情報（同27条）
　②利用明細（同24条）　　⑥迷惑メール等送信に係る加入者情報（同28条）
　③発信者情報（同25条）　⑦電話番号情報（同29条）
　④位置情報（同26条）

### (2)　通信履歴
　通信履歴とは、利用者が電気通信を利用した日時、当該通信の相手方その他の利用者の通信に係る情報であって通信内容以外のものを意味する（総務省ガイドライン23条1項参照）。
　通信履歴は、電気通信事業法4条1項所定の「通信の秘密」として保護されるが、総務省ガイドライン23条1項では、「電気通信事業者は、通信履歴……については、課金、料金請求、苦情対応、不正利用の防止その他の業務の遂行上必要な場合に限り、記録することができる」と定め、課金、料金請求、苦情対応、自己の管理するシステムの安全性の確保その他の業務の遂行上必要な場合には正当業務行為として違法性が阻却されることを明らかにしている（総務省ガイドラインの解説参照）。
　また、同条2項は、「電気通信事業者は、利用者の同意がある場合、裁判官の発付した令状に従う場合、正当防衛又は緊急避難に該当する場合その他

の違法性阻却事由がある場合を除いては、通信履歴を他人に提供しないものとする」として、利用者の同意を得ない限り通信の秘密を第三者に提供することができない旨を明らかにしている。

#### (3) 発信者に関する情報

発信者情報とは、発信者に関する情報であって、当該情報に含まれる電話番号、氏名、住所、生年月日その他の記述、個人別に付された番号、記号その他の符号、映像または音声により当該発信者を識別できるものをいう（総務省ガイドラインの解説参照）。発信電話番号通知サービスによって通知される発信電話番号や発信者名通知サービスによって通知される発信者名等がこれに該当し、発信者の顔写真や発信者の位置等の情報が伝達される場合には、これらも含まれる。

発信者情報について、総務省ガイドライン25条1項では、「電気通信事業者は、発信者情報通知サービス（発信電話番号、発信者の位置を示す情報等発信者に関する情報（以下、「発信者情報」という）を受信者に通知する電話サービスをいう。以下同じ）を提供する場合には、通信ごとに、発信者情報の通知を阻止する機能を設けるものとする」と定め、同条2項では、「電気通信事業者は、発信者情報通知サービスを提供する場合には、利用者の権利の確保のため必要な措置を講ずるものとする」と定めている。

さらに、同条3項では、「電気通信事業者は、発信者情報通知サービスその他のサービスの提供に必要な場合を除いては、発信者情報を他人に提供しないものとする。ただし、利用者の同意がある場合、裁判官の発付した令状に従う場合、電話を利用して脅迫の罪を現に犯している者がある場合において被害者及び捜査機関からの要請により逆探知を行う場合、人の生命、身体等に差し迫った危険がある旨の緊急通報がある場合において当該通報先からの要請により逆探知を行う場合その他の違法性阻却事由がある場合はこの限りでない」と定めている。

発信者情報に該当しない位置情報については、総務省ガイドライン26条が適用されるから、金融機関と電気通信事業者が提携し、顧客の位置情報を利用するサービスを提供する場合にはこれらに留意する必要がある。

(4) 位置情報

位置情報とは、移動体端末を所持する者の位置を示す情報であって、発信者情報でないものを意味する（総務省ガイドライン26条1項）。位置情報は、移動体端末の所持者の所在を表す場所を示す情報（基地局エリアもしくは位置登録エリア程度またはそれらより狭い範囲を示すもの）である。位置情報は、個々の通話に関係する場合は「通信の秘密」（電気通信事業法4条1項）に当たるが、通話時以外に移動体端末の所持者がエリアを移動するごとに基地局に送られる位置登録情報は、通信の秘密ではなく、プライバシーとして保護されるべき事項であると解されている（総務省ガイドラインの解説参照）。

位置情報の取扱いについて、総務省ガイドライン26条1項は、「電気通信事業者は、利用者の同意がある場合、裁判官の発付した令状に従う場合その他の違法性阻却事由がある場合を除いては、位置情報……を他人に提供しないものとする」と定めている。前述したとおり、位置情報は通信の秘密に該当しないものの、ある人がどこに所在するかということはプライバシーのなかでも特に保護の必要性が高いため、通信の秘密に準じて強く保護することが適当であるという観点から、これを外部提供できる場合も通信の秘密の場合に準ずるものとした点にある（総務省ガイドラインの解説参照）。

また、同条2項は、「電気通信事業者が、位置情報を加入者又はその指示する者に通知するサービスを提供し、又は第三者に提供させる場合には、利用者の権利が不当に侵害されることを防止するため必要な措置を講ずるものとする」と定めている。「必要な措置」の具体的内容としては、①利用者の意思に基づいて位置情報の提供を行うこと、②位置情報の提供について利用者の認識・予見可能性を確保すること（たとえば、画面表示や移動体端末の鳴

# 第1編
## 法務編

動等の方法により、位置情報が提供されることを認識できることを可能とすることなど）、③位置情報について適切な取扱いを行うこと、④第三者と提携のうえサービスを提供する場合は、提携に関する契約に係る約款等の記載により利用者のプライバシー保護に配慮をすることなどが考えられる（総務省ガイドラインの解説）。

総務省ガイドラインの解説によれば、上記①から④の具体的留意点は、次のとおりである。

① 同意取得関係（上記①）
・利用者の同意取得は、サービス提供開始時などに事前に行うことも可能であるが、同意取得は移動体端末の操作や書面による確認などの方法により明確に行うべきであり、まったくの包括的な内容の同意を得ることは適当でなく、位置情報を提供する者の範囲を特定しておくなどすることが望ましい。
・事前の同意は原則として撤回できなければならない。

② 認識・予見可能性関係（上記②）
・合理的な期間、利用者が履歴を確認できるようにすることや、利用者が誤って位置情報を送出することを防止するため、提供されるサービスや移動体端末の機能等について、十分な周知・注意喚起を行うことが望ましい。

③ 適切な取扱い（上記③）
・GPSによる位置情報など、電気通信サービスの提供に必要のない位置情報は、原則として利用者の意思に基づかずに取得してはならない。

④ 第三者との提携（上記④）
提携に関する契約に係る約款等において、第三者において上記のようなプライバシー保護措置が確保されることを担保することや、利用者のプライバシーが不当に侵害されていると判断される場合には、位置情報の提供を停止できるようにしておくことなどが考えられる。

# 第 7 章
# 業態別の諸問題

## 1　銀行業務と情報セキュリティ

### 1　営業店における情報セキュリティの管理

　金融検査結果事例集では、金融検査における情報セキュリティ上の問題点を具体的に指摘した事例が紹介されており、最近の金融機関における情報セキュリティ上の課題・問題点を理解するのに有益である。以下では、最近の金融検査結果事例集で指摘されている情報セキュリティに関する問題点を概観する。

(1)　**店舗外の顧客情報の持出し時の留意点**

　店舗外・営業時間外における顧客情報の利用は、顧客情報の漏洩・紛失のリスクを増大させるため、特に安全管理上の注意が必要である。このため、多くの金融機関では、担当者による店舗外への顧客情報の持出しに関し、記録簿に記入させ、上席者の承認を得るなどの社内ルールを設けている。

　ところが、この記録簿の記載が不十分で、上席者による承認が形骸化しているという問題点が生じている。具体的には大中規模の地域銀行に対する検査において、「顧客情報等持出記録簿の検証は、記録の有無を確認するにとどまり、持ち出した顧客情報の具体的な内容についての検証は不十分なものとなっている。こうした中、依然として、顧客情報を特定できない状態のまま店外に持ち出している営業店が多数認められる」（平成23検査事務年度（前期版）66頁）という問題点の指摘がなされたケースが紹介されている。

## 第1編
## 法　務　編

### (2) 営業時間外の顧客訪問とその後の帰宅

　顧客情報を店舗外に持ち出す場合には上席者の承認を得るという社内ルールを制定している場合、営業時間外に顧客を訪問した後、そのまま自宅に帰宅するというケースにおいても、この社内ルールの適用対象になっているかを確認することが重要である。

　最近の金融検査結果事例集では、中規模の信用金庫および信用組合に対する検査において、「営業時間外にも営業活動が行われているにもかかわらず、……そうした実態を踏まえた顧客情報管理に係る規程を整備していない。こうした中、営業店の渉外係等は、営業時間外に顧客を訪問し、顧客情報資料を預かったまま、帰宅することが常態化しており、顧客情報漏えいにつながりかねない実態が認められる」(平成24検査事務年度（前期版）) という問題点の指摘がなされたケースが紹介されている。

### (3) パスワードの管理

　金融機関では、金庫やディーリングルームなど第三者が無断で開閉したり出入りする事態が発生することを防止する目的で、これらの鍵について管理簿を作成したりパスワードを定期的に変更したりするなどして厳重に管理しているところが少なくない。最近の金融検査結果事例集では、「金庫やディーリングルームを対象に立入制限区域を設け、パスワードを設定することとしている」金融機関（主要行等および外国銀行支店）に対する検査において、「重要物の管理を行うに当たって、パスワード管理の重要性に対する認識が不足しており、パスワードの変更を定期的に行っていない。また、……当該規程において、通用口用のカードキーの暗証番号を、定期的に変更することとされているにもかかわらず、長期間にわたり変更していない事例が認められる」(平成23検査事務年度（後期版）) という問題点の指摘がなされたケースが紹介されている。

(4) 営業店における顧客情報の漏洩等

　個人情報取扱事業者である金融機関は、その取り扱う個人データの漏洩、滅失または毀損の防止その他の個人データの安全管理のため、安全管理に係る基本方針・取扱規程等の整備および安全管理措置に係る実施体制の整備等の必要かつ適切な措置を講じなければならない（個人情報保護法20条）。しかしながら、最近の金融検査結果事例集では、顧客情報の漏洩等に関する問題点の指摘がなされたケースが目立っており、特に顧客情報の誤廃棄の問題が顕著である。たとえば、

① 中小規模の地域銀行に対する検査において、「顧客保護等管理部門は、顧客情報を含む営業店帳票等の保管・管理を営業店任せとし、営業店に対して顧客情報の保管等について適切な指導を行っていない。このため、今回検査において、個人データの紛失が判明しているほか、保存期限を大幅に超過した多数の帳票類が整理されず、廃棄されていないなど不適切な取扱いが認められ、顧客情報の管理は杜撰なものとなっている」「顧客情報漏えい事案等の再発防止について、顧客保護等管理部門は、過去の事案の発生原因分析を十分に行っていないほか、改善対応策として事務手続を改定したものの、営業店における定着状況やその実効性を検証していない。このため、営業店が当該事務手続を遵守していないことに起因する顧客情報の紛失が発生している」（平成22検査事務年度（前期版））という問題点の指摘がなされたケース

② 信用金庫・信用組合に対する検査において、「顧客情報が記入された帳票等を含む保存文書の廃棄について、顧客情報管理部門は、文書等廃棄計画を策定していないほか、各部店長も廃棄文書目録を作成していないなど、規程に定める手続きを行っておらず、各職員の判断により随時廃棄を行っていたことから、大量のATMジャーナルを誤廃棄している事例が認められる」（平成20検査事務年度）という問題点の指摘がなされたケース

が紹介されている。

(5) **外部委託先（倉庫業者）からの取寄せ後の管理**

　金融機関では、従来から、コスト削減を目的として各種文書の保管業務をグループ内の子会社に集約する施策などが講じられている。外部委託先である子会社においては、大量の文書を保管するという業務の性質にかんがみ、高度の安全管理措置が講じられていることが多いが、問題は、外部委託先と営業店との間における各種文書のやりとり時の管理である。たとえば、最近の金融検査結果事例集では、「債権書類・契約書類・永久保存文書等の管理業務について、当行の関連会社に委託しており、営業店は、顧客との契約等に変更が生じる場合には、同社から必要資料を持ち出すことができる取扱いとなっている」金融機関（中小規模の地域銀行）に対する検査において、「同社からの書類等の持出方法や持出後の管理方法等について、紛失等による情報漏えい防止といった観点からの検討を行っていない」（平成23検査事務年度（前期版））という問題点の指摘がなされたケースが紹介されている。営業店が関連会社から借りた契約書等がそのまま未返却となり紛失する場合もあることから、借りた契約書等については用ずみ後確実に保管元に返却する必要がある。

## 2　インターネットバンキングと情報セキュリティ

(1) **不正送金などの犯罪の発生**

　インターネットバンキングなどの非対面取引が、金融機関と顧客の主要な取引チャネルになって久しい。前述したATM取引と同様、インターネットバンキングも非対面取引であるため、不正送金などの犯罪に悪用されやすく、そのセキュリティ向上が課題になっている。

　警察庁によると、2013年1月から9月までの不正送金被害額は約5億5,000万円であり（2013年10月16日付日本経済新聞朝刊）、顧客のパソコンなどの端

末がウイルスに感染し、正規のインターネットバンキングのサイトにアクセスした際、偽のID・パスワードの入力画面が表示され、ID・パスワードを盗み取られるケースなども発生している。こうして盗み出されたID・パスワードを利用して顧客の預金口座から別口の預金口座に送金がなされ、銀行が当該預金口座の凍結を行うまでの短時間の間に（30分以内）、ATMなどを利用して引き出されている（2013年8月15日付日本経済新聞夕刊）。

　こうしたサイバー犯罪の増加をふまえて、警視庁では、インターネットバンキングの不正送金事件を主に担当する特命捜査班を新設するなどの対策を講じている（2013年9月20日付日本経済新聞夕刊）。

(2)　監督指針が求めるもの

　中小・地域金融機関向けの監督指針では、金融機関に対し、インターネットバンキングに係るセキュリティ対策を十分講ずるとともに、顧客に対する情報提供、啓発および知識の普及を図るよう求めている。具体的には、①内部管理態勢の整備、②セキュリティの確保、③顧客対応について求められている。以下、これらの内容を概説する。

　　a　内部管理態勢の整備

　まず、内部管理態勢の整備について、「インターネットバンキングに係る犯罪行為に対する対策等について、最優先の経営課題の一つとして位置付け、取締役会等において必要な検討を行い、セキュリティ・レベルの向上に努めているか。また、インターネットバンキングの健全かつ適切な業務の運営を確保するため、銀行内の各部門が的確な状況認識を共有し、銀行全体として取り組む態勢が整備されているか。その際、犯罪の発生状況などを踏まえ、自らの顧客や業務の特性に応じた検討を行った上で、必要な態勢の整備に努めているか。加えて、リスク分析、セキュリティ対策の策定・実施、効果の検証、対策の評価・見直しからなるいわゆるPDCAサイクルが機能しているか」と述べている。

第1編
法 務 編

　　b　セキュリティの確保
　また、セキュリティの確保について、「情報セキュリティに関する検討会の検討内容等を踏まえ、体制の構築時および利用時の各段階におけるリスクを把握した上で、自らの顧客や業務の特性に応じた対策を講じているか。また、個別の対策を場当たり的に講じるのではなく、セキュリティ全体の向上を目指すとともに、リスクの存在を十分に認識・評価した上で対策の要否・種類を決定しているか。インターネットバンキングに係る情報セキュリティ全般に関するプログラムを作成し、必要に応じて見直す体制を整えているか。特に、本人認証については、個々の認証方式の各種犯罪手口に対する強度を検証した上で、個人・法人等の顧客属性を勘案し、例えば、可変式パスワードや電子証明書といった、固定式のID・パスワードのみに頼らない認証方式の導入を図るなど、取引のリスクに見合った適切な認証方式を選択しているか。ホームページのリンクに関し、利用者が取引相手を誤認するような構成になっていないか。また、フィッシング詐欺対策については、利用者がアクセスしているサイトが真正なサイトであることの証明を確認できるような措置を講じる等、業務に応じた適切な不正防止策を講じているか」と述べている。
　「情報セキュリティに関する検討会」は、ATM・インターネットバンキングを対象とした犯罪も発生していることをふまえ、最新の手口等の情報に基づき各種対策の有効性を検証し、金融業界および行政当局において認識の共通化を図るため、金融庁が主催し、銀行業界の業界団体などが参加して2006年に開催された会合である。この検討会では、インターネットバンキングに関するリスクとして、図表1－7－1記載の諸点をあげている。
　　c　顧客対応
　最後に、中小・地域金融機関向けの総合的な監督指針は、「インターネット上での暗証番号等の個人情報の詐取の危険性、類推されやすい暗証番号の使用の危険性、被害拡大の可能性（対策として、振込限度額の設定等）等、様々

▼ 図表1−7−1　インターネットバンキングに関するリスク

| フェーズ | | | リスク | | |
|---|---|---|---|---|---|
| | | | 項　目 | | 本検討会で検討した主なリスクの例 |
| Ⅰ | 金融機関内のシステム・体制の構築 | 1 | 事務委託業者・システム構築業者等による口座情報・暗証番号等の流出 | ① | ID・パスワード等が適切に管理されない |
| Ⅱ | インターネット・バンキング利用時 | 1 | スパイウェアによりIDと認証情報が漏洩する | ① | 電子メールの添付ファイルやCD−ROMに含まれていたスパイウェアに感染する |
| | | | | ② | 顧客が最新式のアンチ・ウイルス・ソフトを用いていないため、スパイウェアに感染する |
| | | 2 | フィッシングサイトにおいてIDと認証情報が詐取される | ① | 金融機関の名を騙ったフィッシングメールにより、フィッシングサイトにアクセスするよう誘導される |
| | | 3 | IDと認証媒体が盗難にあう | ① | ID・パスワードが保存された顧客のパソコンが盗難にあう |
| | | | | ② | キーロガーが仕掛けられたインターネットカフェのパソコンで、ID／認証情報が盗取される |
| | | | | ③ | 乱数表やID・パスワードが記載されたカードを一箇所に保管していたところ、両方とも盗難にあう |
| | | 4 | パスワードの再交付過程で漏洩する | ① | 類推可能なリマインダ登録により、パスワードが盗取される |
| Ⅲ | 被害発生時 | 1 | 異常取引を検知しにくい | ① | 通知先のメールアドレスが勝手に変更され、異常取引に気付くのが遅れる |
| | | 2 | 公表・周知が遅れる | ① | 事案の公表、顧客への周知等に関する態勢が不十分 |
| | | 3 | 手口に係る証跡の確保ができず、原因が究明できない | ① | 個別のスパイウェアの型が確保できないため、ベンダーがアンチウィルスソフトなどの改良に手間取る |
| Ⅳ | 事後対応 | 1 | 金融機関間での適時の情報共有ができず、被害が他金融機関にも拡大する | ① | 被害状況・手口等に関する情報の共有が遅れる |
| | | 2 | 被害の偽装 | ① | スパイウェア等の被害にあったと偽装される |
| Ⅴ | 業務の正常な継続 | 1 | ボットネット(注3)等の外部からのシステム攻撃 | ① | ボットネットにとりこまれたパソコンから金融機関のサーバーが一斉に攻撃を受ける |
| | | 2 | 障害発生時 | ① | 顧客をATMシステムなどの代替システムに円滑に誘導できない |
| | | 3 | 取引が集中した場合 | ① | 処理能力を超えた取引要求により、長時間のシステム障害を起す |

（注1）　上記リスクは、本検討会において検討したリスクの一例であり、検討のすべてではない。
（注2）　上記リスクは、国内および外国において既発生の手口、可能性が指摘されているリスクをもとに列挙したものであるが、将来にわたるすべてのリスクを網羅するものでない一方、列挙したすべてが顕在化すると限らず、国内の現状においては現実的でないリスクも含まれている。各金融機関は顧客や業務の特性に応じてリスクを選別し、対策を講じることが必要である。
（注3）　PCがある種のウイルスに感染することにより、悪意の第三者が遠隔から各PCに対して命令を発し、不正活動を行わせることが可能になる。そのようなウイルスに感染した多数のPCのネットワークを「ボットネット」という。
（出所）　金融庁ウェブサイト（情報セキュリティに関する検討会の概要について）

第1編
法 務 編

なリスクについて、顧客に対する十分な説明態勢が整備されているか。顧客自らによる早期の被害認識を可能とするため、顧客が取引内容を適時に確認できる手段を講じているか。顧客からの届出を速やかに受け付ける体制が整備されているか。また、顧客への周知（公表を含む。）が必要な場合、速やかに周知できる体制が整備されているか。特に、被害にあう可能性がある顧客を特定可能な場合は、可能な限り迅速に顧客に連絡するなどして被害を最小限に抑制するための措置を講じることとしているか」と述べ、また、「不正取引に係る損失の補償については、預貯金者保護法の趣旨を踏まえ、利用者保護を徹底する観点から、顧客対応方針等を定めるほか、真摯な顧客対応を行う態勢が整備されているか。不正取引に関する記録を適切に保存するとともに、顧客や捜査当局から当該資料の提供などの協力を求められたときは、これに誠実に協力することとされているか」と述べられている。

　また、金融機関は、インターネットバンキングによる不正取引を認識次第、すみやかに「犯罪発生報告書」にて当局宛て報告を求めることが求められており、財務局は、金融機関より報告があった場合はすみやかに金融庁宛て報告することが求められている。

(3)　銀行業界における自主的な取組み

　インターネットバンキングのセキュリティ確保について、銀行業界においても自主的な取組みを行っている。

　たとえば、2002年4月、全国銀行協会「インターネットバンキングにおいて留意すべき事項について（追補版）」が作成・公表されている。この留意事項は、顧客のインターネットバンキングに対する信頼性を維持・向上させる観点から、銀行がそのサービス提供に際して留意すべきと考えられる事項を検討のうえ取りまとめたものであり、会員銀行がインターネットバンキング業務を行うにあたって、本留意事項を参照されることが期待されている。

　この留意事項のなかでは、情報セキュリティに関し、次の4点を求めてい

る。
① インターネット取引の特性等にかんがみ、情報セキュリティ全般に係る行内プログラムを作成し、必要に応じ見直しを行う体制を整えているか。また、情報セキュリティに対する責務を自覚させるため、関係する従業員に対して研修等を実施しているか
② プライバシーの保護および取引の安全性・信頼性確保の観点から、インターネット上での交信情報の暗号化や銀行ネットワークへの不正侵入の防止策等所要の措置を講じているか。また、一定回数以上誤った暗証番号等が入力された場合には取扱いを中止する等の措置を講じているか
③ 従業員による不正アクセス等を防止するため、顧客データ保護に係る所要の措置を講じているか
④ ウェブサイトにおけるいわゆるクロスサイトスクリプティングの問題が注意喚起されていることについて、その内容を認識し、必要に応じて所要の措置を講じているか

また、2008年2月には、全国銀行協会「預金等の不正な払戻しへの対応について」(2008年2月19日)が公表されている。これは、預金者保護法等をふまえ、盗難通帳やインターネットバンキングによる預金等の不正な払戻しが発生した際に、銀行が無過失の場合でも顧客に過失がないときは原則補償する旨の申合せを行ったものであり、インターネットバンキングによる不正送金については、図表1-7-2のとおり取り扱われている。

## 3 個人信用情報機関と情報セキュリティ

### (1) 信用情報機関の意義

個人信用情報機関は、多義的な概念であるが、個人の返済能力に関する情報の収集および与信事業を行う個人情報取扱事業者に対する当該情報の提供を業とするものをいう(金融庁ガイドライン2条6項)。

個人信用情報機関には、全国銀行個人信用情報センターのほか、日本信用

# 第1編 法務編

▼ 図表1－7－2　インターネットバンキングに係る補償の対象・要件・基準等について

| 項　目 | 盗難通帳（参考） | インターネット・バンキング（モバイル・バンキング、テレホン・バンキングを含む） |
|---|---|---|
| 1．補償対象 | 個人のお客さま ||
| 2．補償要件 | 金融機関へのすみやかな通知 ||
| | 金融機関への十分な説明 ||
| | 捜査当局への盗取の届出 | 捜査当局への被害事実等の事情説明（真摯な協力） |
| 3．補償基準 | 預金者無過失 ⇒ 全額補償 ||
| | 預金者過失あり ⇒ 75％補償※<br>(1) 通帳を他人の目につきやすい場所に放置するなど、第三者に容易に奪われる状態に置いた場合<br>(2) 届出印の印影が押印された払戻請求書、諸届を通帳とともに保管していた場合<br>(3) 印章を通帳とともに保管していた場合<br>(4) その他お客さまに上記と同程度の注意義務違反があると認められる場合 | 預金者過失あり・重過失 ⇒ 個別対応<br>・インターネットの技術やその世界における犯罪手口は日々高度化しており、そうしたなかで、各行が提供するサービスは、そのセキュリティ対策を含め一様ではないことから、重過失・過失の類型や、それに応じた補償割合を定型的に策定することは困難である。したがって、補償を行う際には、被害に遭ったお客さまの態様やその状況等を加味して判断する。 |
| | 預金者重過失 ⇒ 補償せず<br>(1) 他人に通帳を渡した場合<br>(2) 他人に記入、押印ずみの払戻請求書、諸届を渡した場合<br>(3) その他お客さまに上記と同程度の著しい注意義務違反があると認められる場合<br>※上記(1)および(2)については、病気の方が介護ヘルパー（介護ヘルパーは業務としてこれらを預かることはできないため、あくまで介護ヘルパーが個人的な立場で行った場合）などに対してこれらを渡した場合など、やむをえない事情がある場合はこの限りではない。 | |
| 4．その他 | 金融機関への通知が被害発生日の30日後まで行われなかった場合、親族等による払戻の場合、虚偽の説明を行った場合、戦争・暴動等の社会秩序の混乱に乗じてなされた場合は補償を行わない。 ||

（※）　銀行によって特に取扱いが異なるとみられる事項。
（出所）　全国銀行協会のウェブサイト

情報機構（JICC）、CICがある。貸金業法などでは指定信用情報機関という法制度を設けており、後二者はその指定信用情報機関である。

　金融分野の個人信用情報機関は、大量の個人情報を取り扱っており、金融庁ガイドライン・安全管理実務指針を遵守する必要があるところ、金融庁ガイドライン・安全管理実務指針では、個人信用情報機関に関する定めを、複数置いている。

(2)　個人信用情報の取扱いについて

　金融機関は、与信事業に際して、個人情報を個人信用情報機関に提供する場合には、その旨を利用目的に明示することおよび明示した利用目的について本人の同意を得る必要がある（金融庁ガイドライン3条4項、後段につき努力措置）。金融機関では、金融機関における個人情報の利用目的として、「与信事業に際して個人情報を加盟する個人信用情報機関に提供する場合等、適切な業務の遂行に必要な範囲で第三者に提供する」ことを掲げ、与信事業においてはこの利用目的について本人から同意を得ている。

　全国銀行個人信用情報センターの会員である金融機関は、個人顧客からローンの申込みを受けた際、個人信用情報機関に照会を行っているところ、金融機関が個人信用情報センターに照会をした場合、その情報が個人信用情報センターに蓄積され、他の金融機関に対しても開示されるが、金融機関は、個人信用情報センターに照会するに先立ち、ローン申込者から、ローン申込書において、個人信用情報機関への照会および照会記録情報の登録につき同意を得ている。また、全国銀行個人信用情報センターの会員である金融機関は、個人顧客と貸付契約を締結した場合、個人信用情報機関に、借入日・借入額などの契約内容を登録する。そして、貸付契約成立後、延滞・保証会社による代位弁済・担保権実行などの事由が発生した場合にも、金融機関が、全国銀行個人信用情報センターにその旨を登録するが、これらについても、貸付契約書において契約者から同意を得ている。

## (3) 安全管理実務指針における規制

　安全管理実務指針では、別添3において、個人信用情報機関における会員管理について定めを設けている。

　すなわち、個人信用情報機関は、その会員が適正に個人信用情報を登録・照会し、個人信用情報を返済能力の調査以外の目的のために使用しないことを確保するため、安全管理実務指針Ⅰ(2)に規定する措置に加え、①資格審査に関する措置、②モニタリングに関する措置、③不適正使用に対する処分等、および④外部監査に関する措置を講ずることを求められている（安全管理実務指針8－1～8－4、努力措置）。具体的には、個人信用情報機関は、入会申込み時に、適正な事業者のみが会員となるよう、あらかじめ定めた入会基準に基づき、厳正に入会審査を行うことが必要である（安全管理実務指針8－1、努力措置）。

　また、個人信用情報機関は、会員の入会後、会員が入会基準を逸脱し、また返済能力の調査以外の目的のために個人信用情報を使用しないよう、会員による個人信用情報へのアクセスに対する適切かつ継続的なモニタリングを行う必要がある（安全管理実務指針8－2、努力措置）。「モニタリング」とは、会員である個人情報取扱事業者が個人信用情報を返済能力の調査以外の目的のために使用していないことを確認するため、会員による個人信用情報へのアクセス状況を分析すること等を意味する（安全管理実務指針に関するパブリックコメント手続における金融庁回答（回答番号87））。

　さらに、個人信用情報機関は、個人信用情報の不適正な使用があった場合、あらかじめ定めた会員管理に関する規程に基づき、利用停止、退会その他の処分を実施するとともに再発防止策を講じる必要がある（安全管理実務指針8－3、努力措置）。

　最後に、個人信用情報機関は、個人信用情報機関における金融庁ガイドラインおよび安全管理実務指針に従った安全管理措置が実施されていることを確認するため、外部監査を受ける必要がある（安全管理実務指針8－4、努力

措置)。

(4) 「全国銀行個人信用情報センターにおける個人情報保護指針」等

　全国銀行個人情報保護協議会は、①「全国銀行個人信用情報センターにおける個人情報保護指針（全国銀行個人信用情報センターにおける個人信用情報の保護と利用に関する自主ルール）」、および②「全国銀行個人信用情報センターの会員における安全管理措置等に関する指針」を制定している。

　①は、全国銀行個人情報保護協議会の会員のうち全銀協を対象とする個人情報保護指針として、全銀協が個人信用情報の取扱いに関して、その設置・運営する全国銀行個人信用情報センターおよび同センターの会員に遵守させるべき基本事項を定めるものである（上記①の指針1条）。また、②は、上記①の18条の規定に基づき、同センターの会員が取り扱う個人信用情報の安全管理、委託先の監督および目的外利用防止等の措置に関する具体的な指針を定めたものである（上記②の指針Ⅰ(1)）。

　上記①および②は、全国銀行個人情報保護協議会のウェブサイトにおいて公表されている。全国銀行個人信用情報センターの会員である金融機関は、個人情報保護法・金融庁ガイドライン・安全管理実務指針に加え、上記①②の指針も留意する必要がある。

## 4 電子記録債権と情報セキュリティ

　2013年から「でんさいネット（電子債権記録機関）」が稼働している。電子記録債権は、その発生・譲渡について、でんさいネット（電子債権記録機関）の記録原簿に電子記録することが必要とされており、これは電子データの送受信等により行われる。このため、でんさいネットについて、顧客保護の観点から、一定のセキュリティが求められることになる。

　この点について、電子記録債権法では、「電子債権記録機関の取締役、会計参与（会計参与が法人であるときは、その職務を行うべき社員）、監査役、執

第1編
法 務 編

行役若しくは職員又はこれらの職にあった者は、電子債権記録業に関して知り得た秘密を漏らし、又は盗用してはならない」と秘密保持義務を定め（同法55条）、また、「電子債権記録機関は、当該電子債権記録機関を利用する者の保護に欠けることのないように業務を営まなければならない」と定めている（同法60条）。

また、金融庁事務ガイドライン第三分冊：金融会社関係の12. 電子債権記録機関関係では、次のような監督上の着眼点があげられている。

① 「債権記録等……へのアクセス管理の徹底（アクセス権限を付与された本人以外が使用することの防止等）、内部関係者による債権記録等及び法人関係情報の持出しの防止に係る対策、外部からの不正アクセスの防御等情報管理システムの堅牢化、営業所の統廃合等を行う際の債権記録等及び法人関係情報の漏えい等の防止などの対策を含め、債権記録等及び法人関係情報の管理が適切に行われているかを検証できる態勢となっているか。また、特定職員に集中する権限等の分散や、幅広い権限等を有する職員への管理・けん制の強化を図る等、債権記録等及び法人関係情報を利用した不正行為を防止するための適切な措置を図っているか」

② 「業務委託や口座間送金決済等に係り、電子債権記録機関は銀行等その他事業者との情報授受を行うこととなるが、必要以上の情報の授受がないか、利益相反やビジネス上のコンフリクトが発生していないかについて、十分な検証の下、適切な取扱いがなされているか」

③ 「電子債権記録業の適正かつ安定的な運営のため、附帯業における債権記録等及び法人関係情報の利用についても適切な情報の取扱いを実施するための対策を実施し、その検証ができる態勢になっているか」

④ 「債権記録等……の漏えい等が発生した場合に、適切に責任部署へ報告され、二次被害等の発生防止の観点から、対象となった利用者等への説明、当局への報告及び必要に応じた公表が迅速かつ適切に行われる体制が整備されているか。また、情報漏えい等が発生した原因を分析し、再

発防止に向けた対策が講じられているか。更には、他社における漏えい事故等を踏まえ、類似事例の再発防止のために必要な措置の検討を行っているか」
⑤「法第86条各号に掲げる債権記録等の保存期間が経過するまでの間、債権記録等が確実に保存されるための適切な措置が講じられているか。また同期間が経過するまでの間に債権記録等が消去された場合、当該債権記録等の回復をするための必要な態勢整備が講じられているか。例えば、①災害等に備えた顧客データ等の安全対策(電子化されたデータファイルやプログラムのバックアップ等)は講じられているか、②コンピュータシステムセンター等の安全対策(バックアップセンターの配置、要員・通信回線確保等)は講じられているか、③これらのバックアップ体制は、地理的集中を避けているか」

## 2 保険業務と情報セキュリティ

### 1 保険募集人に対する管理

　保険募集業務およびその後の契約管理(保全業務)は、主として、保険募集人が担う。また、近時、保険募集人から保険契約者の個人情報の大量漏洩などが発生している。このため、保険会社における情報セキュリティ上の課題として、保険募集人に対する適切な管理、監督があげられる。

(1)　保険会社向けの総合的な監督指針が求めるもの
　保険会社向けの総合的な監督指針では、保険募集人による顧客情報の取扱いに関し、保険会社が行うべき管理・監督について、次の4点を特に求めている。
　①　代理店を含む外部委託先の管理について、責任部署を明確化し、外部委託先における業務の実施状況を定期的または必要に応じてモニタリン

グする等、外部委託先において顧客等に関する情報管理が適切に行われていることを確認しているか
② 代理店を含む外部委託先において漏洩事故等が発生した場合に、適切な対応がなされ、すみやかに委託元に報告される体制になっていることを確認しているか
③ 代理店を含む外部委託先による顧客等に関する情報へのアクセス権限について、委託業務の内容に応じて必要な範囲内に制限しているか。そのうえで、代理店を含む外部委託先においてアクセス権限が付与される役職員およびその権限の範囲が特定されていることを確認しているか。さらに、アクセス権限を付与された本人以外が当該権限を使用すること等を防止するため、代理店を含む外部委託先において定期的または随時に、利用状況の確認（権限が付与された本人と実際の利用者との突合を含む）が行われている等、アクセス管理の徹底が図られていることを確認しているか
④ 二段階以上の委託が行われた場合には、代理店を含む外部委託先が再委託先等の事業者に対して十分な監督を行っているかについて確認しているか。また、必要に応じ、再委託先等の事業者に対して自社による直接の監督を行っているか

保険会社においては、代理店管理を担当する統括部門等を上記①の責任部署として指定し、保険募集人に定期的にチェックリストを交付して記入を求める等の方法によりモニタリングを行い、上記①および③を遵守している。また、上記②については保険募集の委託に係る契約書等において、保険募集人に対し、一定の場合に報告義務を課するなどの方法によりこれを遵守している。④の再委託先に対する監督の問題については、2で後述する。

以上のような保険募集業務のほかに、損害保険会社の場合、損害調査業務においても、外部委託が活用されている。この点について、保険会社向けの総合的な監督指針では、「損害調査を委託する場合に、外部委託先において、

利用者保護、利用者利便の視点に立った適切な損害調査が行われるような態勢が整備されているか。特に、損害調査に際して、関係当事者及び第三者の名誉、信用、プライバシー等の権利が不当に損なわれることのないような態勢が整備されているか」という監督上の留意点をあげている。

(2) **保険募集人に委託した情報の管理**

　保険会社が、保険募集人に対し、保険募集のために個人顧客情報を提供する場合、法令違反等が生じないよう注意する必要がある。たとえば、損害保険会社に対する最近の金融検査では、「経営会議は、代理店及び外部委託先に対して、個人情報を提供する際の承認プロセスを整備していないほか、個人情報の提供が利用目的に沿ったものになっているかどうかについて、同部門が検証を行う態勢を整備していない。こうした中、代理店管理部門が、センシティブ情報である告知情報（傷病歴）や支払保険金給付項目情報（がん入院給付金等）を、新たに契約引受けできない顧客への保険勧誘を回避することなどを目的として、代理店へ提供している不適切な事例が認められる」（平成23検査事務年度（後期版））という問題点の指摘がなされたケースが紹介されている。

　また、乗合代理店に対する顧客情報の提供に関し、「営業推進部門は、代理店に毎月提供している契約者情報について、個人情報保護法に基づき、プライバシーポリシーや代理店委託契約書において、他の保険会社の募集に使用することを禁じている。しかしながら、同部門は、乗合代理店の契約者情報の利用実態を検証する態勢を整備していない。このため、当社が認めている利用目的の範囲を超え、代理店が当該契約者情報を他の保険会社の募集に使用している事例が認められる」（平成22検査事務年度（後期版））。

第1編
法　務　編

## 2　再委託の問題

(1)　問題の所在

　保険会社から委託を受けた保険募集人が保険募集業務を再委託することは原則としてできないが、保険募集に至らない行為を再委託することは可能である。また、保険会社の外部委託先（システム会社や印刷会社など）が、第三者に対し、受託業務の一部を再委託する場合がある。
　このため、再委託先に対する保険会社による適切な管理も、保険会社の重要な課題の一つである。

(2)　検　討

　保険会社が、再委託の問題について、どのような点に留意すべきかを述べた明確かつ一義的な指針は見当たらないが、一般に、再委託先に対する管理は、保険会社から委託を受けた者（委託先）が行うこととしている保険会社が多いと思われる。
　このような再委託の問題に関する実務上の問題点を検討するうえで、保険会社向けの総合的な監督指針における保険募集の再委託に関する記述が一つの参考になるように思われる。
　一例をあげれば、再委託の許諾方針の策定である。
　保険会社においては、委託先との委託契約において、再委託を原則として禁止したうえで、委託先が再委託を希望する場合には、そのつど、保険会社の個別の事前許諾を要する旨を定めていることが多い。
　もっとも、この事前許諾を行う社内基準を定めていない場合、保険会社における外部委託先所管部署の判断により、不適切な再委託の事前許諾が行われてしまうおそれがある。
　このような事態の発生を防止するため、保険会社の外部委託先所管部署が再委託の事前許諾を行うにあたっての社内基準を策定し、これに従って、再

委託の許否の判断が適切に行うような態勢を整備することが考えられる。

### 3 保険募集人である金融機関における情報管理

銀行等が保険募集人として保険募集業務を営む場合に関し、保険業法では、非公開情報保護措置を設けている。この規制は、預金・為替・貸出等の銀行取引を通じて得た顧客の非公開情報（非公開金融情報）を保険募集に利用する場合には、顧客の事前同意が必要であり、また、逆に保険募集の際に得た顧客の非公開情報（非公開保険情報）を、銀行取引に利用する場合も、顧客の事前同意が必要であるという規制である（一般社団法人全国銀行協会「生命保険・損害保険コンプライアンスに関するガイダンス・ノート」(2012年2月) 参照）。保険募集業務においてアクセスできる顧客情報の範囲を制限する規制であり、情報管理に関する規制の一つといえる。

非公開金融情報には、前述した預金、為替取引、融資に関する情報のほか、資産に関する公表されていない情報などが含まれる。また、非公開保険情報には、生活（家族構成等）、身体（健康状態等）、財産（年金受給状況等）に関する公表されていない情報などが含まれる。

前述した「保険募集に係る行為」には、勧誘の目的をもって特定の保険商品を特定の顧客に説明する行為のほか、もっぱら保険募集に利用することを目的とした名簿の作成など保険募集の準備行為も含まれると考えられる。したがって、非公開金融情報を利用して、保険商品のパンフレット（申込書がついていないもの）を送付し、フォローアップのための電話を行うことは上記規制に違反すると考えられる。

## 3 金融商品取引業務と情報セキュリティ

### 1 日本証券業協会「個人情報の保護に関する指針」

日本証券業協会は、その会員が有価証券の売買その他の取引等に係る業

第1編
法　務　編

務、当該業務に付随する業務を行うにあたり、特別会員が登録金融機関業務を行うにあたり、個人情報の適正な取扱いを確保するため、これらの協会員が講ずべき具体的措置等を定めることを目的として、「個人情報の保護に関する指針」を策定している。

同指針では、金融商品取引業者が取り扱う個人情報の具体例として、①顧客カードの記載事項、②内部者登録カードの記載事項、③取引時確認に係る確認記載事項、④証券総合口座申込書、保護預り口座設定申込書、信用取引口座設定約諾書、発行日取引の委託についての約諾書等の記載事項、⑤顧客の取引・預り資産の情報（顧客口座の金銭の入出金、有価証券の入出庫を含む）、⑥顧客との通信文書をあげている。

同指針の内容のうち、情報セキュリティに関する部分の内容は、おおむね金融庁ガイドラインの内容と同様である。

## 2　法人関係情報の管理の高度化

金融商品取引業者では、法人関係情報を日常的に取得する部門などを中心に、法人関係情報について厳格な管理が行われている。近時、法人関係情報の不適切な取扱いの問題に起因し、金融商品取引業者に行政処分が行われるなどしたことを受け、法人関係情報の管理強化策の検討がなされ、この検討結果が公表されており（大手証券会社12社による2012年8月の法人関係情報の管理体制の点検結果の公表）、法人関係情報の管理強化にあたってはこれらをふまえることが有益である。

(1)　公表内容のポイント

　　a　職員への注意喚起の頻度・方法

大手証券会社のなかには、新たな法人関係情報を取得した場合、コンプライアンス部門がそのつど、担当者に法人関係情報の取扱いにつき注意喚起しているところがある（ルールの周知の頻度の高さ）。また、従来、ウォール・

クロスされたパブリックサイドの職員に対しコンプライアンス部門から情報管理にかかる留意事項をメール送付し、適宜、口頭等で補足していたが、増資インサイダー問題をふまえ、ウォール・クロスされた職員が当該留意事項を読了したかを確認するプロセスを導入したところがある（留意事項の読了確認）。

b 研修内容・方法の工夫

大手証券会社のなかには、コンプライアンス部門が実施する研修において、法人関係情報についてチャイニーズ・ウォールだけに依存した管理は脆弱であるという認識のもと、個々の自己規律や相互牽制の重要性を強調しているところがある。

また、特定の部署に所属する職員に対し個別に研修する機会を設けている証券会社もある。

c 人事上の工夫

大手証券会社においては、法人関係情報に係る案件登録を怠った職員に警告を与え、これが一定回数を超えると昇進の差止等が行われたり業績考課にあたり当該案件が対象から外れたりするなどの制度を導入しているところがある。また、職員がインサイダー取引に関与したこと等により証券会社が損害を被った場合、その損害を当該職員に賠償請求する方針を明文化し、これを職員に周知徹底しているところもある。

d 通報義務等の活用

社内外から法人関係情報の提供を求められた職員は、直ちにコンプライアンス部門等に報告する義務を明確化している証券会社もある。同部門は、この報告に基づき、状況を確認したうえで、必要に応じ、社外に対しても情報提供の停止や取引の謝絶等を行うこととしている。

また、プライベートサイドの職員・パブリックサイドの職員を問わず、情報源が社内外のいずれかを問わず、法人関係情報を入手した場合にはコンプライアンス部門に通知する義務を課す証券会社もある。

さらに、法人関係情報の取扱いとの関係で内部通報制度の利用促進を試みている証券会社もある。

　e　社内規則の改訂

大手証券会社のなかには、法人関係情報を入手した職員に、コンプライアンス部門に報告し法人関係情報にあたるかの確認を行うよう義務づけているところがあるが、増資インサイダー問題をふまえ、この確認義務の範囲を拡大したところがある。

(2)　情報管理に関する裁判所の考え方

　金融商品取引業者と同様、多数の職員が業務上、上場企業等への投資判断に影響を及ぼす情報に触れることが避けられない業態の企業における情報管理のあり方が問題となった裁判例として、東京地判平成21年10月22日判タ1318号199頁がある。

　これは、経済新聞を発行する補助参加人Z社の従業員が、同社が管理するコンピュータ内の広告主の法定公告に関する情報を利用してインサイダー取引を行い、刑事責任を問われたことについて、Z社の株主であるXらが提起した株主代表訴訟である。

　東京地裁は、「取締役は、会社の事業の規模や特性に応じて、従業員による不正行為などを含めて、リスクの状況を正確に把握し、適切にリスクを管理する体制を構築……すべき善管注意義務を負う」「Z社は、経済情報を中心として日本経済新聞など5紙を発行する我が国有数の報道機関であり、その報道機関としての性質上、多種多様な情報を大量に取り扱っており、その従業員は……業務遂行上、秘密性のある情報や未公表情報などのインサイダー情報に接する機会が多いといえる。したがって、Z社の取締役としては、それらの事情を踏まえ、一般的に予見できる従業員によるインサイダー取引を防止し得る程度の管理体制を構築……すべき善管注意義務を負う」と述べたうえで、Z社の情報管理体制の適法性を検討し、これを肯定している。

また、Z社では本件以前にも法定広告情報を悪用したインサイダー取引事件（B事件）が発生していたため、「Yら取締役において、上記……のような一般的に予見できる従業員によるインサイダー取引を防止し得る程度の管理体制を構築していただけでは足りず、本件インサイダー取引のような従業員による不正行為を予見して、これを防止するために具体的に何らかの指導監督をすべき職責や必要があったのか」について検討が行われている。

　この点について、東京地裁は、「Yら取締役は、本件インサイダー取引当時、……B事件が情報を知り得る権限のある者がそれを悪用した犯行であり、不可避的にインサイダー情報に接する広告局員に対して法令遵守のための注意喚起、教育等を徹底することが、最も適切な方法であると判断し……具体的対応策を実施したのであり、これらの対応策を実施したYら取締役に善管注意義務違反はない」と判示している。この説示は、意図的なインサイダー取引を予防するためには法令遵守のための注意喚起・教育等が最善であるというZ社の取締役の判断の合理性を肯定したものと解される。

### (3) 実務上の留意点について

#### a　チャイニーズ・ウォールの脆弱性をふまえた検討

　チャイニーズ・ウォールは意図的な違反行為に対しては脆弱な面がある。法人関係情報管理の高度化にあたっては、チャイニーズ・ウォールの有効性を過信することなく、職員の法令遵守意識が欠如している環境下や意図的な違反行為との関係でチャイニーズ・ウォールに脆弱な面があることへの配慮を行う必要がある。

　それでは、具体的にどのように管理強化を行えばよいのであろうか。

　職員の悪意ある不正行為の予防策に関しては古くから議論の蓄積があり、上記問題を検討するにあたっては、これらを参考にすることが有益である。以下では、①インサイダー取引の予防策に関する議論と②顧客情報の漏洩の予防策に関する議論を中心に検討する。

# 第1編
## 法務編

① インサイダー取引の予防策に関する議論

インサイダー取引は、その原因に着目して、属人型と誘発型に大別できる。前者は業務上重要事実に触れる機会が多い実行行為者の個人的特性に起因して発生した類型であり、後者は必ずしもそのような立場にはない実行行為者がなんらかの理由（銀行による管理態勢の不備等）により重要事実を知った後、インサイダー取引を実行した類型である。

誘発型との関係では情報遮断措置が有効であるが、属人型との関係では情報遮断措置は脆弱な面があり、これを前提にどのような予防策を講ずるべきかについて深度ある検討が行われている[1]。

属人型の場合、業務上重要事実に触れる機会の多い実行行為者（高権限者やプロフェッショナル）がインサイダー取引を実行することを決意した場合、関係者がこれを察知して予防することは困難であるから、この発生を予防するためには潜在的実行行為者の職業倫理に訴求する内容の予防策を十二分に講ずることが重要である。

具体的には、

  i 違法行為の制裁に重点をおいた研修の反復的実施（必ず発覚すること、発覚後の実行行為者が失うものが大きいこと、発覚した場合、必ず懲戒解雇されることを明確に伝える）
  ii 職業倫理に訴求する内容に重点を置いた研修の反復的実施
  iii 社内規程のポイントを記載した誓約書を徴求する頻度の増加などが有効であるとされており、これらは法人関係情報の管理強化との関係でも参考になる。

② 顧客情報の漏洩の予防策との関係での議論

中小・地域金融機関向けの総合的な監督指針は、「顧客等に関する情報管

---

[1] 2009年11月11日付の株式会社あおぞら銀行　株取引に関する第三者委員会「調査報告書（公表版）」。

理態勢」という項目を設け監督上の着眼点を定めているところ、この「顧客等に関する情報」のなかには、顧客に関する情報（顧客情報）と法人関係情報の双方が含まれる。換言すれば、中小・地域金融機関向けの総合的な監督指針では、顧客情報と法人関係情報に共通の規制が適用されるものとされている。この観点からも、法人関係情報の管理強化を考えるにあたり顧客情報の管理強化に係る議論を参考にすることが有益である。

中小・地域金融機関向けの総合的な監督指針では、職員の故意による顧客情報の漏洩等を防止する観点から、「特定職員に集中する権限等の分散や、幅広い権限等を有する職員への管理・けん制の強化を図る等、顧客等に関する情報を利用した不正行為を防止するための適切な措置を図っているか」という監督上の着眼点を設けている。

これは、故意による顧客情報の漏洩の予防策として、
  ⅰ 顧客情報の記録媒体への保存から社外への持出しに至る一連の過程を他者の承認を得ることなく可能とする権限が特定の職員に集中することを防止すること
  ⅱ 顧客情報の無断持出しを可能とする大きな権限を有する職員に対し意識的に牽制を強化する必要があること
などを指摘するものであり、法人関係情報の管理強化との関係でも参考になる。

法人関係情報との関係では、法人関係情報を日常的に取り扱う審査部門の点検・内部監査にあたり、法人関係情報の不正利用の予防と発見を目的として頻回に深度のある点検・監査（意図的なルール違反や監査を回避するような被監査者の行動等があることを前提とする監査）を行い、牽制機能を十分に確保することが重要である。

　b　実態把握の方策に関する深度ある検討

チャイニーズ・ウォールの脆弱性を補うという観点からの予防策の検討にあたっては、その前提として、コンプライアンス部門が行内の法人関係情報

# 第1編
## 法務編

の取扱いの実情を的確に把握することが必要である。

　大手証券会社のなかには、コンプライアンス担当者を営業の現場に配することで法人関係情報の適正運営を監視し、チャイニーズ・ウォールによる情報管理の実効性担保を図っているところがある。また、前述したとおり、法人関係情報を取得したり提供を求められたりした職員にコンプライアンス部門への通報義務を課する制度を導入しているところがあるが、これらの取組みはコンプライアンス部門による的確な実態把握を可能とするものとして参考になる。

# 第 8 章
# 情報セキュリティと最近のトピックス

## 1 クラウドサービスの利用と情報セキュリティ

### 1 個人データの「委託」との関係

　金融機関は情報産業であるといわれることが少なくない。近時は金融機関によるクラウドサービスの利用が話題になっており、一部の業務においてこうしたサービスを利活用している金融機関も現れている。

　金融機関がクラウドを利用する場合の問題点の一つに、ベンダーが外部委託先に該当するかという問題がある。ベンダーが金融機関の委託に基づき個人データを取り扱う場合、金融機関はベンダーに対し必要かつ適切な監督を行う必要があるからである（個人情報保護法22条）（総務省「スマート・クラウド研究会　報告書」（2010年5月）25頁）。

　この点については諸説ありうるものの、特段の事情のない限り「委託」に該当すると解する見解が多数説であると考えられる（村上康二郎「クラウド・コンピューティングにおける個人情報保護の課題」情報セキュリティ総合科学第4号118頁。なお、松尾直彦「金融機関のクラウド・コンピューティング利用に係る金融監督上の枠組み」金融法務事情1918号38頁も参照）。

　したがって、金融機関はクラウドサービスを提供するベンダーに対し必要かつ適切な監督を行う必要があると考えられる。

### 2 ベンダーに対する監査との関係

　前述したとおり、金融機関は、その業務または事務を外部委託する場合、外部委託先との間の契約等において一定の措置を講ずるよう求められてい

る。金融機関がクラウドサービスを利用する場合にも、基本的にこれと同様の措置を講ずることが考えられる。

　一例をあげれば、金融機関は、その業務または事務の委託先に対し、立入監査を含む監査を行うよう求められており、外部委託先と業務委託契約等を締結する際、その条項の一つにこうした金融機関の監査を受忍する旨の条項を設けることが多く、クラウドサービスを利用する場合においても、その利用契約等において、上記の条項を設ける等の措置を講ずることになると思われる。

### 3　海外のデータセンターでの保管の場合の留意点

　クラウドサービスの場合、日本国外に所在するデータセンターにおいてデータが保管されることがある。「政府機関の情報セキュリティ対策のための統一管理基準（平成24年度版）解説書」では、「外部委託の対象としてよい情報システムの範囲及び委託先によるアクセスを認める情報資産の範囲を判断する基準を整備すること」という留意点に関連し、「データの所在については、海外のデータセンター等に情報を保存する場合には、保存している情報に対し、現地の法令等が適用されるため、国内であれば不適切となるアクセスをされる可能性があることに注意が必要である。例えば、「行政機関の保有する個人情報の保護に関する法律」で定義する個人情報については、国内法が適用される場所に制限する必要があると判断すること等が考えられる」と述べている。

　金融庁の監督指針では、「（顧客）情報の他者への伝達については、コンプライアンス（顧客に対する守秘義務、説明責任）及びレピュテーションの観点から検討を行った上で取扱基準を定めているか」「銀行経営の合理性の観点からみて十分なレベルのサービスの提供を行いうるか、契約に沿ったサービス提供や損害等負担が確保できる財務・経営内容か、銀行のレピュテーション等の観点から問題ないか等の観点から、委託先の選定を行っているか」と

いった監督上の着眼点を設けているから、金融機関がクラウドサービスを利用するにあたっては、こうした観点からも配慮を行うことが必要である。

## 2 グループ化の進展と情報セキュリティ

### 1 銀行持株会社の取締役の職責

　持株会社は、持株会社自身が事業を行う場合と子会社の経営管理に専念する場合とがあり、前者を「事業持株会社」、後者を「純粋持株会社」という。金融機関の持株会社は、銀行や保険会社等を子会社として、その経営管理を行うことを業務とし、それ以外の業務が禁じられているから、純粋持株会社に分類される。

　金融機関のグループ化の進展が著しいが、子会社の情報管理体制が不十分であったため、情報漏洩等が発生し子会社に損害が生じた場合、当該子会社の取締役だけではなく、純粋持株会社の取締役も、純粋持株会社に対し、なんらかの会社法上の責任を負うのであろうか。

　子会社の情報管理体制が不十分であったため、子会社に損害が生じた場合に、当該子会社の完全親会社である純粋持株会社の取締役が、純粋持株会社に対して会社法上の責任を負うためには、①純粋持株会社の取締役が、故意または過失により、法令または定款に違反し、②それによって、純粋持株会社に対して損害を与えたといえることが必要である。具体的には、純粋持株会社の取締役に善管注意義務違反があることが必要になる。そこで、以下、純粋持株会社の取締役の善管注意義務の内容について検討する（森本滋「純粋持株会社と会社法」法曹時報47巻12号15頁、酒巻俊雄「純粋持株会社と会社法上の問題」ジュリスト1104号22頁参照）。

　この点については諸説あるものの、純粋持株会社は、事業持株会社と異なり、自らは対外的な事業活動は行わず、子会社の経営管理およびこれに附帯する業務を遂行しているにすぎない。純粋持株会社は、子会社の経営管理お

第1編
法　務　編

よびこれに附帯する業務を遂行することにより、純粋持株会社の株式の価値を最大化する必要があるのであるから、純粋持株会社の取締役としては、純粋持株会社の株主の利益のために、株主権や子会社との間で締結するさまざまな経営管理に関する契約に基づく権限を適切に行使し、経営管理を行う義務を負っていると考えられる。

このように、純粋持株会社の取締役は、経営管理業務等に関する純粋持株会社の権限を適切に行使し、子会社の健全かつ適切な運営を確保する義務や子会社を含む企業集団（グループ）全体の健全かつ適切な運営を確保する義務を負っていると解される。この点は、子会社における情報セキュリティの確立についても、同様に当てはまる。純粋持株会社の取締役は、このような義務を履行するため、会社法の規制に違反しない範囲内において、純粋持株会社を中心とする企業集団の経営を管理する体制を構築することを要するが、その範囲内において具体的にどのような経営管理体制（情報管理体制）を構築するかについては、純粋持株会社の態様、会社を取り巻く状況等を的確に把握して総合的に評価し決定することを要するものと考えられる。

## 2　グループ内の顧客情報の共有と情報セキュリティ

近時、金融機関は、持株会社を頂点として、総合金融グループを形成しており、金融グループのシナジー効果発揮の観点から顧客情報の共有等が課題の一つになっている。

顧客情報の共有にあたっては個人情報保護法、守秘義務の問題などに配慮する必要があるが、このほかに、金融コングロマリット監督指針上の規制に留意する必要がある。

金融コングロマリット監督指針では、「Ⅱ　金融コングロマリット監督上の評価項目（着眼点）」において、「顧客情報保護」という項を設けている（同監督指針Ⅱ－3－7）。

「顧客情報保護」の項では、金融コングロマリットにおける顧客情報保護

の重要性について、「顧客情報の保護は、個々の金融機関が適切な業務運営を営む上で必須の事項であるが、金融コングロマリットにおいては、グループとしてのシナジー（相乗）効果を図る観点から、顧客情報を相互に活用することが予想される。そのため、各業法および個人情報保護法等に則り、個人を含む顧客情報の保護が十分図られているかどうかについて確認する必要がある」と述べている。

そのうえで、同監督指針では、特にグループ内での顧客情報の共有が図られる場合について、次の6点の着眼点に基づき顧客情報管理の適切性を検証するとしている。

① グループ内で顧客情報の相互利用を行う場合、グループとして統一的かつ具体的な取扱基準を定めたうえで、グループ内会社の役職員に周知徹底しているか。

② グループ内で個人顧客情報を共同して利用する場合、その旨ならびに共同して利用される個人顧客情報の項目、共同して利用する者の範囲、利用する者の利用目的および当該個人顧客情報の管理について責任を有する者の氏名または名称について、あらかじめ、当該個人顧客情報によって識別される特定の個人に通知し、または当該特定の個人が容易に知りうる状態に置いているか。

③ 上記②の対応を行っていない場合であって、グループ内で個人顧客情報を共同利用しようとする場合には、個人情報保護法第23条第1項各号、第2項、第4項第1号および第2号に掲げる場合を除き、あらかじめ本人の同意を得ることとしているか。また、同意を得ずにグループ内会社間等で個人顧客情報の流用等が生じた場合、漏洩事案として的確に認識され、顧客および当局への報告を含む対応をすみやかに図るための態勢が整備されているか。

④ 経営管理会社が単体で個人情報保護法第2条第3項に規定する個人情報取扱事業者に該当する場合、個人情報保護法を遵守する態勢が整備さ

第1編
法 務 編

れているか。特に、経営管理会社が金融分野における個人情報保護に関するガイドライン第1条に規定する金融分野における個人情報取扱事業者に該当する場合、当該ガイドラインおよび金融分野における個人情報保護に関するガイドラインの安全管理措置等についての実務指針の規定に基づく適切な措置が講じられているか。

⑤　グループ内において個人顧客に関する非公開個人情報を利用する場合、金融分野における個人情報保護に関するガイドライン第6条第1項各号に列挙する場合を除き、利用しないことを確保するための措置が講じられているか。

⑥　顧客情報が漏洩、滅失または毀損した場合に、当局への報告が迅速かつ適切に行われる態勢が整備されているか。

　金融コングロマリットが、グループ内での顧客情報を共有する場合には、これらの点にも留意する必要があると考えられる。

　また、グループ内の顧客情報の共有に関し、最近の金融検査結果事例集では、主要行等および外国銀行支店に対する検査において、「顧客情報管理について、顧客情報管理部門等は、前回検査において子会社（A社）への顧客紹介に伴う個人情報の取扱いについて指摘を受けているにもかかわらず、子会社（A社）以外の子会社への個人情報提供に係るルールやその運用状況の検証を行っていない。このため、顧客の所有不動産について相談を受けた場合の子会社（B社）への情報移管ルールが営業部店に浸透しておらず、顧客の同意を取得することなく同社へ情報移管を行い、苦情が発生している事例が認められる。」（平成20検査事務年度）という問題点の指摘がなされたケースが紹介されており、注意が必要である。

　これに対し、グループ内の顧客情報の共有に係るコンプライアンス態勢の整備に関し、「グループ証券会社等と顧客情報を共有する際に適用される「ファイヤーウォール規制」に基づき、情報共有に係る同意書を顧客から取得することなく、顧客の非公開情報等の授受を行うことを禁じている」金融

機関(主要行等および外国銀行支店)による好取組事例として、

「「ファイヤーウォール規制」に関する法令違反事案および懸念事案(以下、「違反事案等」という)の防止策として、当行の役職員がグループ証券会社等宛てに電子メールを送信する際に、電子メールによる非公開情報等の授受について、注意喚起する仕組み(筆者注:役職員がグループ証券会社等宛てに電子メールを送信する際に注意喚起の画面を表示させ、当該画面上において、顧客の「非公開情報等」の有無が選択されなければメールを送信することはできない)を整えているほか、行外に送信された電子メールを査閲することとしており(筆者注:営業店長等から任命された査閲実施者が、行外に送信された電子メールを査閲することとしており、2週間以上査閲が実施されない営業店等については、電子メールの外部発信機能が停止される)、これにより違反事案等が検知された事例が認められる」(平成24検査事務年度(前期版))という事例が紹介されており、先進的な取組みとして参考になる。

## 3 番号制度

### 1 番号制度の概要

2013年5月24日、番号法(正式名称は、「行政手続における特定の個人を識別するための番号の利用等に関する法律」)が成立した。同法は、個人番号(マイナンバー)を国民一人ひとりに発行し、社会保障・税などの分野における行政機関が保有する情報を、個人番号(マイナンバー)をキーに照会し、各行政機関が有する情報の主体の同一性の確認を可能とする仕組みを導入するものである。

個人番号(マイナンバー)の決定と通知は、2015年10月頃から、各地の市区町村長によりなされる。個人番号(マイナンバー)は住民票コードをもとに乱数表を用いて組成(決定)され、巷間、12桁の番号とされる予定であるといわれている。

第1編
法務編

　また、個人番号（マイナンバー）は、各地の市区町村長により、これを記載した通知カードを郵送する方法により、住民基本台帳記載の住民に通知される（番号法7条1項）。番号法施行後、転居により住所が変わる場合、転入届（住民基本台帳法22条1項）の提出と同時に、通知カードを市区町村に提出し、通知カードの記載事項の変更を受ける必要が生ずる（同条4項）。

## 2　番号（マイナンバー）と情報セキュリティ

### (1) 番号（マイナンバー）の特徴からの帰結

　番号（マイナンバー）は、原則として、生涯、同一の番号とされ、その変更が認められるのは「住民基本台帳に記録されている者の個人番号が漏えいして不正に用いられるおそれがあると認められるとき」に限られる（同法7条2項）。この意味において、番号（マイナンバー）と本人との対応関係は非常に強固である。

　従来から、行政分野・民間分野を問わず、氏名（フリガナを含む）・住居・生年月日（本人特定事項）によって本人の同一性確認が行われていたが、このうち、氏名は婚姻・離婚・養子縁組・離縁などによって変わる可能性がある。住居も転居により変わるため、これらをキーに本人の同一性判断を行うことが困難な場合も少なくない。これに対して、番号（マイナンバー）は、原則として、生涯、同一の番号であるため、従来の本人特定事項と比べ、番号（マイナンバー）と本人との対応関係が強固であるという特徴がある。

　このため、顧客の番号（マイナンバー）を取り扱う事業者は、その安全管理に努める必要がある。

### (2) 利用目的の限定からの帰結

　番号（マイナンバー）の利用範囲は限定されており、番号法上認められた場合以外に、本人に対し番号（マイナンバー）の提供を求めること（同法14条・15条）、番号（マイナンバー）を含む個人情報を収集・保管すること（同法20条）

が禁止されている。

　番号法が施行された後、金融機関が税務署に対して顧客に関する法定調書を提出する際、当該法定調書に顧客の番号（マイナンバー）を記載することが必要になる（同法9条3項参照）。このほかに、甚災害時に被災者に預金や保険金の便宜払いを行う際にも番号（マイナンバー）を利活用することが検討されている（同条4項）。

　このような場合のように番号法上認められている業務・事務以外の目的で番号を利用することが制限されているため、金融機関内部においてこれに違反した利用がなされることのないよう番号（マイナンバー）を適切に管理する必要がある。

(3)　正確な取得・登録の必要性

　前述したとおり、顧客との取引に関し法定調書の作成・提出が義務づけられている金融機関は、番号法施行後、当該取引に係る顧客から番号（マイナンバー）を取得し、これを法定調書に記入できるようデータベースを整備する必要がある。番号（マイナンバー）の取得・登録作業の負担の程度は金融機関の業態によって異なるが、いずれにしても、一定範囲の顧客から番号（マイナンバー）をもれなく取得し正確に登録することには相当の負担が伴うと考えられる。

(4)　番号（マイナンバー）の適切な管理の必要性

　以上のとおり、番号法に基づき番号（マイナンバー）を取得した金融機関は、この漏洩等が生じないようこれを管理する必要がある（同法12条）。故意に番号（マイナンバー）を漏洩した職員を対象に罰則が設けられており、その勤務先である法人にも罰金刑が科されることとされているため（両罰規定）（同法68条、77条）、通常の個人情報の漏洩以上の注意が必要である。

第8章　情報セキュリティと最近のトピックス

# 第2編

# 実務編

# 第2編
## 実務編

## 情報セキュリティの実務編の構成

情報セキュリティの「実務編」の構成は、次のようになっている。

情報セキュリティの実務編の構成

| 【総括】 1章　情報セキュリティの実務と現状 | | |
|---|---|---|
| 【ルールと組織】 2章　情報セキュリティ管理のための組織・体制・ルール | 【監査】 9章　情報セキュリティ監査 | 【グループ会社】 10章　グループ会社および海外拠点の情報セキュリティ管理 |
| 【教育】 3章　従業者の管理および教育訓練 | | |
| 【仕組み】 4章　情報資産のセキュリティ管理 5章　施設・環境の情報セキュリティ管理 6章　端末・媒体のセキュリティ管理 7章　ネットワークのセキュリティ管理 8章　情報セキュリティのシステム化 | | |

　本編は情報セキュリティの実務を網羅的かつ実践的に解説したものであり、すべての章をお読みいただければ、情報セキュリティの実務の知識を身につけることができる。しかしながら、情報セキュリティで対応すべき分野は多岐にわたるため、ある程度の知識を習得されている方は本編のすべての章を読まなくとも、必要な章だけをお読みいただくことで、より素早く知識を得て実務に対応できるものと考えている。そのために本編の章単位での構成を示すことで、本編を素早く実践的に利用していただきたいと考えるものである。

# 第 1 章
# 情報セキュリティの実務と現状

## 1 情報セキュリティ業務

### 1 情報セキュリティの概況

　本章では、①インターネット上の脅威、②積極的な導入が進むスマートフォンやタブレットPC（パソコン）などのスマートデバイスの運用、③海外拠点の脆弱な情報セキュリティ、④情報セキュリティ人材の大幅な不足など、最近の情報セキュリティを取り巻く概況を考察する。

(1) インターネット上の脅威（サイバー攻撃、ウイルス）

　インターネットが社会の重要な通信インフラになって20年以上が経過し、それとともにインターネット上の脅威も増大し、情報セキュリティ対策の強化が求められている。インターネット上の脅威には、
- ネットワーク機能をまひさせてサービス停止を狙うDoS（Denial of Service）攻撃
- 企業のウェブサイトを乗っ取り、内容を改ざんするなどの営業妨害
- 組織や個人が運営するサーバーへの不正侵入による不正操作
- 不正に入手した機密情報・個人情報の悪用
- 情報の改ざんやソフトの破壊による情報システムの機能停止
- コンピュータウイルスに感染させることによる情報詐取やのぞき・盗聴、なりすまし詐称
- 金融機関のウェブサイトを装い、個人情報を詐取するフィッシング

などさまざまあり、情報セキュリティ対策を講じていない情報システムや

ネットワークにとってインターネットは危険地帯といっても過言ではない。

こうしたなかで、近年登場した代表的な脅威に「標的型攻撃」がある（図表2－1－1）。

▼ 図表2－1－1　標的型攻撃への企業の対応状況

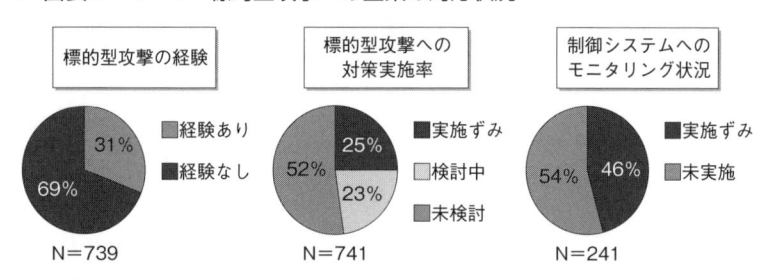

標的型攻撃の経験　N=739
- 経験あり 31%
- 経験なし 69%

標的型攻撃への対策実施率　N=741
- 実施ずみ 25%
- 検討中 52%
- 未検討 23%

制御システムへのモニタリング状況　N=241
- 実施ずみ 46%
- 未実施 54%

（出所）　企業における情報セキュリティ実態調査2012

標的型攻撃とは、標的を特定政府や企業などに設定したうえで、その組織の情報詐取や業務システムの機能停止などを明確な目的とする継続的な攻撃である。一般的攻撃と呼ばれる従来の攻撃が、不特定な対象への一過性のものであったのに対し、標的型攻撃は用意周到に、かつ集中的に特定組織をねらって、繰り返し攻撃を加えてくる。攻撃者の思想的・政治的理由による場合もあり、組織にとってはより大きなリスクとなっている。特に、電子メールによる攻撃を「標的型攻撃メール」と呼び、受信者が疑わずに開封してしまうような内容のメールにウイルスを添付し、PCを感染させて乗っ取り、不正操作をしたり情報を詐取したりする。

(2)　スマートデバイスの導入に伴うリスクの拡大

近年では、その手軽さからスマートフォン、タブレットPCなどのスマートデバイスが、企業や個人が情報を収集・処理するための主要な機器として定着している。外出先や屋外でも情報が取得でき、企業活動の生産性を向上

させるツールにもなっている。

　一方で、スマートデバイス内に機密情報や個人情報が大量に保存されるようになったため、紛失や置き忘れなどによる情報セキュリティインシデント（Incident：事件・事案）が急増しており、企業のインシデント発生原因のトップになっている（図表2－1－2）。そこで、情報セキュリティ上の優先課題として、スマートデバイスのセキュリティ統制をあげる企業も増加傾向にある。

▼ 図表2－1－2　スマートデバイスによる情報セキュリティインシデント

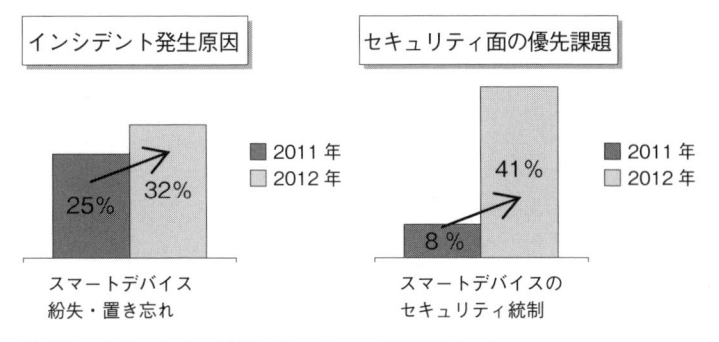

インシデント発生原因
- スマートデバイス紛失・置き忘れ：2011年 25%、2012年 32%

セキュリティ面の優先課題
- スマートデバイスのセキュリティ統制：2011年 8%、2012年 41%

（出所）　企業における情報セキュリティ実態調査2012

## (3) 海外拠点の脆弱な情報セキュリティ

　日本企業の海外進出が旺盛になり、それに伴って海外拠点が増加している。しかし、拠点の規模の小ささや多くの経費をかけられないなどの理由から、海外拠点が構築・運用する情報システムのセキュリティ統制は後手に回るケースが多い（図表2－1－3）。

　したがって、セキュリティ面で脆弱な海外拠点の情報システムがひとたびねらわれ、たとえば、ウイルスによって機密情報が外部に漏洩したり、あるいはサーバーなど端末が踏み台にされたりすると、そこから他拠点の内部

# 第2編
実 務 編

▼ 図表2－1－3　海外拠点の情報セキュリティ統制状況

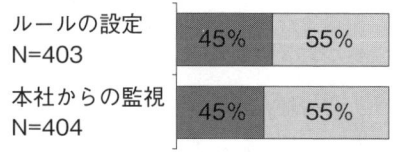

| | 実施ずみ | 未実施 |
|---|---|---|
| ルールの設定 N=403 | 45% | 55% |
| 本社からの監視 N=404 | 45% | 55% |

（出所）　企業における情報セキュリティ実態調査2012

に連鎖的に侵入され、情報漏洩・改ざん・破壊行為が行われることは容易に想像できる。ねらわれたサーバーが海外拠点に設置されたものであっても、ネットワーク経由で日本（本社）の情報システムにアクセスすることも可能となるなど、日本国内への影響も甚大で、企業の信頼低下も起こりうる。

### (4) 情報セキュリティ人材の大幅な不足

この節であげた情報セキュリティに関する問題への対策をより強化するには、こうした問題解決に当たれる高度な知識を有する情報セキュリティ人材が必須である。しかし現状では、日本企業の8割以上で人材が不足している（図表2－1－4）。

その理由としては、情報セキュリティ分野の専門性が高いこと、および技術変化が速いことから知識習得のための時間と能力が不足し、企業内部での人材育成が困難であるからと推察される。内部で対応できなければ、外部専門家に委託する方法も選択肢の一つであり、実際に情報セキュリティ専門のIT企業も増加してきているが、現時点では、需要を賄うほど人材は豊富ではない。

▼ 図表2-1-4　情報セキュリティ人材の現状

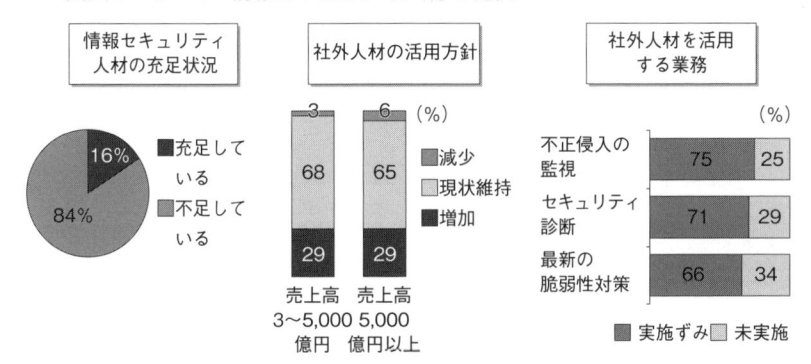

情報セキュリティ人材の充足状況
- 充足している 16%
- 不足している 84%

社外人材の活用方針（%）
- 売上高 3〜5,000億円：減少 3、現状維持 68、増加 29
- 売上高 5,000億円以上：減少 6、現状維持 65、増加 29

社外人材を活用する業務（%）
- 不正侵入の監視：実施ずみ 75、未実施 25
- セキュリティ診断：実施ずみ 71、未実施 29
- 最新の脆弱性対策：実施ずみ 66、未実施 34

（出所）　企業における情報セキュリティ実態調査2012

## 2　情報セキュリティに関する主な概念

### (1) 情報セキュリティの三要件

　情報セキュリティとは、一般的に、「情報の機密性、完全性、可用性を維持すること」と定義される。「機密性」「完全性」「可用性」の三つの要件が意味するのは、

①機密性（Confidentiality）：認められた者だけが情報にアクセスできる状態を確保すること

②完全性（Integrity）：情報が完全な状態であり、破壊、改ざんまたは消去されていない状態を確保すること

③可用性（Availability）：必要時に必要な情報にアクセスできる状態を確保すること

であり、英語の頭文字をとって情報の「CIA」という。

　この三つの要件と想定されるリスクとを対比させると、機密性は「情報の漏洩」リスクに、完全性は「情報の改ざん」リスクに、可用性は「機能の停止」リスクにそれぞれ対応する。機密性・完全性・可用性が欠けている状態

を、「脆弱性（Vulnerability）」という。そして、脆弱性に起因してトラブルや事件が発生した状態・事案を「インシデント（Incident）」と呼ぶが、被害はなく未遂の状態・事案もインシデントに含まれる。

(2) 情報資産

情報セキュリティで守るべきものは、機密情報と個人情報、およびこれらの情報を入れる「器」である。器とは、たとえば情報がサーバーなどのコンピュータ内に書き込まれていればその機器であり、紙に記入されていればその書類を指す。こうした機密情報、個人情報、器を総称して「情報資産」という。

情報資産は常に「脅威（Threat）」にさらされている。情報セキュリティにおける脅威とは、地震、雷、火事などの災害をはじめ、機器の故障・破損・誤動作、人の過失（設計上の瑕疵や操作ミスなど）や悪意をもった行動（ウイルス、不正アクセス、機器の破壊や盗難、情報の詐取など）である。

こうした脅威から情報資産を守る主な施策が「ルール」「仕組み」「教育」であり、さらにこのルール、仕組み、教育を「監査」することによってPDCA（Plan：計画、Do：実行、Check：評価、Act：改善）の基本サイクルを回すことができる。このルール、仕組み、教育および監査については、本章で後述する情報セキュリティ管理のフレームとして詳しく説明する。

(3) 拡張要件

上記(1)では、情報セキュリティを三つの要件から説明したが、それに加えて「真正性」「責任追跡性」「否認防止」および「信頼性」の四つも、拡張要件として含めてよい。すなわち、

①真正性（Authenticity）：内容が真実で正しいことを主張できること
②責任追跡性（Accountability）：追跡性を確実にして履歴がたどれること
③否認防止（Non-repudiation）：事実を否定できないように証拠を残すこ

と

④信頼性（Reliability）：動作が期待された結果と一致すること

である。

これら四つの要件を、先の三つの要件と同様にリスクと対比すると、真正性は「なりすまし」リスクに、責任追跡性や否認防止は「偽証」「誤認」「否定」リスクに、信頼性は「誤作動」リスクに、それぞれ対応する。

## 3 情報セキュリティ対策の歴史

### (1) 政府における情報セキュリティ対策の歴史

わが国の政府において、本格的な情報セキュリティ対策の取組みは、2000年2月、内閣官房に、「情報セキュリティ対策推進室」およびこれを事務局とする「情報セキュリティ対策推進会議」が設置されるなど、中央官庁を中心に始まったといえるであろう。その後、情報セキュリティ対策推進室は2005年4月に「内閣官房情報セキュリティセンター（NISC）」に改組され、同年5月には、わが国の情報セキュリティ政策の基本政策を決定する「情報セキュリティ政策会議」がIT戦略本部に設けられた。

一方、サイバー犯罪対策に関しては、1997年9月に警察庁が「警察庁情報システム安全対策指針」を策定し、翌年にはサイバーポリスが組織された。そして2000年に「警察庁情報セキュリティ政策大系」が作成され、翌年には総合セキュリティ対策会議が開催されている。

国家防衛施策としてのサイバーテロ対策は、2001年に防衛庁（現防衛省）が陸上自衛隊内にサイバー攻撃対策部隊を編成することを決定したことに始まる。2003年3月に陸上自衛隊に、①サイバー攻撃からの防護、②サイバー関連情報に関する調査研究を任務とするシステム防護技術隊が設立された。この後、同技術隊は2005年にシステム防護隊に改編されている。

(2) 実業界における情報セキュリティ対策の歴史

　一方、業界団体や官民にまたがる情報セキュリティ対策は、1996年10月に一般社団法人JPCERTコーディネーションセンターが設立されたことで、本格化している。同センターは、情報セキュリティに関連するインシデント情報の収集・分析を行う組織であり、これにより対応支援や関連情報の発信などの体制が確立した。

　また、1998年4月には、財団法人日本情報処理開発協会（2011年に一般財団法人日本情報経済社会推進協会〈JIPDEC〉に改称）による「プライバシーマーク制度」が発足した。これは、個人情報に対して適切な保護措置を講ずる体制を整備している事業者を認定してプライバシーマークを付与し、事業でプライバシーマークを活用できる制度である。同年7月には、公益財団法人金融情報システムセンター（FISC）が、金融機関等の自主基準として策定していた「金融機関等コンピュータシステムの安全対策基準」のなかで、セキュリティポリシーの策定を行うことを盛り込んだ。これ以降も、図表2−1−5に示すように、情報セキュリティ問題の深刻化に伴ってさまざまな機関が対策強化に向けた活動を展開している。

　なお、本項および図表2−1−5に登場する、情報セキュリティに関連した組織・団体の主要なものについては、次項で解説する。

▼ 図表2-1-5　情報セキュリティ対策の年表

| 昭和45 | 1970 | 10月 | 情報処理推進機構（情報処理振興事業協会） |
|---|---|---|---|
| 昭和59 | 1984 | 11月 | 公益財団法人金融情報システムセンター（FISC） |
| 昭和61 | 1986 | 5月 | JSSM 日本セキュリティ・マネジメント学会 |
| 平成8 | 1996 | 10月 | 一般社団法人JPCERTコーディネーションセンター |
| 平成9 | 1997 | 9月 | 警察庁　情報システム安全対策指針 |
| 平成10 | 1998 | 4月 | 財団法人日本情報処理開発協会（2011年に一般財団法人日本情報経済社会推進協会（JIPDEC）に改称）　プライバシーマーク制度 |
| | | 6月 | 警察庁　サイバーポリス |
| | | 7月 | FISC　金融機関等コンピュータシステムの安全対策基準　セキュリティポリシーの策定 |
| | | 7月 | 財団法人インターネット協会（IAjapan）セキュリティ研究部会 |
| 平成11 | 1999 | 5月 | 警視庁　ハイテク犯罪対策センター |
| 平成12 | 2000 | 2月 | 警視庁　ハイテク犯罪対策総合センター |
| | | 2月 | 警察庁　情報セキュリティ政策体系 |
| | | 2月 | 内閣官房　情報セキュリティ対策推進室 |
| | | 2月 | 情報セキュリティ対策推進会議 |
| 平成13 | 2001 | 4月 | サイバーフォース＆警察庁サイバーフォースセンター |
| | | 4月 | 産業技術総合研究所　セキュアシステム研究部門（情報セキュリティ研究センター） |
| | | 5月 | NPO日本ネットワークセキュリティ協会 |
| | | 12月 | 警察庁　総合セキュリティ対策会議 |
| 平成15 | 2003 | 3月 | 防衛省　陸上自衛隊　システム防護技術隊 |
| | | 6月 | 経済産業省　産業構造審議会　情報セキュリティ部会 |
| 平成16 | 2004 | 1月 | 情報処理推進機構　情報セキュリティ技術ラボラトリ |
| | | 4月 | 情報通信研究機構（NICT）ネットワークセキュリティ研究所 |
| | | 7月 | セキュリティ対策推進協議会（SPREAD） |
| | | 8月 | 警察庁　情報セキュリティ政策大系-2004 |
| | | 10月 | 経済産業省　情報セキュリティ総合戦略 |

第2編
実 務 編

| 平成17 | 2005 | 2月 | 一般財団法人日本データ通信協会テレコム・アイザック推進会議（Telecom-ISAC Japan） |
| --- | --- | --- | --- |
| | | 4月 | 内閣官房　情報セキュリティセンター（NISC） |
| | | 4月 | 業界団体など　フィッシング対策協議会 |
| | | 5月 | ＩＴ戦略本部　情報セキュリティ政策会議 |
| | | 8月 | 警察庁　情報セキュリティ重点施策プログラム |
| | | 12月 | 業界団体など　セプター（CEPTOAR） |
| 平成18 | 2006 | 2月 | 情報セキュリティ政策会議　第一次情報セキュリティ基本計画 |
| | | 3～6月 | 金融庁　情報セキュリティに関する検討会 |
| | | 11月 | 自治体ISAC（Information Sharing and Analysis Center） |
| | | 12月 | 総務省＆経済産業省　サイバークリーンセンター（CCC） |
| 平成19 | 2007 | 3月 | 財団法人地方自治情報センター　自治体セキュリティ支援室 |
| | | 3月 | 日本シーサート協議会 |
| | | 5月 | 経済産業省 グローバル情報セキュリティ戦略 |
| 平成20 | 2008 | 3月 | 防衛省　自衛隊共同の部隊　指揮通信システム隊 |
| | | 4月 | 政府機関情報セキュリティ横断監視・即応調整チーム（GSOC） |
| 平成21 | 2009 | 2月 | 業界団体など　セプターカウンシル（CEPTOAR-Council） |
| | | | 情報セキュリティ政策会議　第二次情報セキュリティ基本計画 |
| 平成22 | 2010 | 5月 | NISC　国民を守る情報セキュリティ戦略 |
| | | | 経済産業省　サイバーセキュリティと経済研究会 |
| 平成23 | 2011 | 5月 | 一般社団法人日本スマートフォンセキュリティ協（JSSEC） |
| | | 8月 | 警察庁　サイバーインテリジェンス情報共有ネットワーク |
| 平成24 | 2012 | 11月 | 情報サービス産業協会　技術委員会　情報セキュリティ部会 |
| 平成24 | 2012 | 6月 | NISC 情報セキュリティ緊急支援チーム（CYMAT） |

（出所）　野村総合研究所

## 4 情報セキュリティにかかわる組織

前項の情報セキュリティ対策の歴史に登場した組織を中心に、その役割や活動内容を以下で簡潔にまとめる。

(1) 内閣官房　情報セキュリティセンター（NISC）

情報セキュリティセンターは、情報セキュリティ政策にかかわる基本戦略の立案、および官民による情報セキュリティ対策の推進に関する企画立案を行うために、内閣官房に設置された政府機関である。主な活動は、次のとおりである。

①情報セキュリティ政策に関する中長期計画や年度計画の企画立案
②国際連携の窓口
③政府機関の情報セキュリティ対策の統一的な基準の策定と運用
④脆弱性情報の収集・分析
⑤政府機関等への支援
⑥重要インフラ行動計画に基づく情報セキュリティ対策の官民連携の推進

(2) 総務省　情報流通行政局情報流通振興課　情報セキュリティ対策室

情報セキュリティ対策室は、総務省における情報セキュリティ政策を推進する部署で、主な活動は、次のとおりである。

①ネットワーク環境の安全整備として、所轄事業者との情報共有、およびサイバー攻撃対処に向けた官民連携の強化
②情報セキュリティ対策を推進する事業の研究や実証実験の推進
③利用者の意識向上を目的とする、「国民のための情報セキュリティサイト」による情報提供
④スマートフォン、無線LAN等の情報セキュリティに関するメディアを活用した周知啓発活動

また、下記のように、サイバー攻撃に対する技術の研究開発や普及の推進も担っている。
　①防御モデルの検討
　②官民参加型の実践的な防御演習の実施
　③サイバー攻撃の発生予知の研究
　④サイバー攻撃の解析・検知技術などの研究
　それに加えて国際連携の役割もあり、具体的には、
　⑤米国、ASEAN（東南アジア諸国連合）等の海外諸国と情報セキュリティ
　　対策に関する取組みの共有と、国際的な連携の推進
を活動のテーマとしている。

(3)　経済産業省　商務情報政策局　情報セキュリティ政策室
　情報セキュリティ政策室は、経済産業省における情報セキュリティ政策を推進する部署であり、以下のような活動を展開している。
　①　情報セキュリティガバナンスの確立促進
　企業経営における情報セキュリティレベルを向上させる取組みを支援するため、「情報セキュリティガバナンス導入ガイダンス」を作成し、具体的な実装フレームワークを提供している。
　②　電子署名の法制度化
　インターネットが社会インフラとして定着するなか、電子署名や認証業務が本人確認の重要な手段となっていることから、「電子署名及び認証業務に関する法律」に基づいて、認定認証業務一覧および指定調査機関一覧を管理し、電子署名の利用や認証業務を推進している。
　③　情報セキュリティ監査の普及
　監査を受ける企業や組織が情報セキュリティマネジメント体制を構築して運用するための「情報セキュリティ管理基準」を策定し公開している。さらに監査を行う者の行為規範としての「情報セキュリティ監査基準」を策定・

公開し、監査を行う企業を登録する「情報セキュリティ監査企業台帳」を整備・公開している。

④　セキュリティ製品の認証および評価

セキュリティ設計が正しく実装されていることを評価するための国際標準規格ISO/IEC 15408に基づいて、IT関連製品のセキュリティ機能を第三者が評価し、その結果を認証機関が認証する制度を運営している。

⑤　暗号技術評価

総務省や他の機関と共同で暗号の安全性を評価・監視し、暗号技術の実装性や利用実績の評価方法を検討している。

⑥　脆弱性情報取扱体制の整備、フィッシング対策事業

コンピュータウイルスなど情報セキュリティにかかわる脆弱性情報の取扱業務を、IPAやJPCERT/CCを介して実施し、フィッシング対策への強化を図るためにフィッシング対策協議会の活動を支援している。

(4)　情報処理推進機構　IPAセキュリティセンター

IPAセキュリティセンターは、経済産業省所管の「独立行政法人情報処理推進機構」内に設置され、情報セキュリティ対策業務を実施する組織である。

①脆弱性対策情報の発信やコンピュータウイルス・不正アクセス被害の届出受付けおよび相談対応

②情報セキュリティ対策の教育・研修

③「情報セキュリティ白書」の発行などの啓発活動

④コンピュータウイルスや不正アクセスへのセキュリティ対策に役立つ情報の発信

⑤　暗号技術の調査・評価、システムのセキュリティ評価・認証

⑥　セキュリティ技術開発・調査研究

など、幅広い活動を行っている。また、関連するセミナーやイベントなども積極的に開催している。

第2編
実 務 編

(5) サイバーフォースおよび警察庁サイバーフォースセンター

サイバーフォースは、サイバーテロ等に直接対処する、全国に配置された警察関係の機動的技術部隊の総称である。札幌、仙台、埼玉、名古屋、大阪、高松、広島、福岡に拠点が設置され、都道府県警察のサイバーテロ対策を技術的に支援するため、各警察と連携して、次のような活動を展開している。

①インフラ事業者への技術情報の提供・助言
②サイバー攻撃の予兆把握・早期検知と発生時の緊急対処
③サイバー攻撃対策の調査研究等、サイバーテロなどに関連する活動

警察庁サイバーフォースセンターは、全国のサイバーフォースの司令塔であり、警察庁に設置され、インターネットの治安情勢を24時間体制で監視するとともに、サイバー攻撃関連情報を収集・分析し、サイバー攻撃の予兆把握と認知、およびサイバー攻撃発生時の緊急対処の拠点として機能する。

また、サイバーフォースの教育機関として、サイバーテロに関する研究開発の支援やサイバーフォース要員のための訓練設備も備えており、全国のサイバーフォースに対する教育指導を行っている。

(6) 防衛省・自衛隊

防衛省・自衛隊は、サイバー攻撃への対応を、国家の安全保障・危機管理上の重要な課題と位置づける。サイバー攻撃によって、社会活動に広範で甚大な被害が生じる可能性があり、そのためにサイバー空間の安定性の確保が不可欠であるとする。これを受けて防衛省・自衛隊は、取り組むべき施策を「サイバー指針」とし、「防衛省・自衛隊によるサイバー空間の安定的・効果的な利用に向けて」に取りまとめている。指針の基本は、

①防衛省・自衛隊の能力・態勢強化
②民間も含めた国全体の取組みへの寄与
③同盟国を含む国際社会との協力

の三つにおかれている。

サイバー攻撃への対処体制としては、自衛隊指揮通信システム隊が自衛隊の防衛情報通信基盤（DII）や、中央指揮システムを24時間体制で維持・監視している。また、陸海空の各自衛隊においては、サイバー攻撃対処部隊として、陸上自衛隊システム防護隊、海上自衛隊保全監査隊、航空自衛隊システム監査隊が配置されている。

対処にあたっての具体的な取組みについては「統合的サイバー攻撃対処6本柱」として、

① 情報通信システムの安全性向上
② 防護システムの整備
③ 規則の整備
④ 人材育成
⑤ 情報共有等の推進
⑥ 最新技術の研究

があげられている。

## (7) 一般社団法人JPCERTコーディネーションセンター（JPCERT/CC）

JPCERTコーディネーションセンターは、国際的なCSIRT（Computer Security Incident Response Team）が集まるフォーラムであるFIRST（Forum of Incident Response and Security Teams）に日本で最初に加盟し、インシデント対応支援活動を展開している。

ソフトウエア等の脆弱性に関連する情報を公開する調整機関であり、インシデント対応支援、ネットワーク観測、ボットプログラム等の解析、日本国内の関係者間連携、41カ国にある約200のCSIRTとの国際間連携・情報収集などを行う。アジア太平洋地域においてはAPCERT（Asia Pacific Computer Emergency Response Team）の運営委員会のメンバーとして参加し、事務局を担当している。

(8) 一般財団法人 日本情報経済社会推進協会（JIPDEC）

　日本情報経済社会推進協会は、総務省および経済産業省共管の財団法人として設立され、その後は一般財団法人に移行した。プライバシーマーク制度や電子署名・認証制度、情報セキュリティマネジメントシステム（ISMS）適合性評価制度などを運用している。

　プライバシーマーク制度とは、JIS Q 15001をベースとする基準にのっとって、個人情報を適切に保護していると判断された事業者を認定する制度である。日本情報経済社会推進協会が指定した審査機関がプライバシーマークの適格性を調べて判定し、同協会がプライバシーマークを付与する。

　情報セキュリティマネジメントシステム（ISMS）適合性評価制度における認定機関はこの日本情報経済社会推進協会であり、認証機関と要員認証機関を審査し認定する。

(9) 公益財団法人 金融情報システムセンター（FISC）

　金融情報システムセンターは、金融機関、生命保険会社・損害保険会社、証券会社、クレジットカード会社、メーカー、電気通信事業者、情報システム会社などからの出捐により、内閣府所管の公益財団法人として、金融機関の協力のもとに総合的な調査を実施し、金融情報システムに関連する諸問題の安全性確保のための施策を推進するとともに、金融情報システムの円滑な発展に貢献することを目的に設立された。主な活動は、次のとおりである。

　①金融情報システムに関する諸問題の調査研究
　　・技術調査研究
　　・脅威と防衛策の調査研究
　　・諸制度などの調査研究
　　・金融関連インフラの調査研究
　②調査研究から得られた知見の普及・促進
　　・金融機関等コンピュータシステムの安全対策基準の策定

- 金融関連インフラの安全指針の策定
- 各種調査レポートの刊行
- 各種ガイドラインの策定
- セミナーの開催

## 2 情報セキュリティ業務等の内容

### 1 情報セキュリティリスクと対応

　情報セキュリティリスクとは、情報資産の機密性・完全性・可用性のいずれか、あるいは全部が欠けていることを原因として、「情報の漏洩」「情報の改ざん」「機能の停止」などのインシデントが生じるリスクを指す。自社の収益低減や損失を招く可能性があるため、情報システム部門だけでなく、経営および事業部門を含めた全社的な対応が必要になる。

　しかも、情報セキュリティリスクに根ざすインシデントは、自社の業務停止だけにとどまらず供給網にも影響する。その結果、顧客や取引先など、利害関係者からの巨額の損害賠償請求を受けたり、信用の失墜に伴う顧客喪失、資金調達コストの増大につながる危険性もありうる。また、情報システムにも甚大な損害を与え、その復旧に巨額の出費が強いられるなど、情報セキュリティリスクからひとたび重大なインシデントが発生すると、自社の存続すら危うくする事態を引き起こしかねない。したがって、以下のような対応・対策を検討・実施していくことが必要である。

(1) 情報セキュリティマネジメント

　情報セキュリティリスクに対応するには、情報セキュリティの改善や向上に向けた「計画（Plan）・実施（Do）・評価（Check）・改善（Action）のサイクル」、いわゆる「PDCAサイクル」を確立し、管理する。この管理を「情報セキュリティマネジメント」と呼び、サイクルを回すための組織や仕組み

**第2編**
実 務 編

を「情報セキュリティマネジメントシステム（ISMS）」という。情報セキュリティリスクと情報セキュリティマネジメントシステムの関係を、図表2－1－6に示す。

ISMSを実際に展開していくには、まず情報セキュリティに対する組織の方針となる、「情報セキュリティポリシー」を策定する。これについては第2章で詳しく述べる。このポリシーに基づいて、「基準・規程」を作成し、組織・体制を確立する。

▼ 図表2－1－6　情報セキュリティリスクと情報セキュリティマネジメントシステム（ISMS）の関係

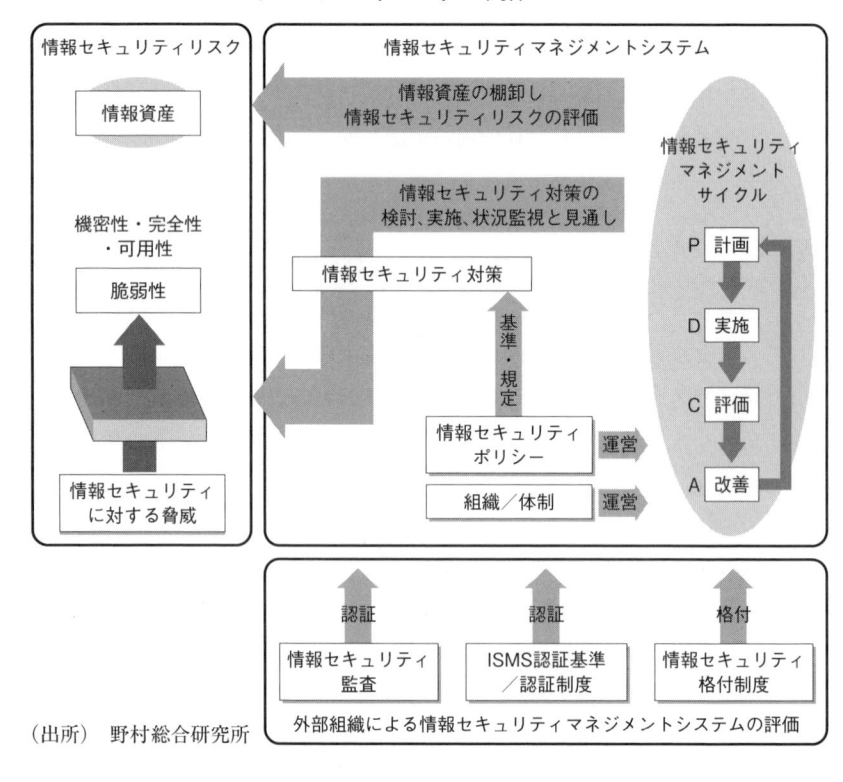

（出所）　野村総合研究所

そして、この基準・規程に対応する情報セキュリティマネジメントの計画・実施・評価・改善のサイクルを回すことで、さまざまな脅威に対する脆弱性の排除を進め、さらに情報資産を定期的に棚卸しすることで、リスクの評価と見直しも図る。

(2) **情報セキュリティリスクのアセスメント**

情報セキュリティリスクのアセスメント（事前評価・診断）においては、
　①脅威と脆弱性の洗い出し
　②アセスメント対象のリスト化
　③状況調査とリスク分析
　④リスク対策の策定
　⑤対策実施状況の定量化
の五つの作業を実施する。

最初に実施するのは、自社・自部門にとっての脅威と脆弱性の洗い出しである（①）。自社・自部門に損失を及ぼす可能性のある情報セキュリティに関連した脅威と脆弱性の候補をリスト化する。その際、たとえば、「顧客のクレジットカード情報を含む個人情報の外部流出」「機密情報の入ったOA－PCからの情報漏洩」など、具体的なリスクをあげて管理すべきアセスメント対象を決める。先の例でいえば、前者の対象は顧客情報の入ったデータベースであり、後者はOA－PCである。こうした具体的なリスクをアセスメント対象としてリスト化する（②）。このリスト化により、自社の守るべき情報資産がどこにどれだけあるのかが確実に把握できる。

そのうえで、脅威と脆弱性の調査項目を定義し、それをもとにアンケートや現地調査を実施して状況を把握し、リスクを分析する（③）。そしてそのリスクへの対策を策定し（④）、最後に対策の実施状況を定量的に評価する（⑤）。

以上の五つの作業により、情報セキュリティリスクのアセスメントが実施

できる。

(3) リスク分析

情報セキュリティリスクのアセスメントで鍵となるのは「リスク分析」である。リスク分析にはさまざまな手法が考案されており、企業や業務の特性に合わせて最適な手法を採用すべきであるが、以下ではそうしたなかから、ISMSで採用されるケースの多い、四つの手法を紹介する。

a　ベースラインアプローチ

自社における規定・実施要領、あるいはガイドラインに基づいて情報セキュリティ対策標準を作成し、チェックしていく方法である。この対策標準を「ベースライン」という。他の手法に比べて、簡単にできる方法である。

b　詳細リスク分析

リスク分析の対象範囲を決めて、その範囲内の情報資産を洗い出し、情報資産の価値、脅威の発生する可能性および脆弱性が顕在化する可能性を分析して、リスクを定量的に評価する方法である。厳密な分析ができるものの、多くの労力を必要とする。

c　組合せアプローチ

ベースラインアプローチと詳細リスク分析を組合せた方法である。情報資産に求められるセキュリティ要件に応じてどちらかを選択することにより、両方の長所を生かせるとともに効率的な分析ができる。

d　非形式的アプローチ

担当者の経験や判断による方法である。情報セキュリティの現場に長年携わってきた者の経験と知見に基づく手法であるが、結果が特定の考え方に影響され、客観性を保証できない可能性がある。

## 2　情報セキュリティ管理のフレーム

情報セキュリティ管理におけるフレームとは、「施策」によって「情報資産」

を「脅威」から守る体系である。この章の第1節第2項でも説明したとおり、情報資産とは、「情報」およびその情報を収める「器」であり、「人」もその器の一つとみなすことができる（図表2-1-7、2-1-8）。

施策は、①ルール構築、②仕組みづくり、③教育・訓練の実施、④正しく施行されているかどうかの監査の四つから成り立っている。一方、脅威は、①侵入、②改ざん、③停止、④漏洩、⑤不正、⑥災害の六つに大別できる。

## (1) 情報資産

情報資産は機密情報と個人情報およびその情報を収める「器」であり、前述のように、情報をもつ人も器の一つであるが、人は別として扱う。

この器と人をさらに詳細化すると、器は、
① 重要情報を含む書類やDVDなどの媒体
② 機密情報を保管するための金庫・キャビネット等の什器
③ 情報システム等の機密データが保存されているコンピュータ・保管用ディスク装置等

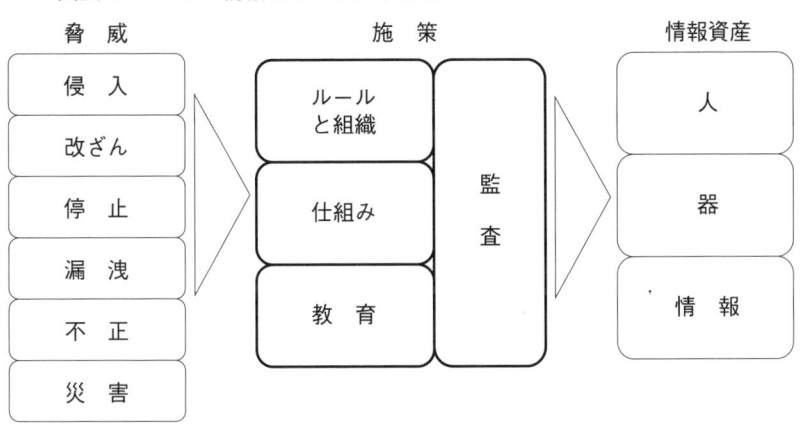

▼ 図表2-1-7　情報セキュリティ管理フレーム

| 脅　威 | 施　策 | | 情報資産 |
|---|---|---|---|
| 侵　入 | ルールと組織 | 監査 | 人 |
| 改ざん | | | |
| 停　止 | 仕組み | | 器 |
| 漏　洩 | | | |
| 不　正 | 教育 | | 情　報 |
| 災　害 | | | |

# 第2編
実務編

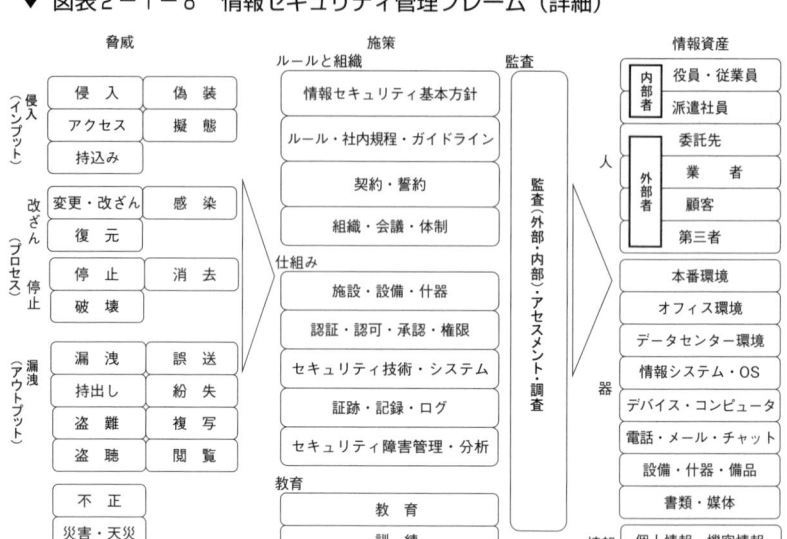

▼ 図表2-1-8　情報セキュリティ管理フレーム（詳細）

| 脅威 | | 施策 | 監査 | 情報資産 | |
|---|---|---|---|---|---|
| （侵入）（インプット） | 侵入／アクセス／持込み｜偽装／擬態 | **ルールと組織**<br>情報セキュリティ基本方針<br>ルール・社内規程・ガイドライン<br>契約・誓約<br>組織・会議・体制 | 監査（外部・内部）・アセスメント・調査 | 人 | 内部者：役員・従業員／派遣社員<br>外部者：委託先／業者／顧客／第三者 |
| （改ざん）（プロセス） | 変更・改ざん／復元｜感染 | **仕組み**<br>施設・設備・什器<br>認証・認可・承認・権限<br>セキュリティ技術・システム<br>証跡・記録・ログ<br>セキュリティ障害管理・分析 | | 器 | 本番環境／オフィス環境／データセンター環境／情報システム・OS／デバイス・コンピュータ／電話・メール・チャット／設備・什器・備品／書類・媒体 |
| 停止 | 停止／破壊｜消去 | | | | |
| （漏洩）（アウトプット） | 漏洩／持出し／盗難／盗聴｜誤送／紛失／複写／閲覧 | **教育**<br>教育<br>訓練 | | 情報 | 個人情報・機密情報 |
| | 不正／災害・天災 | | | | |

であり、オフィスやデータセンターも③に含まれる。人は内部者と外部者に分かれる。内部者は役員・従業員、派遣社員など企業の内部関係者で、外部者は委託先、業者、顧客、さらにまったくの第三者などである。

(2) 施　策

　a　ルールと組織

　まず、守るべき情報セキュリティルールは国や地方自治体が定めた「法令類」を遵守することが基本である。法務編で詳述しているように、情報セキュリティルールにかかわる「法令類」には、

　①個人情報の保護に関する法律
　②不正アクセス行為の禁止等に関する法律
　③不正競争防止法

④営業秘密管理指針(経済産業省)
⑤特定商取引に関する法律
⑥特定電子メールの送信の適正化等に関する法律
⑦特定電子メールの送信等に関するガイドライン(総務省)
⑧金融庁・経済産業省などの個人情報保護に関するガイドライン
⑨地方公共団体の個人情報保護条例

などがある。

企業内の情報セキュリティルールは、コンプライアンスの確立など企業の「宣言」である「情報セキュリティ基本方針」が最上位に位置づけられ、「社内規程類(各種ガイドランを含む)」「契約・誓約」などにより構成される。

「社内規程類」は、大別して三つある。①情報セキュリティ管理規程、②機密情報管理規程、③個人情報管理規程の三つであり、それぞれには詳細を定めた複数の実施要領やガイドライン、マニュアル、解説書などが付随する。これらについては、第2章で詳述する。

「契約・誓約」には、法務部門などが定めたモデル契約を使用する。契約書には必ず守秘義務の条項を設ける。たとえば、次のような条項である。

---

守秘義務の条項(事例)

第○条(守秘義務)

甲および乙は、相手方の承諾なしに相手方が秘密と指定した事項(以下秘密事項という)を第三者に漏洩せず、またその秘密事項を第三者と共同で利用しないものとし、本契約終了後も同様とする。ただし、公知の事項および第三者から適法に取得した事項については、秘密事項に該当しないものとする。

---

守秘義務をさらに緻密にする場合は、別途、「秘密保持契約書(NDA)」を締結する。たとえば、次のような条項である。

**第2編**
実 務 編

---

秘密保持契約書の条項（事例）

第○条（秘密情報）

　甲および乙は、本契約に関し相手方に秘密情報を開示する必要がある場合は、別途秘密保持契約書を締結するものとする。

秘密保持契約書

　第1条（本契約の目的）、第2条（秘密情報）、第3条（本検討の実施期間）、第4条（守秘義務）、第5条（目的外使用禁止）、第6条（秘密保持期間）、第7条（秘密情報の返却・破棄）、第8条（知的財産権等）、第9条（保証）、第10条（開示義務の否認）、第11条（準拠法・裁判管轄）、第12条（協議事項）

---

　ルールを実行するためには組織が必要となる。法令類で求められる組織や社内規程を守るために必要となる組織、会議体および体制を整備しなければならない。詳細については第2章で述べる。

　b　仕組み

組織内で情報セキュリティを維持・管理するための仕組みには、

①施設・設備・什器

②認証・許可・承認・権限

③セキュリティ技術・システム

④証跡・記録・ログ

⑤セキュリティ障害の管理・分析

などがある。これらについては第4章から8章で詳しく説明する。

　c　教育

従業員などに対して、情報セキュリティの重要性やルール厳守を徹底するための教育では、

①新入社員向けの情報セキュリティ研修

②主任・課長・部長・役員などの層別による研修
　③全役職員を対象とした毎年の研修
　④本部・部室情報セキュリティ担当者のための研修
　⑤派遣社員のための研修
　⑥委託先パートナー向け説明会
　⑦システム開発者のための設計研修
などを必要に応じて適宜組み合わせ、実施する。
　また、訓練は、昨今の社会情勢にかんがみ、標的型攻撃メールの模擬訓練や、サイバー攻撃を想定したコンティンジェンシープラン（CP）に沿ったかたちの模擬訓練などを、できるだけ全役職員を対象に実施する。

　d　監　査
　監査には、「外部監査」、「内部監査」、「アセスメント」、などがある。外部監査については第2章第3項で、情報セキュリティに関する第三者機関認証について詳しく述べる。代表的な外部監査をあげておくと、
　①　プライバシーマーク制度
　　事業者が個人情報を適切に取り扱う体制等を整備していることを認定し、その旨を示すマークを付与する制度
　②　ISMS適合性評価制度
　　技術的対策だけではなく、組織的対策の運用・管理を評価する、国際的に確立された制度
がある。
　次に内部監査については、第9章で詳しく述べる。一般に内部監査は、自社の制度、組織、コンプライアンスへの適合性、業務活動などの有効性および効率性などを検証し、是正のための勧告または改善のための提案を行い、過誤の防止、資産の保全、経営効率の向上などを目的としている。これらは社内規程によって明文化されている。情報セキュリティも、内部監査の対象となる一項目である。

**第2編**
実 務 編

　そして、アセスメントは、情報セキュリティ主管部による調査および改善指示であり、情報セキュリティに特化している。

(3) **脅　威**
　先に、侵入、改ざん、停止、漏洩、不正、災害の六つに大別できると述べた脅威を、さらに詳細化するとともに、「インプット→プロセス→アウトプット」の流れでとらえると、次のようになる。
　侵入は、「インプット」における脅威である。標的とする組織の情報システムに侵入する前段階で偽装・擬態によって正当な利用者になりすまし、アクセスにより接触し、持込み・侵入によって入り込む。
　改ざんと停止は、「プロセス」における脅威である。変更・改ざん、感染、停止、消去、破壊など、直ちにあるいは時限爆弾的に発生する情報セキュリティ障害や、消去した情報を強制的に復元して漏洩させる脅威もありうる。
　漏洩は、「アウトプット」における脅威である。盗難・持出し・盗聴による漏洩だけでなく、誤送や紛失、複写、閲覧した内部情報を外部のサイトに書き込むことによる漏洩もある。
　以上で述べたインプット→プロセス→アウトプットの脅威とやや異なるのが、不正な手段、および地震・津波・火事などの災害・天災である。

# 第 2 章
# 情報セキュリティ管理のための組織・体制・ルール

## 1 情報セキュリティの責任者・管理者

### 1 情報セキュリティの基本方針

　情報セキュリティ基本方針とは「自社や自組織の事業目的に沿って、情報セキュリティの維持・向上を図るうえで目指す明確な方向性」のことである。基本方針の適用を受ける自社の社員などが、理解しやすく、かつ適切に実行可能なかたちとして、これを組織全体や社外に向けて発信および維持することにより、情報セキュリティに対する自社の姿勢と責任を明らかにする。社内・社外に向けて、情報セキュリティに対する企業全体の方針を簡潔に表明する最も根本となるメッセージであるため、多くは企業のトップの「宣言文」というかたちで示される。次が宣言文の例である。

（情報セキュリティ基本方針の一例）

　　〇〇会社およびそのグループ企業（以下、〇〇グループと略）は、情報の取扱いに関する法令を遵守するとともに自社グループが果たすべき役割を十分に認識し、社会の範となる高度な情報セキュリティ管理の枠組みを確立させ、お客様や社会から信頼をいただける企業であり続けることを宣言します。
　1．〇〇グループは、情報セキュリティ統括責任者である役員を中心とした全社横断的な情報セキュリティ管理体制を敷いて、組織的・人的・技術的・物理的な情報セキュリティ対策を推進します。
　2．〇〇グループは、業務を遂行するにあたり、情報資産がもつリス

# 第2編
## 実 務 編

クに応じた適切な情報セキュリティ管理対策を計画し、実施します。
3．○○グループは、情報セキュリティに関する教育を役員および社員に徹底し、全員が情報セキュリティリテラシーをもって業務を遂行します。
4．○○グループは、法令や社会環境の変化または情報セキュリティ上のリスクの変化に応じて、情報セキュリティ確保への継続的な改善・向上に努めるとともに、お客様とともにセキュリティ対策の維持・向上を志向します。

情報セキュリティ基本方針に盛り込むべき主な内容は、
①責任者や責任組織を明示すること
②情報セキュリティの維持・向上に向けた取組姿勢を示すこと
③コンプライアンスを確立すること
④情報資産を保護すること
⑤情報セキュリティインシデントなどの事案に対応すること
⑥情報セキュリティ教育を実施すること
などである。

▼ 図表2-2-1　情報セキュリティ関連文書の構成

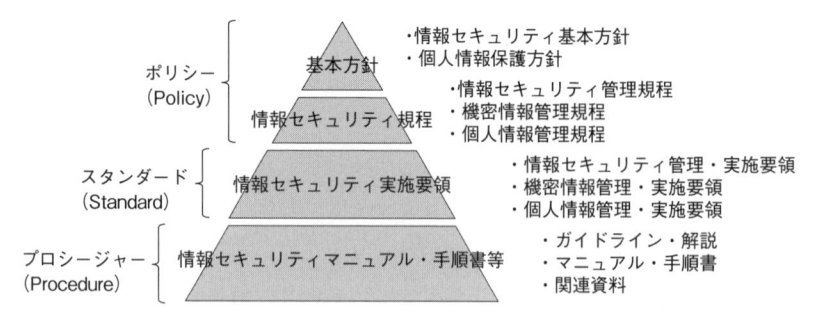

| 階層 | 文書 | 内容 |
|---|---|---|
| ポリシー（Policy） | 基本方針 | ・情報セキュリティ基本方針<br>・個人情報保護方針 |
| | 情報セキュリティ規程 | ・情報セキュリティ管理規程<br>・機密情報管理規程<br>・個人情報管理規程 |
| スタンダード（Standard） | 情報セキュリティ実施要領 | ・情報セキュリティ管理・実施要領<br>・機密情報管理・実施要領<br>・個人情報管理・実施要領 |
| プロシージャー（Procedure） | 情報セキュリティマニュアル・手順書等 | ・ガイドライン・解説<br>・マニュアル・手順書<br>・関連資料 |

情報セキュリティ基本方針は図表2－2－1に示すように、情報セキュリティ関連文書の最上位に位置する。

## 2 情報セキュリティの統括責任者・管理者・担当者

情報セキュリティを適正に実施するには、「情報セキュリティ基本方針」で述べた情報セキュリティ統括責任者（CISO）を中心に、全社横断的な体制を構築しなければならない。情報セキュリティの統括責任者・管理者・担当者、および組織の関係を図表2－2－2に示す。図表では比較的典型と思われる企業組織を取り上げて述べるが、対象組織の規模や特性に応じて、柔軟に組み替えて適用するとよい。

### (1) 情報セキュリティ統括責任者

まず、経営によって「情報セキュリティ基本方針」が宣言され、情報セキュ

▼ 図表2－2－2　情報セキュリティの推進体制とその責任者等

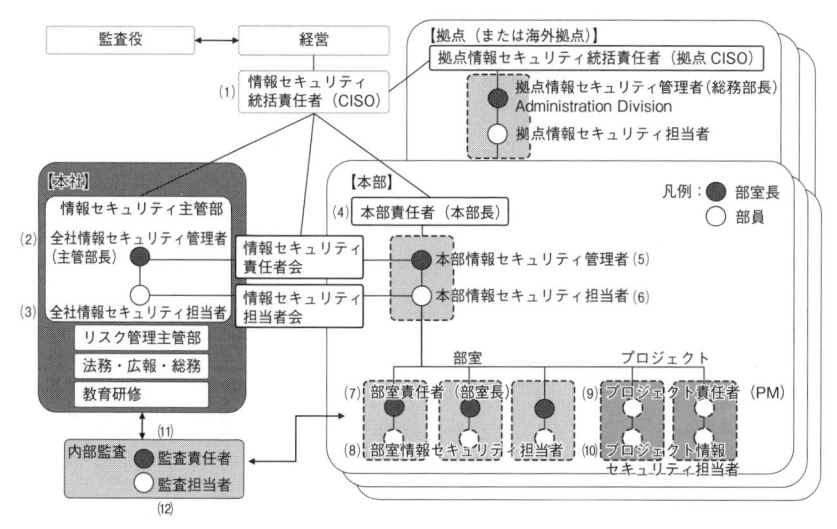

リティ統括責任者が任命される。通常は情報セキュリティ部門の担当役員が選任される。情報セキュリティ統括責任者は、その企業における情報セキュリティ対策の企画立案ならびに執行に関して全責任を負う。また、個人情報の保護についても管理責任を負い、企業の定める「個人情報保護方針」（下記参照）にのっとった個人情報の取扱いについての執行責任も負う。さらに、情報セキュリティを主管とする部署の企画・活動に対する諮問機関である、情報セキュリティ責任者会の議長も兼ねる。

（個人情報保護方針の一例）

> 　個人情報の取扱いに関する法令、および国が定める指針その他の規範を遵守します。
> 　事業の内容および規模を考慮した個人情報の適切な取得・利用および提供を定めた社内規則を遵守します。
> 　個人情報の漏洩、滅失または毀損の防止措置を講ずるとともに、万一それらの事態が発生した時には、すみやかな是正対策を実施します。
> 　お客様からの個人情報に関するお問合せに、誠実かつ迅速に対応します。
> 　個人情報管理の仕組みを継続的に改善します。

(2) **全社情報セキュリティ管理者**

　情報セキュリティ主管部署(情報セキュリティ部など)は、全社の情報セキュリティ対策の企画・実施の管理主体である。その主管部長は全社情報セキュリティ管理者として、部員である全社情報セキュリティ担当者とともに、以下の①～③にあげる情報セキュリティ対策の実施状況を調査し、問題点を把握するとともに、対策方針を決定して具体的な施策を企画・実施する。

①オフィスにおける情報セキュリティ管理施策
　②システムにおける情報セキュリティ管理施策
　③上記にかかわる情報セキュリティインシデントの管理
　情報セキュリティ主管部は,同時に,役員および社員等に対して情報セキュリティに関する教育・研修等を推進・指導し,情報セキュリティ対策の重要性および趣旨を社内に徹底させる。

(3) **全社情報セキュリティ担当者**
　情報セキュリティ主管部の部員全員が,全社情報セキュリティ担当者となる。情報セキュリティ統括責任者および全社情報セキュリティ管理者を補佐して,全社の情報セキュリティ管理、リスク管理、インシデント対応、研修などの活動を指導および推進する。

(4) **本部責任者(本部長)**
　本部責任者とは,本部における業務全般の執行責任者であり,通常は本部長がその任を負う。したがって,本部責任者は,本部の情報セキュリティ全般についても,対策の推進や実施状況の確認および教育にかかわる責任を負う。本部責任者は情報セキュリティ主管部の指示に従い,本部内の情報セキュリティ管理状況を取りまとめて,情報セキュリティ責任者会に定期的に報告する必要がある。本部内での活動を徹底するため,本部責任者は本部情報セキュリティ管理者を任命して,本部における情報セキュリティ業務を主導させる。

(5) **本部情報セキュリティ管理者**
　本部情報セキュリティ管理者は,各事業本部における業務管理部門(業務管理部など)の長がその任を負う。本部責任者を補佐するとともに,以下にあげる本部内の情報セキュリティ関連活動の推進も重要な任務となる。

①本部における情報セキュリティ管理
②本部における情報管理およびリスク管理
③本部の業務管理にかかわる体制整備、指導および推進

　本部情報セキュリティ管理者は、本部内での活動を徹底するために、本部情報セキュリティ担当者を任命し、情報セキュリティ業務の補佐をさせる。

(6)　本部情報セキュリティ担当者

　本部情報セキュリティ担当者は、本部情報セキュリティ管理者を補佐して本部の情報セキュリティ管理、リスク管理、インシデント対応、研修などの活動を推進する。

(7)　部室責任者（部室長）

　部室責任者とは、本部内の各部室における業務執行の責任者であり、部室長がその任を負い、部室の情報セキュリティについても、対策の推進や実施状況の確認および教育にかかわる責任を負う。部室責任者は、部室内の情報セキュリティ管理状況を取りまとめて、その結果を本部責任者あるいは本部情報セキュリティ管理者に定期的に報告する。部室責任者は、部室内での活動を徹底するため、部室情報セキュリティ担当者を任命して、情報セキュリティ業務における部室責任者の補佐をさせる。

(8)　部室情報セキュリティ担当者

　部室情報セキュリティ担当者は、部室責任者を補佐して部室の情報セキュリティ管理、リスク管理、インシデント対応、研修などの活動を指導および推進する。

(9)　プロジェクト責任者（PM）

　プロジェクト責任者とは、ある期間・テーマをもって実施されるプロジェ

クトにおける業務執行の責任者である。プロジェクト責任者は、プロジェクトの情報セキュリティについて、対策の推進や実施状況の確認および教育にかかわる責任を負う。プロジェクト責任者は、プロジェクト内の情報セキュリティ管理状況を取りまとめ、プロジェクトの報告ラインに応じて、その結果を本部責任者、本部情報セキュリティ管理者、部室責任者に定期的に報告する。プロジェクト責任者は、プロジェクト内で活動を徹底するため、プロジェクト情報セキュリティ担当者を任命して、情報セキュリティ業務におけるプロジェクト責任者の補佐をさせる。

(10) プロジェクト情報セキュリティ担当者

プロジェクト情報セキュリティ担当者は、プロジェクト責任者を補佐してプロジェクトの情報セキュリティ管理、リスク管理、インシデント対応、研修などの活動を指導および推進する。

(11) 監査責任者

監査責任者は、社長によって指名され、公平かつ客観的な独立した立場にあり、監査および報告の責任と権限を有する。内部監査室等の長が、その任にあたる場合が多い。自社の制度、組織、コンプライアンスとの適合性、業務活動などの有効性および効率性を検証し、是正のための勧告または改善のための提案を行い、過誤防止、資産保全、経営効率の向上を図る。

(12) 監査担当者

監査責任者により内部監査主管部（内部監査室）の部員が監査担当者として選任される。監査責任者を補佐して監査の実施および報告を行う。

**第2編**
実 務 編

## 2　情報セキュリティの会議体と危機管理体制

### 1　情報セキュリティの会議体

　情報セキュリティの会議体には、規模や階層などは組織によってバリエーションがあるが、一例として、①全社の会議体、②本部の会議体、③部室の会議体、④プロジェクトの会議体の例を示す。

#### (1)　全社の会議体

　図表2−2−2の「情報セキュリティの推進体制」に示したうち、全社の会議体は「情報セキュリティ責任者会」および「情報セキュリティ担当者会」の二つである。

　まず情報セキュリティ責任者会は、企業等において情報セキュリティを推進する会議体の最上位に位置づけられ、情報セキュリティ総括責任者が提案する情報セキュリティ施策を審議・決定する。年間スケジュールに基づいて、定期的に開催し、構成員は、①情報セキュリティ総括責任者、②本社機構の役員、③全社情報セキュリティ管理者、④各本部情報セキュリティ管理者である。

　情報セキュリティ担当者会は、全社情報セキュリティ管理者が主催する会議体で、情報セキュリティ主管部に所属する全社情報セキュリティ担当者、および本部／部室の情報セキュリティ担当者の推進活動の支援と情報共有のための会議である。情報セキュリティ施策を現場のタスクレベルにブレイクダウンして説明するのが目的である。毎月開催するなど頻繁に実施する。

#### (2)　本部の会議体

　本部の会議体としては、「本部会」および「本部内情報セキュリティ連絡会」がある。本部会は、本部長および部室長によって構成される本部におけ

る最高の意思決定会議である。ここではテーマの一つとして情報セキュリティ施策が論議されるとともに、情報セキュリティ責任者会における審議内容や決定事項が共有される。本部内情報セキュリティ連絡会は、(1)で述べた情報セキュリティ担当者会で議論と決定が行われた情報セキュリティ施策を、部室情報セキュリティ担当者に伝達・共有し、その後部室情報セキュリティ担当者が各部室で、情報セキュリティ施策を確実に実行する。

(3) 部室の会議体

部室の会議体には部会があり、部会のテーマの一つとして情報セキュリティ施策が伝達され、議論される。部室情報セキュリティ担当者が部室の全員に全社あるいは本部の情報セキュリティ施策を伝え、部室での情報セキュリティ施策の確実な実行を推進する。

(4) プロジェクトの会議体

プロジェクトの会議体としてはプロジェクト定例会等がある。定例会のテーマの一つとして、そのプロジェクトにかかわりのある全社あるいは本部の情報セキュリティ施策を取り上げ、プロジェクトメンバー全員でそれらを共有する。

## 2 危機管理体制

グローバル化、ネットワーク化の進展に伴い、企業活動を取り巻く情報セキュリティをはじめとするさまざまな「危機」が顕在化する可能性が高まり、危機管理・危機対応能力の優劣が企業の存亡に大きくかかわってきている。また、企業が果たすべき社会的責任も注目されており、危機管理もその重要項目の一つである。

ここでいう危機管理は、「危機に対する自社の予防措置や、緊急時の対応策などの基本指針を定め、危機の予防・回避、ならびに危機が発生した場合

の被害の軽減と事業の早期復旧」を目的とする。

　危機に対する予防・回避措置や、危機発生時の対応策は、平常時に検討・策定し、教育・訓練等の啓蒙活動を通じて徹底を図る必要がある。危機発生時には、被害の軽減と事業の早期復旧および関係者に対して迅速に説明責任を果たし、顧客、社員、社会、取引先、株主等からの信頼を高めることが求められる。

　企業に関連する危機のうち、①大規模システム障害、②情報セキュリティ障害、③上記以外の事件・事故・災害等——この三つを緊急事態とし、緊急事態の発生時に役職員が適切かつ迅速に対処できるよう、基本的な体制・対処事項を定めておくことが重要である。以下では、②の情報セキュリティ障害が発生した時の初動体制、被害レベルの確認、基本的な体制・対処事項を説明する。

(1)　緊急事態発生時の初動体制

　緊急事態発生時の初動体制を、図表2−2−3に示す。情報セキュリティ障害の場合、それを認知した社員は直ちに自身の上長に伝え、上長の判断を仰いだうえで部室長および本部長に連絡し、情報セキュリティ主管部にも報告する。報告を受けた情報セキュリティ主管部は、その障害の被害レベルを検証し、「被害レベル2」（後述）以上であると判断した場合には、危機管理部門と危機管理会議事務局に連絡し、緊急事態の初動体制に移行する。

(2)　被害レベルの確認

　被害レベルは、次の三つの段階にまとめられる。
- ●被害レベル1：当該部署（部・本部）だけで対応可能であり、通常業務の範囲を超えた経営の指揮、もしくは他本部にわたる関与は必要ない。ただし、情報収集と外部（顧客や主管官庁など）への報告資料のチェックなどについては、本社の対応を要するケースもある。情報

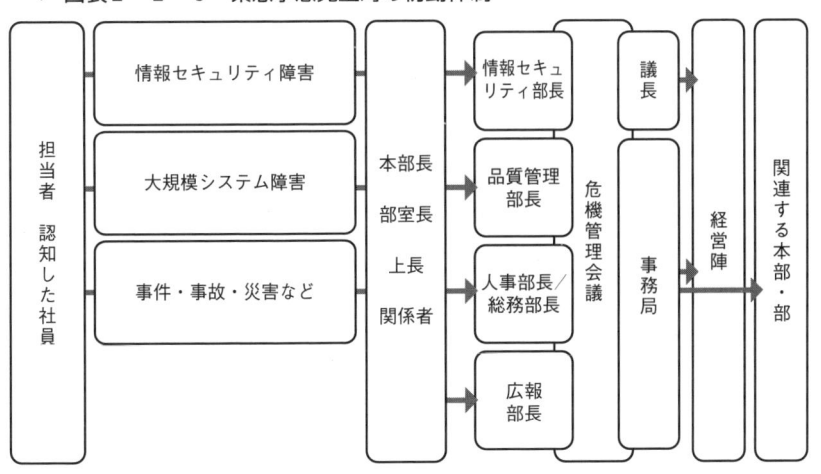

▼ 図表2-2-3　緊急事態発生時の初動体制

```
担当者                 情報セキュリティ障害         情報セキュ     議
認                                              リティ部長    長
知                     大規模システム障害   本部長  品質管理           危
し                                       部室長  部長           機  事      経    関連する本部・部
た                                       上長                管  務      営
社                     事件・事故・災害など  関係者  人事部長/      理  局      陣
員                                            総務部長     会
                                                        議
                                              広報
                                              部長
```

漏洩や外部攻撃により、社内および複数の顧客に損害が及ぶなどのセキュリティ障害が発生するおそれがある。

● 被害レベル2：重要な施設が機能停止に陥るなど、複数システム・部署での重大障害や被害が生じたり、または不特定多数に影響が及ぶケースで、全グループ横断の緊急対策本部を設置して対応する必要がある。情報漏洩や外部攻撃により、顧客および一般消費者など、不特定多数に重大な損害が及ぶなどのセキュリティ障害が発生するおそれがある。

● 被害レベル3：大規模地震等の広域災害で、自社だけでなく社会全体が被害を受けるケースである。きわめて強力なサイバー攻撃等により、多くの顧客および一般消費者など不特定多数に重大な損害を及ぼし、復旧の見込みが立たない情報セキュリティ障害が発生するおそれがある。緊急対策本部は自社のみでなく、政府・他企業など社会と団結して協力体制を確立し、復旧活動を実施しなければならない。

#### 第2編
実務編

(3) 基本的な体制・対処事項

　被害レベル2以上の重大な情報セキュリティ障害による緊急事態が発生した場合は、以下の流れに沿って対応する（図表2-2-4）。

　　a　危機管理会議事務局の結成

　危機管理会議事務局は、情報セキュリティの主管部部長もしくはグループ社員・部室等から、危機発生あるいはそのおそれ（予兆）の第一報を受け、あらかじめ決められている事務局メンバーを招集して結成される。

　第一報の内容から、生じた被害または予想される被害の程度と緊急度等を判断し、危機管理会議議長に、危機管理会議もしくは緊急対策本部の立上げを具申する。

▼　図表2-2-4　危機管理体制

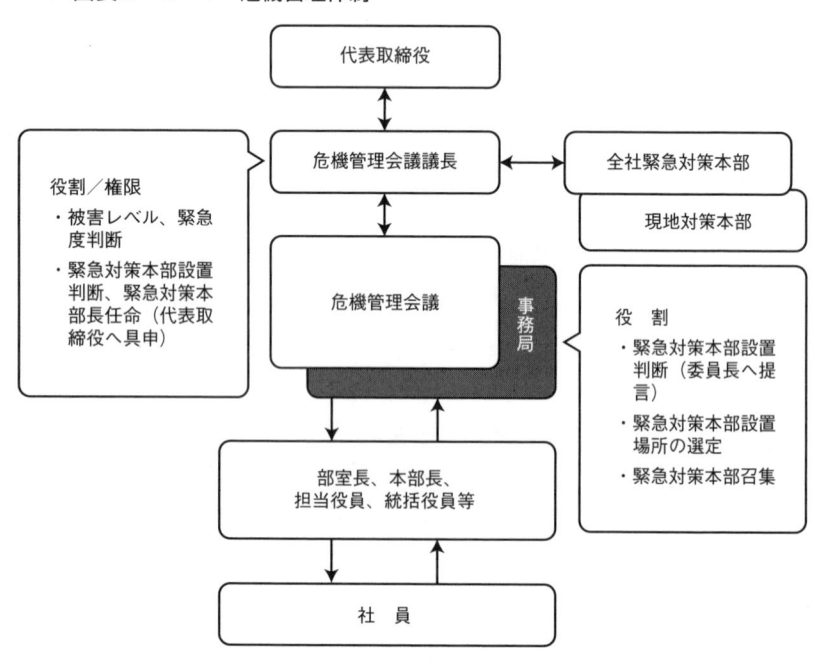

```
                        ┌─────────────┐
                        │  代表取締役  │
                        └──────┬──────┘
                               ↕
┌─────────────┐      ┌─────────────┐      ┌─────────────┐
│  役割／権限  │      │危機管理会議議長│◄────►│全社緊急対策本部│
│・被害レベル、│─────►│             │      ├─────────────┤
│ 緊急度判断  │      │             │      │ 現地対策本部 │
│・緊急対策本部│      └──────┬──────┘      └─────────────┘
│ 設置判断、  │             ↕
│ 緊急対策本部│      ┌─────────────┐      ┌─────────────┐
│ 長任命（代表│      │             │事務 │   役　割    │
│ 取締役へ具申）│      │ 危機管理会議 │ 局  │・緊急対策本部│
│             │      │             │     │ 設置判断（委 │
└─────────────┘      └──────┬──────┘     │ 員長へ提言） │
                               ↕            │・緊急対策本部│
                        ┌─────────────┐     │ 設置場所の選定│
                        │部室長、本部長、│     │・緊急対策本部│
                        │担当役員、統括役員等│  │ 召集        │
                        └──────┬──────┘     └─────────────┘
                               ↕
                        ┌─────────────┐
                        │   社　員    │
                        └─────────────┘
```

b 危機管理会議の開催

危機管理会議は、通常業務の範囲を超えた経営の指揮、もしくは他本部にわたる関与が不可避と判断された場合、危機管理会議議長の指示で招集・開催され、当該危機への対応に必要なメンバーで構成される。

危機への対応策を決定するとともに、被害または被害予想の程度、緊急度等に応じて、全社緊急対策本部設置の必要性を審議する。

c 全社緊急対策本部の設置

全社緊急対策本部は、被害または予想される被害の程度、緊急度等を勘案し、危機管理会議議長が必要と判断した場合に設置され、全社緊急対策本部長を任命する。

全社緊急対策本部の業務は、次のとおりである。
- 情報の収集、整理、分析
- 対応策の検討、決定、実施
- 専門家等との連絡・調整
- 関係機関との連絡・調整
- 報道機関への対応支援
- 関係部室との連絡・調整
- その他、緊急事態発生時の対応に必要な事項

d 現地対策本部の設置

現地対策本部は、情報セキュリティ障害の状況に応じて、危機管理会議議長もしくは全社緊急対策本部長・各事業本部長の指示により設置される。全社緊急対策本部と現地対策本部の役割分担を、図表2－2－5に示す。

現地対策本部は、全社緊急対策本部と情報連携を密に図りながら、情報セキュリティ障害の状況把握と原因究明、復旧対策の検討・実施およびその後の状況報告を現場で直接執行する。

▼ 図表2-2-5　全社緊急対策本部と現地対策本部の役割分担

| No | 対応事項 | 全社緊急対策本部 | 現地対策本部（各事業本部） |
|---|---|---|---|
| 1 | 現地対策本部設置 | ①現地対策本部の設置要請<br>④現地対策本部設置状況の把握 | ②現地対策本部の設置場所確定、対応メンバー招集<br>③現地対策本部連絡先の報告 |
| 2 | 障害状況把握 | ①障害状況の把握指示<br>④全社障害状況の取りまとめ | ②障害状況の把握<br>③本部内の情報取りまとめと報告 |
| 3 | 障害原因追求 | ①障害原因究明の指示<br>④全社障害の原因取りまとめ | ②障害原因の究明<br>③事業本部内の障害の原因報告 |
| 4 | 復旧対策 | ①復旧対策の検討、報告<br>③各事業本部の復旧対策を収集<br>④復旧優先順位の検討、指示、支援<br>⑦全社復旧状況の把握 | ②復旧対策検討、報告<br>⑤復旧対策の実施<br>⑥復旧状況の報告 |
| 5 | 外部対応 | ③外部報告資料のチェック<br>④外部報告 | ①外部報告資料の作成<br>②作成資料チェックの依頼 |
| 6 | 現地対策本部解散 | ①現地対策本部の解散指示<br>③現地対策本部の解散状況把握 | ②現地対策本部の解散 |

## 3　外部認証の取得と更新

(1) プライバシーマーク制度
　a　目　的
　プライバシーマーク制度とは、事業者が個人情報を、基準（JIS Q 15001：2006）に沿って適切に取り扱っているかどうかを外部機関が評価し、「適正」と判断した事業者を認定する制度である。プライバシーマーク制度は、このJIS Q 15001：2006をベースに、個人情報保護法や各省庁が作成したガイドライン、さらに地方自治体による個人情報関連の条例などの考え方も反映させたものになっているため、本制度で求める基準は、一般的に個人情報保護法よりも厳しいといえる。
　このような外部の認定制度を導入する目的は、大きく二つある。一つは、社内に向けて、個人情報保護マネジメントシステム（PMS）を適切に維持・向上させるための枠組み（フレームワーク）として活用し、個人情報の適切な取扱いを推進することである。もう一つは、社外に向けて、事業者（自社）が個人情報の適切な取扱いを推進していることを客観的に示し、信頼を得ることである。
　b　期待効果
　社外の標準的な基準（JIS Q 15001：2006）を指針とすることで、個人情報保護に関する社内の意識を向上させ、個人情報保護マネジメントシステムの適切な運用と、管理水準の維持・向上が期待できる。また、他の事業者との取引時に、信頼性の確認等の目安になる。
　c　導入の準備と前提
　プライバシーマーク制度の導入にあたっては、個人情報管理に向けた社内体制を新たに構築する、もしくは見直しを図る必要があるため、以下の①～⑬に示す各段階を経て取り組む。なお、自社がプライバシーマーク付与に関

# 第2編
## 実 務 編

する適格性審査を申請できる事業者であるかどうかは、JIPDEC（一般財団法人 日本情報経済社会推進協会）のウェブサイトで確認する。

① 担当者等の選出

プライバシーマーク制度の導入にかかわるプロジェクトの責任者、および担当者を選任する。責任者は、社内各部門にわたって横断的に活動できる者を選任する。担当者は、将来のノウハウの蓄積や継承を考え、社内ルールや制度に詳しいといった専門性をもつ者や、制度の導入に熱意のある者を選任する。また、導入後の制度を運用するための組織をつくることと、経営トップ自らが、制度の導入を、その意義や目的などとともに社内に表明することも重要である。

② 制度の理解

JIPDECのウェブサイトには、プライバシーマーク制度を理解する助けとなる資料が多数掲載されているので、参考にするとよい。すでに制度を導入ずみのグループ会社、あるいは可能であれば同業他社の事例を知るのも有用である。コンサルティング会社への支援依頼の是非についても検討する。さらに、個人情報保護に関連する国や地方自治体のガイドラインや条例、あるいは業界団体のルールなどについても確認しておくとよい。

③ 実態の把握・分析

プライバシーマーク制度を理解したうえで、社内の管理実態を整理する。これにより、プライバシーマーク制度の要求事項と自社の管理実態とのギャップが明らかになる。この過程で社内にある個人情報を特定し、特定した個人情報に関して想定される脅威と脆弱性、事故の発生頻度、および事故が発生した場合の被害や影響度合いを見積もり、個人情報に関するリスク分析を実施する。

④ 規程類の整備

上記の分析に加えて、実態と規程類とのギャップを明らかにし、不足または修正を要する規程については新設・改定する。また、自社としての個人情

報保護方針を定め、それを文書化する。

⑤ 役員・従業者への教育

すべての役員と従業者を対象に、個人情報保護マネジメントシステムを周知するための教育・研修を実施し、実施結果を記録する。

⑥ 初回運用の開始

個人情報保護マネジメントシステムを試験的に運用する。

⑦ 初回運用の評価・修正

個人情報保護マネジメントシステムの初回運用結果について評価し、問題点については必要な修正をする。

⑧ 申請書類の作成

プライバシーマークの申請に必要な書類の一覧を参照して、書類の作成にとりかかる。

⑨ 申請書類の提出

申請に必要な書類が整ったら、それを審査機関か、審査機関でかつプライバシーマークの付与機関であるJIPDECの申請受付窓口に提出する。

⑩ 文書審査

提出された申請書類は、まず書類の不足および記載もれが確認され、そうした不備がなければ受領される。次に形式審査が実施され、合格すれば書類が受理される。場合によっては、申請書類の修正もしくは追加の提出を求められる。

⑪ 現地審査

文書審査に合格すると、現地審査を受ける。同審査では、文書審査における疑義の確認、および個人情報保護マネジメントシステムどおりに体制が整備・運用されているか等についての確認がある。現地審査は複数名の審査員が会社等を訪問するかたちでして実施され、おおむね1日ないし2日を要する。現地審査のおよその流れを図表2－2－6（243頁参照）に示す。

⑫　プライバシーマーク認定審査合格

現地審査に合格すると、「プライバシーマーク認定審査合格」の通知が届く。

⑬　プライバシーマーク使用許諾契約

JIPDECとプライバシーマーク使用許諾契約を締結することで、認定取得のための一連の作業は完了する。

　d　運用・管理

プライバシーマーク制度は、認定を受けた事業者が、日本工業規格「JIS Q 15001個人情報保護マネジメントシステム―要求事項」に適合し、自社内で個人情報保護マネジメントシステムを確立して、個人情報について適切な保護措置を講ずる体制を継続的に整備していることを示している。したがって、認定を受けた後は、この体制の継続的な維持・向上が求められる。通常は社内に、プライバシーマーク制度に沿った個人情報保護活動を推進するチーム（事務局）を組織する。このチームは、さらに個人情報保護活動が適切に実施されているかどうかを、独立した立場で確認する監査チームを組織する。監査チームは、社内の内部監査部門か外部監査機関が担当するとよい。毎年定期的に、個人情報保護マネジメントシステムの運用や管理に関する実態を見直し、必要な改善施策を実行する。

　e　更新審査への対応

プライバシーマーク制度は、認定後2年が経過すると有効期間が切れる。更新するには更新審査への対応が必要になる。通常の運用・管理活動と並行して、おおむね期限の9カ月前頃から、更新審査に向けた準備作業を開始する。

▼ 図表2-2-6　現地審査のおよその流れ（例）

参考資料

| 審査日程 | | 審査対象部門 | 応対担当者 | 備考 |
|---|---|---|---|---|
| 開始時間 | 終了時間 | | | |
| 9:15 | 9:30 | 事前打ち合わせ | 申請担当者（A）<br>主管部（B、C） | 入館受付、スケジュール確認等 |
| 9:30 | 12:00 | ヒアリング・記録類の確認 | 申請担当者（A）<br>主管部（B、C）<br>教育・監査責任者<br>（B・D）<br>関係部署担当者（E） | 既に配布済みの現地審査基準に基いて審査されるので、予め審査項目に目を通して記録類（台帳、報告書、契約書、管理表等）を用意する |
| 12:00 | 13:00 | （昼休み） | | |
| 13:00 | 13:30 | トップインタビュー | 個人情報保護管理者（F社長）<br>申請担当者（A）<br>主管部（B、C） | ・事業概要と個人情報の関わり<br>・個人情報保護への取り組み<br>・緊急時の連絡・対応体制<br>・代表者による見直しの状況<br>・今後の課題 |
| 13:40 | 14:20 | （ヒアリング・記録類の確認の継続）現場確認<br>・入退室の確認（ビル・サーバー室等）<br>・イントラネット等の確認<br>・インハウス情報の取扱いの確認 | 申請担当者（A）<br>主管部（B、C） | 事前に入退室（ビル、サーバー室）等についてヒアリング後に現場確認される |
| 14:30 | 15:15 | 人事部<br>ヒアリング及び現場確認 | 部門責任者（G部長）<br>担当者（H主任）<br>申請担当者（A）<br>主管部（B、C） | 個人情報の取扱い状況の確認<br>安全対策（入退管理、保管状況、アクセス制御、媒体管理、盗難防止措置等） |
| 15:15 | 16:00 | ○○○事業本部の管理部<br>ヒアリング＆現場確認 | 部門責任者（I部長）<br>担当者（J主任）<br>申請担当者（A）<br>主管部（B、C） | 個人情報の取扱い状況の確認<br>安全対策（入退管理、保管状況、アクセス制御、媒体管理、盗難防止措置等） |
| 16:00 | 16:30 | 審査結果のまとめ作業 | | 審査員のみ |
| 16:30 | 17:00 | 総合講評 | 申請担当者（A）<br>主管部（B、C） | |

# 第2編
実 務 編

(2) ISMS適合性評価制度

　ISMSとは情報セキュリティマネジメントシステム（Information Security Management System）の略で、情報セキュリティに関する管理の仕組みである。ISO/IEC 13335-1：2004からISMSのコンセプトを引用すると、「組織が保護すべき情報資産について、機密性、完全性、可用性をバランスよく維持し改善すること」となっている。なお、一般にISMSというときには、「管理の仕組み」を指す場合と「適合性評価制度」を指す場合とがある。

　a　目　的

　ISMSを導入することによって、企業は自社として保護すべき情報資産の質と量や情報セキュリティに関する現状の管理水準とのギャップを、容易に、しかも網羅的に把握できるようになる。また、自社の管理水準の成熟度に応じたISMSを構築し、それを維持・改善することによって、機密性、完全性、可用性をバランスよく向上させていくために取り組むべきタスクを理解できるようにもなる。

　b　期待効果

　ISMSを導入することにより、下記①～④の効果が期待できる。

　①　他社との差別化

　情報セキュリティへの取組みの積極性を、目にみえるかたちで外部にアピールできる。

　②　入札・取引での優位性

　ISMSの導入や同制度への適合が、受注条件（入札条件）や審査上の評点となるなど、営業受注活動の要件となるケースがある。株式公開企業や個人情報取扱事業者は、IR（インベスターズ・リレーション）情報として、ISMS認証取得の旨を積極的に開示することにより、入札や取引を優位に進められるようになる。

　③　情報セキュリティ向上のためのツールとしての利用

　当面の目標を目にみえるかたちで設定し、かつ外部機関が審査すること

で、情報セキュリティの実装に強制力をもたせることができる。ただし、継続審査は最低1年に1回、更新審査は3年に1回実施され、認証取得後も維持・改善を継続することが条件であり、「取得したら終わり」ではない。

④　情報セキュリティ対策の「抜け・漏れ」チェック

国際標準と照合するため、情報セキュリティ対策の「抜け・漏れ」を防止することができ、より緻密な対応が期待できる。

c　準備・前提

プライバシーマークの認証対象が全社レベルであるのに対し、ISMS認証は全社レベルのほか、社内の部署単位でも対象になる。ISMSでは認証の単位を「組織」と呼び、導入にあたっては対象となるその組織を確定する。そのうえで、導入対象が全社レベルであるならば情報セキュリティ管理に関する規程に、一方、個別の組織やプロジェクトのレベルでの導入ならば、それらの組織が所管するルールなどに、それぞれISMSの導入を明記する。

ISMSの導入にあたっては、個人情報管理に関する社内体制を、新たに構築もしくは見直す必要があるため、以下に述べる①〜⑦の複数の段階を経て取り組む。

①　担当者等の選出

ISMSの導入にかかわるプロジェクトの責任者・担当者を選任する。責任者は、プライバシーマーク制度と同様に、組織内で横断的に活動できる人材を、また担当者には、ノウハウの蓄積や継承を考慮し、社内ルールや制度に詳しいといった専門性をもつ、もしくは制度の導入に熱意をもっている人材を選任する。また、導入後の制度を運用するための組織をつくることや、組織のトップが、制度の導入について、ISMSの意義や目的などとともに社内に表明することも重要である。

②　制度の理解

JIPDECのウェブサイトには、同制度の理解を助けるための資料が多数整備されているので、参考にするとよい。同業他社やグループ会社などで、す

でにISMSを導入している企業があったり、あるいは社内ですでに先行して導入している組織があれば、相談するのもよい。コンサルティング会社への支援依頼も検討する。

③　ISMSの導入・確立のためのステップの把握

ISMSの認証取得にあたって要求される事項について、JIPDECのウェブサイトには、「組織の自らの事業の活動全般及び直面するリスクを考慮して、文書化されたISMSを確立、導入、運用、監視、見直し、維持し、かつこれを継続的に改善することである」とある。ISMSの導入・確立に向けて具体的には、次のようなステップを踏む。

>   フェーズ１：適用範囲および基本方針の確立
>   　ステップ１
>   　　　ISMSの適用範囲および境界の定義
>   　ステップ２
>   　　　「ISMS基本方針」を策定し定義
>   フェーズ２：リスクアセスメント（分析・評価）に基づく管理策の選択
>   　ステップ３
>   　　　策定したISMSの適用範囲およびISMS基本方針に基づき、リスクアセスメントの体系的な取組方法の策定・定義
>   　ステップ４
>   　　　保護すべき情報資産に対するリスクの識別と特定
>   　ステップ５
>   　　　リスクアセスメントの実施
>   　ステップ６
>   　　　リスクアセスメントの結果、受容できないリスクへの対応策の選択肢を明確化・評価

>   ステップ7
>       リスク対応に基づき、実施すべき管理目的と管理策の選択
>   フェーズ3:リスクに対する適切な対応計画の策定
>   ステップ8
>       残留リスク承認
>   ステップ9
>       ISMSの導入・運用許可
>   ステップ10
>       運用宣言書の作成

④　認証機関の選択

JIPDECのウェブサイトに掲載されている認証機関を選び、相談および申請を行う。

認証機関には業種による制限はないが、業種特有の専門知識が必要な場合、認証機関によっては、審査を受け付けられない場合もある。

⑤　予備審査(オプション)

予備審査では、次の文書審査に進めるかどうかが簡単にチェックされる。審査期間は通常1日から2日を要する。

⑥　文書審査(本審査その1)

ISMSに対する組織の理解度と準備状況の確認が行われる。認証取得範囲の規模に依存するが、通常2日から3日で終了する。

- 組織図、情報セキュリティポリシー、適用宣言書など、JIS Q 27001:2006(ISO/IEC 27001:2005)の認証取得に必要な書類について、レビューが行われる。
- ISMSの適用範囲やリスク分析の妥当性が評価される
- 認証基準の本編部分を中心に確認される

⑦ 実地審査（本審査その2）

文書審査の約1カ月後に実施される。認証を受けようとする組織が自ら定めたISMSの基本方針とその目的、および手順を遵守しているかどうか、また、その組織のISMSが、JIS Q 27001：2006（ISO/IEC 27001：2005）のすべての要求事項に適合しているかどうかが確認される。さらに、その組織のISMSが、組織の基本方針や目的を実現しつつあることも確認される。認証取得範囲の規模に依存するが、通常2日から3日で終了する。

- 文書で定められた対策が実際に運用されているかどうかについて、現場スタッフへのインタビューやドキュメントログなどで確認が行われる
- 認証基準における付属書詳細管理策（127項目）のうち、いくつかの対策を抽出して確認が行われるとともに付属書詳細管理策の項目に沿って、インタビューも行われる
- 文書審査で不適合とされた箇所についてのフォローアップも確認される

d　運用・管理

組織がISMSを導入した後は、その有効性を間断なく維持・改善することが求められる。その実現のためには、ISMS基本方針をもとにした、PDCAサイクルを継続的に繰り返すことで、情報セキュリティレベルの向上を図る必要がある。ここでいうPDCAとは、

①Plan：情報セキュリティ対策の具体的計画・目標の策定

②Do：計画に基づく対策の実施と運用

③Check：実施結果の監視と見直し

④Act：経営陣による改善のための処置

である。

e　更新審査対応

ISMSで認証登録をされた後、最低1年に1度はサーベイランス審査を受けなければならない。1年以内の場合もある。大きな状況変化がなく、管理体制にも大きな問題がないかどうかが審査される。審査対象は、通常、評価

対象の一部分である。

認証登録から3年目には再認証審査を受けなければならない。この場合、原則として新規審査と同様の審査を受ける。

なお、2008年10月からISO/IEC 27001は、定期見直しが行われ、その結果、2013年10月にISO/IEC 27001：2013が発行された。こうした国際規格の改定に伴い、これまで、ISMSの審査に適用されてきたJIS Q 27001：2006（ISO/IEC 27001：2005）は、ISO/IEC 27001：2013に移行する必要が生じた。すでに、ISMSを取得している組織では、これまでの仕組みを大幅に変更する必要はないと報じられているが、改定内容を十分に確認する必要がある。現在は、新たな基準への移行の過渡期であり、まずはJIPDECの情報セキュリティマネジメントシステム（ISMS）に関するサイト等から最新の情報を入手したうえで、当該分野を専門に扱う教育機関やコンサルティング企業に相談することも有効である。

注記：ISO（国際標準化機構）、IIEC（国際電気標準会議）

## 4 ルール・規程の整備

### 1 規程類の整備

(1) 情報セキュリティ管理に関する規程類の整備

　a 目　的

企業や組織では情報セキュリティ管理に関する役員および社員の権限または義務について、手続に基づき規程というかたちで明文化する。その目的は制定された規程類に基づく管理施策を実施・維持することにより、より高次な情報セキュリティの管理レベルを目指すことにある。また、規程類に基づく監査を実施し、適合性を確認することにより、管理レベルの改善につなげることができる。

# 第2編
実務編

▼ 図表2-2-7　情報セキュリティ管理に関する規程の体系（一例）

> 1. セキュリティ基本方針：宣言文
> 2. 一次規程
>    1) 情報セキュリティ管理規程
>    2) 機密情報管理規程（上記1)に併合してもよい）
>    3) 個人情報管理規程
> 3. 実施要領
>    ・インターネットの利用に関するルール
>    ・業務用標準ソフトウェアに関するルール
>    ・社内システムの利用に関するルール
>    　　規程の運用についての規則、および、業務分掌規程に定める業務を効率的かつ迅速に進めるための具体的な事務処理手順についての規則、ならびに、その手順で使用する書式類。
> 4. ガイドライン（各一次規程に関して、必要に応じて作成）
> 5. マニュアル（関連システムの操作マニュアル：必要に応じて作成）
> 6. 参考資料（重要な技術情報、規格、基準など）
>    関連法規・条例・公的ガイドライン・業界ガイドライン
>    ［関連規程］
>    　　就業規則、業務分掌規程、職務権限規程、組織規程、コンプライアンス規程、危機管理規程、リスク管理規程、社外委託管理規程など

### b　規程の体系

規程は、前もって定められた手続に基づき、制定、改廃、報知を行うことにより、有効とみなされる。また規程類は、定期的に見直しを行い、社内外の環境の変化に対応できるように努める必要がある。規程の体系の一例を、以下に示す。詳しくは、以降で解説する。

### (2) セキュリティ基本方針：宣言文

#### a　目　的

役員および従業者が取り扱う情報資産の保護を図るため企業等では規程類

▼ 図表2-2-8 情報セキュリティ対策の宣言文案（一例）

　　　　　　　　　　　　　　　　　　　　株式会社　金財商事
　　　　　　　　　　　　　　　　　　　　代表取締役社長　金財 太郎

　　　　　　　　情報セキュリティ対策についての宣言文

株式会社金財商事およびそのグループ企業（以下「金財商事グループ」と総称します）は、法令を遵守するとともに企業が果たすべき役割を十分に認識し、社会の範となる高度な情報セキュリティマネジメントの枠組みを確立させて、お客様や社会から信頼をいただける企業であり続けることを宣言します。

1. 金財商事グループは、情報セキュリティ統括責任者である役員を中心とした全社横断的な情報セキュリティ管理体制を敷いて、組織的・人的・技術的・物理的な情報セキュリティ対策を推進します。
2. 金財商事グループは、業務を遂行するにあたり、情報資産がもつリスクに応じた適切な情報セキュリティ管理策を計画し、実施します。
3. 金財商事グループは、情報セキュリティに関する教育を役員および社員に徹底して、全員が情報セキュリティリテラシーをもって業務を遂行します。
4. 金財商事グループは、法令や社会環境の変化または情報セキュリティ上のリスクの変化に合わせて、情報セキュリティ確保への継続的な改善・向上に努めるとともに、お客様とともにセキュリティ対策の維持・向上を志向します。

　　　　　　　　　　　　　　　　　　　　制定日：2014年1月1日
　　　　　　　　　　　　　　　　　　　　最終改訂日：2014年4月1日

を定め、これを施行・実施することにより、情報セキュリティ管理を実効性のあるものにし、顧客からの信頼および社会的な信用、競争力の維持・強化を図る。会社は、このような情報セキュリティ管理に関する方向感や目標感を「基本方針」として社内外に宣言することによって、経営としてのコミッ

トメントを表明する。なお、個人情報管理に関しては、別途個人情報保護方針を表明することが望ましい。

　　b　一般的な基本方針の事例

　企業等では、自社（組織）の情報セキュリティ管理に関する成熟度や、取得する外部認証制度などの要求事項を考慮したうえで基本方針を検討し、経営の承認のもと、宣言文というかたちで社内外に表明する（図表2－2－8に例を示す）。内容は、誠実かつ実効性を伴うものであるべきで、目指すべき目標であっても実現性のないものを記載してはならない。

(3)　セキュリティ方針：規程

　　a　目　的

　役員および従業者が取り扱う情報資産の保護を図るため情報セキュリティ管理を実行性のあるものとし、よって顧客からの信頼および社会的な信用、競争力の維持・強化を目的として定める。

　　b　位置づけ

　規程は、内部監査の監査基準として用いられる。また、規程ならびに実施要領に反すると処分の対象になる場合がある。

(4)　セキュリティ対策基準：実施要領

　　a　目　的

　会社は、規程の運用についての規則、および、業務分掌規程に定める業務を効率的かつ迅速に進めるための具体的な事務処理手順についての規則、ならびに、その手順で使用する書式類を実施要領として整備する。実施要領には、その冒頭に実施要領である旨、明記する。書式類には、管理のための番号（版がわかるものがよい）を付記する。

　　b　位置づけ

　規程ならびに実施要領は、内部監査の監査基準として用いられる。また、

規程ならびに実施要領に反すると処分の対象になる場合がある。

(5) マニュアル・手順書・ガイドライン
 a　目　的
 情報セキュリティに関する各種の管理システムの利用者マニュアルや管理者マニュアル、情報セキュリティ管理業務に関する各種の手順書を整え、利便性を高めるとともに、各種登録内容や業務の完全性、網羅性、正確性を高めることを目指す。
 b　位置づけ
 マニュアルや手順書は、それ自体は規程ではないが、上位の規程において、たとえば「○○○○は、次に示すガイドラインに準じて、構築され、維持されなければならない」のような指定があれば、規程が求める指針として、遵守されるべき細則に準じたものとして位置づけられる。たとえば、システム開発時におけるセキュリティガイドラインやセキュア設定ガイドライン、ウェブサイトの公開に関するガイドライン等がそれにあたる。

## ❷　情報セキュリティ管理に関する実施要領

(1) 目的と一次規程との関係
 実施要領は、情報セキュリティ関連規程の運用についての細則、および業務分掌規程に定める業務を効率的かつ迅速に進めることを目的に策定される。その内容は、一次規程に定められた対応を実行するために必要な具体的な事務処理手続についての規則、ならびにその手続で使用する書式等である。

(2) 基本的な考え方
 実施要領はそれぞれの冒頭で、その上位の規程の名称とともにその規程についての「実施要領」である旨を明記する。情報セキュリティ関連規程が、

# 第2編
実務編

仮に下記の三つから構成される場合には、実施要領も三つに区分し、それぞれが各規程に紐づくように構成するとともに、その冒頭には「情報セキュリティ管理規程　実施要領」のように表記する。なお、体系立ったルールが整備されていない場合には、以下の例を参考に自社（組織）にふさわしい体系を検討する。

① 情報セキュリティ管理規程
情報資産の保護にかかわる運用規則で情報セキュリティ全般に関する規程
② 機密情報管理規程
重要な情報の管理と利用に関する規程
③ 個人情報管理規程
役員および従業者が業務上取り扱う個人情報の取得、利用、提供等にかかわる運用規則で、個人情報の保護に関する規程

(3) 体系

実施要領の体系は、上位の規程の体系や自社（組織）の属する業種・業態、社内システムの形態により、それぞれの企業等にふさわしいかたちで構成する。たとえば、上記(2)の3規程に基づいて、各々の運用細則等を定める実施要領について、盛り込むべき体系や分類例を、以下に示す。

(a) 情報セキュリティ管理規程に関する実施要領
①情報セキュリティに関する基本行動ルール
- 情報セキュリティに関する基本行動ルール
- 入退館・入退室等に関するルール
- PCの利用に関するルール
ノートPC、タブレットPC、デスクトップPC
- 携帯電話の利用に関するルール
スマートフォン、携帯電話端末

●コンピュータウイルス対策に関するルール
　　　　予防、点検、拡散防止
　　　●インターネットの利用に関するルール
　　　●業務用標準ソフトウエアに関するルール
　　　●情報セキュリティ障害管理に関するルール
　　②社内システムの利用に関するルール
　　　●不正アクセス防止に関する制御ルール
　　　●電子メール利用に関するルール
　　　●電子媒体の利用に関するルール
　　③ネットワーク接続に関するルール
　　　●社内ネットワークの接続に関するルール
　　　　有線、無線LAN、VPN、RAS
　　　●社外ネットワークの接続に関するルール
　　④ウェブサイトの管理に関するルール
　　⑤法人のSNS利用に関するルール
　(b)　機密情報管理規程に関する実施要領
　　①機密情報の特定に関するルール
　　②機密情報の取扱いに関するルール
　(c)　個人情報管理規程に関する実施要領
　　①個人情報のリスク管理に関する管理手順
　　②個人情報の取得・廃棄に関する管理手順
　　③個人情報の預かりに関する管理手順
　　④個人情報の社外委託に関する管理手順
　　⑤個人情報の監査に関する管理手順
(4)　留意点
　　上位の規程と下位の実施要領との間で用語の定義や表記を統一する。同様に、責任者や担当者の呼称、役割、責任と権限などが整合するように注意す

る。また、無用な重複規程を避ける。禁止事項を設ける際には、特別な理由のない限り禁止事由は記載しない。表記が冗長になるばかりでなく、禁止事由にさまざまな解釈が生じる原因となるからである。

### 5 情報セキュリティ管理に関するその他のドキュメント

#### １ 契約書による情報セキュリティの確保

たとえば、プロジェクトの遂行にあたって業務を外部に委託する際など、プロジェクト責任者は、委託業務における情報セキュリティに関する要求事項を、業務委託契約や請負契約、およびそれら契約に付随する確認書等(以降、各種の契約書および確認書等までも含めて「契約」という)に明示し、委託先と合意しておく必要がある。

(1) 情報セキュリティに関する要求事項

要求事項としては、以下の項目があげられる。ただし、契約にあたってここに示した項目のすべてを網羅する必要はなく、委託する業務の性質に応じて項目を選定する。要求事項の漏れを防ぐためには、契約書等の標準フォーマットを準備することが望ましい。

　a　組織的対策
　①情報セキュリティに関する管理体制の明示
　②定期的なセキュリティ教育の実施
　③機密情報の利用、保管、持出し、消去、破棄の取扱手順の明確化
　④個人所有物の持込みおよび利用の禁止
　⑤機密保持義務を含む誓約書の取得
　⑥再委託の有無および情報セキュリティ対策状況の確認
　b　物理的対策
　①情報セキュリティを確保する入館にかかわる運用の実施(入館証の発行・

停止、入館制限等)
②重要度に応じた執務場所およびサーバー設置場所の確保（専用区画の有無等）
③情報セキュリティを確保する入退室にかかわる運用の実施(入退室制限、入館・入室記録および確認)
④媒体管理手順の明確化（携帯型PCおよびUSBメモリー等の機器管理、持込み・持出し管理)
⑤文書管理手順の明確化
　c　論理的対策
①PCセキュリティ対策の実施（ウイルス対策、脆弱性対策等）
②携帯型PCへの暗号化ソフトウエアの導入
③組織で許可されていないソフトウエアがインストールされていないことの定期的な確認
④情報セキュリティを確保するネットワークのセキュリティ対策
⑤業務に不要なインターネットアクセスの制限
⑥電子メールおよびインターネット利用に関するモニタリング
⑦ユーザーIDおよびアクセス権限の管理手順の明確化
⑧電子メール誤送信対策の実施

(2)　報告および監査
　業務の重要度に応じて、以下の項目に関する確認方法（定期的な報告、監査の実施等）を、委託先との間で事前に合意し、契約書上でも記載する。
- 各種記録簿、システムログの監査
- 現地訪問による監査
- 特に重要と判断される項目に関する確認
- 委託先による内部監査報告書または外部監査報告書の提出
- 情報セキュリティ対策の履行が不十分である場合の対処手順

(3) 再委託に関する取決め

　再委託とは委託先が引き受けた業務を、さらに別の業者に委託することをいう。委託先から申請を受け、再委託に妥当な理由がある場合を除き、再委託は原則として禁止する方針をもつべきであり、それらを契約書上に明記する。

　再委託を承認する場合は、委託先に求めた水準と同等ないし、それ以上のセキュリティ対策を再委託先にも求め、その水準が確保されていることを定期的に確認する必要がある。

(4) 機密保持契約などによる補完

　一般に公開されていない情報や重要な情報を、業務をする委託先に開示する必要がある場合、前出の情報セキュリティに関する要求事項に加え、機密保持契約（NDA）や個人情報の取扱いに関する覚書などを別途用意して、対応する方法もある。委託する業務内容や、取り扱われる情報の重要性によって、それらの条項およびその内容を精査する。また、図表2－2－9に、機密保持契約に入れる項目の例を示す。

(5) 契約書の法務担当者による確認

　企業等において、「契約」は非常に重要な業務の一つであり、「契約」の条項や文言の一つひとつが大きな意味をもつ。たとえば、法律改正などに伴い、いままで問題とならなかった部分が問題となって契約が無効になったり、損害賠償を請求されることもある。また、問題が発生してからでは多大な時間とコストがかかり対応がむずかしくなるケースも多い。

　「契約」に関するこのようなトラブルを回避するには、「契約」締結前に、その内容について法務担当者の確認を必ずすませておかなければならない。法務の専門部署がない場合には、顧問弁護士等の専門家に直接相談して、「契約」内容の確認を依頼する。

▼ 図表2−2−9　機密保持契約の項目例

機密保持契約

　○○○（以下「甲」という）と○○○（以下「乙」という）とは、……………………………………………………………次のとおり契約を締結する。

①契約の目的

②機密情報の範囲

③守秘義務

④目的外利用の禁止

⑤監査の実施

⑥機密情報の返却と廃棄（契約終了時等）

⑦知的財産権

⑧開示義務の否認

⑨有効期間

⑩損害賠償

⑪セキュリティの確保

⑫従業員等の義務

⑬表明および保証

　　　　年　　　月　　　日

甲

乙

第2章　情報セキュリティ管理のための組織・体制・ルール

第2編
実　務　編

## ❷　プロジェクト実施時の情報セキュリティ管理

プロジェクトを顧客ごとに編成するなど、既存の部室や本部の枠を超えた組織横断的なプロジェクト体制による特別な業務は、情報セキュリティに関する役割分担が不明確になるなど、通常の情報セキュリティのルールでの業務遂行がむずかしいケースもある。このような場合、情報セキュリティ管理の方法を別途、明確にする必要がある。

(1)　プロジェクト開始時
　　a　プロジェクトセキュリティルールの作成
　プロジェクト責任者は、そのプロジェクトにおける特別な情報セキュリティ対応策を、「プロジェクトセキュリティルール」として明文化する。
　　b　プロジェクトセキュリティルールの承認
　プロジェクトセキュリティルールを新規に作成したときは、プロジェクトを管轄する本部の責任者または本部内情報セキュリティ管理者等の承認を得るとともに、情報セキュリティ主管部の承認も得る。本部の責任者（管理者）および情報セキュリティ主管部は、プロジェクトセキュリティルールの内容を確認し、情報セキュリティリスクが確実に軽減されていることを審査する。内容の確認にあたっては、プロジェクトごとの特別なビジネスの状況等をふまえた判断をする。
　　c　プロジェクトセキュリティルールの周知、遵守
　プロジェクト責任者は、承認されたプロジェクトセキュリティルールを、そのプロジェクト関係者に周知し、遵守させるよう努める必要がある。

(2)　プロジェクト実施時
　　a　プロジェクトセキュリティルールの変更
　プロジェクト責任者は、プロジェクトセキュリティルールを定期的に見直

し、必要に応じて変更する。プロジェクトセキュリティルールを変更する場合も、プロジェクトを管轄する本部の責任者または本部情報セキュリティ管理者等の承認を得るとともに、情報セキュリティ主管部の承認も得る。本部の責任者および情報セキュリティ主管部は、プロジェクトセキュリティルールの変更内容を確認し、情報セキュリティリスクが確実に軽減されていることを審査する。

b　プロジェクトセキュリティルール運用の確認

情報セキュリティ主管部は、プロジェクトセキュリティルールが、定められたとおりに運用されていることを確認する。

確認するのは、たとえば、次のような事項である。

①プロジェクト責任者が、情報セキュリティ対策の状況を適切に把握しているかどうか

②プロジェクトにおいて、情報セキュリティの確保という観点で自己点検による確認が実施されているかどうか

③プロジェクトセキュリティルールと実際の業務との間に不適合が認められた場合に、是正指導が行われているかどうか

④プロジェクト責任者が不適合事項に対する改善状況を把握しているかどうか　など

プロジェクト責任者へのヒアリングおよび自己点検結果をみるだけで、情報セキュリティ主管部が確認できることもあるが、プロジェクト業務の現場を訪問して実際の証憑等を確かめることで、そのプロジェクトにおける情報セキュリティ統制の信頼性はより確実になる。

(3)　プロジェクト終了時

プロジェクト責任者は、プロジェクト終了時、関連文書やデータの返却・廃棄が適切に実施されたことを確認する。

# 第2編
実 務 編

## 3 文書管理システムの運用ルール

### a 目 的

企業活動では、日々大量のドキュメントが作成される。一般的には社内にファイルサーバーに保管される。保管されるドキュメントの内容は、機密性のきわめて高い情報から、すでに公開ずみの情報までさまざまである。複数の利用者が文書管理サーバーを共用することによる情報セキュリティリスクは高く、放置すればリスクが顕在化し、情報漏洩事故につながるおそれがある。そこで文書管理に関するルールを規定し、適切な設定のもと、利用者はそのルールを遵守して管理ドキュメントの安全性を確保する。

### b 期待効果

安全管理を徹底し、過誤や不正行為から生じる文書管理上の事故を未然に防ぐとともに、業務効率の向上を目指す。

### c 準備・前提

管理技術を理解した管理者を選任する。社内に適任者がいない場合には、守秘義務契約を締結したうえで、社外に委託することを検討する。管理者に関しても、作業の内容に応じた最低限の権限をもつIDを使用するようにして、必要以上に高い権限を与えない。これにより管理者による不正行為の発生をおさえる。また、セキュリティポリシーやOS（基本ソフト）の設定に関するガイドラインで、おおよそ以下の項目について、あらかじめ規定する。

①利用者ID管理
②パスワード管理
③アクセスログ（監査ログ）の管理
④利用者IDの命名規約（命名規約を定めるとIDを推測されやすくなるデメリットはあるが、重複の防止など管理上のメリットを優先するという考えに基づく）
⑤利用者グループの考え方

⑥パスワードの文字数

⑦パスワードの文字種

⑧パスワードの有効期間

⑨パスワードの履歴（世代）

⑩アクセス権の設定

⑪OSのセキュア設定の詳細（must、should、better）

⑫アクティブディレクトリー、ドメイン設定

⑬利用者グループ（グローバル、ローカル）

⑭ウイルススキャンの実施

⑮セキュリティパッチの適用

⑯特権IDの管理

⑰バックアップの取得

d　運用・管理

文書管理システムの管理者は、通常、定期的に以下の作業を実施する

①利用者ID管理の棚卸作業

②アクセス権の設定作業

③バックアップ作業（バックアップ媒体の管理に留意する）

④ログ管理機能（牽制の意味合いから複数名で管理する）

**第2編**
実 務 編

# 第 3 章
# 従業者の管理および教育訓練

## 1 従業者の管理

### 1 社員・役員から機密保持に関する誓約書

(1) 目 的

会社（組織）は、従業者や役員と守秘義務に関する契約を「誓約書」のかたちで取り交わし、従業者や役員がこれを誠実に履行することで、業務上の機密情報の漏洩を防止する。

(2) 期待効果

雇用契約（役員の場合は委任契約の性質をもつ任用契約）には、一般的に守秘義務を課す条項が存在するが、あらためて誓約を求めることにより、守秘義務に関する意識向上と誠実な履行が期待できる。

(3) 準備・前提

初めに法令遵守に関する規程や就業規則などによって、会社が社員や役員に対して機密保持に関する誓約書の提出を求めることができる旨の規程を設ける。次に社内の関係先と制度の運用について調整する。また、従業員組合があれば、「誓約書」の目的や趣旨を事前に説明しておく。なお、提出を拒む者へも対応し、退職後や退任後でも誓約内容が有効であることを誓約書の条文に定める。

(4) 運用・管理

　誓約書の提出時期は、社員の場合には入社時と退社時、役員の場合には就任時と退任時がよい。誓約書の形式は、書面、電子ファイルのいずれでもかまわないが、会社（組織）と本人の双方が適切に保管する。また、日本語を解さない者への対応として、他言語による書式を備えておく。

(5) 入社時

　新卒社員、キャリア採用人材のいずれの場合においても、入社時の手続のなかで誓約書の提出を求める。

(6) 退職時

　定年退職や依願退職のケースであれば、退職手続のなかで誓約書の提出を求める。死亡や失踪など、本人からの誓約書の提出が困難な場合は、それぞれのケースを想定した対応方法を、可能な範囲内であらかじめ検討しておく。SNSに機密情報を流出させた状態で本人が死亡したような場合の扱いに関する考え方は、SNSごとに異なるため、本人の近親者や親権者、法定代理人などと協議のうえ機密情報の削除を各SNSの管理者に求める。

(7) 出向時

　出向者については、グループ会社以外はもちろん、グループ会社間であっても、機密情報漏洩の抑止という点から、出向の手続のなかで出向先の組織が出向者に対して誓約書の提出を求める。

(8) 誓約書の例

　一般的な、機密情報の扱いに関する誓約書の例を、図表2－3－1に示す。

第3章　従業者の管理および教育訓練　265

第2編
実　務　編

▼ 図表2－3－1　機密情報の扱いに関する誓約書の例（社員が提出）

金財システム開発株式会社御中

誓約書同意日：20＊＊年＊月＊日
氏名：金財　太郎　㊞
（社員番号：999999）

誓　約　書

私は、「企業行動原則」および「ビジネス行動基準」について、その内容を読み、当社の社員として遵守すべき事項を理解しました。今後、当社に関連する法令および当社の倫理、行動基準ならびに社内規程を遵守して業務を遂行することはもちろん、当社の社員として期待される適切な判断と行動をとることを誓約致します。

1. 業務遂行に際して、当社に関連する法令および当社の行動原則、行動基準ならびに社内規程を遵守することが困難である場合、その判断に迷う場合、および万一違反行為を行ったり発見したりした場合は、私自身の判断のみならず、適切な部署等への相談および報告を励行し、その指示に基づいて行動します。
2. 当社のビジネスは、顧客、当社および第三者の情報と密接に関係していることにかんがみて、それらの情報を適切に管理、収集、使用することをあわせて誓約致します。特に、インサイダー情報や当社または顧客の機密情報の管理に関する当社の方針を十分に理解し、その取扱いに細心の注意を払います。
3. 機密情報の管理に関して以下に例示される情報、およびその他当社の経営、営業、技術等に関する機密情報については、当社の許可なく第三者に開示または漏洩しないこと、および業務以外の目的で使用しないことを誓約致します。
　①技術、手法に関する情報
　②顧客の機密や内情に関する情報
　③金融商品取引法に規定されるインサイダー情報
　④受託基準、製造原価に関する情報

⑤業務委託状況に関する情報
　　⑥財務に関する情報
　　⑦人事に関する情報
　　⑧事業提携等に関する情報
　　⑨グループ会社、関連会社に関する情報
　　⑩上記以外の情報で会社が特に機密保持対象として指定した情報
 4．私は、退職に際して、当社の業務に関連して入手した文書、電子媒体等のすべての資料を退職時までに当社に返還するとともに、退職後も機密情報を第三者に開示または漏洩しないこと、および自ら使用しないことをあわせて誓約致します。
 5．上の誓約に反した場合には、私自身に法的な責任が生ずることがあることを十分理解するとともに、そのことにより当社が被ったいっさいの損害に対して賠償する義務があることを認識致します。

以上

## 2　派遣社員の機密情報に関する誓約書

### (1)　目　的
　会社が、派遣社員と守秘義務に関する契約を「誓約書」のかたちで取り交わし、派遣社員がこれを誠実に履行することで業務上の機密情報の漏洩を防止することが目的である。

### (2)　期待効果
　労働者派遣契約には、一般的に守秘義務を課す条項が存在するが、あらためて誓約を求めることにより、守秘義務に関する意識向上と誠実な履行が期待できる。

### (3)　準備・前提
　初めに法令遵守に関する規程や就業規則などにおいて、会社が派遣社員に

対して機密保持に関する誓約書の提出を求めることができる旨の規程を設ける。次に、社内外の関係先と制度の運用に関して調整する。派遣社員と会社との間には雇用契約が存在しないため、誓約書の提出を拒む派遣社員や派遣会社もある。こうした状況に対応するため、会社は派遣会社に対し、当該誓約書と同等の内容を含む誓約書を派遣会社と派遣社員の間で取り交わすよう申し入れ、その実態（誓約の有無だけ）を提示してもらうように調整する。間接的ではあるが、会社は期待効果を得ることができる。

　なお、目的や趣旨に理解が得られる派遣会社に限って取引するとよい。ただし、その場合にも、優越的な地位の乱用にならないよう注意する。

　また、誓約書には、派遣契約が継続される場合や契約終了後にも、誓約した内容が有効であることを条文に定める。

(4) 運用・管理

　誓約書は、派遣社員の就業開始時と契約終了時に提出を求めるとよい。誓約書の形式は、書面、電子ファイルのいずれでもかまわないが、適切に保管する。特に、派遣会社に対して誓約書の締結を求める場合には、書面（写し）か電子ファイルかにかかわらず、誓約書そのものの提出を求めるのではなく、あくまでも（派遣会社からみた）提出状況がわかる一覧表の提示を求めるにとどめるべきである。

　なお、派遣会社と派遣社員の間で取り交わされる誓約書の書式を入手し、自社が想定する内容を含んでいることをあらかじめ確認しておく。また、日本語を解さない者への対応として、他言語による書式も備えておく。

(5) 就業開始時

　派遣社員に誓約書の提出を直接求める場合には、就業開始時の手続のなかで求める。

(6) 契約終了時
　派遣社員に誓約書の提出を直接求める場合には、契約終了時の手続のなかで求める。

(7) 短期派遣の場合
　派遣社員のなかには契約期間が短期のケースもあるが、制度の目的や趣旨を考えれば、このような場合でも一律に提出を求めるべきである。

(8) 誓約書の例
　派遣社員が提出する一般的な誓約書の例を、図表2-3-2に示す。

▼ 図表2-3-2　機密情報の扱いに関する誓約書の例（派遣社員が提出）

---

金財システム開発株式会社御中

　　　　　　　　　　　　　誓約書同意日：20＊＊年＊月＊日
　　　　　　　　　　　　　派遣会社名：＿＿＿＿＿＿＿＿
　　　　　　　　　　　　　氏名：金財　花子　㊞
　　　　　　　　　　　　　（派遣社員番号：999999）

誓　約　書

私は、金財システム開発株式会社（以下、「貴社」という）の業務に従事するにあたり、本誓約書の裏面にある機密情報等に関するルールに記載された事項を十分に理解したうえ、遵守いたします。私は、もしそのいずれかの事項に違反し、それにより貴社に損害が生じた場合には、貴社から法的責任追及を受ける可能性があることを理解し、また、損害発生のいかんにかかわらず、貴社によってとられる措置になんら異議を唱えません。

以下裏面

## 機密情報等に関するルール

【機密情報等守秘義務】

1. 私は、派遣社員として貴社から指揮命令を受けながら業務遂行するにあたり（以下、「契約期間中」という）、知り得た以下に例示される情報およびその他貴社の経営、営業、技術等に関する機密情報（以下、「機密情報」という）については、貴社が書面により公表を承諾した情報および私が情報を取得した時点ですでに公知となっていた情報を除いて、それらの機密情報を、貴社の事前の承諾なしに第三者にいっさい開示・漏洩しないことを誓約します。また、契約期間中に知り得た貴社（貴社以外からの預かりを含む）の「個人情報の保護に関する法律（平成15年法律第57号）」に定められる個人情報（以下、「個人情報」という）についても、貴社の事前の承諾なしに第三者にいっさい開示・漏洩しないことを誓約します。さらに契約期間終了後も機密情報および個人情報を第三者に開示または漏洩しないこと、および自ら使用しないことをあわせて誓約します。

①技術、手法に関する情報
②顧客の機密や内情に関する情報
③金融商品取引法に規定されるインサイダー情報
④受託基準、製造原価に関する情報
⑤業務委託状況に関する情報
⑥財務に関する情報
⑦人事に関する情報
⑧事業提携等に関する情報
⑨グループ会社、関連会社に関する情報
⑩上記以外の情報で貴社が特に機密保持対象として指定した情報

【機密情報等に関する業務外利用の禁止・記録媒体の社外持出しの禁止】

2. 私は、貴社の機密情報ならびに個人情報およびこれらの情報が記録された記録媒体（以下、「記録媒体」という。記録媒体にはその複製物を含む）については、貴社から具体的に指示された業務以外の目的で使用しないことを誓約します。また貴社からの指示なしに記録媒体を社外に持ち出さないことを誓約します。

【契約終了時の機密情報等の返還】
3．私は、貴社と派遣元との労働者派遣契約の終了等の理由により貴社の指揮命令を受けることがなくなった場合には、その時点で私が管理もしくは所持している貴社の機密情報ならびに個人情報およびこれらの情報の記録媒体のいっさいを契約期間終了時までにすべて貴社に返還し、返還以後は、私の手元には機密情報ならびに個人情報およびこれらの情報の記録媒体はいっさい残存させないことを誓約します。

【業務ルール等の理解と遵守】
4．私は、貴社の個人情報保護方針など貴社の情報管理にかかわる方針および業務上のルールの内容を十分に理解し、遵守することを誓約します。

【業務上の電子メール等に関するモニタリングの同意】
5．私は、貴社の情報システムおよび情報資産のいっさいが貴社に帰属していることを理解し、貴社が情報システムおよび情報資産の保護のために必要であると認めた場合には、私が貴社から貸与されたパソコンから発信した電子メールやインターネットアクセス状況などを私に断りなくモニタリングすることがあることを承知し、これに同意します。

【個人情報および機微情報の提出】
6．私は、貴社の求めがある場合、貴社の入退館管理および機密情報管理のために、私の個人情報や一部の機微情報（指紋情報、静脈情報、網膜情報等）を貴社に提出することに同意します。ただし、私は当該同意を撤回する権利を留保します。

以上

## 3 社内に常駐する委託先従業者の管理

### (1) 目 的

会社によっては、偽装請負を防止するため、請負契約を従業者を社内にあえて常駐させないケースもある。しかし、会社の施設内に従業員が常駐する委託先の企業（以下、「社内常駐委託先」という）に対しては、「業務委託に関

する情報セキュリティガイドライン」を示し、それを社内常駐委託先およびその従業者に誠実に履行させることで、業務上の機密情報の漏洩を防止する。

(2) 期待効果

業務委託契約には、一般的に守秘義務を課す条項が存在するが、より具体的なガイドラインを示すことにより、従業者の意識向上と誠実な履行が期待できる。

(3) 準備・前提

初めに会社が社内常駐委託先に対して、社外委託の規程のなかに機密保持に関するガイドラインを設ける。次に、社内の関係部署と制度運用について調整する。制度運用に関する諸事が決定した後、社内外に周知する。社内に対しては説明会を実施する。社内常駐委託先にはガイドラインと説明会の案内状を送付して、制度に関する理解と協力を求め、社内と同様に説明会を実施する。

(4) 運用・管理

社内に常駐する委託先の従業者に対しては、特に施設への入退館ルールの徹底を図る。たとえば、施設への共連れ入館や禁忌品の持込み、情報の不正持出し禁止の厳守を求める。

(5) 就業開始時

社内に常駐する委託先の管理者は、新たに就業することになった従業者に対して、「業務委託に関する情報セキュリティガイドライン」を周知する。その後、当該ガイドラインの内容のなかから就業者にとって特に重要な項目を整理した、図表2-3-3のようなカードを配布するのがよい。

社内で使用する電子メールやインターネットアクセスは、モニタリングさ

▼ 図表2－3－3　社内に常駐する委託先の従業者に配布するカードの例

---
館内における基本行動ルール

①入館証を常に着胸する
②他人の入館証を使わない
③共連れ入館をしない・させない
④他人の利用者IDを使わない
⑤業務上の情報は業務にのみ利用し、紛失しないよう注意する
⑥PC、電子メール、インターネット等を業務以外には使わない
⑦PCなどの電子機器や媒体・情報を許可なく持ち出さない・持ち込まない
⑧ソフトウエアを許可なくインストールしない
⑨セキュリティ確認ツールが示すぜい弱性を確認し、すみやかに対応する
⑩入館証の紛失や電子メールの誤送信などに気づいたら、すぐに当社の窓口に報告する

---

れている旨を、この時点で明示的に伝える。

(6) 契約終了時
　社内に常駐する委託先の管理者は、施設内での業務を終了する従業者に対して、業務関連情報の不許可持出しを厳禁する旨を説明し、実際に同種の行為がないことの確認を求める。

## 4　電子メールの利用状況管理

　電子メールによる情報漏洩には、①意図的な機密情報の送信、②宛先間違い等による意図しない事故の二つがあり、これらへの対策を図る必要がある。

(1) IDとパスワードによる電子メール送信認証
　一般的に、電子メールの送受信時には、ユーザーIDとパスワードの入力を必須とすることで、他人がなりすまして機密情報を社外に送信する不正利

用行為を防いでいる。この方法では、電子メールの送信前に電子メールソフトが送信者のユーザーIDに対応するパスワードを要求して、送信者が電子メールの送信を許可している社員等であることを認証する。認証に成功しなければ電子メールは送信できない。

しかし、送信者が自分のユーザーIDにより本人認証をしたとしても、電子メールソフトの「From：ヘッダー」部は書き換えが可能であることから、送信者を偽装できてしまう。このような送信者偽装に対しては、認証結果と送信内容とを合わせてメールサーバーに蓄積することで、もし情報漏洩があった場合、事後調査により送信者偽装を発見できるようにしておく。

なお、電子メールの受信側では、送信ドメイン認証を行うメールサーバーから送信された電子メールに送信ドメイン解析を実施すれば、当該メールのドメインを特定できる。こうした場合、送信者偽装ができるのは同一ドメイン内の電子メールアドレスに限定されることになる。

ただし、送信者が別人のユーザーIDを使って送信者認証をした場合は、当該電子メールの真の送信者が誰であるかを電子メールの受信者は知ることができない。したがって、ユーザーIDとパスワードで送信者認証をする仕組みを設けていても、他人が容易に入手、推測できるものでは、なりすまし対策としての実効性は不十分である。そのため、ユーザーIDとパスワードには規則性のない複雑さが求められる。

通常、キーボードからは、アルファベットの小文字・大文字・数字・特殊記号という四つの文字種が入力できる。そのうちの3種以上の組合せを用いることを強制するようパスワードの設定にルールを設け、情報システムにパスワードを登録する際に文字種の数から複雑さを分析し、文字種の数が二つ以下ではパスワード登録を受け付けないようにする。

なんらかの事情により、送信者が複雑なパスワードを設定できない場合には、ユーザーIDを複雑にして対応する。たとえば、ユーザーIDの文字列長を8文字以上とし、アルファベットと数字の組合せから構成されるユーザー

IDを付与する。この場合に注意すべき点は、以下のとおりである。

　第一に、ユーザーIDの表示機会をできるだけ少なくすることである。たとえば、ウェブメールを利用するのであれば、送信者のユーザーIDを画面の片隅に常時表示するような仕様は避けるべきである。

　第二に、ユーザーIDにアルファベットと数字とが混在する場合、たとえばアルファベットの「O（オー）」と数字の「0（ゼロ）」、アルファベットの「I（アイ）」や「l（エル）」と数字の「1（いち）」のように識別しにくい文字種を組み合わせる場合には、それぞれが区別しやすいように補助的な情報を付与したほうがよい。

　なりすましなどの目的で他人のパスワードを盗み取ろうとする行為に対しては、パスワードを入力しても認証結果を直ちに返さない（5～7秒の待ち時間を挿入）、もしくは連続してパスワードを間違えたらメールアカウントをロックするようにする。認証後にあえて「待ち時間」を挟み込むことで、パスワード解析ソフトを使ってパスワードを盗み取ろう破ろうとする行為に対抗する。

　パスワードを記したメモをみられたり、キーストロークが盗みみられたりすることによってパスワードが他人に知られてしまっても、利用者がすぐにパスワードを変更すれば問題はない。しかし、利用者はパスワードが他人に知られたことに気づかないままでいることが多いので、利用者にはパスワードの定期的な変更を義務づける。具体的には、パスワードに変更期限を設け、その期限になると新しいパスワードに変更しない限り、電子メールを送信できないよう、メールサーバー側でメールの中継を遮断する。

(2)　送信先アドレス制限

　電子メールからの情報漏洩を防ぐ代表的な方法として、送信先を制限する「ホワイトリスト方式」と「ブラックリスト方式」とがある。

　ホワイトリスト方式では、「送信を許可する」ドメイン（アドレス'@'の以降）

第2編
実 務 編

やアドレスをメールサーバーに登録しておき、登録済ドメインへの送信のみを認める。この方式の欠点は、送信を許可するドメインが多い場合や、それらの入れ替わりが激しい場合は、登録事務が負担となって業務効率が低下することである。ドメイン単位の登録とアドレス単位の登録のいずれを選択すべきかを考えるにあたって、ドメインを登録しておけば相手の担当者が異動したり、担当者の電子メールアドレスが変更されたりしたときにも、リストを更新する必要がないため運用負荷が軽くなる。一方で、担当者単位では制限がかけられない。

　一方のブラックリスト方式では、「送信を禁止する」ドメインやアドレスをメールサーバーに登録し、それ以外のアドレスへの送信は認める。この方式の欠点は、送信を禁止するドメインをすべて登録することが事実上不可能に近いことである。無料でアドレスを取得できるフリーメールのドメインからは広告などのスパムメールが送信されてくるケースもあるので、フリーメールのドメインは送信禁止に設定する場合が多い。

　しかし、業務上の取引先がフリーメールを使用している場合は、送信禁止対象から外すなど例外を設けなければならない。さらに、送信禁止ドメインは漸次増加するので、ブラックリスト方式は運用管理が煩雑になっていく。

(3) 同報アドレスの管理

　同報アドレスの管理にあたり、同報アドレスの定義を一つのサーバーに集約して運用管理をシステム化することが望ましい。この際、登録できる同報アドレスの定義に一定のルールを設けることで、同報アドレスに一貫性をもたせる。それには、まず同報アドレスが循環しないようにする。言い換えると、下の階層の同報アドレスには、構成要素として上の階層の同報アドレスを含めないようにする。

　これにより、ループ構造を内包する同報アドレスを排除できる。ループ構造があると、同報アドレスのメンバー階層を下って参照し続けていくことに

なるため、一度参照したメンバーに戻ってしまい、同報アドレスのメンバーを列挙したい場合に問題が生じる。同報アドレスの管理を一つのサーバーに集約できない場合でも、同報アドレスの階層に基づいて構成要素に制限を設けて、ループ構造をつくらないようにすることで、同報アドレスの管理が容易になる。

　次に、社外アドレスを一つ以上含む同報アドレスと、社外アドレスを含まない同報アドレスとを容易に区別できるように、同報アドレスの名称に関するルールを導入する。このネーミングルールが守られるよう、同報アドレスの名称がルールに適合するかどうかを、同報アドレス登録時と変更時に、同報アドレスの管理システムで自動チェックする。

　そして、同報アドレス初期登録時から、同報アドレスの管理者の設置を義務づける。その管理者は、同報アドレスの有効期限管理、およびメンバー構成管理の責任を負う。初期登録時には同報アドレスの有効期限を最長1年に制限する。ただし、有効期限は同報アドレス更新時を起点としてさらに最大1年間延長できるようにする。

　つまり、有効期限が1年未満となった同報アドレスに関しては、1年を超えない範囲で同報アドレス管理者が有効期限を延長する。なお、有効期限を過ぎた後、一定期間利用されない同報アドレスは自動的に削除する。こうした有効期限管理により、利用されない同報アドレスによってアドレス名が長期間占有されることを防止する。

(4)　誤送信防止ツールの利用

　電子メールソフトによっては、宛先を入力する時に、アドレス帳に登録された名称に自動的に変換されて表示されることがある。仮に、アドレス帳に同一、ないしは類似の名称が登録されていると、誤送信が生じやすい。特に、多数のアドレス宛てに一斉送信する場合は、すべてのアドレスを漏れなく確認することはむずかしい。

**第2編**
実務編

　誤送信の原因は、ほかにもさまざまあるが、最も初歩的な防止策は、送信直前に送信先アドレスを再確認することである。送信前に再確認を促す誤送信防止ツールとして、電子メールソフトの機能の一部である「アドオン型」と、電子メールソフトに依存しない「電文中継型」がある。電子メールソフトと一体で動作するアドオン型のほうが操作性はよい。他方、電文中継型は、社内で電子メールソフトが統一されていなくても、全社での利用が可能である。

　電子メールソフトとメールサーバーとの間は、電子メールソフトの違いを吸収し、共通プロトコルで送信する手順が統一されている。電文中継型は、この共通プロトコルを解釈することによって誤送信を防ぐツールであり、電子メールソフトを統一しなくても、送信先アドレスや送信内容のチェックを促す警告文を表示できる。

　また、添付ファイルを暗号化し、専用の中継サーバー上に一時的に保管しておき、受信者から添付ファイル送信の要求があるたびに、サーバー上の暗号化ファイルを復号して受信者に配信するという方式もある。この方式は、いったん送信した後でも受信者によってファイルを復号される前であれば添付ファイルを削除できるので、送り先を間違った場合などに重要情報の漏洩が防止できる。

(5) ディスクレーマーの追記

　意図しない相手先に電子メールを送信してしまった場合に備えて、誤送信した相手に対し、電子メールを開かずに削除を求める文章を、電子メールソフトの署名欄等に登録しておく。こうすることで、送信したすべての電子メールの末尾等に同じ文が付与される。このような文章を「ディスクレーマー（免責事項）」と呼び、たとえば、以下のような文章になる。

　　「このメールには、本来の宛先の方のみに限定された機密情報が含まれている場合がございます。お心あたりのない場合は、送信者にご連絡のう

え、このメールを削除してくださいますようお願い申し上げます。

　PLEASE READ：This e-mail is confidential and intended for the named recipient only. If you are not an intended recipient, please notify the sender and delete this e-mail.」

(6) 電子メール送信内容の記録

　意図的な不正送信であるか、意図せざる誤送信であるかによらず、電子メールによる情報漏洩が発生した場合に備えて、電子メールの送信内容（送受信アドレス、表題、本文、添付データ）を記録しておく。記録した内容は、情報漏洩などの情報セキュリティ障害発生時に備えて、最低5年間保存する。他方、個人情報保護のため、5年を超過した電子メールは所定の手続を経て抹消する。なお、この抹消作業自体も、その実施状況を記録する。

　記録された電子メールの送信内容の閲覧は、情報漏洩の有無を調査する正当な理由がある場合に限る。

　社外を起点とするそのような調査としては、以下のようなケースがある。
- 証券取引等監視委員会によるインサイダー取引関連の調査
- 国税局による税務調査
- 公正取引委員会による独占禁止法違反に関連した調査、など

社内を起点とする調査は、以下のケースが想定される。
- 社員等から社外の報道機関への通報
- 社員等から社外の法律事務所、弁護士会への通報
- 社員等から法務、総務、人事など社内窓口への通報
- 内部監査、など

(7) 社外宛送信記録の確認

　社外宛てに送信した電子メールを管理することも、情報漏洩を防ぐうえで重要である。そのためには、社外へ送信された電子メールのヘッダー情報を

# 第2編
## 実務編

自動解析して、社外宛送信の一覧表を作成する。送信メールごとに送信日時・送信先・件名など、業務との関連を推し量れるメール属性を記したこの一覧表から、送信者が所属する組織別にこのメール属性を集計した配信レポートを生成する。配信レポートは、組織の管理職に定期的に配信する。管理職は、この配信レポートと送信者の業務内容を照らし合わせ、送信先や送信頻度に不自然な傾向がないかを確認する。電子メールに機密情報が含まれているかどうかは形式的な指標からは判断できないが、機密情報が添付されていればメールのサイズが比較的大きくなるので、このサイズも配信レポートに含めておく。

配信レポートには、組織のメンバー全員の送信記録も含める。ただし、疑わしい社員は限定されることが多いため、送信者を限定して配信レポートの一覧性を向上させる。これは、配信レポートをCSV形式、あるいはExcel形式で受け取り、Excel上で送信者の電子メールアドレスにフィルター機能を適用すれば容易に実現できる。具体的には、管理職が特定期間の送信状況を把握できるように、一覧表に含まれる送信者の電子メールアドレスをレポートの各行に残しておくことで実現できる。配信レポートは、組織ごとのファイルとする。ファイルは送信者ごとにブロック分けし、ブロック内は時系列に沿って整列させ、みやすく配置する。

電子メールを利用する社員等には、社外宛てメールの送信内容が上長に報告されることを事前に通知した後に、電子メールアドレスを貸与する。なお、業務上、社外に電子メールを送信しない派遣社員や協力会社社員等には、電子メールアドレスを貸与しない。

### (8) 電子メールの送信内容調査

送信内容を蓄積したサーバーの管理者や機材の保守作業員などが、他の社員等が送信した電子メールを無断で閲覧できると、機密情報を不正に閲覧したり、社員等の私的なメールからプライバシーにかかわる情報を取得したり

することで、さまざまな問題が発生する可能性がある。

　そこで、社員等が送信した電子メールを閲覧するにあたっての業務ルールを定める必要ある。それにはまず、「社員等に業務用で貸与した電子メールアドレスからは私的な電子メールを送信しないこと」「不正行為や誤送信を調査する目的で送信メールの閲覧を認めること」の同意書を、電子メールを利用するすべての社員等に通知し、電子メールの利用にはこの同意書の提出を前提とし、提出しないまま電子メールの利用を継続した場合は同意とみなすこととする。私的な電子メールの送信が既存の社内規程等で禁止されていても、過度でなければ事実上容認されている企業もあると思われるが、同意書には、業務用・私用によらず、送信されたすべての電子メールに対して、調査目的であれば閲覧できることを明記する。

　ただし、送信内容蓄積サーバーの管理者による機密情報の取得やプライバシーへの不正アクセスを許さぬよう、当該サーバーはデータセンターに専用区画を設けてそこに配置し、専用区画への立入りやネットワークアクセスの許諾については、送信内容蓄積サーバーの管理者とデータセンターの管理者との間でルールを取り決める。

　送信内容蓄積サーバーへのアクセスは、特定のネットワークアドレスから以外は受け付けないよう制限をする。そして、調査業務は、サーバーに対する遠隔保守のために用意された端末室、またはそれに準じた入退室管理が可能な場所でのみ許可する。調査用端末には、ファイル持出し履歴が記録されるPC等を使用する。

　さらに、送信内容蓄積サーバーにログインできる2種類のアカウントを用意する。一つを「管理者アカウント」、もう一つを「担当者アカウント」と呼び、管理者アカウントは担当者アカウントの登録と削除ができるが、電子メールの閲覧はできない。他方、担当者アカウントは、電子メールを閲覧できるがアカウントの登録や削除はできないようにしておく。管理者アカウントは複数登録できるようにするが、一つの管理者アカウントには一つの電子

第2編
実 務 編

メールアドレスを固定で割り当てる。担当者アカウントにも電子メールアドレスを割り当て、管理者アカウントとは異なるアドレスとする。

　調査業務がない平時には、担当者アカウントは管理者アカウントによって無効状態で維持される。調査業務を実施する場合には、管理者が調査業務担当者のアカウントを有効化する。有効化されたアカウントをもつ調査業務担当者が送信内容蓄積サーバーにアクセスし、電子メールの閲覧後に、どの担当者がどの電子メールにアクセスしたのかという報告が、管理者全員に電子メールで配信される。調査業務終了後には、管理者によって担当者アカウントは無効状態に戻され、当該担当者アカウントで作成されたローカルファイルは抹消する。

　以上のように、管理者と担当者に分けて異なる役割を与え、不正閲覧をしないよう、相互に牽制させる工夫が不可欠である。

　電子メールの調査業務は、不正利用や誤送信などの問題が発生した場合、またはその可能性がある場合に実施する。問題とされる事象を正しく把握するために、管理者が必要と認識したときに、管理者は担当者に調査を命じる。

## 5　インターネット利用状況の管理

(1)　目　的

　インターネットの閲覧やインターネットを介した社外へのデータ送信は、不正行為の原因にもなる。そうしたことから利用実態を監視し、不正利用への牽制として機能させることが、管理を行う目的である。

(2)　期待効果

　インターネットの利用状況をモニタリングすることにより、不正利用を牽制し、情報の不正持出しを抑止する効果が期待できる。

(3) 準備・前提

　制度としては、社内規程を定めるとともに、従業者のインターネット利用状況をモニタリングしていることを誓約書に明記し、従業者からの同意を得る。モニタリング情報を記録したファイルの保存期間や保存方法、モニタリング情報へのアクセス権者とアクセス方法をルール化する。また、その情報の利用目的や取得方法、記録する情報の内容と保管方法、利用方法については労働組合と協議し、合意を得ておく。モニタリング情報にアクセスする際は、内部者の不正を抑止するためにも、複数名で行う。

(4) 運用・管理

　モニタリング情報は、定期的に対象者ごとにアクセス先を集計し、二次加工しやすいCSV形式にするなど書式を整えたうえで、従業者を監督する立場にある管理職に定期的に提供し、不自然な利用がないかを把握する。同様に管理職に関するモニタリング情報は、担当役員に提供する。さらに、役員に関するモニタリング情報は、監査役室などに対して提供する。このようなかたちをとることで、組織全体での相互牽制を機能させる。不正利用の兆候を覚知した管理職から、より詳細な情報の提供を求められた場合は、情報提供を依頼されたという事実を記録する。そして、複数のアクセス権者の了承のもと、モニタリング情報を確認し、必要なデータを抽出して要請してきた管理職に提供する。もし、警察から犯罪捜査への協力要請があった場合には、捜査令状の提示を受けたうえで、モニタリング情報の抽出・提供を行う。

(5) モニタリング時の留意点

　電子メールをモニタリングする場合には、たとえば経済産業省の「個人情報の保護に関する法律についての経済産業分野を対象とするガイドライン」や、厚生労働省の「雇用管理に関する個人情報の適正な取扱いを確保するために事業者が講ずべき措置に関する指針について」、旧労働省の「労働者の

個人情報保護に関する行動指針」(以下、「行動指針」という)の留意事項を参考にする。

モニタリング開始時には、取得する個人情報の利用目的の特定、社内規程上への明記、従業者への周知が必要となる。「行動指針」によると、常時モニタリングは原則として禁止されている。ただし、常時モニタリングを行う目的が、以下の①～④に関する場合にはその限りではない。

①従業者の健康や安全の確保
②私的利用の防止
③機密情報の漏洩による損害防止
④社内の情報システムの安全確保

運用に際しては、モニタリングに対する一連の監査や確認についても規程を定め、定期的にモニタリングする。

(6) フィードバック

モニタリング情報を最も多く確認することになるのが、多忙であることの多い管理職である。従業者のインターネット利用に関する日々のモニタリング情報のフィードバックは、わかりやすく一覧性のある形式が望ましい。たとえば、大量のデータを社外に送信した者や、多数の電子メールを社外に送信した者、添付ファイルのサイズが大きい者などが、リストの上位に表示されるように並び替えを行う。また、退職前の1週間程度は、「以後の仕事に利用する」という目的で、情報を不正に持ち出すケースが特に懸念されるため、退職予定者については、インターネットの利用状況を注視できるようにするとよい。

(7) 不正利用発見時の対応

不正利用の兆候を発見した管理職に対して、従業者のインターネット利用に関する詳細な情報を提供し、精査した結果、不正行為が発覚した場合に

は、社内の関係部署（たとえば、コンプライアンス管理部門や人事部など）とともに当人を呼んで審問する。

　当事者が外部委託先の従業者の場合には、委託先企業の管理者に対応を申し入れる。なお、いずれの場合においても証拠保全には留意する。証拠保全という点から個人の所有物を提示させる際には、当事者本人の同意を得たことを書面にする。規程に反する行為に対しては、就業規則に基づく処分を検討・実施する。不法行為に関しては、警察に連絡するなど適切に対応する。

## 2　情報セキュリティに関する教育訓練

### 1　従業者への教育訓練

　情報セキュリティへの脅威が急速に複雑化・深刻化するにつれて、今日、社内の重要な情報資産がますます危険にさらされている。このような状況に対応するために、さまざまなセキュリティ技術が登場している。しかし、技術だけでは安全を確保できない。

　ある調査によれば、情報セキュリティ関連の事故の60％から70％は、人為的なミスが原因であるという。つまり、情報セキュリティにかかわる課題や対応について、必要な知識を従業者に周知・理解させることは不可欠である。それを通じて、従業者は情報セキュリティの重要性を意識し、リスクを最小限に抑えるための行動を率先してとるようになり、それによって情報資産の保護が可能になる。

(1)　目　的
　教育訓練は、情報セキュリティマネジメントシステムの枠組みである、
　①ルール（規程・制度・契約）
　②仕組み（システム・ツール・点検）
　③教育訓練

④監査

の四つの要素のうちの一つである。各種の研修や啓発活動などの教育と、情報セキュリティ関連の事故への対応や予防に関する訓練がこれに含まれる。

教育訓練の目的は、従業者に対して、自社（組織）の情報セキュリティに関する
　①ルールの内容
　②仕組みの用い方や実施方法
　③監査のフィードバックから得られる課題とその改善策
などを周知し理解させることであり、そのことが、改善活動を継続させるモチベーションとなる。

(2)　期待効果

　教育訓練が適時・適切に実行されることにより、すべての従業者が情報セキュリティの重要性、とりわけ情報セキュリティに関して「すべき」ことと、逆に「してはならない」ことを理解し、社会や顧客からの負託に自律的に応えられるようになることが期待できる。これには、不断の努力が必要であることはいうまでもないが、情報セキュリティの確実が「当然のこと」として企業風土に根づくことこそ、教育訓練に期待される最大の効果である。

(3)　準備・前提

　　a　教育訓練体系

　情報セキュリティについて、教育訓練の全体を俯瞰する体系を立案する。自社（組織）内にこの分野に関する専門性が不足している場合には、情報セキュリティ教育に詳しい外部有識者のコンサルテーションを受けるのがよい。

　　b　教育訓練基盤

　対象者の人数にもよるが、研修講座の管理、募集の管理、教材の管理など

の業務を円滑に推進するには、ラーニングマネジメントシステムが必要になる。同システムがすでに社内にあれば、まずその活用を検討する。ない場合には、教育・研修会社などを通じて必要に応じて導入する。また、受講者の利便性や研修効率を高めるなどの理由から、集合研修以外にeラーニングの利用も検討する。ラーニングマネジメントシステムにはeラーニングの管理機能が備わっているものもあるが、そうでない場合には、eラーニングの基盤も検討する。近年、このような機能をインターネットを介して提供するベンダーもあるため、自社で開発・構築・運用するのではなく、外部調達も一つの方法である。

　c　教育訓練計画

　自社の情報セキュリティに関する管理水準の高低や従業者の情報セキュリティに関する意識の高低といったいわば、成熟度に応じて、今後3年から5年程度の期間を見越した教育訓練計画を策定する。

　d　教育訓練企画

　研修企画書を作成する。研修企画書に盛り込む項目の例を、図表2－3－4に示す。

▼　図表2－3－4　情報セキュリティ研修企画書の項目例

```
1．研修目的
　　・主旨・テーマ
　　・課題・前提
2．実施概要
　　・研修に関する基本的な考え方
　　・基本的な構想
3．研修方式
　　・集合研修、eラーニング
　　・自社特設コース、一般公開コース
4．研修対象
　　・対象者（職位職階、役割、職種）
```

# 第2編
## 実　務　編

```
            ・対象期間（通年・隔年、随時）
        5．研修期間
            ・準備期間
                計画・企画
                講座開発（教材開発）
                講師手配（招聘、社内育成）
                開講準備（社内案内）
            ・実施期間
                研修実施・運営
                受講促進・未受講者督促
            ・評価確認期間
                品質・満足度評価集計
                実施報告書作成
        6．研修環境
            ・集合研修環境、eラーニング環境
        7．カリキュラム
            ・プログラム
        8．効果測定
            ・評価方法、評価項目
        9．講師
            ・選任基準
       10．教材
            ・調達方法
```

　e　「教育訓練実施計画」

　教育訓練に関する個別のコースについて、実施要領を「教育訓練実施計画」としてまとめる。

　f　教材調達

　教材の調達方法には、自社開発と社外からの調達がある。社外調達は、さらに既製の教材を購入する方法と、自社のニーズに合わせた教材開発を委託する方法がある。後者の場合は、契約時に納品形式や媒体、版権の帰属など

に特に注意する。また、グループ会社での使用も想定される場合にはその点も確認し、契約に盛り込む。

　g　講師育成

　社内の講師には、研修内容・分野にふさわしい知見・経験を備えた者を選任する。講師経験が乏しい者には、教育研修専門企業が提供する「研修講師養成講座（トレイン・ザ・トレーナー：通称TTT）」を受講させ、スキルを向上させる。自社内に特定のセキュリティ分野に関する専門性が乏しい場合には、社外からふさわしい講師を招くことも検討する。

　h　教育訓練の実施準備

　教育訓練には社内の複数部署が関係する場合もあり、必要に応じて事前に調整をしておく。特に、現場への負担に配慮し、決算前後や年末年始、その他繁忙期には研修等の実施を控える。なお、昇格者を対象とする教育訓練などは、昇任後期間を空けずに実施すべきである。

　i　教育訓練の評価

　教育訓練が終了したら、受講者に評価させる。その際は、評価方法をあらかじめ決めておく。評価方法はアンケートが一般的であるが、個別面談で意見を聞くのもよい。また、教育訓練が比較的長期間に及ぶ場合や、複数回開催するような場合には、途中で評価機会を設け、それに基づいて教育訓練の内容や方法の軌道修正を行う。また、必要に応じて教育訓練の効果を測定する。その方法としては、教育訓練の内容に即したテストを実施する場合もある。さらに、情報セキュリティ障害（インシデント）の件数の増減を中期的に分析することで、研修効果を測定する場合もある。この時は、KPI（Key Performance Indicator：重要業績評価指標）をあらかじめ定めておいたうえで、適時に測定を行い、その推移をみる。

(4)　運用・管理

　社内に教育研修部門があれば、その部門と連携して教育訓練を実施する。

可能であれば、その部門の支援を受けて実施する。特に、社員の階層別に行うコンプライアンス関連研修の一環として、情報セキュリティの教育訓練を実施する場合には、教育研修部門がリードするケースが多い。その際は、適宜教育研修部門からの支援を受けつつも、情報セキュリティ主管部署としての教育訓練の目的を見失うことなく進めていく。

(5) 階層別教育訓練のポイント

　a　入社時

定期採用の社員に対しては、社会人の基本的な知識の一環として、情報セキュリティの要点を整理して指導する。この場合は、安全管理に関する普遍的な内容が中心になるが、規程類の体系や情報セキュリティ関連情報の閲覧方法、インシデント発生時の対応方法などを盛り込んでおく。

　b　昇格時

昇格時は、職責も管理範囲も拡大して本人の意識も改まり、安全管理への関心が高まるきっかけとなることが多い。このような機会に、具体的な情報セキュリティ関連のリスクとその対処方法の指導をすることにより、教育訓練の効果が高まる。この場合、おおむね同じ職位の者の経験をもとに、万が一自分自身がそうしたインシデントに遭遇した場合を想定して、対処方法をイメージトレーニングすることが、とりわけ有効である。

　c　継続時（定期的な教育訓練）

中堅クラス以上の社員には、昇格の機会は必ずしも多くない。そのため教育訓練が入社時と昇格時だけでは、多くの社員は教育訓練の機会が得られないことになる。そこで、全従業者を対象とする継続的（定期的）な教育訓練を、少なくとも年に1回は実施する。大企業の場合は対象者がきわめて多数に及ぶため、一定期間内にすべての対象者の受講を義務づけるかたちのeラーニング方式が望ましい。内容は、安全管理に関する普遍的なテーマを中心に、その時々に生じた話題性のある事件や脅威、導入予定の新技術などを

盛り込む。集中力を高めるために、10問から20問程度の簡単なテストを実施して、一定の点数以上を修了条件とする。eラーニングでは、教材部分を動画または音声付きにすると学習効果が向上する。

## 2 委託先の従業者に対する教育訓練

### (1) 目 的
　業務委託契約には、一般的に秘密保持に関する条項が含まれる。しかし、具体的な指針を示さなければ、委託先が守るべき情報セキュリティの範囲や水準が不確定のため、統制は有効に機能しない。そこで、業務委託契約の細則として「業務委託に関する情報セキュリティガイドライン」（以下、「ガイドライン」という）を設け、これを契約開始時に示して遵守を求める。

　特に、個人情報保護法における業務委託先の監督は、安全管理措置の一要件であり、個人情報取扱事業者は、この点にも留意しなければならない。

　なお、偽装請負防止の観点から、業務委託先の従業者に対して直接的に教育訓練を行うことについては、注意が必要である。特に、常駐形態で従事している業務委託先の従業者に対しては、業務委託先企業の管理者を通じてガイドラインの遵守を徹底させる。

### (2) 期待効果
　業務委託元が委託先に求める情報セキュリティの範囲と水準をガイドラインで具体的に示すことにより、双方の認識差が埋まる、もしくはなくなることが期待できる。具体的には、情報セキュリティに関する業務委託元の担当者の理解度や指示（正確さ）と、委託先の受取り方の差による「ぶれ」の低減が望まれる。

### (3) 準備・前提
　ガイドラインは、情報セキュリティ関連の規程以外に、社外委託（調達）

に関する規程とも関係するため、関連部署や現場部門と事前調整を十分に行う。次に、業務委託先や社内にガイドラインを策定・施行することを周知し、社内と業務委託先には、これが制度として十分になじむまでは必ず説明会を開催し、業務委託先の従業員が多数の場合には管理者に対して実施する。なお、偽装請負防止の観点から、従業員がたとえ少人数であっても、業務委託先の管理者に対してだけ、説明会を実施するという方法もある。

いずれにせよ、業務委託先の従業員は社内に対してガイドラインを周知徹底する必要があり、そのための方法として、ガイドラインの目的や使用方法、内容の骨子・注意点を簡潔にまとめた説明資料を、社内向け、および業務委託先向けの2種類、作成する。さらに、その説明資料をもとにした簡単なeラーニング教材を使用することも、周知徹底を図るためには有効である。

(4) 運用・管理

業務委託先でのガイドラインの遵守状況や、社内での周知徹底の状況（業務委託時に、委託先に対してガイドラインの遵守を求める旨の適切な指示を出しているかどうか）を、情報セキュリティの主管部は継続的にモニタリングする。情報セキュリティの主管部は、これを委託元の部室と委託先の双方について確認する、いわゆる「両面調査」のかたちで行い、適切な改善・指導を行う。

業務委託先には、遵守状況を一定期間ごとに報告させる。業務委託先によって、情報セキュリティに対する管理能力や管理水準の成熟度に差がみられる場合には、レベルの低い業務委託先に注意を払うとともに、必要な監督・指導を行う。たとえば、業務委託先の社内ルールの整備状況や教育研修の実績などを確認し、特に向上を図るべき事項について監督・指導を行う。

(5) 継続時（定期的な教育訓練）

業務委託先に対する情報セキュリティの教育訓練は、「情報セキュリティ

説明会」というかたちで、少なくとも年に1回以上実施する。テーマはガイドラインを中心に、直近の情報セキュリティインシデントの傾向や事例、情報セキュリティに関するトピックを交えて2時間程度とする。

## 3 標的型攻撃メール対応訓練

　標的型攻撃とは、攻撃対象を公的機関や私企業など特定の組織に絞り込み、その組織内の人間を標的とするサイバー攻撃である。組織の関係者を装って電子メールを送付し、開封した受信者の権限をもって攻撃の足場を築くことが標的型攻撃メールの特徴としてあげられる。

(1) 目　的

　標的型攻撃は、従来のウイルス対策ソフトによって防御することは困難である。そこで、社員等が電子メールの送信元や内容から攻撃の兆候を読み取って、標的型攻撃メールと認識し、適切に対応が図れるようにする。

　標的型攻撃メールは、日常的に受信するメールに混じって受信者を欺こうとする意図で送られてくる。標的型攻撃メールを、そうでないメールと区別する技能の習得を試験で確認することは困難であり、訓練で確認する必要がある。

(2) 期待効果

　訓練によって、社員等が標的型攻撃メールの特徴を理解し、本文内に含まれる疑わしいURLをクリックしたり添付ファイルを開くなどの行為を抑止することで、標的型攻撃が成功する確率を低減させられる。

(3) 準備・前提

　電子メールを用いた標的型攻撃を回避するのは電子メール利用者の学習と理解に期待する点が大きい。このため、計画時から対応訓練の実効性を精査

# 第2編
実　務　編

すべきである。それには、全社員を対象に一斉に訓練するのではなく、全社員をいくつかのグループに分けて1回当りの対象者を絞る。こうすることで、訓練情報が対象者の身近な者に「伝わりにくくなる」。各回の訓練対象者を限定すれば、訓練があることを知った一部の対象者から訓練の情報が周囲にもれて、効果が落ちてしまうことを防止できる。

(4) 運用・管理

訓練は、以下の①～⑥の手順に沿って進める。
　①訓練メール作成
　②訓練対象者リスト作成
　③訓練メール送信
　④訓練終了連絡
　⑤対象者へのアンケート調査実施
　⑥結果分析

## 4 情報セキュリティにかかわる全社CP訓練

教育訓練は、教育と、教育を受けて習得した内容を確認するための訓練で構成される。習得した内容を確認する方法として、必ずしも訓練が求められるわけではなく、概して試験による机上での確認で十分な場合が多い。

訓練によって習得確認を行うほうが望ましい状況として、第一に、試験による習得効果を確認できない場合があげられる。情報セキュリティの分野における典型的な場合としては、前項で述べた標的型攻撃メールの判断とその対応がある。

第二に、試験によって個人の習得効果はある程度確認できるが、組織としての習得効果は確認できない場合がある。平時の体制では対応することが困難な情報セキュリティインシデントに対しては、組織としての習得効果を確認することが求められる。全社一斉に訓練を実施することで、組織としての

習得効果を確認できる。大規模かつ深刻な情報セキュリティインシデントに対応できるかどうか確認するために、全社CP（緊急対応）訓練を実施する場合がある。

CPとは、Contingency Plan、すなわち「緊急時対応計画」を意味する。ここでは、有事の際にも最低限のセキュリティレベルを確保するという面から、BCP（Business Continuity Plan：事業継続計画）の要素も含める。

(1) **目 的**

サイバー攻撃や大量の機密情報漏洩など、情報セキュリティに関する重大なインシデント発生時に、組織として適切な対応がとれるようにノウハウを習得することを目的とする。

(2) **期待効果**

企業が備えるべき危機の一つに、情報セキュリティにかかわる脅威がある。これは、全社的な危機（天災、火災、電源消失など）管理のなかの一要素であり、CP策定、準備、実施、評価・報告などの一連の訓練は、情報セキュリティ主管部が中心となって実施する。こうした訓練を重ねることにより、情報セキュリティ主管部ならびに関連部署に知識・ノウハウが蓄積され、練度が向上することが期待できる。

(3) **準備・前提**

情報セキュリティ関連で想定される危機を分類し、現象、原因、影響、対策を整理して「情報セキュリティ危機対応ガイドライン」（以下、「ガイドライン」という）を作成する。分類・整理した危機のなかから、発生確率や影響の深刻さなどをもとに、訓練対象とする「危機」を一つ抽出し、これに対する詳細な訓練シナリオを策定して、当該年度の「情報セキュリティにかかわる全社CP訓練実施計画書」を策定する。

**第2編**
実 務 編

　有事の際にも最低限の情報セキュリティ水準を確保できるように、ガイドラインを基準に訓練計画を策定する。全社レベルの危機管理体制と整合のとれた、情報セキュリティ主管部としての情報セキュリティ危機管理体制を構築する。

(4) **運用・管理**
　CP訓練は定期的に実施することで練度の向上が期待できるため、全社レベルの大規模な訓練は毎年度の実施が望ましい。また、標的型攻撃メールに対する従業員の適応力を向上させるための訓練は、大規模訓練とは別に定期的に実施する。
　訓練を実施した際には事後評価を行い、関係部門に対して改善点をタイムリーにフィードバックする。また、訓練は社外の関係先とも調整のうえ、社外連携の要素も盛り込むとよい。臨場感が高まり、実際に使用する電話番号や電子メールアドレスに齟齬がないか、なども確認できる。

# 第 4 章
# 情報資産のセキュリティ管理

## 1 情報資産へのアクセス管理

### 1 概　要

　情報資産に対して、本来アクセスすべきでない者がアクセスできるような状態にしておくことは、情報漏洩の大きな原因となりうる。組織で管理する情報資産は、「情報区分」に従い、アクセス可能な者を必要最低限に絞ることが求められる。

　情報資産へのアクセス制御をするには、情報資産の機密性に応じて情報区分を特定する。アクセス可能な者との関係で「特定の関係者のみに限定」「社員のみに限定」「社外に公開」といった区分で情報資産を分類する。

### 2 アクセス管理の方法

(1) アクセス経路の制限

　アクセス制御の基本は、権限のない者が情報にアクセスできないよう、制限をかけることにある。そのためには情報資産にアクセスできる経路を限定するとともに、その経路に対しアクセスを制限する手段を講じる。

　アクセス経路の制限は、「物理的なアクセス経路の制限」と「論理的なアクセス経路の制限」に大別できる。

　a　物理的なアクセス経路の制限

　建物・部屋などの境界で、許可された者だけが入ることができるよう制限する。警備員やガードマンなどが入館証を確認する方法や、ICカードと読取機等を用いて認証する方法がある。施錠できる金庫やロッカーに機密情報

を保管するのも、物理的なアクセス経路の制限方法の一つである。

 b 論理的なアクセス経路の制限

 アクセス権限のない者がネットワーク経由で機密情報にアクセスすることができないよう、システム側の機能によりアクセスを制限する。

 具体的には、

 ①ネットワーク上にルーターやファイアウォールを設置し、アクセスコントロールリストに基づきアクセス可能な範囲を制限する方法

 ②パスワード認証を用いて、PCやサーバーへのログインを制御する方法

 ③情報資産についてフォルダー単位でアクセス権限を設定したり、パスワードによりファイル単位でアクセスを制限したりする方法

などが考えられる。

(2) アクセスの許可範囲の設定

 論理的なアクセス制御をする場合、たとえば、あるファイルについて、読取りは可能であるが、修正・削除は禁止するなど、利用者に応じてアクセス許可範囲を設定する。Windows上のファイルの場合、「フルコントロール」「変更」「読取りと実行」「読取り」「書込み」という設定が可能で、これらはファイルのプロパティの「セキュリティ」タブで設定・確認ができる。

(3) アクセス権限の承認

 組織が管理する情報資産へのアクセス権限の設定は、その組織の管理者の承認のもとで行われる必要がある。新たなアクセス権限の付与や変更・削除をする場合は、適切な管理者による承認プロセスを設ける。また、一度付与されたアクセス権限も、必要がなくなった場合には直ちに抹消するとともに、不要な権限が設定されたまま放置されていないかどうかを定期的に確認する。

(4) アクセスログの取得・解析

情報資産に対して不正なアクセスがあるかどうかを確認するため、必要に応じてそのアクセスログを取得するとともに、アクセスログを定期的に解析する。本来アクセス権限のない者がアクセスしていることが確認された場合には、その原因を究明するとともに、是正措置を直ちに講じる。

## 2 機密情報に関する対策

### 1 機密情報の管理と受渡し

(1) 概 要

機密情報は、紙の状態か電子ファイルの状態かによって管理方法が異なる。紙の状態であれば、閲覧者の名簿を作成したり、複写に通し番号や「透かし」を入れたりして、万が一漏洩したときにその経路が容易に追跡できるよう管理する。電子ファイルの場合、こうした紙の場合よりも通し番号や「透かし」に相当する属性情報を柔軟に付与できる。以下では、機密情報の入った電子ファイルの管理方法について述べる。

紙の文書をスキャナーで取り込んだドットイメージの電子ファイルであっても、ワードプロセッサーソフト等の文字コードによる電子ファイルであっても、その機密性はデータの形式とは無関係でその内容によって定まる。したがって、電子ファイルの取扱いは、情報の内容の機密性に応じて決定する必要がある。

(2) 機密区分

たとえば、機密性の高い情報は「極秘」扱いとして、アクセスするには所定のアクセス権の取得・変更手続を踏まなければならないようにする。一方で、機密性がそれほど高くない情報は、「社内限」として社内のファイルサーバーに格納することを認める、といったかたちが考えられる。アクセス権の

変更は、ファイルサーバーを管理する部署に一任する方法も考えられるが、その場合でも、守るべき最低限のルールは情報セキュリティ主管部が決定する。たとえば、社員が業務用に作成した文書は、特に指定がなければ原則として機密情報とする。こうした文書の機密性は一般に、「極秘」より低く、しかし「社内限」より高い。なぜなら、通常、ある部署が作成した文書を、理由もなく他部署に開示することはないからである。

(3) アクセス制限

「社内限」の電子ファイルに対するアクセス権を管理する場合、ファイルサーバー側にアクセスしてきた社員の認証機能があることは前提であるが、そのうえで重要なのは、いつ、誰が、どのような基準で個々の電子ファイルの機密性を認定し、ファイルサーバーに置くかというルールを定めることである。

大事な点は、機密性の高い情報に対するアクセス権を厳格に管理することであり、ルールや枠組みを微細に定めることではない。さらに「極秘」情報に対しては利用者を限定し、その利用者にアクセス権を付与するだけではなく、いつ、誰によってアクセスが行われたのかまで管理を徹底する。

(4) アクセス権の管理

機密情報へのアクセス権を管理するには、まず、当該ファイルをファイルサーバーに置き、ファイルサーバー上の格納先であるフォルダー単位で一律共通のアクセス権を設定する。場合によっては、特定のファイルにのみ、特別なアクセス権を設定してもよい。このような管理をするには、当然ながら、利用者ごとにアクセス権を管理できる機能がファイルサーバーに備わっていなければならない。したがって、フォルダーのアクセス権を設定できない記録媒体や、NAS（ネットワーク・アクセス・ストレージ）のように利用者管理機能を欠く記憶装置は、ファイルサーバーの代替にはならない。

上述の条件を満たすファイルサーバーが設置されており、すでに部署内でファイルサーバー内の情報共有をしている場合は、機密情報へのアクセス権の設定を強化する前の準備作業として、ファイルサーバー上のフォルダー体系とアクセス権の関係とを整理する。

　具体的には、はじめにファイルサーバー管理者が、ファイルサーバーの上位階層にあるフォルダーの管理者およびそのフォルダーにどのようなアクセス権が設定されているのかを調査する。調査後は、どのようなアクセス権を設定すべきかをフォルダー管理者から提案してもらう。なお、この調査の過程で、フォルダーの作成者・利用者がフォルダー管理者と異なることが判明した場合には、フォルダーの利用実態に応じてフォルダー管理者を変更してもよいであろう。

　次に、ファイルサーバーの上位階層にあるフォルダーに対して、ファイルサーバー管理者が、個々のフォルダーへのアクセス権を設定する。続いてフォルダー管理者を任命し、フォルダー管理者に当該フォルダーとその下位フォルダーへのアクセス権を設定できる権限を与える。これにより、フォルダーの利用者管理と構成管理の役割分担が明確になる。なお、初期設定では組織の管理職に対し、それぞれの役職に応じてフォルダーに対する一律かつ共通のアクセス権を付与する。

　最後に、ファイルサーバー管理者は利用者全員に対して、各フォルダーに初期設定されたアクセス権やフォルダー管理者を周知し、アクセス権が機密性に応じて設定されているフォルダーに情報（電子ファイル）を移し替えてもらう。

(5) **特権利用者による不正アクセスの防止**
　① アクセス履歴の記録
　不正アクセスには、他のユーザーのアクセス権限を奪取できる特権利用者によるものもありうる。こうした不正アクセスを防止する仕組みの一つが、

アクセス履歴の記録である。不正アクセスまたは不正アクセスが疑われる事象を早期に検知するため、機密情報へのアクセス履歴はファイルサーバーに記録する。このアクセス履歴は、ファイルサーバー管理者とは別の社員が管理する、別筐体のログ管理サーバーに記録する。こうした役割分離やサーバー分離の目的は、ファイルサーバー管理者による誤操作あるいは意図的操作によって、アクセス履歴が消去されるリスクを回避することにある。

ただし、Windowsサーバーのイベントログを直接閲覧してもアクセス履歴は判読できないため、市販のイベントログ分析ツールをファイルサーバーにインストールし、このイベントログをアクセス履歴に変換する。このようにして判読可能なアクセス履歴を作成する。

② 暗号化

特権利用者による不正アクセスを防止する仕組みの二つめは暗号化である。暗号化された情報にアクセスするには、暗号を解読しなければならない。しかし、ファイルサーバーの管理者権限がなければ解読はできない。このため、暗号化の仕組みを設けることが不正アクセスの防止になる。

③ シンクライアント

ファイルサーバーにアクセス可能な機器をシンクライアント端末に限定すると、PCのUSBポート経由で外部装置等に情報を書き込むことができなくなり、機密情報にアクセスされても情報の漏洩を防ぐことができる。

## 2 機密情報の受渡しに関する対策

(1) 電子メールと機密性

インターネットを行き交う電子メールは未暗号化のまま送受信されるため、それを中継するメールサーバーの管理者は、電子メールの内容を容易に閲覧できる。すなわち、一般の電子メールでは通信の秘密は保証されない。

電子メールの通信を秘密にするには、内容を暗号化すればよいが、暗号化した電文を復号するには「復号鍵」が欠かせない。しかし、復号鍵も電子メー

ルで安全に送ることはできない。復号鍵を別便の電子メールで送ったとしても、それで安全とする根拠はない。送信時に電子メールの内容を閲覧されたり鍵をコピーされたりするリスクを考えれば、機密情報の受渡しには、電子メール以外の通信手段を使用すべきである。

　ところで、電子メールには暗号化の標準的な方法は存在しない。電子証明書を使った個人認証と公開鍵暗号化の技術は確立されているものの、使い勝手がよくないことや、信頼できる認証局が発行する電子証明書の取得にコストがかかることなどから、普及に至っていない。無料で利用できる暗号化ツールもあるが、暗号化の方法、およびその暗号化と対になる復号化の方法は統一されていない。したがって、優れた暗号化ツールを一部の電子メールの利用者が使っても、暗号化ソフト同士に暗号化・復号化の互換性がないため普及には至らず、そうしたツールで暗号化したメールを受信者が復号化することは期待できない。

　また、一般的な電子メールソフトが暗号形式の電子メールの復号処理には対応していないことも、不特定の相手との間で暗号メールが普及しない原因となっている。

　互換性の問題以外にも、暗号メールが普及しない理由として、現在使われている暗号に脆弱性が発見された場合にどう対処するか、などのさまざまな問題がある。たとえば、電子証明書を発行する認証局が、サイバー攻撃の一つである標的型攻撃を受けて認証局の秘密鍵が漏洩してしまうと、すべての電子証明書の信頼性が損なわれ、暗号も破られるおそれがあるため、安全とはいえない。

(2)　**機密情報ファイルの受渡し方法**

　電子メール以外で安全に機密情報を受け渡すやり方として考えられるのが、機密情報を電子ファイルに収め、そのファイルをインターネット上の信頼できる仲介者に預託して受け渡す方法である。この仲介者が、通信路と

#### 第2編
実務編

サーバーのセキュリティを受け持つことで、利用者（機密情報の送・受信者）は暗号化・復号化作業が不要になり、安全かつ利便性の高いサービスを享受できる。

この場合、送信者（利用者）は機密情報ファイルを、まず預託先のサーバーに送信する。具体的には、送信者がウェブブラウザーで預託先（仲介者）のサーバーにアクセスし、画面から「送信メニュー」を選ぶと送信画面が開き、最初に電文の表題や宛先の入力を促される。受渡しに必要な宛先等の入力が完了すると、同画面から受渡しをしたい機密情報ファイルを選べるようになる。なお、機密情報ファイルを安全な通信路で送信するには、ウェブブラウザーから預託先のサーバーまでの経路を暗号化するHTTPSプロトコルで通信できることが条件である。

機密情報ファイルを送信する処理が完了すると、そのファイルは預託先（仲介者）のサーバーに送られる一方、仲介者から受信者に機密情報ファイルの受信通知メールが送られる。そのメールには機密情報ファイルをダウンロードするためのURLが埋め込まれており、URLをクリックすると、認証画面を経てダウンロード画面に遷移する。

認証に必要な情報は、受信者が別途通知する必要があるが、この場合、送信者と受信者は「m×n」の関係ではなく、送信者と預託先（仲介者）、および受信者と仲介者との「m＋n」の関係になり、送信者と受信者の数がふえても、認証の組合せが爆発的に増加することはないため、送・受信者が認証情報を管理する作業量を抑えられるというメリットがある。

送信者がウェブブラウザーから預託先（仲介者）のサーバーに機密情報ファイルを送信した後、誤送信があった場合に送信をキャンセルできるよう、仲介者のサーバー上に機密情報ファイルを一時保留し、ダウンロード用URLを無効にする方法を送信者は確認すべきであろう。

(3) 電子メールアカウントと送受信ログ

　電子メールの送受信ログの内容を、本部単位・部室単位で管理するために、利用者をグループ化する場合がある。グループには管理者を置き、管理者がグループのメンバーを決定する。この方法において、1人の利用者は原則一つのグループに所属するが、複数グループに所属する場合も生じる。

　複数グループに所属させる必要がある場合、送信者の電子メールアドレスを複数用意することで解決する。すなわち、1人の利用者が複数の電子メールアドレスをもち、それぞれのアドレスを別々のグループに所属させることで、1人の利用者を複数のグループに割り当てる。このようなことは、複数の本部や部室に所属する「兼務者」がいる場合や、複数の本部や部室のメンバーで構成するプロジェクトチームが存在する場合に発生するが、上記の方法により解決される。

　機密情報ファイルの受渡しを行う仲介者のサーバーを管理するためのログインIDは、電子メールアドレスとは独立している。しかしながら、仲介者のサーバーのログインIDをもっていれば、仲介者のサーバーにログインして、受信者になりすまし、預託された電子メールを参照できる権限をもつことがある。したがって、この仕組みにおいて、仲介者のサーバーのログインIDによって電子メールを閲覧できないようにする。仮に、特権が付与されたログインIDによって、預託された電子メールを閲覧できる場合には、閲覧した電子メールの情報を記録して、特権が付与されたログインIDをもつ利用者の上長が、その記録を照会できるようにしておかなければならない。

(4) 他のプロトコルによる通信

　情報システムをメンテナンスするために、情報システム部門はFTP、SSH、Telnetなどのプロトコルを利用して、社外と通信する場合がある。これらのプロトコルによって、機密情報ファイルが社外に漏洩することを防ぐため、電子メールやウェブブラウジング用以外でこうしたプロトコルを利用

することは規制すべきである。FTP、SSH、Telnetなどのプロトコルを利用するのは、主に情報システム部門の社員であることから、利用者単位で制限する。

実際には、社外通信用のゲートウェイに、利用者認証および当該利用者が使用するプロトコル用通信ポートを割り当てる、ネットワークアクセス制御装置を設置する。こうした装置がない場合は、利用者を認証するプロキシーサーバーから通信ログを取得し、不適切な社外通信がないかどうかを事後的に確認できるようにしておく。

FTP、SSH、Telnetなどのプロトコルを用いて社外と通信を行うことが、業務上不可欠な従業者は、プロトコルや通信相手を事前に決めて上長に通信許可を求め、承認後に、それらのプロトコル利用をネットワーク管理者に申請する。ネットワーク管理者は、社外との通信に用いる専用のユーザIDを、社外と通信を行う従業者に発行する。こうした業務フローは、情報セキュリティ主管部が整備する。

FTP、SSH、Telnetの通信ログは、利用者ごとに分け、利用者の所属部室単位で集約する。集約された通信ログから、通信状況に関する報告を定期的に生成して部室長に配信する。部室長は、その報告を点検し、利用者が担当する業務に照らして不適切な社外送信がないかどうかをチェックする。

社外の情報システムに対して、FTP送信を定常的に行う社内システムなどでは、認証用パスワードが、FTPリクエストを発行するサーバーに恒常的に保存された状態で運用される。この場合、アカウントやパスワードが安全に格納されることを確認しなければならない。また、アカウントやパスワードに関しては、有効期限を超過しても通信可能な事態が生じないよう、誰がどのように有効期限を管理するかについて、役割と担当を明確にして運用する。

## 3 重要情報に関する対策

### 1 重要情報の管理

(1) 重要情報

 たとえば、顧客の個人情報のように重要情報とは、機密情報のなかでも万一漏洩や改ざん等が生じるとその企業の経営や競争力の維持および信用に、きわめて大きな影響を及ぼす可能性のある、主に「極秘」扱いのものをいう。

(2) 管理手順の整備

 重要情報について管理責任のある本部責任者や部室責任者等（以下、「管理責任者等」という）は、重要情報を含む情報のセキュリティ管理手順を具体的に定めた文書である「情報セキュリティ管理手順」を作成し、これを定期的に見直す。また、重要情報を取り扱う者が、この情報セキュリティ管理手順を遵守するよう、周知する。

(3) 取扱いについての点検

 重要情報の取扱いにあたっては、情報セキュリティ管理手順どおりに遂行されていることを定期的に点検し、確認する必要がある。確認の結果、不備等が発見された場合には是正処置を講じる。

### 2 物理的なアクセス管理

(1) 入館・入室管理

 重要情報を保管し利用する場所として、その重要情報を取り扱う業務専用の執務場所（以下、「専用執務場所」という）を確保する。専用執務場所は、管理責任者等が許可した者のみが入室できるようにする。特に、夜間・休日

等、通常の業務時間以外に入室する場合は、通常業務時間の手続とは別に、そのつど、入室許可の申請・承認が必要なルールを設けるべきである。

また、専用執務場所への入退室に関しては、少なくとも、以下の記録を一定期間保管する。

①入館・入室許可申請と承認の記録
②入館・入室の記録

専用執務場所に入室を許可されている者が誰々であるか管理台帳を作成して管理し、定期的に見直す。特に、長期間利用していない者や、人事異動による担当者の変更で入室が不要になった者の入室許可はすみやかに無効にする。

(2) 入館・入室記録の確認

たとえば、通常の業務時間以外の夜間・休日を対象に、入室承認記録と入室記録を照合する。照合した結果、承認記録のない者の入室があった場合には、管理責任者等に報告する。管理責任者等は不正入室の原因や事情を明らかにし、必要な是正措置を講じる。不正防止の観点から記録を照合する際は、入室者および承認者以外の者が実施する。

(3) 退室制限およびその記録

特に取扱いに慎重を要する極秘情報が保管されており、特別に高度なセキュリティが求められる区画は、許可された者のみ退室可能とする退室制限や、共連れ入室があって、退室時に入室記録と退室者とが一致しない場合はドアを開けないようにする退室制限等も、当該区画のセキュリティ重要度に応じて検討すべきである。

## 3 論理的なアクセス管理

### (1) アクセス管理

重要情報が保管される専用執務場所において、複数の異なるネットワークを敷設する必要がある場合には、これらを物理的に分離する。重要情報にアクセス可能な機器を限定するとともに、重要情報へのアクセス権限をもつユーザーIDは、管理責任者等へ申請し、その承認を得てから発行する。

「極秘」扱いの情報など、特に重要な情報にアクセスする際には、アクセス許可をそのつど申請し、管理責任者等の許可を得てからアクセスする運用とする。

重要情報へのアクセスに関しては、少なくとも以下の二つの記録を、一定期間保管する。

①重要情報へのアクセス許可申請と承認の記録
②重要情報へのアクセス記録(システムログ等)

また、重要情報にアクセスを許可されている者が誰々であるかを台帳を作成して管理し、定期的に見直す。特に、長期間利用していない者や、人事異動による担当者の変更で、アクセスが不要になったユーザーIDはすみやかに無効にする。

### (2) アクセスの確認

アクセス承認記録とアクセス記録とを照合して、不正がないことを確認する。照合の結果、未承認のアクセスがあった場合は管理責任者等に報告する。管理責任者等は未承認アクセスの原因や事情を明らかにし、必要な是正措置を講じる。不正防止の観点から、記録を照合する際は、アクセスした者および承認者以外の者が実施する。

#### (3) リモート接続の制限

重要情報が保管される専用執務場所以外からのネットワークによる接続は、原則禁止する。やむをえず許可する場合は、外からアクセスする端末内に重要情報が保存できないよう、RDP（Remote Desktop Protocol）等を設定して機能を制限するなど、十分なセキュリティ対策を講じる。

### 4 重要情報の持出し管理と廃棄

#### (1) 重要情報の持出しの承認と記録保管

物理的、論理的（ネットワーク経由）にかかわらず、専用執務場所から重要情報を持ち出す場合には、管理責任者等の承認を得てからとし、少なくとも、以下の記録を一定期間保管する。

①持出しに関する申請と承認の記録
②持出しの日時、担当者、内容、方法（USBメモリー等への書出しなど）等についての記録

#### (2) 持出しの確認

重要情報の持出しに関する承認記録と持出しの記録とを照合し、不正な持出しがないことを確認する。未承認の持出しがあった場合には、管理責任者等にすみやかに報告する。管理責任者等は未承認の持出しの原因や事情を明らかにし、必要な是正措置を講じる。不正防止の観点から、記録を照合する際は、持ち出した者および承認者以外の者が実施する。

#### (3) 紛失、盗難対策

電子化（デジタル化）された重要情報を持ち出す場合には、仮にそれが収められたメモリーやディスクが、紛失・盗難にあっても容易に解読されないよう、暗号化等の措置を講じる。あるいは、データを収めた媒体を運搬する際には鍵付きのジュラルミンケースを用いるなど、第三者の手に容易に渡ら

ないようにする。

(4)　システム開発時における重要情報の取扱い
　重要情報を取り扱う情報システムの開発では、新システムが動くかどうかの最終テストを行う際に、実際の顧客情報や取引情報などの本番データ（重要情報）を用いるケースがある。このとき、重要情報にマスクができない場合は、重要情報の専用執務場所を確保して最終テストを実施する。
　専用執務場所とは別の情報システム開発環境に、重要情報を持ち出さなければならない場合は、重要情報に必ずマスクを施し、誰の（何の）情報かがわからない状態にして利用する。

(5)　重要情報の廃棄
　重要情報が収められた文書や媒体を廃棄する場合には、裁断・焼却・破壊等を行って、復元が不可能な方法を用いる。

**第2編**
実 務 編

# 第 5 章
# 施設・環境の情報セキュリティ管理

## 1 オフィスの情報セキュリティ管理

　オフィス内は、執務室やサーバールーム、来客対応室など、その重要性と利用形態に応じたセキュリティレベルによって、区画を物理的に分けるとともに、許可された者しかその区画に出入りできないよう、厳格な入退管理システムを構築する。

### ◼ 入退館および入退室の管理

(1) 入館証

　入館証は、会社が定める本人確認の手続を経てのみ発行され、一定の期間（たとえば、1年間）に限り有効とする。オフィスへの入館者は、入館時に入館証を提示し、在館中は、本人以外の者が明確に識別できる位置に携行する。また、入館者による相互牽制を促すため、入館証は、従業者と部外者、通常入館者と臨時入館者等がすぐに判別できるように、それぞれ色分けをしておくことが望ましい。

(2) 通常入館

　通常入館とは、従業者など入館者本人に事前に発行された入館証による入館をいう。一般に通常入館者は、入館証の情報に基づき、入館が許可されているかどうかが判断され、入館時刻等の情報が入退管理システムに記録される。

(3) 臨時入館

　臨時入館とは、来訪者など上述の通常入館者以外の入館をいう。入館時に、受付等で臨時入館証を申請する。

　臨時入館証は、受付等に備えられた受付簿に、入館希望者が必要事項を記入した後、警備員ないし受付担当者が面会先の社員に連絡し、その確認を得てから発行する。臨時入館証の有効期限は、基本的に当日のみとする。

　臨時入館者が退館する際には、面会した社員が臨時入館証に面会の開始時刻および終了時刻の記入後、捺印または署名し、出口まで随行して送る。臨時入館者は、入館申請の手続をした場所で入館証を返却する。臨時入館者の入退館記録の保存は、会社が定める期間（たとえば、5年）とする。

　通常入館者が、なんらかの理由で入館証を携行していない場合は、臨時入館と同様に受付等での申請手続を経て、「臨時入館者」として入館してもらう。

　なお、火災発生時や急病人搬送等の緊急時においては、警備員の指示に従うなどの特別な運用規程を別途設けておく。

(4) 休日入退館の手続

　休日に入館する場合は事前に申請し、入室する区画の管理責任者の事前承認を必ず得ておく。休日の入館時および退館時には、次の事項を実施する。

　①オフィス入館時に、受付等に入館証を提示する
　②休日入館申請書等の記録簿に氏名と入館時刻を記入する
　③事前申請／承認と照合したうえで入館を許す
　④退館時には受付等にその旨を申告する
　⑤休日入館申請書等の記録簿に退館時刻を記入する

　事前に申請していない者が休日に入館しようとする場合は、警備員ないし受付担当者が、休日入館者の入室する区画を管理する責任者（不在時は代行権限者）に連絡し、休日入館の許可を得てから手続を行う。

(5) 早朝・深夜の入退館手続

通常の業務時間以外の早朝・深夜にオフィスで業務を行う場合は、休日の入館手続と同様に、入室する区画の管理責任者の事前承認を得る必要がある。早朝・深夜に入退館する際は、入館または退館時、もしくは入退館時とも、次の事項を実施する。

①オフィス入館時に、受付等に入館証を提示する
②早朝・深夜入館申請書等の記録簿に氏名と入館時刻を記入する
③事前申請／承認と照合したうえで入館を許す
④退館時は、受付等にその旨を申告する
⑤早朝・深夜入館申請書等の記録簿に退館時刻を記入する

事前に申請をしていない者が、早朝・深夜に入館もしくは退館する場合、警備員ないし受付担当者等は、入館者が入室する区画の管理責任者（不在時は代行権限者）に連絡し、入館の許可を得てから手続を行う。

ただし、運用効率を考慮して、事前の申請・承認がなくとも、早朝・深夜退館があったことを、退室があった区画の管理責任者、あるいは総務部門や情報セキュリティ主管部に対して事後的に警備員ないし受付担当者等が報告し、報告を受けた者が入館は不正でなかったことを、後日確認すればよいとする運用形態も可能である。

(6) 入室制限

入館者は、担当業務によって入室できる区画が制限される。派遣社員・委託先・その他社員以外の関係者は、特別な事情がある場合を除き、社員が不在となる場合もある執務区画に入室してはならない決まりとすべきである。

入室を許可されていない区画に、派遣社員・社外委託先・その他社員以外の関係者が一時的に入室する場合は、その区画の管理責任者の許可を得て、社員が同行したうえで入室する。

(7) **警備員による監視**

　警備員を配置することは、部外者や不審者の入館・入室などに臨機応変に対応できるため、不正な入退館・入退室に対する有効な抑止力となる。また、「常にみられている」という意識を従業者にもたせることになり、これも不正行為に対する抑止力になる。

　警備員の行う業務として、次のような事項があげられる。
- 入退館管理（通常入館者・臨時入館者、従業員通用口の入退館者などの管理）
- 受付（面会者への取次ぎ、臨時入館証の発行等）
- 搬入・搬出物の確認
- 防犯カメラ映像の監視
- 館内巡回による監視
- マスターキーの貸出管理
- 火災や地震時の避難誘導や通報、傷病者への応急処置などの緊急対応

## 2　入退館および入退室の記録

(1) **入館・入室記録**

　入館証で入館・入室が許可されていることの確認、およびオフィスの各執務区画に入室した者の氏名や入退時刻その他の事項は、入退管理システムにより確実に確認・記録する。入退管理システムが対応していない臨時入館証を携行する臨時入館者が執務区画に入室する場合も、その入館者の氏名および入室時刻その他の事項を必要に応じて手書きで記録する。

(2) **入館・入室記録の確認**

　管理責任者は、入退管理システムや手書きの記録簿の入退情報を、定期的に確認する。特に、休日に入館・入室記録がある場合や、早朝・深夜に入館・入室記録がある場合は、申請書にある入館の理由（業務上の必要性など）と入館・入室記録との整合性から、その妥当性を確認する。

第2編
実 務 編

## 3 入退管理システム

### (1) 概　要

　入退管理システムとは、情報の保管場所であるオフィスやデータセンターと外部との境界の扉などに電子錠を設けて入館・入室を制限するとともに、ICカードリーダー等によって認証で解錠することで、部署や職責・権限に応じて入館・入室できるエリアを制限する仕組みである。

　入退管理システムは、社員・派遣社員・委託先業者の社員など、所属や業務に応じて入室できる範囲を決めることも可能であり、より厳格な入室制限が求められるエリアについては、入室の可否を個人単位で設定することもできる。入室だけでなく、退室側にも同様の認証システムを設けることで、入室と退室の両方の制御が可能となる。

　入館・入室権限を与えられた者であっても、「営業時間」のみといったかたちで時間帯を区切ったり、「営業日」などの曜日によって入館・入室を制限したりすることができる。このように、情報の保管場所に対して適切なアクセス権限を付与することで、情報漏洩のリスクが軽減できる。

### (2) システムの機能

　入退管理システムは、その用途に応じて、以下のような機能を提供する。
　① 認　証
　入館・入室権限の有無を認証する機能。
　② 履歴管理
　入館・入室者のログを取得してシステムに記録することで、誰がいつ入館・入室（退館・退室）したかが確認できる機能。
　③ アラーム機能
　不正な入館・入室や扉が強引に開放された場合にアラーム（警報）を発生させる機能。

④　入室者通知機能

深夜時間帯など、設定した条件に合致した入室があった場合に、電子メール等で管理者などに通知する機能。

⑤　アンチパスバック機能

入室側・退室側の両方に認証システムを設けて、入室の記録がなかった場合に退室できないようにする機能。「共連れ」を防止するとともに、入室者の在室時間や、ある時間帯の在室者を特定する場合などに利用する。

(3)　認証方法

入退管理システムには、その用途に応じていくつかの認証方法がある。一般的には、①テンキー認証など人間の記憶に基づく方法、②ICカード認証などの所持物に基づく方法、③指紋認証など生体情報による方法の三つに分類される。

①　テンキー（パスワード）認証

扉の解錠にパスワードを求める方式。ICカード等を配布する必要がなく導入コスト・運用コストは安価である。ただし、他人に盗み取られる危険性や、一度パスワードを覚えた者が入館・入室権限がなくなった後でも入館・入室できてしまう危険性があるため、セキュリティ面では脆弱である。通常は、他の認証と組み合わせて用いられるケースが多い。

②　ICカード認証

入館・入室者にICカードを配布し、扉の解錠に同カードによる認証を求める方式。導入面では人数分のICカードと認証設備にコストがかかるとともに、運用面でもICカードの紛失等に対応する必要がある。紛失したICカードを、他人が利用して入室される危険性があり、一定のセキュリティリスクは残るが、認証が簡易なために利便性は高く、入退管理システムの認証方法としては最も一般的である。

ICカードには接触型・非接触型などがある。ICカードのかわりに低コス

# 第2編
実務編

トの磁気カードを用いる場合もある。

③　生体認証

　入館・入室者本人の体の情報を認証に用いる方式。指紋認証のほか、静脈認証、虹彩認証、顔認証など、体の部位によりいくつかの種類がある。導入の際に本人による事前登録作業が必須で、近年は精度が上がっているものの、認証時に一定の確率で入室権限がある者が入室できないエラーが発生し、利用者にとっては必ずしも利便性がよくない。しかし、他人に盗・悪用される危険性は低いため、セキュリティリスクの最も低い方法である。

## 4　鍵の貸出管理

### (1)　概　要

　企業では、社屋への入退館および施設内に設置された机・キャビネットの開錠・施錠等で、多くの鍵が必要となる。そのため、防犯・情報漏洩防止の面から鍵の貸出は適切に管理しなければならない。

### (2)　鍵の種類

　鍵は大きく、①シリンダー錠、②ICキータイプ錠、③テンキータイプ錠、④生体認証錠の四つに分類される。これらのうち、シリンダー錠とICキータイプ錠は鍵が持ち運べるため、貸出管理が必要となる。下記に各鍵の特徴を説明する。

①　シリンダー錠

　一般的に使用されている鍵である。解除の履歴は残らないが堅牢で、なかでも「マグネチックタンブラーシリンダー錠」はピッキングに強く、専門店でなければ合鍵は作成できない。

②　ICキータイプ錠

　ICキータイプ錠とは、鍵に埋め込まれたICチップと錠前本体の情報を非接触で照合させ、合っていれば解錠する鍵である。

③ テンキータイプ錠

テンキータイプ錠とは、扉につけられたテンキーで暗証番号を入力することで解錠する鍵である。暗証番号が鍵になっているため、暗証番号を知った人は誰でも解錠できる。入力時に暗証番号を第三者に盗みみられたり、長い間暗証番号を変更せずにいると頻繁に使うキーが汚れたり擦り減ったりするため、暗証番号の組合せが解かれる危険性がある。このような弱点を補うため、入力のたびにテンキーの数字配列が変わるテンキータイプ錠もある。安全のためには、暗証番号を定期的に変更する必要がある。

④ 生体認証錠

生体認証錠とは、指紋や眼球の虹彩、声紋などの身体的特徴によって本人を認証する鍵である。個人を特定できるため厳格な入退室管理に適している。高度なセキュリティが求められる施設等では虹彩認証が使用されるが、高価である。

シリンダー錠と比較すると、ピッキング等の不正解錠対策の効果も高く、持ち歩かなくてもよいので紛失したり盗まれたりする心配もない。生体認証錠のうち、指紋認証錠を利用する際の注意点は、指紋が極端に薄い、あるいは手荒れがひどいなどの理由で読取りに時間がかかったり、何度も試みないと認証できないケースがあったりすることである。指紋認証錠の導入を検討する際は、実機で認証するか、あるいは入念なテストをすべきである。

(3) **鍵管理ボックス**

鍵の持運びができてしまうシリンダー錠やICキータイプ錠は、許可された者のみが利用できるよう、鍵の貸出（利用）を厳重に管理するべきである。しかし、貸出・返却を台帳などで人為的に管理するのは負担が大きく、本来業務に支障をきたす可能性もある。そこで、貸出・返却業務が省力化できる「鍵管理ボックス」を導入することが望ましい。

#### a　鍵管理ボックスの利用イメージ

　重要な書類が保管されているキャビネットの鍵を取り出す際は、鍵管理ボックスで認証する。鍵管理ボックスでは、利用者に許可されている鍵のみが取出し可能である。キャビネットの書類を閲覧した後は施錠を行い、鍵管理ボックスで再び認証して所定の場所に鍵を戻す。鍵の管理者は、長時間、休日など不適切な鍵使用がないかどうかを鍵貸出記録で確認できる。

#### b　機　能

　鍵管理ボックスには、大きく下記の二つの機能があることが望ましい。

① 鍵の保管管理・貸出の自動化

　利用者がICカードや生体認証錠などで本人照合し、許可された鍵だけについて、取出しと返却ができる機能を指す。具体的には、自動化された鍵の貸出・返却業務、利用者が取り出せる鍵の設定、鍵を取り出した利用者の記録、ができることが必要となる。

② 鍵の利用状況の監視と履歴の閲覧

　ジャーナルプリンターやPC用ソフトウエアによる、鍵の利用状況等の管理機能を指す。具体的には、鍵の所在と使用者の確認、長時間ないし休日等の不適切な鍵使用の検知、をできる機能が必要となる。

## 2　データセンターの情報セキュリティ管理

　データセンターにとって最も重要なのは、24時間・365日、安心かつ安全にサービスを提供できることであろう。いまや国内の営業店や従業者をサポートするだけではなく、一般顧客のさまざまなニーズにも応えられるよう、ウェブサイト等を活用し、直接対応できるサービスを提供しなければならない。さらにグローバルでのサービス提供も拡大している。国内のデータセンターを活用しているだけでは世界のスピードに追い着くことはできず、今後は急速に普及しつつあるクラウドサービスとの連携も不可欠である。

# 1 物理セキュリティ

　データセンターの物理セキュリティは、FISC「金融機関等コンピュータシステムの安全対策基準・解説書」に準拠することで、金融業界の基準を基本的に満たしていることになるが、ここでは実際の対策例を紹介する。

　データセンターの情報セキュリティに関する確認ポイントとして「完全性」「機密性」「可用性」があげられるが、このなかで、東日本大震災以来、再度見直しが求められているのは「可用性」であろう。いまやどの業界も、24時間・365日ノンストップで運用できる施設を有していることが最重要だからである。

　日本は地震大国であるが、こうした一部のリスクだけでデータセンターの海外移転を検討するのは早計すぎる。地震が多く不安視されるものの、日本は紛争や政治的な不安は少なく、治安上のリスクが最も低い国と考えてよい。しかも電源やネットワークのインフラも十分に整っている。あとは有事の際の信頼性を確保し、いかに早急に復旧できるかであろう。

　そう考えると、日本企業のメインのデータセンターは国内設置が前提であり、重要なのは、万が一のバックアップセンター（最低限必要な機能を有するシステム）を国内外含めてどこに設置するかで、可用性のうち業務継続性をいかに確保するかにある。以下では、メインのデータセンターおよびバックアップセンターの物理セキュリティをどのように確保するかを中心に述べる。

(1) 立地検討で考慮すべきリスク

　データセンターの国内立地において、考えるべきリスクとして、大別すると①地震リスク、②液状化リスク、③水害リスク、④土砂災害リスク、⑤噴火リスクなどがある。

第2編
実 務 編

a 地震リスク

地震リスクは現時点で最も注目されるリスクであろう。地震に関する資料は、インターネット上でもさまざまなかたちで閲覧できる。これらをみると、日本に地震リスクのない場所はないといっても過言ではない。リスクを極力最小化するという意味では、たとえば地方自治体等が発行する想定地震の震度分布や確率論的地震動予測地図を参考にするとよい。なかでも活断層の情報は、直接的な被害を少なくするという点で重要である。地震リスクを極小化するには、日本国内であれば、建物の耐震性が立地場所の地震発生確率や想定震度に応じて強化されているかどうかが重要になる。

b 液状化リスク

液状化リスクについては、さまざまな液状化予測図が公表されており、液状化指数（PL値）「5.0以下」が妥当な値であると思われる。ただし、東日本大震災で実感したとおり、巨大な建造物は、液状化による建物自体の崩壊よりも、その周辺のインフラ（電気、水道、ネットワーク回線など）が機能しなくなる危険性のほうを注意すべきである。

c 水害リスク

水害リスクは、津波・高潮や河川の氾濫による浸水リスクである。津波・高潮は、海からの距離と標高で決定される。最近では津波・高潮ハザードマップも作成されており、参考になる。河川の氾濫は、近隣河川との標高差から求められ、地方自治体等から洪水ハザードマップも発行されている。

d 土砂災害リスク

土砂災害リスクは、急傾斜地が崩壊したり、勾配の強い河川付近で土石流が発生したり、地滑りなど広範囲の地面全体がズレたりするリスクである。各地方自治体が公開している土砂災害危険箇所と土砂災害警戒区域を参考にするとよい。

e 噴火リスク

2012年現在で日本には活火山が110もあり、噴火リスクを簡単に排除する

ことはできない。噴火による周辺への影響としては、火山噴出物（固体・液体・気体）がある。

「固体」は火山砕屑物と呼ばれ、そのうち火山灰が最も広域に影響を及ぼす。富士山が噴火した場合、火山灰は東京近郊でも10センチメートルは降り積もると予想されている。データセンターには、火山灰の積載荷重や流入防止対策、それらを考慮した空調設備と内気循環施設を準備する。万が一コンピュータ室内に火山灰が入った場合の除去装置も必要である。さらにコンピュータは冷却装置が必須のため、噴火リスクに備えるには、外気による冷却装置だけではなく密閉式冷却装置が必要になる。

「液体」には溶岩流や火山泥流があり、これに関しては活火山のある地方自治体等が発行するハザードマップを参考にするとよい。ただし、液体の広範囲の拡散はないと思われる。

「気体」とは火山ガスのことである。2000年の三宅島噴火のように住民すら近寄れなくなるケースも想定されるが、北海道、本州、四国、九州、沖縄本島では、火山ガスによる広範囲の活動制限はないと思われる。

(2) 建物の構造と必要な設備

データセンターとして備えるべき建物の構造や設備は、具体的には、以下のとおりである。

　a　建物の構造

まず、建物自体の構造について整理する。この分野は技術競争が激しく、進化は多様である。主な構造上の違いは、「耐震構造」「免震構造」「制震構造」である。

　①耐震構造…たとえば、耐震壁や筋交いを施すことで壁面の強度を上げ、堅牢な建物とすることで、地震の揺れに耐えられるようにする構造
　②免震構造…建物の基礎部に積層ゴムを設置し、建物の揺れそのものを抑制する構造

**第2編**
実　務　編

　③制震構造…揺れを吸収するダンパーを建物内に組み込むことで、ある程度は揺れるものの倒壊はしない構造

　データセンターのつくりは耐震構造と免震構造の組合せが主流である。ちなみに制震構造の建築物としては、五重塔や東京スカイツリーが知られる。

　さらに、直下型地震を想定した構造にも注目しておく。直下型地震は強い縦揺れを伴う。免震構造は主に横揺れを低減するようつくられているため、縦揺れを減衰させるには、現時点では床下にダンパーを挿入する方法（免震床）が一般的である。建物全体の揺れを抑える「3D（3次元）免震構造」も考案されており、データセンターでの今後の実用化が待たれる。

　b　建物の設備

　次に建物内の設備であるが、特にここでの重要な設備としては、データセンターが稼働するうえで最低限必要な「電源」「空調」「通信」があげられる。

(a)　電　源

　電源設備の構成要素は、受変電設備・無停電設備（UPS）・自家発電設備からなり、それぞれ二重化（一系統が停止しても継続稼働が可能となる冗長構成）されている必要がある。

　①受変電設備…複数の変電所から電力を受け入れる構成をとる

　②無停電設備（UPS）…変電所からの電源が途絶えた場合に、次の自家発電に安全に切り替える程度の時間に関して、データセンターすべての電力を一時的にまかなう電源容量を蓄電池等で確保する

　③自家発電設備…無停電設備が稼働した時点ですみやかに稼働し、数日間（最低でも、業務継続のためにバックアップセンターに切り替えたり機器を計画停止したりすることで、事業に大きな損害を与えないようにする期間）はデータセンターすべての電源を供給できるようにする

　また、それぞれの設備は途切れることなく切り替わる必要があり、受変電設備・無停電設備・自家発電設備を連携させる訓練を定期的に実施しておかなければ、いざというときに機能しない可能性があるので注意したい。

(b) 空　調

　空調設備には、熱源設備と空調制御設備がある。データセンター内にある機器は、稼働時は大量に熱を発し、温度が上昇しすぎると誤作動を引き起こす可能性があるため冷却が必要である。

　①熱源設備…機器を冷却するための冷えた空気をつくりだす装置である。方式は空冷・水冷があり、一般的に空冷はコストが安く、水冷は冷却効率が高い

　②空調制御設備…センターフロアの隅々まで適温の空気を送り出し、建物や機器の温度を制御する機器である

　稼働する機器が集中する場所は、必然的に温度が上昇する。温度をきめ細かく制御するには、各所に温度センサーを設置し、必要に応じて空気の流量をコントロールできるようにしておく。

(c) 通　信

　いまや大容量通信ができる通信設備をもたなければ、データセンターは成り立たない。さらにクラウドサービス事業者との連携も多くなり、大容量通信への要求はとどまることがない。通信設備では、外部から引き込む通信事業者の回線（以下、「キャリア回線」という）部分とセンターフロア内配線がどのように敷設されているかの設計と管理が重要になる。有事の回線障害を考慮し、キャリア回線は少なくとも2本以上引き込む。このとき、システム構築のつど回線を引き込むのは非効率なため、一括して引き込んでおく。

　一方、センターフロア内配線には、キャリア回線の配線とフロア内（間）の物理的なネットワークケーブル配線がある。物理的なネットワークケーブルには通信可能な限界長があり、それを意識して効率的に制御できるよう配線しなければならない。また、配線は、一度敷設するとメンテナンスが非常にむずかしい。このため、あらかじめメンテナンスしやすい配線構造とする。最近では、サーバーやネットワーク機器を設置するフロアと、電源を含むネットワークケーブルを配線するフロアとを分離する制御方法も考案され

ている。データセンター内の作業および管理効率をよくするための知恵といえる。

(3) 入退館管理

　データセンターにおける情報セキュリティの管理は、「完全性」「機密性」がポイントとなる。これを一言でいうと、データセンターの「堅牢性」であるが、それを高めるためには、
　①データセンターへの入退館管理
　②データセンター内の入退室管理
　③それぞれの機器が設置されたサーバーラックの施錠管理
　④物の持出し管理
が重要である。加えて、データセンターには、システム保守のために高い頻度で定期的に入退館する者もいれば、一般の機器納品業者のように、たまにしか入退館しない者もいる。実際の運用では、セキュリティを確保したうえで、これらの者がスムーズに入退館できる仕組みも必要である。

　建物は、エントランス、事務エリア、オペレーションエリア、コンピュータ設置エリア、設備（建物関連）エリアに分けられる。以下では、オペレーションエリアとコンピュータ設置エリア、および設備（建物関連）エリアに一時的に入室して作業をする際のフローに沿って管理上のポイントをみる。

　a　敷地への入場

　ほとんどの場合、データセンターは独立した敷地に建てられている。このため入館前に敷地への入場チェックが行われる。その際、少なくとも身分証の提示か、運搬用車輌の場合は車体やナンバーをチェックし、事前に申請があったものかどうかを確認する。もし申請がなければ原則入ることはできない。緊急で入る必要があれば、準備された手続に従う。

　b　入館時のチェック

　入館は、事前に入館申請し、申請者の上長およびデータセンター側の担当

者がそれを了承していることが条件である。入館時には、受付の担当者が本人であることを顔写真付き証明書で確認した後、臨時入館証を発行する。入館証にはICチップや電子タグが組み込まれており、入館以降はすべてこのICチップや電子タグによって入退室の可否が判断され、通過や入退出ログが記録される。

　また、入館にあたって携行品の持込みは厳しく制限される。電子機器（ノートPC・タブレット端末、スマートフォン・携帯電話端末、携帯音楽プレイヤーなど）や外部記憶媒体（USBメモリー、SDカード等）はもちろん、持込み可否の判断がむずかしい携行品も、持込みは禁止される。外部記憶媒体は急速に小型化され、ペンのような筆記具型やキーホルダーのようなアクセサリー型も登場しており、故意での持込みを見つけることはむずかしくなっている。そのため入館時には、X線や3Dボディスキャナーで未承認の持込み品がないかどうかをチェックすることが望ましい。

　入退館時にボディチェックを行うことをはじめ、入館後は防犯上、行動は録画され、事務エリアに設置された電話機や貸し出された電話端末は通話内容が録音される。このため入館時にはあらかじめ入館者個々にその旨を伝えるとともに、入館者の個人情報保護にも配慮する。

　　c　入館後の電話利用

　コンピュータ設置エリアおよび設備（建物関連）エリア内で、作業上どうしても電話をしなければならないときは、データセンターから貸し出される電話端末を利用する。上記のように、この電話端末は通話内容が録音される。

　　d　入退室時のチェック

　オペレーションエリアとコンピュータ設置エリアは、重要情報に接触可能な区画である。したがって、これらのエリアには、入館時に発行されたICカードや生体認証（静脈・指紋・声紋・虹彩認証等）によるものをもとに、入退室する。また、入退時刻は必ず記録される。

　この入退室確認は、共連れ防止の「ゲート」でもある。物理的に一人ずつ

しか入退できないように工夫することも有効であるが、赤外線センサーや画像認識技術によって、一人の認証で同時に何人もの入退室がないかどうかチェックする仕組みもある。さらに退室の際には、入室記録と整合がとれなければ退室できないようにする「アンチパスバック」の仕組みを取り入れると、システム的なガードが強固となる。

なお、入退室を自動化するデータセンターも多いが、管理をいっそう強化するには、機械だけに頼らず警備員の配置や要所への監視カメラの設置で「人の目」があることを意識させることが有効である。

設備（建物関連）エリアは、建物設備の保守や工事に伴う入退室が多い。このエリアに重要な情報が収納されている可能性は低いが、大人数が一度に入退室することも多い。そのため、そういった大人数の入退室がセンター運営全体に及ぼす影響を事前に工事の計画や申請で十分に把握したうえで、作業を実施するとよい。コンピュータ設置エリアにおいて機器の搬入・搬出が発生する場合も、他の機器等への影響を考慮して、工事の申請と認可が必要であろう。

  e  退館時のチェック

退館時も入館時同様、X線や3Dボディスキャナーによって、未承認の持出し品がないかどうかを確認する。なんらかの持出し品がある場合は必ず持出し申請と承認の手続をする。ノートPCやUSBメモリー、書類のバインダーなどの物理的な資産（電子媒体や紙媒体といった情報が記録できるすべてのもの）の持出しが、申請の対象となる。

  f  入退館後の監査

入退館の申請・承認および入退室記録は、後の監査のためにデータセンターで適切に保管する。監査対象は利用者や作業委託者である。記録類の保管期間は、法律で定められた窃盗罪の時効を基準とすると、10年程度が目安であろう。入退室記録は承認者がいつでも確認できるようにしておく。また、データセンター側でも、不審な入館者がないかどうか（不必要に立入禁止区域に立

ち入ろうとしていないか）のチェックが必要である。

　g　その他

　入館者には、データセンターという施設の特質にかんがみ、利用には独自のルールがあることを理解してもらう。入館のつど、注意事項をきちんと説明し、誓約事項を理解納得したうえで誓約書に署名を求める。ふとしたことでの不要物の持込みや、軽い気持ちでの持出しを防ぐ。

　入館証の他人への貸与も、しばしばみられる行為である。それが発生する大きな理由は、データセンターの入退館申請や許可の内容が個々人で違うため、入室できる場所が人それぞれ異なり、館内での行動が制限されるからである。したがって、同じ作業であるにもかかわらず、関係者全員が同じ部屋に入れない可能性もありうる。こうした場合、作業をフォローしてくれる他人に入館証を貸与してしまうケースがある。貸与される側も作業効率が上がるため受け取ってしまうが、これは断じてあってはならない。入館には事前申請ならびに承認が大前提であることを徹底させ、その際に入室区画が必要十分であることをよく確認する。

(4)　今後の課題と展望

　a　今後の課題

　物理セキュリティの課題として、下記の3点があげられる。

①グローバル展開の面から、今後、日本国内だけでデータセンターを確保・運用することが困難になる

②BCP（事業継続計画）・DR（災害復旧）対策の向上

③データセンターの老朽化対策

　まず、グローバル展開においては、そもそも国内のデータセンター利用がシステム構築においては最善として進めてきたが、クラウドサービスの拡充に伴い、低コストであり事業にあったサービスを選択できるようになってきている。したがって、「クラウドサービスの利用」を最初の選択肢として、

# 第2編
実務編

対応策を検討することが可能となってきている。

次のBCP・DR対策については、そもそもシステムとしての対策である。東日本大震災では、それまで信頼を得てきたデータセンターが、長期の停電や回線の切断等によって機能しなくなった例はあった。災害によるこうした事故を想定するならば、既存のデータセンターだけではなく、さらに別のデータセンターを外部のバックアップセンターとして活用する必要が出てくる。

最後に、データセンターの老朽化については、データセンターの建物自体は30～50年、またはそれ以上といった期間に耐えられるよう設計されている。しかし、他の環境が変化し、電源やネットワーク設備が古いデータセンターでは対応できないという事実が明らかになってきた。このためメンテナンス対応だけではなく、移設までも含めたシステムおよびデータセンターの設計・設置が重要になってきている。

### b　今後の展望

データセンターは今後、物理セキュリティの面では、さらに省電力化と高密度化が予想されるため、建築への設置が求められる設備が変化する可能性が高い。10～20年前と比較して、コンピュータ等の機器1台当りの消費電力は格段に省エネルギー化された一方で、データセンター内での機器設置は逆に高密度化している。しかし、全体としては省電力化の方向で進んでおり、電力事情という点でも、今後は電力自由化（規制緩和）により電力需給が変化する可能性が高い。自家発電装置や蓄電池の性能も向上してきており、コストを抑えながらより高い品質・性能でサービスを提供できるであろう。

## ② 論理セキュリティ

データセンターにおいて、ネットワーク経由で接続される機器のセキュリティ対策を考えるにあたって、外部ネットワークとの接続経路から、

①インターネット接続

②外部データセンター接続

③利用者接続
　④メンテナンス接続
に分けて、課題や対策を考える。

(1) インターネット接続
　一般のインターネット接続のセキュリティ対策と同じ事柄については、詳細な説明は割愛し、ここではデータセンターを活用した最新のインターネット接続環境について説明する。
　企業におけるさまざまな情報セキュリティ対策のうち、インターネット接続に関しては、コンピュータウイルスやスパムの流入阻止や悪質なハッカーによる不正侵入といった「外部からの脅威」と、電子メールやウェブメール、オンラインストレージ等による情報漏洩など「内部からの脅威」の両方への対策が必要である。また、内部統制の点からは、業務外利用の制限やアクセスログの長期保存なども重要である。
　しかし、これらの対策をそれぞれのサブシステムで実行しようとすると、人員の確保や最新の技術スキルの獲得・維持に多大なコストがかかる。そのため、データセンターでインターネット接続を集中管理することで、セキュリティを高く維持しつつコストを抑える方法が考えられる。この場合、通信事業者に支払うコストも削減でき、それで浮いた費用をバックアップセンターやBCP（業務継続計画）の充実に当てることができる。

(2) 外部データセンター接続
　外部データセンターとの接続においては、顧客企業や外部サービス事業者との間で、本番データをいかに安全に通信するかということが課題である。以前は、データセンターとの間は専用線で接続し、特定のプロトコルで通信するのが一般的であったが、最近は接続距離が延びる傾向にあることから、インターネットを利用したVPN接続が主流になっている。低コストで安全

# 第2編
実 務 編

性も高いことがその理由である。プロトコルはインターネットで標準となっているTCP/IPであるが、過去の特定のプロトコルを他のプロトコルで利用できるようカプセル化する手段もあり、柔軟に利用できる。

　最近の特徴は、クラウドサービスの活用が多くなってきていることである。GoogleやAmazon.comがよく知られ利用者も多いが、さらに企業での利用を意識した特定のさまざまなサービスが登場している。Googleは、「Google Apps for Business」という企業向けサービスを、またAmazon.comは「Amazon Web Services」を提供している。さまざまなOS（基本ソフト）が混在していても、一般的なシステム構築より早くクラウド上に構築でき、一度構築すれば同じ環境をコピーすることが可能で、同時に複数のシステムを構築することもできる。すなわち、同じシステムを同時に複数構築することが可能となり、試験的利用としても有効である。また、データセンターがこうしたクラウドサービスと直接接続することで、データセンターのなかにあたかもクラウドが存在するかのようなサービスも考えられている。

　クラウドサービスを利用する最大のメリットは、初期投資が不要な点と、一般サービスと比較して稼働率が非常に高い点で、BCPやグローバルという点においても、利用の仕方によっては大きな可能性を秘めている。

　クラウドサービスの利用にあたっては、『「金融機関等コンピュータシステムの安全対策基準」に対するAWSの対応状況リスト』（参考URL）http://aws.amazon.com/jp/aws-jp-fisclist/を一読しておくとよいだろう。これは、FISC安全対策基準の各項目に対して、Amazon Web Servicesが行っている取組みを記載したものであり、Amazon Web Servicesを金融機関が利用する際のチェック用でもあるが、他のクラウドサービスを利用する際にも有効と思われる。

(3)　利用者接続

　利用者接続とは、一般顧客がインターネット経由でデータセンター内の機

器やシステムに接続して、金融商品を取り扱うオンラインサービスを利用したり、企業間接続や同一社内・同一グループ内の従業者がデータセンター内のシステムにアクセスしたりすることである。

この接続では、一般顧客とデータセンターとの間を結ぶ通信経路の安全性の確保が重要である。一般顧客がサービスを利用する際には、センター内にある各システムの安全性を確保することも重要で、そのため必要に応じて通信経路をソフトウエアで暗号化したり、認証を強化したりして安全性を確保する。詳細は「ネットワークのセキュリティ管理」(第7章)に委ねる。

企業間接続や同一社内・同一グループ内接続は、専用線を利用するのが最も安全かつ容易であるが、最近は費用面でメリットのあるさまざまな代替策がある。そのうち、「VPN接続」および「閉域IP接続」について紹介する。

　a　VPN接続

VPN接続は、公衆回線上に構築した仮想的なプライベートネットワークを用いて回線接続を行うことであり、暗号化技術により、あたかも専用線接続のようなセキュリティが確保できる。インターネットを経由したVPN接続は、特に「インターネットVPN」と呼ばれる。VPN接続にあたっては、通信を行う両端の建屋に設置した送受信用のVPN装置を用いて、暗号化・複号化や認証を行って安全性を確保している。データセンターのように、一方は堅牢な建屋でVPN装置が配備できるとしても、他方はそこまでの装置を配備できないケースもあり、その場合はソフトウエアによりVPNを構築する。

　b　閉域IP接続

閉域IP接続とは、文字どおり閉じた域内でのIP接続で、大手通信事業者が提供しているグローバルな閉域IP網サービスが有名である。こうした通信事業者は、国や拠点間を自社保有の大容量公衆回線網で独自に接続し合うことで、グローバルなIP網を構築している。その網では、高度なインターネットVPN技術により、インターネット経由のVPN接続以上の機密性・完全性・

可用性を実現している。「IP-VPN」とも呼ばれる。

　これらのネットワーク技術は、今後も多様に進化するとみられる。選択の基準は、技術面・セキュリティ面では問題がないことを前提に、接続するシステム間相互の環境を配慮したうえで、必要な通信容量や機器の導入可否、メンテナンスの継続性、初期投資やランニングコストなどである。

⑷　メンテナンス接続

　メンテナンス接続は、ネットワークを介してデータセンターにあるシステムのメンテナンスをする場合に考慮する。ここでは、①接続元管理、②申請・承認管理、③ログ取得・確認、④権限分離と第三者確認、の4段階に分けて説明する。

　a　接続元管理

　接続元管理における接続元としては、①データセンター、②データセンター以外の安全なIP網、③外部が考えられる。

　①で接続元が自らのデータセンター内にある場合は、利用する端末が外部ネットワークへ無防備に接続されていない限り、データセンターの建屋という物理的な障壁もあって、最も安全である。

　②のデータセンター以外の安全なIP網の接続元としては、たとえばメンテナンス会社や社内の特定部署などが考えられる。これらからデータセンターに接続する際は、本来であればデータセンターと同じレベルの物理セキュリティを求めるのが必然であろう。その場合は特定の部屋を設けて、入退室管理、情報機器や媒体等の持出し・持込み管理、設置機器管理（構成管理を含む）という厳重な管理が必要となる。

　③の外部からの接続の場合で、接続元からのデータの持出し・持込みを制限したいのであれば、中間にRDP（リモートデスクトッププロトコル）サーバーを設置し、これを適切に管理することで対応可能である。もしも一人で作業することを制限したいのであれば、データセンターの監視員立ち会いのもと

に画面を操作する。ただし、作業者がまったく信用できない、あるいは監視員であっても作業者以外に画面を閲覧させることを禁止したいのであれば、外部からの接続は不可とすべきである。

　b　申請・承認管理

　申請・承認管理とは、物理セキュリティと同様に、外部からネットワーク経由でデータセンターに接続しようとする際に行う、事前の申請・承認の仕組みのことである。個人を特定できるIDを登録しておくなどして、アクセス権限の範囲を決めておくとよい。その範囲は、ネットワーク単位、ホスト（IPアドレス）単位、さらに絞るのであれば必要なプロトコルに絞ることが考えられる。機器にアクセスするためのログオンIDやパスワードの管理は、データセンターに入室する際と同様、作業者についての管理となるので、この申請・承認管理からは省かれる。

　また、緊急時のアクセスの申請方法も定めておくとよい。その場合は、適切な措置をとったうえでの事後申請・承認というかたちが考えられるが、緊急時のアクセスを事前にどこまで認めるかを、システム単位やID単位などで決めておく。さらに、事後申請・承認というかたちでアクセスした場合は、アクセスしたことを承認者に必ず通知して承認を受けるとともに、アクセス内容を確認する。

　c　ログ取得・確認

　ログ取得・確認とは、ネットワークを通じたアクセスを、なんらかのかたちで電子的記録に残すことである。通常は、プロトコルによって電文をそのまま記録することで、ログは取得できる。電文のログがあっても万が一解析がむずかしい場合は、いったん別のPCからアクセスし、そのPCの「画面ショット」を撮るという方法も考えられる。ログは必ず保管し、可能な限り長期間保管とする。期限を設けるとするならば、システム（サービス）の提供年数や、法律で定められている期間を考慮したうえで社内規程で定める。

　最低期間は、サイバー犯罪条約で定められた90日である。妥当なのは少な

くとも1年間、長くて3〜5年間であろう。

一方、ログの確認においては、アクセスをどこまでチェックするのかを決めておく。たとえば、誰がいつアクセスしたのかを確認すればよいレベルと、コマンドまでチェックするレベルなどがある。承認者がログを確認できる環境を必ず用意する。

 d 権限分離と第三者確認

権限分離と第三者確認は、上述した一連の流れのセキュリティを確保することである。まず申請と承認の記録およびログは、利用者でも承認者でもない第三者に確実に保管させる。実利を伴わない運用担当者に任せるのがよい。次は、申請とログの突き合わせである。基本的には承認者の確認で十分であるが、会社（組織）がその業務内容を保証しようとすると、さらに別の第三者の確認が必要となる。その場合は、申請内容が適切に承認されているかどうかを確認する。

ポイントは、誰がいつアクセスしたのか、どのような権限範囲でアクセスしているのか、そのアクセス理由とその内容は適切か、である。実際の確認作業は膨大になるため、規程上は抽出したサンプルの確認となるであろう。この確認者もいくつか考えられ、前出のログの保管同様に、実利を伴わない担当者に任せる方法や、社内の内部監査の一環として、その立場を担う者が行う方法、まったくの外部に依頼して確認する方法などがある。アクセスを外部委託先が行う場合は、自分自身で行う方法も考えられる。

(5) 今後の課題と展望

 a 今後の課題

論理セキュリティに対しては、今後さらなる厳格な運用が求められるようになる。これまでの物理および論理両面からのセキュリティを考えると、データセンターは日本国内に限定せず、外部のクラウド事業者と密接な関係を保てる立地が重要となる。もちろん、この場合、通信ネットワークの（伝

送）容量が十分に確保できることが前提である。

　このようにデータセンターが各地に設置されると、論理的アクセス管理がさらに重要になり、そのセキュリティをいかに担保できるのかも課題となる。具体的には、データセンター単位、あるいは単一のデータセンターを超えた全システムが連動したかたちで、セキュリティの水準が確保されなければならない。

　b　今後の展望

　データセンターでは今まで物理セキュリティに対する管理や監視を生業としてきたところがあるが、今後は論理セキュリティに対する管理や監視も重視し、さらにこの両方のセキュリティを確保することで、網羅的なセキュリティを確保できることになるだろう。全体としてSOC2基準やFISC安全対策基準に準拠させ、第三者保証証明書を発行することでデータセンターの安全性を保証する取組みが必要となるであろう。

第2編
実 務 編

# 第 6 章
# 端末・媒体のセキュリティ管理

## 1 端末管理

### 1 シンクライアント端末の利用

(1) 概　要

　一般的なパソコンには、コンピュータ本体にハードディスクドライブが搭載され、そこには個人情報をはじめ機密性の高いさまざまなデータが保存されていることが多い。このようなパソコンが盗難や紛失等により第三者の手に渡ると、機密情報がそのまま漏洩してしまう危険性があり、きわめて大きなリスクとなる。こうしたリスクを回避するには、クライアント端末側にデータを保存しないシンクライアントシステムが非常に有効である。

　シンクライアントシステムのクライアント端末には、
　①サーバーに接続するためのネットワーク機能
　②画面表示機能
　③利用者の入出力用GUI（Graphical user interface）
といった最小限の機能のみが装備される。データ処理はすべてサーバー側で実行し、その結果の画像情報のみをクライアント端末に転送し、画面に表示する。

　クライアント端末は、キーボードで入力した情報や、マウスの動作情報をサーバー側に転送するだけの機能しかなく、ハードディスクドライブを内蔵していないため、機密情報が端末側に保存されることはない。したがって、仮に端末が盗まれても機密情報が抜き取られるリスクがなく、USBメモリーなどの外部記憶媒体を介して情報を不正に持ち出されるリスクも防止で

きる。また、災害等で端末が水没したり破損したりした場合にも、重要なデータがそこから失われることはない。

(2) シンクライアントシステムの導入効果

　従来のシステム環境では、クライアント端末に高価なパソコンを利用することからコストがかかっていたが、データ処理をサーバー側に一元化するシンクライアントシステムであれば、クライアント側は最低限の機能を装備した安価な端末でよい。このようにシンクライアントシステムは、もともとはコスト削減を目的に普及してきたが、近年では、上述したような情報セキュリティ面や耐災害性の向上の面での効果も注目されており、情報漏洩リスク対策を主目的とした導入も進んでいる。

　シンクライアントシステムは、クライアント端末からの情報漏洩リスク以外にも、さまざまなリスクを防ぐことができる。たとえば、脆弱性攻撃やコンピュータウイルスへの感染リスクである。クライアント端末の環境はすべてサーバー側に集約されているため、OSのパッチファイルの更新やコンピュータウイルス対策などはシステム管理者側の管理となる。したがって、利用者自身がパッチを更新したり、コンピュータウイルスのパターンファイルを適用したりすることを怠ることによって高まる脆弱性攻撃やコンピュータウイルスへの感染リスクを未然に防げる。さらに、利用者による不要なソフトウエアのインストールや、クライアント端末の環境設定の変更も制限できる。たとえば、「Winny」など、情報漏洩につながりやすいファイル共有ソフトウエアを利用者判断でインストールすることで招いてしまうリスクを、システム管理者が一括して管理・制限することで防止できる。

(3) 利用方法

　シンクライアントシステムを社内に導入するにあたっては、クライアントパソコンからデスクトップOSを分離し、サーバー上に集約させた仮想環境

を社内ネットワーク上に構築するという方法がある。利用者である社員にはシンクライアント端末を支給し、サーバー上で仮想化されたデスクトップに接続してシンクライアント環境を提供する。この環境では、電子メールソフト、オフィスソフト等に関しては社内標準のアプリケーションソフトがあらかじめインストールされており、利用者は個人設定をするだけで使用できる。

また、シンクライアント端末を共用端末とすることで、社員が別の拠点に移動した場合でも、その共用端末から社内ネットワークに接続して、自席と同等の環境で業務を続けることができる。

さらに、ノート型のシンクライアント端末を社員に支給すれば、社員は社内の自席だけでなく、インターネットに接続可能な環境であればどこからでも社内サーバーに接続して業務が続行できる。ただしこの場合、単純なユーザーID・パスワードだけで社外からシンクライアント環境にログインできるように設定してしまうと、シンクライアント環境に第三者が容易にアクセスできるリスクが高まる。これを防ぐには、クライアント証明書を導入してアクセス可能な端末を制限するとともに、パスワードとトークンの組合せで認証する二要素認証等の対策を考慮する必要がある。

## 2 携帯PCの管理

### (1) 概　要

近年、会社貸与の携帯PCの紛失や盗難などが原因となって、情報漏洩事件が多発しており、情報セキュリティ強化の一環として、携帯PCの利用を制限する企業が増加している。したがって、企業などは携帯PCに関するセキュリティ対策を強化するなど、管理に努める必要がある。

### (2) 携帯PC台帳の導入

会社貸与の携帯PCの管理方法としては、下記①～④で示す「携帯PC管理台帳」を導入するやり方が有効である。

① 各組織のセキュリティ管理担当者は、携帯PC管理台帳を作成し、当該組織内のすべての携帯PCを記載する。共用の携帯PCについては、各組織の長から任命された管理者を管理台帳に記入する。共用の携帯PCの管理者は、当該携帯PCを誰がいつからいつまで持ち出したか（利用したか）を管理する。

② 携帯PCの持出しにあたっては、事前に各組織の長による許可が必要であることを周知徹底し、管理台帳で管理する。

③ 携帯PCの購入、廃棄、使用者（または管理者）の変更の際は、管理台帳を更新する。

④ 各組織の情報セキュリティ管理担当者は、自組織で管理するすべての携帯PCについて、盗難に遭ったり紛失したりしていないかどうかを、最低でも3カ月に1回は確認する。

(3) セキュリティ対策

　会社貸与の携帯PCを業務で利用する際には、下記のセキュリティ対策を講じることで、万が一の紛失や盗難の際のリスクを低減できる。

　a　パスワードの設定

① OSのログインパスワードとして、暗号化ソフトのパスワードとは異なる文字列を必ず設定する。

② スクリーンセーバーで「パスワードによる保護」を設定する。

③ コンピュータのスリープ状態が解除されたときに、パスワード入力を要求するように設定する。

④ パスワードは、英数字の混じった8文字以上の文字列を設定する。

　b　利用上の注意点

① 携帯PCの持出しは、必要最低限にとどめる。

② 携帯PC内に格納するデータは、必要最小限にとどめる。

　特に、機密情報・個人情報は、極力保存しないようにし、使い終わった

らすぐに削除する。
③携帯PC内の送受信メール、OA文書ファイル、ウェブブラウザーのキャッシュはこまめに削除する。
④携帯PCを使用していないときは、施錠できるキャビネット等に保管・施錠する、または持ち出せないように、セキュリティワイヤ等で固定する。
⑤第三者がみて、組織を特定できるような情報を含む資産シールなどは、携帯PCの底面など目立たない場所に貼る。
⑥持ち出した携帯PCを公共の場所に放置しない。携帯PCは手荷物として運び、できるだけ外見を露出させない。また、網棚等に置かず、手元から離さないようにする。
⑦携帯PCを社外に持ち出したり、持ち運んだりする際は、スタンバイまたは休止ではなく「シャットダウン」の状態で行う。
⑧USBメモリー等は、携帯PCから外して別に持ち運ぶ。
⑨持ち出した携帯PCを家族や友人に使用させない。
⑩パスワードなどの設定項目は、携帯PCとは別に持ち運ぶ。
⑪携帯PCを用いて公共の場所で業務をする場合、周りの状況を常に把握し、プライバシーシートを使用するなど画面の情報を盗み見られないよう注意する。
⑫携帯PCを盗難・紛失した場合には、あらかじめ定められた関係各所にすみやかに届け出る。

c　セキュリティ対策ソリューション

①社内LANに接続する携帯PCには、端末のセキュリティを総合管理するためのソリューションを導入する。
②一日のうち、携帯PCを最初に立ち上げる時には、社内LANに接続して端末セキュリティ総合管理ソリューションを実行し、その指示に従う。
③携帯PCには、コンピュータウイルス対策ソフトをインストールする。

④携帯PCの立ち上げ時に、ウイルスパターンの更新とスキャンを必ず実行し、完了するまでは社内LANや顧客のLANには接続しない。ウイルスパターンの更新は、必要に応じて外部メディアを用いてオフラインで行う。

⑤インターネットのVPN接続経由で、携帯PCを社内LANに接続する場合は、必ずクライアントファイアウォールソフトを使用する。

⑥携帯PCがクライアントファイアウォールソフトでも防ぎきれないコンピュータウイルスに感染するのを防ぐため、社外のウェブサイトを閲覧する際は、必ずVPN接続して社内LANを経由するかたちで閲覧する。

e 利用停止時や修理・廃棄時の対応

①携帯PCの使用者が変更になる場合には、変更前の使用者が携帯PC内の送受信メール、OA文書ファイル、リモートアクセスの設定等を消去してから引き渡す。共用の携帯PCを返却する際には、作成・使用したファイルを削除してから返却する。

②携帯PCの修理・廃棄を行う場合、まず内蔵ハードディスクの内容を完全に消去してから業者に依頼する。完全に消去できない場合は、業者との間で、機密保持契約、または機密保持誓約書を取り交わしてから業者に依頼する。携帯PCを業者との間で受渡しする際に、宅配便等を利用する場合は、会社指定の信頼できるところを利用する。

## 3 端末セキュリティ総合管理ソリューション

(1) 概　要

　以下では、ネットワークに接続されたクライアントPCやPDA、携帯電話端末、サーバーなどの機器（総称して「エンドポイント」と呼ぶこともある）を対象とするセキュリティ対策ツールについて述べる。昨今、企業活動におけるITの活用が飛躍的に進展するなか、それらの機器への脅威が増加するとともに、セキュリティ対策を講じなければならない端末等も増加の一途を

**第2編**
実務編

たどっている。
　これらは管理のコストや手間の増大につながるため、組織にとって大きな課題となっている。端末等を統合的に管理できる「端末セキュリティ総合管理ソリューション」を導入することによって、情報セキュリティリスクの低減や管理コスト削減に大きく貢献する。以下では、当該ツールがもつべき機能について説明する。

(2)　端末セキュリティ総合管理ソリューションのもつべき機能
　a　診断機能
　(a)　OSの診断
　　①既定のOSを利用しているかどうかを判定できる
　　②OSの設定が、既定どおりの設定かどうかを判定できる
　　③サービスパック、パッチが最新の状態に更新されているかどうかを判定できる
　(b)　ウェブブラウザーの診断
　　①既定のウェブブラウザーを利用しているかどうかを判定できる
　　②ウェブブラウザーの設定が、既定どおりであるかどうかを判定できる
　　③使用中のウェブブラウザーが、最新のバージョンかどうかを判定できる
　(c)　アプリケーションの診断
　　①アプリケーションの設定が、既定どおりかどうかを判定できる
　　②アプリケーションのバージョン、パッチが最新かどうかを判定できる
　(d)　電子メールソフトの診断
　　①既定の電子メールソフトを利用していることを判定できる
　　②電子メールソフトの設定が、既定どおりかどうかを判定できる
　　③電子メールソフトが最新のバージョンかどうかを判定できる
　(e)　アンチウイルスソフトの診断

①既定のアンチウイルスソフトが稼働していることを判定できる
　②パターンファイルが最新の状態に更新されていることを判定できる
　③定期スキャンが規定どおりに実行されていることを判定できる
　④リアルタイム保護等の設定が適切かどうかを判定できる
(f) 使用禁止・使用必須プログラムの診断
　①使用禁止プログラムがインストールされていないかどうかを確認できる
　②使用必須プログラムがインストールされていることを確認できる
(g) エンドポイントセキュリティ対策ツール自身の診断
　エンドポイントセキュリティ対策ツール自身が稼働していることや、そのバージョン等を診断できる
(h) 診断結果の同期
　サーバー側とクライアント側で保持する診断結果は、同期していることが望ましいが、むずかしい場合は運用により同期させることが可能な範囲、もしくは同期していないことに対するツールの仕様について周知徹底されている

b　インベントリ収集・管理機能
(a) 利用者情報の収集・管理
　以下のような利用者情報を収集・管理できる
　　［必須項目：利用者の氏名・所属部署・電子メールアドレス・社員番号・PC番号］
(b) ハードウエア情報
　以下のような端末のハードウエア情報を収集・管理できる
　　［必須項目：メーカー・モデル・IPアドレス・MACアドレス・CPU・メモリー］
(c) ソフトウエア情報
　端末にインストールされているソフトウエア名・バージョン情報等を収

集・管理できる
 (d) ライセンス管理
　ソフトウエアライセンスを一元管理できる
 c　設定・パッチ更新管理
 (a) 設定の自動変更
　OSやアプリケーションの設定を、セキュリティ要件に沿ったかたち（あるいは値、レベル等）に自動で変更できる
 (b) パッチの自動更新
　OSベンダーが提供するパッチやOSベンダー製品以外のサードパーティ製アプリケーションのバージョンを自動で更新できる
 (c) 負荷耐性
　パッチを配付したときに生じるアクセスの集中に対して、パッチ配付用のサーバが対応できる
 d　ログ取得・管理機能
 (a) ログ取得
　端末で操作ログを取得・収集することができる
 (b) ログ運用
　端末で取得した操作ログを運用（検索・分析・追跡）することができる
 (c) ログ管理
　端末で取得した操作ログを管理（保存・バックアップ）することができる
 e　緊急通知・実行
 (a) 緊急通知機能
　端末の画面上に、たとえば「ウイルス感染の可能性」といった緊急の連絡を、ポップアップで表示する等、緊急時の通知を実行できる
 (b) 緊急実行
　端末に対して、プログラム（緊急パッチ、コンピュータウイルス削除ツール等）を強制的に実行できる

f　メディア制御
(a)　外部メディア制御機能
　　外部メディア（記録媒体）へのアクセスを制御できる
　　・アクセス制御を必須とする制御機能メディア：USBメモリー、CD・DVD・Blu-Rayディスク、外付けハードディスク
　　・制御内容：書込み、書出し、削除
(b)　利用者・利用端末の管理
　　利用者・利用端末・特定グループ単位で、外部メディアへのアクセス権限を個別に設定・管理できる
(c)　外部メディアの登録・管理
　　外部メディアの種類・メーカー・製造番号・シリアル番号等をもとに、アクセス制御ルールを個別に設定・管理できる
(d)　書出しファイルの暗号化
　　外部メディアへの書出し時に、ファイルを暗号化できる
g　VPN診断・ブロック機能
　　VPN接続をしている端末のセキュリティ診断を行い、診断結果によっては社内ネットワークへの接続制限（ブロック）ができる
h　ウェブサイトブロック機能
(a)　ウェブサイトアクセス遮断
　　セキュリティ診断の結果、ルールに抵触したウェブサイトに対して、端末のアクセスを制限できる
(b)　URLフィルタリング
　　ホワイトリストあるいはブラックリストによる特定URLへのアクセス制御（禁止・許可）ができる
i　システムとの連携機能
(a)　帳票作成
　　たとえば、固定資産台帳とツールで管理されたPCとを照合した帳票を

作成して電子メールで配信できる
　(b)　管財システムとの連携
　　インベントリ収集と管財システムとの連携ができる
　j　運用・管理機能
　(a)　自動化
　　運用負荷の軽減のため、セキュリティ要件に沿ったかたちでOSやアプリケーションを設定していない違反者の発見から対策の実行までが、できる限り自動的に行える
　(b)　環境単位でのルール設定
　　診断内容やパッチの配布ルールを、個々のシステム（たとえば、OA用・顧客環境保全用・本番機用、といった異なる環境）ごとに、分けて設定できる
　(c)　判定内容の反映速度
　　最新パッチの判定設定が反映される期間が、パッチ配布後3日以内である
　(d)　端末管理
　　端末情報が重複せず、ユニーク（一意）に管理できる
　(e)　仮想環境
　　仮想環境に対応できる

(3)　導入時のポイント
　端末セキュリティ総合管理ソリューションはいくつも製品化されているが、そのなかから自社に最適な製品を選択することが重要である。以下では、ツール選定までの大まかな流れと選定上のポイントについて説明する。
　①　全体スケジュールの策定
　　社内の全端末に導入し終わるまでのマスタスケジュール表を策定する。

② 現状調査（業務）

　端末向けセキュリティに関する運用業務を一覧化する。

③ 現状調査（システム）

　端末向けセキュリティに関するシステム概要を、システム全体図、機能一覧、他システムインターフェース一覧として可視化する。

④ 課題抽出と対策検討

　現在導入している端末セキュリティ総合管理ソリューションで実現できていないことを洗い出す。また、端末にかかわる業務運用・システム・セキュリティの課題抽出と対策を優先順位づけする。

⑤ 要件定義対象端末スコープの決定

　課題状況をふまえて、要件定義対象端末スコープを決定する。

⑥ 要件定義

・自社で所有・利用する端末で起こりうる脅威とリスク一覧、現在導入している端末セキュリティ総合管理ソリューションの機能、課題抽出と対策検討から導き出された施策をもとに、上記の②〜⑤を受けて、端末セキュリティ総合管理ソリューションに求められる要件を定義する。

・現在導入している端末セキュリティ総合管理ソリューションからの移行に関する要件を定義する。

⑦ ツールの評価と選定

・現在導入している端末セキュリティ総合管理ソリューションの機能をもとに、新たなツールを評価・選定する。

・定義された要件をもとに、新たな端末セキュリティ総合管理ソリューションを評価し、選定する。

・定義された要件と選定された端末セキュリティ総合管理ソリューションの機能をもとに、新端末向けセキュリティ機能概要書を作成する。

**第2編**
実　務　編

## 4　セキュリティパッチの管理

(1)　概　要

　OSやアプリケーションソフトウエア向けのセキュリティパッチが最新版に更新されていない場合、それを用いるコンピュータや情報システムは、外部からの攻撃や悪意あるプログラムなどに対してきわめて脆弱な状態となる。コンピュータをこうしたリスクから守るため、OSやアプリケーションソフトに対するセキュリティパッチを迅速に適用することと、その適用、その状況を管理するパッチ管理は非常に重要な業務になる。

(2)　パッチ管理業務

　組織内の情報システム管理部門は、組織全体にわたって適切なパッチ管理を行うため、下記の業務を実施する。

　① 　情報収集

　　組織内で管理・利用しているサーバー、クライアント端末のOSやアプリケーションソフトウエアに関連する最新セキュリティ情報を継続的に収集する。

　② 　セキュリティパッチの取得

　　ソフトウエアベンダーから新しく出されたセキュリティ向上を目的とする各種OSやアプリケーションソフトの更新プログラム（パッチ）を取得する。

　③ 　パッチの検証

　　場合によっては、パッチが運用中のシステムに不具合を起こす危険性もあるため、更新しても問題がないかどうか、システムの管理者がテスト環境に実際にパッチをあててみて問題がないことを確認する。

　④ 　クライアント端末へのパッチ適用

　　OSやアプリケーションソフトのパッチを組織的に配布し、従業者等が

利用しているクライアント端末に適用させる。
　⑤　サーバーへのパッチ適用
　　ファイルサーバーなど、組織が管理しているサーバーなどに対しては、情報システム管理部門自らがパッチを適用する。
　⑥　適用状況の管理
　　組織内で一斉にパッチを配信・適用する場合は、その適用状況を把握するとともに、未対応の利用者には適用を求める。

(3)　パッチ管理システム
　管理しているクライアント端末の台数が多い組織では、セキュリティパッチを情報システム管理者が一台ごとに適用するのは大きな負担になる。一方、利用者任せにするとパッチを適切に適用できないケースもありうる。こうした場合は「パッチ管理システム」を利用した作業の自動化が非常に有効であり、これによって情報システム管理者の負担を軽減するとともに、最新パッチの適用漏れを防ぐことができる。
　パッチ管理システムには主に、以下の機能がある。
　①新しく出されたセキュリティ更新プログラムの自動取得機能
　②ソフトウエアの重要な修正プログラムや累積的セキュリティ更新プログラムの適用スケジュール設定・自動配布・自動更新機能
　③ソフトウエア更新状況の一元的なステータス管理機能

## 5　ウイルス対策

(1)　概　要
　近年のコンピュータウイルスの感染経路は、
　①改ざんされたウェブサイトを経由したウイルス配布サイトへの誘導
　②外部記憶媒体からの感染
　③インターネットを経由する外部からの攻撃

**第2編**
**実務編**

など多岐にわたる。いまや、PC、サーバー、ゲートウェイ（以下、「情報機器」という）へのウイルス対策ソフトの導入は、企業の情報システムを守るうえで、必要不可欠な手段の一つとなっている。

(2) ウイルス対策

　a　ウイルス対策ソフトの導入

　ウイルス対策ソフトは、ウイルスの検出方式により、大きく次の2種類がある。

　① パターンマッチング方式

　事前に登録されているコンピュータウイルスのパターンファイル（ウイルス定義ファイル）と、チェックする情報機器に格納されているファイルの中身とを比較することで、ウイルスを検出する。新しいアプリケーションソフトは、古いパターンファイルで比較するとウイルスと誤認される可能性があるため、パターンファイルは定期的に更新する。

　② ヒューリスティック方式

　パターンマッチング方式によるコンピュータウイルス対策の場合、新手の脅威が出現してからセキュリティベンダーがパターンファイルを作成するまでの間は無防備になる。そのため、近年多発している標的型攻撃には対抗できないケースがある。これに対しては、ウイルス特有の挙動を検知する次世代セキュリティ対策として、現在注目を集めているヒューリスティック方式であれば対抗できる。

　ヒューリスティック方式では、プログラムの挙動から新種のウイルスを発見できる可能性がある。ただし、パターンマッチング方式と比べてウイルスでないものをウイルスとして誤検知する可能性が高くなる傾向がある。

　b　ウイルス対策ソフトの設定と留意点

　感染をできる限り避けるため、未知の疑わしいファイルは絶対に実行しないことはいうまでもない。それを前提に、ウイルス対策ソフトを情報機器に

インストールする。設定の仕方と留意点は、以下のとおりである。
① パターンマッチング方式の場合、パターンファイルは定期的に自動更新する。社内ネットワークに常時接続しない情報機器は、最新のパターンファイルを別途入手したうえで、定期的に更新する。1台の情報機器に複数のOSを導入している場合には、それぞれのOSにウイルス対策ソフトをインストールし、各パターンファイルを最新の状態に維持する。
② ヒューリスティック方式の場合、スキャンの検出レベルを設定する。検出レベルは、一般的に高、中、低と3段階程度存在し、高レベルであるほど、ウイルスを検出できる可能性が高まるが、スキャンに必要なPCのリソース数と時間がふえる。

また、上記ウイルス対策ソフトの設定とは別に、「出所が不明な電子メールや内容の不確かな添付ファイルは開封しない」「コンピュータウイルスは電子メールの差出人を詐称することもできるため、差出人の名前やメールアドレスを容易に信じない」といった、ウイルスに感染する可能性がある行動に注意することも有効である。

(3) ウイルス感染時の対応

万が一、ウイルスに感染した場合（疑われる場合も含む）、以下のとおり対応することが望ましい。
① 感染を拡大させないために、PCからネットワークケーブルを直ちにはずす（抜く）。
② 情報セキュリティ部門の担当者および上長にすみやかに連絡し、その指示に従う。
③ 活動し始めたコンピュータウイルスは、ウイルス対策ソフトだけでは駆除できない場合もある。そのため、必ず情報セキュリティ部門の担当者の指示に従ってウイルスを確実に駆除し、その結果を確認する。
④ ウイルス発生連絡票を起票し、情報セキュリティ部門の担当者に提出

する。
⑤　情報セキュリティ部門の担当者の指示に従い、可能な限り感染源を特定し、再発防止を徹底する。

## 6　スマートデバイスの安全な利用

### (1)　概　要
　近年、スマートフォンやタブレット端末（以下、「スマートデバイス」という）の高機能化が進んでいる。スマートデバイスには、従来の携帯電話端末の通話機能にさまざまな機能が付加され、膨大なアプリケーション（アプリ）が利用できる。また、すでに多くの企業で業務利用が進んでおり、今後は、個人所有のスマートデバイスを業務でも使用する、いわゆる「BYOD（Bring Your Own Device）」と呼ばれる利用形態の増加も予想されるため、スマートデバイスに関するセキュリティ対策が重要となっている（BYODの詳細については、次項を参照）。

### (2)　業務での利用形態
　企業におけるスマートデバイスの業務利用には、一般的に次のような形態がある。
　　a　スマートデバイスの所有形態
　①会社支給（貸与）
　②個人所有（会社に申請する）
　③個人所有（会社に申請しない）
　　b　社内ネットワークへの接続形態
　①インターネット経由のVPN接続
　②社内ネットワーク下でのWi-Fi接続
　　c　利用できる社内サービスの種類
　①電子メール

②スケジュール管理
　③アドレス帳
　④社内の各種ポータルサイトの閲覧
　⑤社内の各種システムの利用
　⑥社内のファイルサーバーへのアクセス
　⑦個々人が社内で使用するPCへのリモート接続
　d　データの保存形態
　①スマートデバイスにデータを保存
　②スマートデバイスにデータを保存しない（専用のブラウザーを利用）
　業務効率化・業務拡大等を図ることを目的とし、今後、多くの企業でスマートデバイスの業務利用が加速していくことが予想されるが、現時点では、スマートデバイスから機密情報が漏洩するリスク等を考慮し、利用場面や利用サービスを限定したかたちで導入する傾向が見受けられる。

(3)　セキュリティ対策
　スマートデバイスの業務利用については、次のセキュリティ対策を講じることで、万が一の紛失や盗難の際のリスクを低減できる。
　a　スマートデバイスの管理
　スマートデバイスのセキュリティ設定は、利用できる機能・アプリの制限と状態監視などを目的に、スマートデバイスの初期設定時に行う。利用者による設定変更・解除の操作ができないセキュリティポリシーを強制的に導入し、スマートデバイスのシステム設定などを統合的・効率的に管理する「MDM（モバイル端末管理）」によって一元管理する。
　b　利用申請と承認
　スマートデバイスの業務利用にあたっては、会社支給・個人所有にかかわらず、社内に設置された担当主管部署に申請し、承認を得たうえで使用する。

c　専用ネットワークの構築

スマートデバイスへのウイルス感染などにより、社内ネットワークに悪影響を及ぼさないようにするために、スマートデバイスを接続するネットワークと社内ネットワークを分離し、当該ネットワーク間で必要最小限のアクセス許可を設定する。

d　利用サービス・利用者の限定化

営業担当の外出先でのメールチェック、社外からの電子承認など、想定される利用場面ごとに、利用を許可するサービスの種類および利用者を必要最小限にとどめる。

e　利用者のモラルおよびリテラシー向上

スマートデバイスの使用を許可する前に、利用者には次のような事項に関する教育を行い、誓約をさせることで、モラルおよびリテラシーの向上を図る。

①業務以外の用途に使用しない
②外部記憶媒体を使用しない
③画面に表示されるデータを他にコピーしない
④原則として、スマートデバイス本体や外部記憶媒体に機密データを保存しない。万が一保存しなければならない場合は、長期間保存せず、不要となった時点ですみやかに消去する
⑤ソフトウエアの更新にはすみやかに対応する
⑥会社指定のMDMを必ず導入し、絶対に削除しない

f　データの保存禁止

スマートデバイスにデータを保存しなくても社内システムが利用できるソリューションを提供し、スマートデバイス内にデータが保存できないよう、システム的に制御する。

g　スマートデバイスの盗難・紛失対策

スマートデバイスの盗難・紛失時の社内窓口を設置するとともに、デバイ

スロック・リセット、回線停止、関係各所への届出などの運用体制を整備する。

 h 安全な廃棄

 悪意をもった第三者に再利用させないため、スマートデバイスを廃棄する際は内部のデータや設定を初期化する、もしくは物理的に破壊する。

## 7 BYOD

(1) 概　要

 近年、企業で使用するモバイル端末（ノートPC、スマートフォン・タブレット端末、フィーチャーフォン）が、これまでの会社貸与から「BYOD（Bring Your Own Device）」、すなわち個人の私物端末利用に急速に移行している。会社貸与の端末を利用する場合、堅牢なセキュリティが確保できるというメリットがあり、一方BYODは、①端末・通信費用の低減（会社視点）、②使い慣れた端末の利用による業務効率向上（従業者視点）、といったメリットがある。これらの点が注目され、一定のセキュリティを確保したうえで、BYODの導入を検討・実施する企業が増加している。

(2) BYOD導入に向けた検討事項

 BYODで発生しうるセキュリティリスクを低減するには、導入に際して以下の事項について検討・実施する必要がある。

 a BYODのニーズ調査

 想定されるBYOD利用者に対して、アンケートなどにより下記のようなニーズ調査を実施する。

 (a) 期待する点

  ①使い慣れた端末を利用することによる生産性向上

  ②常時携行による対応の迅速性向上

  ③端末統合による端末管理負荷低減

        (b) 懸念する点
          ①コンピュータウイルス感染など、セキュリティレベルの低下
          ②個人データに対するプライバシー侵害
          ③紛失・盗難時に端末内のデータが一括削除されてしまう
          ④私物端末であるにもかかわらず設定変更が求められる
        (c) 利用希望端末の種別等
          ①ノートPC（形状やOSの種類別）
          ②スマートフォン・タブレット端末（形状やOSの種類別）
          ③フィーチャーフォン（形状や利用通信会社別）
        (d) 利用したい機能・業務利用場面
          ①アドレス帳を用いた電話発信
          ②電子メールの送受信
          ③スケジュールの参照・更新
          ④社内ポータル上の共有情報の確認、事務処理
          ⑤社内システム上のファイル参照・更新
        (e) 利用開始希望時期
      b　各業務利用場面における保護手段の検討
　　ニーズ調査の結果をもとに、BYODの対象端末や業務利用場面を特定し、各利用場面において取り扱う情報のなかから、顧客の個人情報や企業内の機密情報（売上情報）など、企業として守るべき情報を明確にし、その保護手段を検討する。
　　ポイントは、私物端末に対して企業がどこまで関与するかという方針について、企業と従業者双方が納得のいくように、確定することである。
      c　試験的導入と本格普及
　　実際の導入にあたっては、まず一定条件のもと、一部の部門でBYODを試験的に許可・導入し、従業者ニーズとセキュリティのバランスがとれているかどうか、また、業務効率等の面で有効であるかどうかを検証する。これが

完了したら従業者に対して事前に、システムの利用制限、利用時にもっているべきリテラシー、ルール違反による罰則などを周知し、そのうえで社内導入する。

社内導入後は、その効果を測定しながらbとcを繰り返し、BYODの対象端末の種類や、業務利用場面を、段階的に拡大させていく。

## 2 媒体管理

### 1 電子媒体の管理

#### (1) 概　要

媒体は、電子媒体と紙媒体とで管理方法が大きく異なるので、それぞれを分けて管理方法を論じる。電子媒体は、さらに、PCに内蔵されているハードディスクのようにPCと一体的に扱う「内部媒体」と、PCに着脱可能なフラッシュメモリーのようにPCとは分けて扱う「外部媒体」とに区別される。前者はPC管理の範疇となる。ここでは、後者の外部媒体を中心に論じる。

#### (2) USBポートのアクセス制御

PCと外部装置を接続するための代表的なインターフェースに、USBポートがある。USBポートはPC向けに標準化された外部インターフェースであり、デスクトップ型PC、携帯型PCを問わず、ほとんどのPCが備えている。USBポートを介して、PCとハードディスクドライブ、DVDドライブ、フラッシュメモリーなど、外部媒体との間でデータが交換できる。USBポートを介したデータ交換は、PC内部のデータのバックアップや受渡しに便利である一方、PCに格納された機密情報が容易に流出してしまう一因になっている。

一般に、社内ネットワークに接続されたPCには、ファイルサーバーやウェブサーバーからダウンロードした社内情報が蓄積されているため、USBポートにアクセス制限をかけなければ、PCの利用権限を有する者であれば、誰

第2編
実務編

でも社内の機密情報を外部媒体に転送して、その媒体を社外に持ち出せるため、情報流出の危険性がある。

Windows OSは、USBポートに対するアクセスをきめ細かく制御する機能を備えていないため、PCからUSBポート経由で外部媒体への書込みを制限するには、「管理ソフトウエア」が別途必要になる。

市販されている管理ソフトウエアには、
① 特定のシリアル番号が付与された外部媒体に限って書込みを許可する機能を備えた製品
② 外部媒体への書込み許可をリモートで制御できる機能を備えた製品
などがある。このような外部媒体への書込み制御機能を活用して、外部への機密情報流出を防ぐ。

管理ソフトウエアを社内のPCに確実にインストールするには、PCに前もってインストールした状態で社内に配布するか、または初期インストール用のDVD媒体に標準で組み込んでおくようにする。さらに、インストール状況を確実に把握するため、管理ソフトウエアをインストールしたPCのマシン名・IPアドレス・PC利用者のログインIDを、インストール後のPCの初回起動時に、当該PCの資産管理番号とともに集中管理サーバーに送信するようにしておく。その際、資産管理台帳と紐付ける廃棄や異動に伴う構成管理を容易にするために、PCの資産管理番号をPC利用者に入力してもらう。

部室の責任者が、管理ソフトウエアが収集した情報とPCの資産管理番号が記された台帳とを照合すれば、管理ソフトウエア未導入のPCを発見できる。こうして発見した未導入のPC利用者に注意を喚起し、管理ソフトウエアの全社導入を進める。

PCの資産管理番号と管理ソフトウエアとを照合することにより、新規PCだけでなく、既存PCへのインストール状況も把握できる。なお、ここでいう「資産」には、帳簿上の資産だけでなく、10万円以下で購入した備品扱いのPCや、リース・レンタルPCも含める。

従業者が自らに貸与されているPCに、自由にソフトウエアをインストールしてよいことになっている組織の場合、管理ソフトウエアと競合するソフトウエアが、同一PC上で稼働しているケースがある。競合を解消できない場合には、PC起動時に管理ソフトウエアを初めに自動起動させ、PC情報を集中管理サーバーに送信し終えてから管理ソフトウエアを終了させ、その後に競合するソフトウエアを利用させる。ただし、この方法では、常駐型でユーザーが終了させることのできないウイルス監視ソフトなどとの競合を防ぐことはできないため、管理ソフトウエアと競合するおそれのある仕組みを含まないソフトウエアを使用することが肝要である。

　管理ソフトウエアによりファイルの書込みが制御されるようになると、外部媒体にファイルを書き出せなくなる。このことは利用者にも直感的に理解しやすいが、アプリケーションソフトウエアが外部媒体からファイルを読み込もうとするときにエラーになるケースがある。

　こうしたエラーは、アプリケーションソフトウエアが、読み込もうとするファイルの情報を、当該外部媒体のある領域に書き込もうとすることが原因となって生じる場合がある。このような読込みエラーが発生する際には、書込み制限のない外部媒体にファイルをいったんコピーし、そこから読み込んでみる。書込み制限のない外部媒体から正常に読込みができ、ファイルが壊れていなければ、管理ソフトウエアの不具合ではなく読み込むソフトウエアが原因となって引き起こされる現象である。

　USBポートに接続する外部媒体は、図表2－6－1の①～④のように分類できるが、管理ソフトウェアはそれぞれについて、個々に書込み制御をかけられる。

▼ 図表2-6-1　USBポートに接続できる外部装置

| | 分類 | 例 |
|---|---|---|
| ① | FD | 5"FD　3.5"FD |
| ② | CD/DVD | CD-ROM/R/RW<br>DVD-ROM/R/-R/-RW/+RW<br>DVD-RAM |
| ③ | リムーバブルHDD | USB接続のハードディスクドライブ<br>IEEE1394接続のハードディスクドライブ" |
| ④ | その他の<br>リムーバブルメディア | MO　USBメモリ　メモリスティック　SDカード<br>コンパクトフラッシュ等 |

　上記の分類に基づく書込み制御は、Windows OSのドライバーソフトに準ずる。つまり、Windows OSの標準ドライバーソフトを使用しない書込み、言い換えれば専用ドライバーソフトを用いた書込みは、上記の分類にあてはまらないため制御できない。そこで、Windows OSの管理者権限を用いて、PC利用者が専用ドライバーソフトをインストールすることを禁止したり、管理ソフトウエアによって専用ドライバーソフトを無効化したりすることで、書込み制御の実効性を維持する（図表2-6-2）。

　一方、外部装置等への書込みを許可する場合は、上記のどの外部媒体にどの期間許可するかを、集中管理サーバー側から制御する。なお、フラッシュメモリーに関しては、ベンダーID・プロダクトID・シリアル番号で構成される媒体固有の情報を読み取って、特定のフラッシュメモリーに限り、書込みを許可するような制御も可能である。

　なお、管理ソフトウエアに「書込みログ取得機能」が備わっていれば、書込みが許可されたPCから外部媒体に書き込まれたファイルの保存場所・名称・サイズ・書込み時刻などの情報を取得できる。なかには、集中管理サーバーと通信することで、取得した情報を転送する機能を備えた管理ソフトウエアもある。

▼ 図表2−6−2　外部媒体への書込み制限

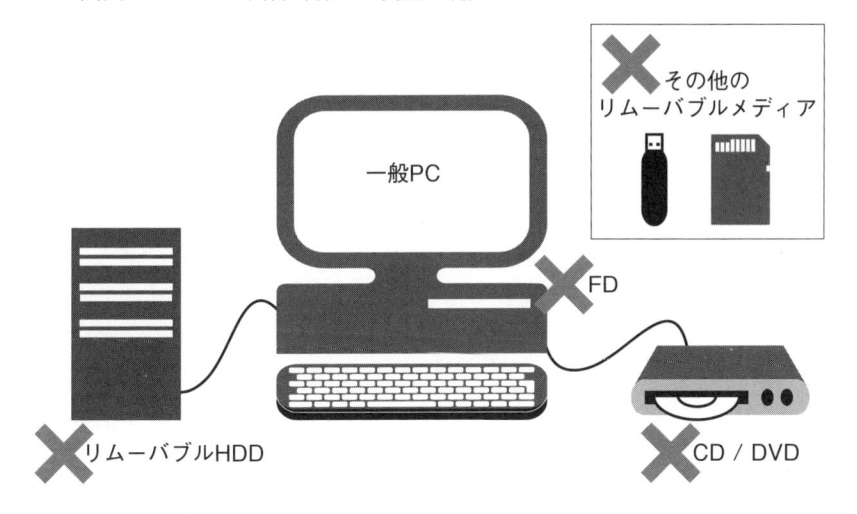

　　　　　　　　　　　　　　　　　　✗ その他の
　　　　　　　　　　　　　　　　　　リムーバブルメディア

一般PC

✗ リムーバブルHDD　　✗ FD　　✗ CD／DVD

(3)　ログ監視

　書込みログを取得し、それを集中管理サーバーに転送する機能を備えた上記の管理ソフトウエアは、書込みログを監視することも可能である。ただし、外部媒体に書き込まれたファイルが正当な理由に基づく業務利用であるかどうかの判断は監査部門ではむずかしい。そこで、業務部門の責任者にこのログを配信して、業務利用か否かの判断を求める。

　情報セキュリティ事故発生の報を受け、ファイルの名称や内容から情報漏洩事故を調査する場合には、監査部門が日時やPCを絞り込んで、ファイルの名称などの属性を漏洩したファイルの属性と照合する。

## 2　紙媒体の管理

(1)　概　要

　組織で取り扱う書類等の紙媒体には、多くの機密情報を含む場合がある。インターネットのように一般に公開されている情報のコピーや印刷物のよう

なケースを除けば、組織で作成および受領した紙媒体は、組織外へ流出させず内部で適切に管理することが求められる。帳簿をはじめ、組織で作成・受領した書類には保存期間が法的に定められているものもあり、それらは法にのっとった管理が求められる。

(2) 管理方法

資源保護の観点から、昨今のオフィス業務においてはペーパーレス化が推進されており、なるべく紙媒体に印刷しないというワークスタイルへの移行が進んでいる。外部への漏洩を防ぐ意味においても、機密情報を安易に印刷しない心がけがまず重要である。

とはいえ、業務から紙媒体をいっさい排除するという運用も現実的ではない。そこで紙媒体については、作成・受領から廃棄に至るまでの適切な管理方法を、必要に応じて組織内で定めるとともに、不要になった場合は、定められたルールに従って、すみやかに廃棄することを徹底する。

 a 作成・受領

組織で作成・受領した紙媒体の資料等を一定期間保管しなければならない場合は、その組織の管理規定等に従って重要度を決める。そして、その重要度に応じて保管場所や保管期間を定め、必要がある場合は台帳等に登録し、廃棄まで適切に管理する。

 b 保 管

紙媒体は、そこに含まれる情報を閲覧することを許可された者のみがアクセスできる室内のロッカーや書庫に保管・施錠し、許可されたその者だけに鍵を貸与する。個人で管理すべき紙媒体は、個人用ロッカーなどに保管・施錠する。組織内のロッカーや書庫では保管しきれないほど分量が多く、しかし利用頻度が低く必ずしも機密性が高くない紙媒体は、外部の倉庫やトランクルーム、書類保管サービスを活用してもよい。

決められた場所に保管すると同時に、紙媒体の情報の重要度に応じて定め

られたルールに基づき棚卸しをし、保管状況を定期的に確認する。

　c　運搬・輸送

　業務上、紙媒体を運搬・輸送するケースもありうる。その場合、運搬する紙媒体は必要最低限にとどめ、情報の重要度に応じた管理をする。

　社員自身が運搬する場合、特に重要な情報が含まれる紙媒体は、盗難や紛失にあっても容易に盗み取られないよう、施錠可能なジュラルミンケースなどに入れる。運搬を外部に委託する場合は、「セキュリティ便」などセキュリティ対策を施したサービスを利用する。

　d　廃　棄

　利用・保管の必要がなくなった紙媒体はすみやかに廃棄する。紙媒体の情報を復元できないようにするため、オフィス等にシュレッダーを設置して、現場で裁断するのが一般的である。紙媒体をまとまって廃棄する場合には、書類の溶解処理サービス専門の業者に委託する方法もある。

　また、台帳等で管理している紙媒体は、廃棄の記録をその台帳等に残しておく。

**第2編**
実務編

# 第 7 章
# ネットワークのセキュリティ管理

## 1 インターネット

### ■1 インターネットセキュリティ

(1) 概　要

　業務においてインターネットは欠かせないものになっている半面、インターネットへの不用意なアクセスが組織に大きなセキュリティリスクをもたらす危険性も併せ持つ。

　悪意のあるウェブサイトに社内から容易にアクセスすることが可能であると、そのサイトに埋め込まれた不正なプログラムをダウンロードしてコンピュータウイルスに感染してしまったり、それが機密情報の漏洩を引き起こしたりする。また、組織の内部に悪意のある人間がいると、組織内の機密情報をウェブサイト上にアップロードする、あるいはウェブメールを利用して機密情報を外部に漏洩させてしまう、という危険性もある。

　これまでは、組織内の人間が悪意のあるウェブサイトに直接アクセスすることがセキュリティリスクであった。昨今では、電子メールを介してフィッシングサイトに誘導するなど、利用者が意図せずセキュリティリスクの高いウェブサイトにアクセスさせられ、機密情報が漏洩してしまう事故も増加しており、注意が必要である。

　こうしたリスクを防止して組織内で適切にインターネットを利用するには、利用者一人ひとりを教育・啓蒙して、インターネット利用におけるセキュリティ意識やモラルの向上を図ることが重要である。加えて、サーバーとクライアントPC双方で適切なセキュリティ対策を講じることも重要である。

(2) 対　策

　a　URLフィルタリング

　組織内からの不用意なインターネットアクセスを防ぐ、一般的で有効な手段が「URLフィルタリング」である。これは、自社のポリシーに基づき、業務上不適切なサイトと判断したURLへのアクセスを遮断する方法である。オンラインストレージやウェブメールなど、情報漏洩につながる危険性のあるサイトについては「アクセス不許可サイト」として遮断しておくことで、機密情報の漏洩を防止する。

　URLフィルタリングの具体的な方法には、「ホワイトリスト方式」と「ブラックリスト方式」がある。ホワイトリスト方式とは、アクセスを許可するウェブサイトだけを設定し、それ以外のサイトへのアクセスをすべて遮断する方法である。そのため、インターネットの利活用が相当制限され、業務に支障をきたす場合もある。ブラックリスト方式とは、逆にアクセスを許可しないURLを設定しておく方法である。この場合、組織が把握していない不適切なサイトにアクセスしてしまうリスクはあるものの、インターネットの利便性を大きく損なう可能性は低くなる。

　組織がURLフィルタリングを実行する場合は、通常「フィルタリングソフトウエア」を導入して、アクセスを許可しないURLリストを設定するとともに、同リストを定期的に更新することで、業務上の利便性を損なわずにセキュリティリスクを低減させる。

　このURLフィルタリングは、外部への情報漏洩といったセキュリティリスクを低減できるだけでなく、従業員が業務中に業務とは無関係なサイトにアクセスすることへの抑止ともなり、モラル意識や業務効率を向上させる手段としても有効である。

　b　ログ収集とモニタリング

　組織内ネットワークとインターネットとの「境界」にプロキシサーバーを設置し、同サーバーでインターネットへのアクセスログを収集することによ

り、内部の従業者が不適切なサイトにアクセスした場合の証跡を記録できる。

また、不適切なサイトへのアクセスを検知して適切な対策を講じるには、このアクセスログを定期的に確認して従業者のインターネットの利用状況を常に把握しておく。アクセスログには、接続元のIPアドレスや接続先URL、接続時刻なども記録しておけるので、誰がいつ不適切なサイトにアクセスしたのかを確認できる。

このアクセスログを定期的に収集し、モニタリングしていることを組織内に周知することも、インターネットの不正利用に対する牽制効果として非常に有効である。

　　c　ゲートウェイによるアンチウイルス対策

ウェブサイト閲覧時にコンピュータがウイルスに感染することを防ぐには、「アンチウイルスゲートウェイ」の導入が効果的である。インターネットへのアクセス時にアクセス先のコンテンツを監視し、ウイルスやスパイウエアを検知して侵入を遮断することにより、組織内の機器やシステムがウイルスに感染することを防ぐ。

アンチウイルスゲートウェイには、プロキシサーバー一体型のものと、アンチウイルス機能を提供する専用のハードウエアとがある。いずれもウイルスを検知すると、検知と駆除を管理者に即時通知する機能を備えていることから、ウイルス感染への早期対応が可能となる。

　　d　PCでの設定

昨今は、利用者が気づかないうちに、ウェブサイト内に埋め込まれた不正なプログラムをダウンロードしてしまう場合がある。これを防ぐには、PC側のウェブブラウザーを、プログラムのダウンロードを禁止したり、ダウンロードしようとする際には画面上で注意を促したりするように設定する。

また、PC側に「パーソナルファイアウォール」などのツールを導入することで、インターネット上で利用できるサービスを制限したり、あるいは不用意なデータのダウンロードには警告をすることで不適切なインターネット

利用を防止したりする方法も有効である。

## 2 情報セキュリティ診断

### (1) 概　要
　近年、政府や企業をターゲットとして、機密情報の入手や金銭の詐取などをねらった各種のサイバー攻撃が増加している。こうした攻撃に対する防衛策として、システムが抱える脆弱性の「あぶり出し」を目的とした情報セキュリティ診断のニーズが高まっている。
　インターネットで公開されている各種情報セキュリティ診断ツールを入手して、自ら脆弱性をチェックする方法もあるが、専門知識を有した経験豊富な外部の専門家に診断を依頼することで、より精度の高い診断が可能となる。

#### a　診断の種類
情報セキュリティ診断には、主に以下の4種類がある。
① 　ウェブアプリケーション診断
　　SQLインジェクション、クロスサイトスクリプティングなどに代表される、ウェブアプリケーションへの攻撃に対する安全性診断
② 　プラットフォーム診断
　　パッチ不適用によるコンピュータウイルス感染や、公開サービスからのアカウント情報の取得、公開ディレクトリーへの機密情報の配置などに代表される、プラットフォームへの攻撃に対する安全性診断
③ 　スマートフォンアプリケーション診断
　　他アプリケーション（アプリ）による重要ファイルの詐取、標準ログへの平文パスワードの出力、SMSの不正実行などに代表される、スマートフォンアプリへの攻撃に対する安全性診断
④ 　データベース診断
　　監査設定無効化、機密データの平文保存、過剰な権限をもつアカウン

トなどに代表される、データベースへの攻撃に対する安全性診断

 b 診断のプロセス

情報セキュリティ診断は一般的に、以下のプロセスで実施する。

① 診断サービスの申込み
 診断の依頼元と依頼先の間で、機密保持契約や診断契約を締結する
② 診断計画の策定
 依頼先から依頼元に対して、診断内容についてのヒアリングを実施し、依頼先にてそれを反映した診断計画を策定する
③ 診断実施
 依頼先が診断計画に沿って診断を実施する
④ 診断結果の報告
 検出された問題点、およびそれらの対処方法について、報告を受ける

(2) 留意事項

情報セキュリティ診断の実施時には、以下の点に留意する。

 a 診断方式の選定

一般的な診断方式には、①市販のツールによる「網羅的診断」、②市販ツールでは検出できない脆弱性を検出する「マニュアル診断」、③「両者を組み合わせた診断」の大きく三つがある。①の網羅的診断は、効率的な診断ができる半面、脆弱性の見逃しや誤って脆弱性と検出してしまうリスクがある。そのため、②のマニュアル診断と組み合わせて③の診断を行うことを推奨する。

 b 定期的な診断の実施

次々に発見される新たな脆弱性に対し、システム上の対策状況がどこまで有効であるかを把握するために、定期的な情報セキュリティ診断の実施が求められる。特に、インターネット上に公開されているウェブアプリケーションは、外部からの攻撃により個人情報などの機密情報が漏洩するリスクが非

常に高い。このため、少なくとも1年に1回以上の短いサイクルで、情報セキュリティ診断を実施する必要がある。

## 2 社内ネットワーク

### 1 社内LANとネットワーク技術

　ITを活用したネットワークは、常に進化し巨大化し続けている。それはインターネットの世界だけでなく、社内LANも同様である。このため、社内でネットワークを管理するには、①ネットワークポリシーを定め、②ネットワーク管理者を置き、③ネットワーク機器構成の管理を一元化する必要がある。それには、ネットワーク技術の知識を有したメンバーによる管理体制（組織）をつくるとともに、ネットワークの進化に常に追いついていくため、ネットワーク技術の最新知識を十分に備えた専門家を育成し続けていかなければならない。

(1) 一般的な社内LAN

　以下ではまず、一般的なネットワークのイメージを示す（本稿ではOSI参照モデルやTCP/IPなど、ネットワーク技術に関する基本的な用語の説明は省く）。

　全体像として、インターネットと社内LANがFW（ファイアウォール）で区切られており、FWの社内LAN側には、「DMZ（非武装地帯）」と呼ばれるネットワークの緩衝帯が設けられる。ここにメールサーバーやインターネットプロキシサーバー、社外公開用ウェブサーバーなどが置かれる。

　一般の社員が電子メールや社内ポータルサイト等で利用する社内LAN同士は、ルーターで区切られている。また、日常的に利用される社内の情報システム（以下、「社内システム」という）用のLANは、「特別な社内LAN」として管理され、「表」の社内LANは、社員であれば基本的に誰でもアクセスできるのに対して、「裏」の特別な社内LANには、セキュリティを確保する

**第2編**
実 務 編

ためこれを管理する関係者しかアクセスできないようになっている。

　これは銀行の窓口をイメージすると理解しやすい。利用者（顧客）は、店舗の入口（表）からであれば自由に出入りできるが、カウンターの向こう側（裏）には銀行員しか入れない。社内LANも、表とは別のLANが用意され、上述したようにここには社内システムを管理する関係者しかアクセスできない（図表2－7－1）。

▼　図表2－7－1　一般的なネットワークのイメージ

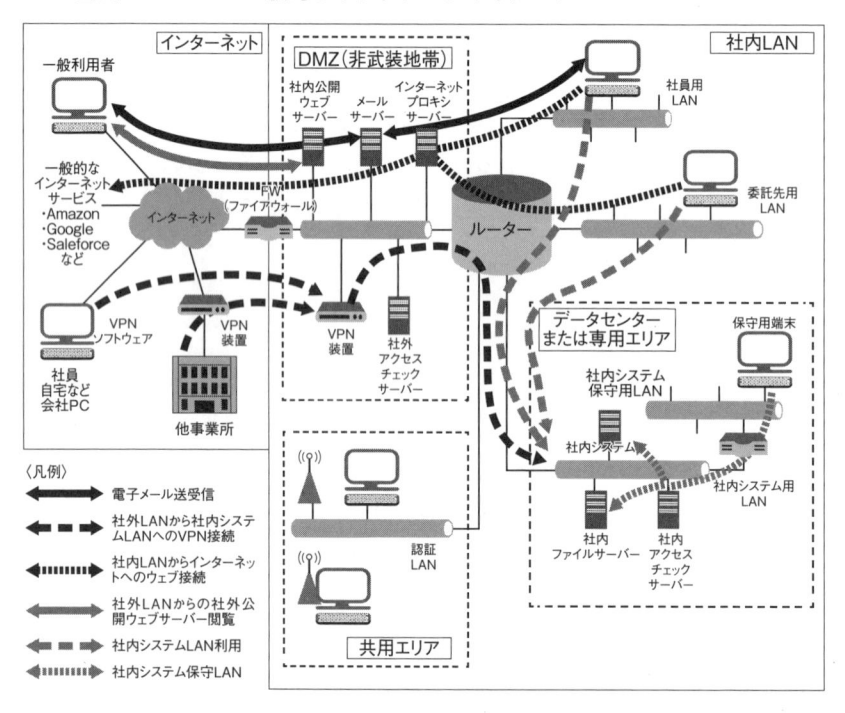

```
インターネット                DMZ（非武装地帯）                     社内LAN

一般利用者                                              社員用
                    社内公開  メール  インターネット      LAN
                    ウェブ   サーバ  プロキシ
                    サーバ           サーバ
一般的な
インターネット                                          委託先用
サービス                                                LAN
・Amazon      インターネット   FW
・Google                    （ファイアウォール）
・Saleforce                                  ルーター
など
                                                    データセンター
                                                    または専用エリア
      VPN        VPN                                                保守用端末
      ソフトウェア 装置     VPN       社外                 社内システム
                         装置      アクセス                保守用LAN
     社員                          チェック
     自宅など   他事業所             サーバ                  社内システム
     会社PC                                                          社内システム用
                                                                    LAN
                                              認証                社内       社内
                                              LAN               ファイル   アクセス
                                                                サーバ    チェック
                                                                         サーバ
〈凡例〉
   ←→      電子メール送受信
   ←--→    社外LANから社内システムLANへのVPN接続
   ←……→    社内LANからインターネットへのウェブ接続
   ←→      社外LANからの社外公開ウェブサーバー閲覧
   ←--→    社内システムLAN利用
   ←……→    社内システム保守LAN                    共用エリア
```

372

(2) 社内LANにかかわるネットワーク技術

　ネットワーク技術とは、基本的には前述のように、それぞれのネットワークを区切る（逆にいえば、つなぐ）技術である。ネットワーク技術はいまもなお進化し続けており、その技術に対し企業としてどのようなセキュリティポリシーを定め、どのように利用するのかが重要である。

　ネットワーク技術の分野で新たな脅威が生み出されると、セキュリティを高めることを目的に、既存の（リスクのある）ネットワークに利用制限を設けたり、さらに高度なネットワーク技術を搭載した機器やソフトウエアを導入したりして対応する。半面、その制限により業務の遂行が著しく損なわれる場合もあり、どのように実効的な制限をかけるかの判断は容易ではない。そうしたときは、新たな脅威に対応できるようにセキュリティポリシーを適宜見直したり、新しいネットワーク技術の導入とともにポリシーを変更したりする。このようなかたちで、PDCA（計画・実行・評価・改善）サイクルを回してセキュリティ水準を高めていく。

　さらに、LANを統括する組織を設置し、LAN単位で管理する必要もある。LANはオフィスフロアの区分けのようなものであり、オフィスフロアや企画ごとに社内LANの管理者を置くように、一つのLANに1人の管理者、すなわち、そのLANが保有する情報に責任をもつ者を置く。

　以降では、ネットワークを、①社内LAN、②社内LANから外部への接続、③外部からの社内LANの保護に分け、それぞれにどのようなセキュリティポリシーを定めてそれを実装していくかについて、主に技術的側面から述べる。

## 2　社内LANのセキュリティ管理

　社内LANにおけるアクセス制限は、論理的にネットワークでつながっている社内のLAN同士の間で、セキュリティの観点から相互のやりとりに関して、制限をどのようにかけるかである。利用者が利用できるLANは、基

# 第2編
## 実 務 編

本的に物理的につながっているLANであるが、そのLANから他のLANへのアクセスを、どのように制限するか、あるいはしないかということである。

(1) 社内LANの区分け

　社内の個々のLANは、いわば、オフィスフロアの「区分け」のようなものであるが、オフィスフロアが物理的に分かれていても、現在はVLANという技術によって、あたかも同じ場所であるかのように論理的につなげることができる。利用者に対して社内LANへのアクセス制限をかけるには、本来であれば利用者ごとに社内LAN一つひとつの許可・制限をすべきであるが、それでは他者との情報交換・共有がしにくくなってしまう。

　一方、すべてを許可すると、利用者にアクセス制限をかける意味がなくなる。そこで、利用者ごとではなく、LAN同士の間でのアクセス許可・制限を行う。その場合、IPアドレスやポート番号（プロトコル）で利用者や利用方法を制限することが望ましい。

　LANごとにアクセスを制限するといっても、それでは管理が煩雑になり、制御もむずかしくなる。そこで、LANを「利用者区分」ごとに管理する。ここでは、大きく「社員用LAN」「委託先用LAN」「社内システム用LAN」（＝社内システムにアクセスする際に利用するLAN）、および「社内システム保守用LAN」（＝社内システムを運用する際に利用するLAN）の四つに分ける。それぞれのLANは、認められる利用者区分に合わせ、たとえば委託先の社員が社員エリアに入れないようにする、といったセキュリティポリシーを設定する。

(2) 社員用LAN

　「社員用LAN」は、原則的には社員のみがアクセスでき、社員であれば社員用LAN内には、どのLANからでもアクセス可能とする。そのなかで、利用者をさらに絞り込みたい場合は、「社員用LAN（特別用）」を設け、特定

の社員からしかアクセスできないよう制限することもできる。

(3) 委託先用LAN

「委託先用LAN」は、委託先社員のみ（必要に応じて社員はアクセス可とする）がアクセスできるようにし、業務プロジェクトないし委託先ごとにLANを分離する。原則として、委託先用LAN間をまたがって情報を直接やりとりすることはしない。業務プロジェクトおよび委託先によってそれぞれ特有の情報を保有しているためである。業務プロジェクト間および委託先間で、もし情報交換が必要ならば、社内システム用LANにファイルサーバーを設置して行う。もちろん、その際はファイルサーバー単位、ないしはそのなかのフォルダー単位でアクセスを制御する。

(4) 社内システム用LAN

「社内システム用LAN」は、基本的には社員や委託先社員がアクセス可能なLANであるが、共有情報や会計システムなどもここに置き、アクセスはネットワーク単位で利用を制限したり、サーバーやシステム単位で利用者を制限したりする。また、アクセスは、Windowsの「ファイル共有」やウェブサーバーではhttp（または、https）接続を利用し、会計システムであれば会計用アプリケーションソフトの利用者からしかできないように、通信ポートにて制御することも可能である。

(5) 社内システム保守用LAN

「社内システム保守用LAN」は、上述の社内システム用LANに設置された機器に直接ログインできる保守用のLANであり、特定の組織・特定の管理者しか利用できないようにする。社内システム保守用LANにアクセスできるのは、原則として社内システム保守用LANの管理者のみに限定する。

特に、昨今は企業の会計情報の管理が重視され、いつ、誰が、何のために、

どのようにアクセスしたか、さらには変更された形跡はないか、といった点までチェックされる。このため、社内システム保守用LANは、「利用するためのLAN」とは完全に分離し、利用するLAN側からはアクセスできないようにする必要がある（図表2－7－2）。

▼ 図表2－7－2　社内LAN間のネットワークアクセス許可表

| from＼to | 社員用LAN | 委託先用LAN | 社内システム用LAN | 社内システム保守用LAN |
|---|---|---|---|---|
| 社員用LAN | ○ | ○ | ○ | × |
| 委託先用LAN | × | △ | ○ | × |
| 社内システム用LAN | × | × | ○ | × |
| 社内システム保守用LAN | × | × | ○ | ○ |

○：from→toの通信を常に許可する
×：from→toの通信を常に許可しない
△：from→toの通信を必要に応じて許可する

　社内システム保守用LANは、社内システムを保守するためのLANであるが、社内システムを保守するメンバーであっても、簡単にアクセスできないようにしなければならない。

　上述のように、現在は会計情報を中心に、「完全性」の確保が最重要視されている。このため、プログラムの内容を熟知し、プログラムの改変を行うことができるシステム保守のメンバーが、社内システム保守用LANを経由して社内システムにアクセスする際には、より高度な管理が求められる。すなわち、当初に予定していたプログラムが正しくリリースされたか、社内システムに対してどのような操作（コマンド入力やデータの修正・削除）が行われたかを、確実に把握できる仕組みを用意する必要がある。

　社内システムのリリースに関しては、「リリース管理システム」を用意する。その操作に関しては、社内システム保守用LAN経由で社内システムにアクセスする際に、詳細な操作ログが記録される「アクセスチェックサー

バー」を介さなければならない。さらに、社内システム保守用LAN経由で社内システムにアクセスできる者全員（保守メンバーならびに運用メンバー）について、そのようなアクセスを行う際に、データを持ち出せないようにするとともに、アクセスの申請と承認の記録を残す。

　最後にもう1点、社内LAN運用上の注意点がある。それは、会社が用意した外部とのインターフェイス以外で、社内LANからインターネットなどの外部のネットワークに無許可でアクセスさせないことである。

　最近は、無線LANを容易に設置できるようになっている。そこから社内LANに無造作に接続を許すと、社外からでも社内LANに容易にアクセスできてしまう。さらに、スマートフォンのテザリング機能を使うと、無線LANのアクセスポイントのようにノートPCから簡単にインターネット接続できるようにもなっている。もし、そのノートPCを社内LANに接続すると、そのノートPCは外部からの「踏み台」（PCの所有者に気づかれないよう他者がネットワーク上からログインしてさらに他のマシンにアクセスすること）として悪用される危険性がある。それを防ぐためにも、これらの機器への定期的なチェックを必ず実施する。

## 3　共用エリアの安全なネットワーク認証

　顧客をはじめ、社員以外の者と打合せをするために、会議室などが設けられている「共用エリア」は、社内でありながらさまざまな人の出入りがある。このエリアにも社内LANを設置するケースは多い。ただし、その場合、業務に関係ない部外者が社員の了承を得ずに社内LANを利用するリスクがある。

### (1)　共用エリアから社内LANへのアクセス

　共用エリアから社内LANにアクセスするには、認証LANを用意して利用者を特定するとともに、そこから接続できるLANを制限する。利用者が社

員であれば社員用LAN、委託先社員であれば委託先用LANとする。また、特定の社員のみに利用を制限した「社員用LAN（特別用）」に対しても、個人を識別して接続を許可することは可能である。

(2) 無線LANを利用した社内LANへのアクセス

一方、利用エリアを特定しにくい無線LANの場合も、共用エリアと同様に認証LANにより利用者を特定する必要がある。無線LANは利便性が高いため社員からの設置要望が高いが、無線LANをあちこちに構築すると、共用エリア外からのアクセスも可能となるおそれがある。以下に、無線LANを構築する際の留意点をまとめる。

①無線通信機能をもったPC間の通信を阻止して、他のPCにアクセスできないようにする。

②無線電波の出力制限（なるべく抑えて社外PCからの接続可能性を低くする）。また、「社外の第三者が侵入できるエリア」に電波が届かないように調整する。

③ANY接続（無線LANの電波が届くPC等にSSIDを表示させる機能）を拒否し、SSIDが適合しないと接続できないようにする。

④SSIDステルス機能を使い、SSIDが無線PCからみえないようにする。SSID（無線LANにおけるアクセスポイントの表示名）は、社名・部室名・プロジェクト名・仕事内容などが推測できるような値を使用しない。無意味な値やランダムな値、複雑な値とする。

⑤MACアドレスフィルタリングを利用する。ただし、最近のネットワーク技術の動向によるとMACアドレスは詐称できるので、アクセス制限としては弱いため、必ず他の対策と組み合わせる。

⑥AES（一般的に強度の高いとされる通信暗号の暗号方式）設定に用いる各種キーは、推測されにくいランダムな値や複雑な値とする。

⑦利用しないときは無線LANのアクセスポイントの電源をオフにする。

⑧RADIUS（リモート接続用ユーザー認証システム）等を用い、ユーザー認証を通過しないと無線LANと通信できないようにすることで、パスワードを頻繁に変更し、個人しか知りえないパスワードでアクセス制御することができる。機器が盗まれたり、設定情報が漏洩したりしても無線LANへの不正侵入や盗聴を防止できる。

⑨通信制御機器を利用することで、無線LANのアクセスポイントのアクセス先を必要最低限のIP（ホスト単位）とポート番号（プロトコル）に限定する。

以上の点を考慮すれば、セキュリティレベルがいっそう高い無線LAN環境が構築できる。無線LANは、利便性と脆弱性が表裏一体である。最近は、ネットワーク技術に詳しくない人でも無線LANのアクセスポイントを構築することができるが、その電源がオフになっていると無線LANのアクセスポイントを検知できない。そのためにも、無線LANのアクセスポイントについて、セキュリティに関するアセスメントを適宜実施し、隠れた脆弱性を見つけ出す必要がある。

## (3) その他の留意事項

認証LANで、その他の留意事項を2点あげる。一つ目は、認証LANの認証を司るシステムがダウンすると、認証LANが利用できなくなる点である。セキュリティが高まり利便性も向上するため、今後は認証LANの利用範囲が広がる可能性があるが、あわせて可用性も高めなければならない。また、たとえば自社以外に無線LANの電波が漏れてないかを調査し、状況に応じて対策を講じる。二つ目は、委託先社員の利用にあたっては、「二要素認証」等、より高いセキュリティポリシーを設定するとよい。社内LANに保管されている共有情報へのアクセスは、委託先社員もある程度自由に閲覧できるが、原則は社内機密である。そのためにも、委託先社員には、統制力が一段低くなる共用エリアでの認証を強化することが必要である。

第2編
実 務 編

## 4 社内LANから社外ネットワークへの安全な接続

　社内LANから社外ネットワークに接続する際、社内のメンバーを信用できれば技術的な保護は不要である。しかし、社内にも悪意のある者がいる可能性を忘れるべきではない。新手の方法で、機密情報を社外に持ち出そう(持ち込もう)とする者が常に現れ、インターネットにおける技術競争と同じようにいたちごっこである。

　社内LANから社外ネットワークに接続する際に用いられることが多い、一般的な電子メールやウェブブラウジングについては、他の項で説明しているので、以下ではそれら以外の、Telnet、SSH、FTPなど、主にコマンドレベルで操作するプロトコルに対して、どのような技術を使ってどのように統制するかについて説明する。

　まず原則は、不用意に外部のサーバーからファイルを社内LANに持ち込んだり、社内の情報を外部、特にインターネット上に持ち出したりするのは厳禁ということである。しかし、外部のサーバーにどうしても接続しなければならない場合は、社内の承認を得たうえで、いつ誰がどのようなファイルを持ち込んだり持ち出したりしたかをアクセスログとして記録し、機密のレベルによっては通信を暗号化する等の措置をとる。

　外部から社内LANにファイルを持ち込む際には、信用できないサーバーからの持込みは厳禁であることはいうまでもないが、信用できるサーバーから持ち込む場合でもウイルススキャンを必ず実行し、そのファイルがウイルスに感染していないことを確認してからにする。社内からファイルを持ち出す際は、まず上長に申請をし、承認を得、誰がいつそのファイルにアクセスしたかを記録し、その記録はできるだけ長期間保管する。その後は、上長への申請とアクセスログとを突き合わせ、不正にファイルが持ち出されていないかどうかを確認する。

　アクセスログの確認においては、どのファイルに出入りがあったかを把握

したほうがよい。しかし、最近は通信を暗号化することが多いため、通信内容を管理者が具体的に把握することがむずかしい。したがって、今後はいっそう、誰がどのプロトコルを利用するか、細かく管理しなければならない。そして、アクセスログを取得し、管理者がアクセスログを監視していることを利用者に周知することで、利用者にセキュリティの意識を高めることも必要である。

## 5 社外ネットワークから社内LANへの安全な接続

　インターネットは、社内情報を盗み取るなどの犯罪が常に起こりうる危険地帯であると認識しなければならない。そのため、社外と社内のネットワークの「境界」には、FW（ファイアウォール）とDMZ（非武装地帯）が設置されている。FWは、社内情報を盗み取ろうと社外から侵入してくる者をシャットアウトする目的で設けられている。一方、DMZには社外公開用ウェブサーバーがあり、社外からそのサーバーにアクセスしてくるのが一般利用者であれば、ウェブページを閲覧したり、そこに質問を書き残したりする程度である。しかし、悪意をもった者は、そうした利用者を装い、盗み取れそうな情報を探したり、社内LANに侵入するための「裏口」を見つけようとしたりして、アクセスしてくる。

　このように、インターネット（社外）と社内との境目に設置する「境界」の役割は、社内LANをいかに守るかにある。悪意をもった者は常に不正侵入のための技術を高めており、FWやDMZにおけるネットワーク技術は、そうした悪意をもった者との激しい技術競争の場ともいえる。

　同時に、インターネットから社内に安全に接続できる技術も確立されてきている。以前は、外部にまったく開放されていない「専用線」と呼ばれる回線を利用する方法しかなかったが、現在はVPN技術を使うことで、遠隔地同士を安全かつ安価に接続できる。

　外部拠点から社内LANに接続する場合は、まずハードウエア同士をVPN

で接続することで、安全な経路を確保する。そのため、あとは拠点内のハードウェアを、管理者以外が物理的に触らないようサーバーラックなどに施錠管理することと、PCをコンピュータウイルスから保護して、いかにクリーンな状態で利用するかが重要になる。外部にある一般のPCから社内LANに接続する場合は、ソフトウエアを利用してVPNに接続する。その際は、二要素認証や電子証明書など、強度の高い個人認証の手段を通し、利用するPCは、コンピュータウイルス等に冒されていないことはもちろん、最低でもパーソナルFWの設定やアンチウイルスソフトのインストール、およびOSのセキュリティパッチを最新版にしておく必要がある。

　一般のPCを利用する場合、まずインターネットに接続することになるが、冒頭でも述べたとおり、インターネットに接続した状態は非常に危険であることを常に意識すべきである。なお、一般のインターネットサービスプロバイダー経由でインターネットに接続する場合のセキュリティレベルは、プロバイダーのセキュリティポリシーの水準に左右される。公衆無線LANおよび信用のないインターネットカフェなどでは、誰がどのようにネットワークを管理しているかがわからず、不用意にインターネットに接続すると、危険なサイトに誘導される可能性があるので利用すべきでない。

## 6　社外ネットワークから社内システムをメンテナンスする際の留意事項

　社内システムへのリモートアクセス環境は、以前は不具合が生じたときに迅速に対応できることを優先し、メンテナンスがしやすいようにさまざまな経路上に構築されるケースが多かった。しかし、現在では、会計情報の改ざんやインサイダー情報、個人情報の漏洩といった過去の事件・事故の反省から、全体的に統制のとれた環境を構築する傾向にあり、また、データセンターへ直接入館して作業をするようになってきている。しかし、緊急事態を想定し、外部からリモートでアクセスできる環境を用意しておく必要もあると考

えられる。

　以下では、「リモートアクセス」を「データセンター以外からのすべてのアクセス」と定義する。リモートアクセスの環境を構築する際に、細心の注意を払うべきポイントは、①アカウント管理、②アクセスログ管理、③情報漏洩防止である。

## (1) アカウント管理

　アカウント管理は、許可・承認されたメンバーのみが、社内システムにアクセスできるようにすることである。具体的には、「アクセス可能なメンバーを事前に登録」しておくことと、実際にメンバーの誰かがアクセスする際には上長等の承認を申請し、「アクセスごとの承認」を行うことである。

### a　アクセス可能なメンバーの事前登録

　アカウント管理を適切に行うには、まずアクセス可能なメンバーを事前に登録しなければならない。アカウントは、社内システムの管理責任者のもとに発行されるべきである。また、個人を特定する必要があるので、個人ごとのアカウント発行とし、そのアカウントごとに適切な権限を付与する。

　ここでいう「権限」とは、接続可能な時間帯、ネットワークやサーバー（IP）単位、利用可能なプロトコル（ポート）の範囲を定めることである。また、不要になったアカウントはすぐに削除する運用を徹底する。そのうえで定期的な棚卸しも必要である。不要なアカウントを見つけた場合はすぐに削除し、権限の変更が必要であれば直ちに変更する。

### b　アクセスごとの承認

　登録メンバーが実際にアクセスする際には、一回ごとに社内システムの管理責任者に申請し、その承認を得てからにする。申請にあたっては、利用者ID（利用者名やその所属部署を特定）、利用開始・終了日時、申請理由（どのシステムに対し何をするか）を記述する。

# 第2編
実務編

(2) アクセスログ管理

「アクセスログ管理」においては、「アクセス者とその操作内容が把握できる」ことが必要である。そのためには、「アクセスログの取得と保全」「アクセスログの監視と監査」を実施すべきと考える。

　a　アクセスログの取得と保全

アクセスログとして、最低限、利用者ID、利用開始・終了日時、接続元のグローバルIP、接続先のグローバルIPを取得する。そのうえで、必要に応じて操作履歴を確認することが可能なログを取得できるとよい。アクセスログは、データセンター内の安全な場所に保管する。申請履歴は3年を目安に保管し、アクセスログは最低1年、できれば3～5年程度としておけば、その期間内の事後追跡ができる。状況が許せば長期の保管が望ましい。なお、アクセスログを記録するにあたっては、記録するサーバーの時刻を標準時に合わせておく。

　b　アクセスログの監視と監査

アクセスログの監視にあたっては、社内システムの管理責任者が、すみやかにかつ必要に応じて確認できる場所に保管することが望ましい。アクセスログの監査にあたっては、アクセスの申請内容とアクセスログを突き合わせ、不正なアクセスがないかどうかを確認する。また、緊急時など、どうしても事前承認がむずかしい場合は、社内システムの管理責任者がリモートアクセスの申請内容とアクセスログとを突き合わせて、作業内容が妥当であることを事後的であっても確認する。さらに、アクセスする際は、社内システムの管理責任者にいつ、どの利用者IDでアクセスしたか、自動で電子メールを送信できるようにすると確実に把握できる。

(3) 情報漏洩防止

「情報漏洩防止」に関しては、「ネットワーク上の漏洩防止（攻撃対策、通信路の保全）」「接続端末からの漏洩防止（操作の制限、外部メディアの遮断）」

の二つが実施すべきこととしてあげられる。

 a ネットワーク上の漏洩防止（攻撃対策、通信経路の保全）

 まず通信経路を保全するために、VPN接続による暗号化経路を確保する。利用者認証はワンタイムパスワードなどを利用した二要素認証とすることが妥当である。現在はほとんどないかもしれないが、固定電話を使用する場合は、事前に登録された電話番号にコールバックし、ネットワーク接続する。また利用者認証時もCHAP認証等を利用して暗号化すると、より安全である。

 b 接続端末からの漏洩防止（操作の制限、外部メディアの遮断）

 ここで重要なのは、接続端末から本番データをいかに持ち出せないようにするかである。データセンター側にリモートデスクトップ接続用のサーバーを設置するのが、データを持ち出せないようにする安全な方法である。また、接続端末は、専用のシンクライアント（接続のための最低限のソフトウエアのみをインストールし、データは保存できない）とすることが有効である。USBメディア等の外部デバイスも、もちろん利用できないようにする。

 リモートデスクトップ接続用のサーバーは、利用者に管理者権限を与えず、サーバー側のセキュリティポリシー設定を変更できないようにする。さらに、端末側でリダイレクト操作（クリップボードへのコピー、プリンター出力、ローカルドライブへの接続など）が実行できないようにしておく。

## 3 クラウドコンピューティング

### 1 概　要

 昨今、クラウドコンピューティング（ソフトウェアやハードウェアをインターネット越しにサービスとして利用者に提供する方式）の需要の高まりとともに、自社がクラウドベンダーとしてサービスを提供するケース、あるいは外部のクラウドサービスを利用するケースなど、クラウドを活用する機会がふえて

きている。また、クラウドの活用によって、自社の情報システムに関して、構築期間の短縮や構築・運用費用を削減したいという要望も高まっている。

クラウドは利用者にとって、情報システムの保守、運用、管理への負担が軽減されるなどのメリットがある。一方で、自社のサーバー室ではなくクラウドベンダーのデータセンターにサーバーを保管し、クラウドベンダー側でサーバーの運用やデータ管理を行うため、情報セキュリティ対策はクラウドベンダー側に大きく依存する。そのため、今後は、利用基準を明確にしたうえでクラウドを活用できる環境を整え、ビジネスの機会損失を減らすとともに、情報システム構築の迅速化等の要望に応えていく必要がある。

## 2 クラウドサービスの分類

クラウドサービスは、「クラウドの利用者」や、「提供されるサービスの違い」によっていくつかのタイプに分類でき、それぞれ特徴が大きく異なる。まず、利用者では、「パブリッククラウド」と「プライベートクラウド」に分けられ、サービスでは、「SaaS」「PaaS」「IaaS」に分かれる。どのシステム、どのサービスを採用するかは、利用を考える初期段階で検討すべき重要なポイントである。

(1) 利用者による分類

 a パブリッククラウド

不特定多数の利用者が共有するクラウドシステムである。

 b プライベートクラウド

自社（組織）だけで利用するケースのように、特定の利用者が占有するクラウドシステムである。

(2) 提供サービスによる分類

 a SaaS（Software as a Service）

　アプリケーションをネットワーク経由で提供するサービスである。利用者は、アプリケーションをクライアント端末側にインストールする必要はなく、ウェブブラウザーだけがあればよい。具体的なサービス名としては、Googleの「Google Apps」、Salesforce.comの「Salesforce CRM」などがあげられる。

 b PaaS（Platform as a Service）

　アプリケーションを開発、または実行するための基盤（プラットフォーム）を、ネットワーク経由で提供するサービスである。利用者自身のアプリケーションで運用できる。具体的なサービス名としては、Googleの「Google App Engine」、Microsoftの「Windows Azure」、Salesforce.comの「Force.com」などがあげられる。

 c IaaS（Infrastructure as a Service）

　システムを構築および稼働させるためのIT資源（ネットワーク、サーバー、ストレージ等）そのものを、ネットワーク経由で提供するサービスである。OSなどを含めて、利用者自身がシステムを導入・構築できる。具体的なサービス名としては、Amazon.comの「Amazon EC2」などがあげられる。

## 3 クラウドサービス利用時のセキュリティ要件

　他社が提供するパブリッククラウドサービス、もしくはプライベートクラウドサービスを利用する、あるいは他社が提供するSaaS、PaaS、IaaSサービスを利用する場合、図表2-7-3のセキュリティ対策項目について、しっかりと検討しておく必要がある。

**第2編**
実 務 編

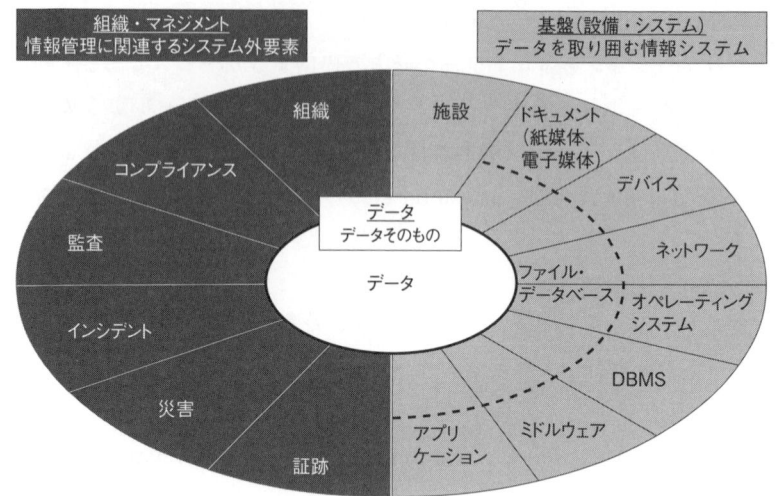

▼図表2－7－3　クラウド利用の際に検討すべきセキュリティ対策項目

組織・マネジメント
情報管理に関連するシステム外要素

基盤（設備・システム）
データを取り囲む情報システム

組織／コンプライアンス／監査／インシデント／災害／証跡

施設／ドキュメント（紙媒体、電子媒体）／デバイス／ネットワーク／オペレーティングシステム／DBMS／ミドルウェア／アプリケーション／ファイル・データベース

データ
データそのもの

(1) 組織・マネジメント

　a　組　織

　情報セキュリティに関する責任範囲が、自社で構築するシステムの場合と異なる可能性があるため、役割や責任分界の明確な定義が必要になる。

　b　コンプライアンス

　自社で構築するシステムと異なり、データの保管場所（海外の可能性もある）や管理方法が、クラウドベンダーによってブラックボックス化されている可能性がある。そのため、既存の法制度や基準に対するクラウド環境での解釈や海外の法制度への対応について、検討する必要がある。

　c　監　査

　監査に必要な情報収集や実地調査に対して、クラウドベンダーがどこまで対応可能か、また、監査対応をクラウド利用者とクラウドベンダーとでどのように分担するのかを取り決める必要がある。

d インシデント

インシデント（セキュリティを脅かす事象）の判断基準について、クラウド利用者とクラウドベンダーの間で合意しておくことや、インシデント発生時のインシデントレスポンスの役割分担を事前に取り決めておく必要がある。

e 災 害

物理的なデータの管理はクラウドベンダーが実施するため、クラウド利用者ができる災害対策の選択肢は、自社で構築するシステムと比較すると限定的になる。クラウドベンダーが実施する災害対策を含めた包括的なBCP（事業継続計画）・DR（災害復旧）計画の枠組みが必要となる。

f 証 跡

クラウドベンダーのログ取得・管理ポリシーによっては、クラウド利用者が必要とする精度の証跡が取得できない場合もあるため、取得可能な証跡については事前に確認する必要がある。詳しくは、図表2-7-4を参照。

▼図表2-7-4 クラウドベンダー側に確認すべき点（組織・マネジメント）

| 分 類 | クラウドベンダー側に確認すべき点 |
|---|---|
| 組 織 | ・組織体制の整備（管理組織、責任者）<br>例：システムのセキュリティに関して責任をもつ管理組織および管理責任者が存在する |
| | ・各種誓約の該当者との締結<br>例：システムのセキュリティに関する機密保持誓約やコンプライアンス誓約等を、必要に応じて該当者と締結されている |
| | ・組織体制に沿った運用実施<br>例：システムに関与する各組織・人員のセキュリティに関する役割が正しく実施されている |
| | ・周知・教育・訓練の実施<br>例：各人員に対するシステムのセキュリティに関する規定の周知、および教育・訓練が実施されている |
| | ・組織体制の評価<br>例：システムに関与する各組織・人員のセキュリティに関する役割が正しく実施されていることを確認している |

# 第2編
実務編

| 分類 | クラウドベンダー側に確認すべき点 |
|---|---|
| 組織 | ・組織体制の見直し・改善<br>例：システムに関与する各組織・人員のセキュリティに関する役割に不備があった場合に、それが見直し・改善されている |
| | ・事故・違反への組織的な対処<br>例：セキュリティ事故が発生した場合に、事故対応や収束に向けた活動等の適切な処置が組織的に実施されている |
| コンプライアンス | ・コンプライアンス体制の整備<br>例：コンプライアンスに関して責任をもつ管理組織および管理責任者が存在する |
| | ・対応が必要な法制度・基準・規程の確認<br>例：システムが対応しなければならない法制度を認識している |
| | ・規程の整備<br>例：システムのセキュリティに関する規程・ルールが存在する |
| | ・コンプライアンスの維持<br>例：システムが対応しなければならない法制度を遵守している |
| | ・規程に従った運用実施<br>例：各組織・各人員が当該システムのセキュリティに関する規程に従って業務を実施している |
| | ・コンプライアンス状況の評価<br>例：システムが対応しなければならない法制度を遵守していることを確認している |
| | ・規程の評価<br>例：セキュリティに関する規程が各人員に正しく遵守されていることを確認している |
| | ・コンプライアンス体制の見直し・改善<br>例：システムが対応しなければならない法制度を遵守できていない場合、それが見直し・改善されている |
| | ・規程の見直し・改善<br>例：セキュリティに関する規程に不備があった場合に、規程の内容について見直し・改善されている |
| | ・コンプライアンス違反への対処<br>例：コンプライアンス違反が発生した場合に、関係各所への報告および改善策の提示等の適切な処置が取られている |
| 監査 | ・監査体制の整備<br>例：監査の実施に責任をもつ管理組織および管理責任者が存在する |

| 分類 | クラウドベンダー側に確認すべき点 |
|---|---|
| 監査 | ・対応が必要な監査の確認<br>例：システムについて、自組織で対応しなければならない監査を認識している |
| | ・監査実施手段の整備<br>例：監査計画が作成されている |
| | ・監査実施可否の確認（自身および委託先）<br>例：監査対象区画への物理的な立ち入りが可能であるか、その代替策が実行可能である |
| | ・監査の実施<br>例：監査が必要とされる頻度で適切に実施されている |
| | ・監査実施状況の確認<br>例：ステークホルダーに監査結果の報告を実施している |
| | ・監査体制の見直し・改善<br>例：監査結果に基づいた改善活動を実施している |
| インシデント | ・インシデントレスポンス体制の整備<br>例：システムについて、自組織で対応しなければならないインシデントを認識している |
| | ・リスク評価の実施<br>例：リスク評価が実施されており、評価結果について関係者間で合意されている |
| | ・インシデント予防・検知策の実施<br>例：脆弱性を解消するため、適切なパッチ管理が実施されている |
| | ・インシデントレスポンスの実施<br>例：インシデントの発生時に、インシデント対応手順に従った対処活動がなされている |
| | ・インシデント対応状況の評価<br>例：インシデント対応に責任をもつ管理組織および管理責任者が正しく機能していることを確認している |
| | ・脆弱性検査の実施<br>例：定期的に第三者による脆弱性スキャン等が実施されている |
| | ・インシデント発生状況の監視<br>例：インシデント発生またはその兆候をモニタリングしている |
| | ・インシデントレスポンス体制の見直し・改善<br>例：インシデント対応手順に不備がある場合に、見直し・改善を実施している |

# 第2編
実務編

| 分類 | クラウドベンダー側に確認すべき点 |
|---|---|
| インシデント | ・インシデント予防策の見直し・改善<br>例：インシデント予防策の見直しを行う必要性の有無を適時検討し、必要があると認めた場合にはその見直し・改善を行う |
| 災害 | ・BCP・DR計画の整備<br>例：事業継続計画が策定されている |
| 災害 | ・予防訓練の実施<br>例：定期的に災害発生を想定した予防訓練が実施されている |
| 災害 | ・事業継続計画・復旧計画の評価<br>例：事業継続計画・復旧計画が定期的にレビューされている |
| 災害 | ・BCP・DR計画の見直し・改善<br>例：事業継続計画に不備があった場合に、それが見直し・改善がされている |
| 証跡 | ・必要とする証跡種類の確認<br>例：システムについて、必要となる証跡の種類が認識されている（利用者の活動、特権操作、例外処理など） |
| 証跡 | ・証跡の取得可否の確認<br>例：必要となる証跡が（システム等で設定により）取得可能であることが確認されている |
| 証跡 | ・証跡の証拠能力の確認<br>例：証跡の証拠能力を保持するため、改ざん防止等の対策が考慮されている |
| 証跡 | ・証跡の記録および取得<br>例：証跡が漏れなく記録されており、必要に応じて取得できる |
| 証跡 | ・証跡の管理<br>例：証跡が必要とされる一定期間、安全に保管されている |
| 証跡 | ・証跡の活用<br>例：ログを必要に応じて適宜取り出し、各種用途に合わせて利用できる |
| 証跡 | ・証跡の監視・レポーティング<br>例：証跡を定期的にモニタリングしている |
| 証跡 | ・証跡管理の見直し・改善<br>例：証跡管理の記録や管理に不備がある場合に、それが見直し・改善されている |

(2) 基　盤（設備・システム）
　　a　施　設
　　自社で構築するシステムと異なり、施設の物理セキュリティの強度を自社で管理できないため、自社の標準要件と顧客要件に照らし合わせてクラウドベンダーに確認する必要がある。
　　b　ドキュメント（紙媒体、電子媒体）
　　自社で構築するシステムと異なり、顧客要件（要望）に応じたドキュメント管理方法を自社で決定できないため、自社の標準要件と顧客要件に照らし合わせてクラウドベンダーに確認する必要がある。
　　c　デバイス（データを格納する、または処理するハードウェア、装置）
　　自社で構築するシステムと異なり、要件（要望）に応じたアーキテクチャーを自社で調達・設定できないので、自社の標準要件と顧客要件に照らし合わせてクラウドベンダーに確認する必要がある。
　　d　ネットワーク
　　自社で構築するシステムと異なり、顧客要件に応じたネットワークインフラを自社で調達・設定できないため、自社の標準要件と顧客要件に照らし合わせてクラウドベンダー側へ確認する必要がある。
　　e　OS（オペレーティングシステム）
　　自社で構築するシステムと異なり、顧客要件に応じたオペレーティングシステムを自社で選定できないため、自社の標準要件と顧客要件に照らし合わせてクラウドベンダーに確認する必要がある。
　　f　DBMS
　　自社で構築するシステムと異なり、顧客要件に応じたDBMS（データベース管理システム）を自社で選定できないため、自社の標準要件と顧客要件に照らし合わせてクラウドベンダーに確認する必要がある。
　　g　ミドルウエア
　　自社で構築するシステムと異なり、顧客要件に応じたミドルウエアを自社

第2編
実務編

で選定できないため、自社の標準要件と顧客要件に照らし合わせてクラウドベンダーに確認する必要がある。

　h　アプリケーション

　自社で構築するシステムと異なり、顧客要件に応じたアプリケーションを自社で選定できないため、自社の標準要件と顧客要件に照らし合わせてクラウドベンダーに確認する必要がある。

　i　ファイル・データベース

　自社で構築するシステムと異なり、顧客要件に応じたファイル・データベースを自社で選定できないため、自社の標準要件と顧客要件に照らし合わせてクラウドベンダーに確認する必要がある。詳しくは、図表2－7－5を参照。

▼図表2－7－5　クラウドベンダー側に確認すべき点（基盤（設備・システム））

| 分類 | クラウドベンダー側に確認すべき点 |
|---|---|
| 共通<br>（共通して確認すべき事項） | ・アクセス管理（制御・監視・確認）<br>例：アクセス権を付与する際の本人確認の手順が明確にされている |
| | ・変更管理（検知・監視・確認）<br>例：変更作業の計画および変更作業前のテスト結果がレビューされている |
| | ・特権管理<br>例：特権を付与する際の本人確認の手順が明確にされている |
| | ・ログ管理（取得・監視・確認）<br>例：業務特性またはセキュリティ要件に応じて、ログ管理が実施されている |
| | ・アカウント管理（制御・監視・確認）<br>例：アカウントを作成または変更する際の本人確認の手順が明確にされている |
| | ・パスワード管理（制御・確認）<br>例：パスワードを変更または初期化する際の本人確認の手順が明確にされている |

| 分　類 | クラウドベンダー側に確認すべき点 |
|---|---|
| 施設<br>(以降は、「共通」以外で確認すべき事項) | ・物理的保護（壁、鍵、セキュリティゲート、カード制御等）<br>・自然災害、人的災害からの保護<br>・施設の分離（開発・テスト・運用）<br>・BCP・DR計画<br>・ユーザ認証 |
| ドキュメント | ・物理的保護（ワイヤ、鍵等）<br>・処分または再利用の管理<br>・資産移動・配送の管理<br>・BCP・DR計画<br>・ドキュメントの暗号化<br>・ユーザ認証 |
| デバイス | ・物理的保護（ワイヤ、鍵等）<br>・処分または再利用の管理<br>・資産移動・配送の管理<br>・システム性能の管理<br>・BCP・DR計画<br>・デバイスの暗号化<br>・ユーザ認証<br>・ポート制御 |
| ネットワーク | ・ケーブル配線保護<br>・不正アクセス等の攻撃からの保護<br>・BCP・DR計画<br>・通信経路の暗号化<br>・プロトコルの管理（制御・監視・確認）<br>・リモートアクセス管理（制御・監視・確認）<br>・ネットワーク機器ログイン時の認証<br>・ネットワークの分割 |
| OS | ・不正アクセス等の攻撃からの保護<br>・悪意のあるコードからの保護対策（コンピュータウイルス、ワーム、スパイウエア等）<br>・サーバのバックアップ<br>・データの暗号化<br>・リモートアクセス管理（制御・監視・確認）<br>・ユーザ認証 |

| 分類 | クラウドベンダー側に確認すべき点 |
|---|---|
| DBMS | ・不正アクセス等の攻撃からの保護<br>・DBMSのバックアップ<br>・データの暗号化<br>・DBMSログイン時の認証 |
| ミドルウェア | ・不正アクセス等の攻撃からの保護<br>・ミドルウェアのバックアップ<br>・データの暗号化 |
| アプリケーション | ・不正アクセス等の攻撃からの保護<br>・悪意のあるコードからの保護対策（コンピュータウイルス、ワーム、スパイウエア等）<br>・アプリケーションのバックアップ<br>・データの暗号化<br>・ユーザ認証 |
| ファイル・データベース | ・ファイル・データベースのバックアップ<br>・ユーザ認証 |

(3) データ

データそのものは、クラウドと自社で構築するシステムとで差異は特にないが、図表2－7－6に示す事項については、クラウドベンダー側に確認する必要がある。

▼図表2－7－6　クラウドベンダー側に確認すべき点（データ）

| 分類 | クラウドベンダー側に確認すべき点 |
|---|---|
| データ | ・データ資産管理<br>例：クラウド提供者側で、クラウド利用者の定義したデータ重要度に基づいてデータ管理が実施されている |
| | ・データアクセスポリシー定義（制御・監視・確認）<br>例：アクセス権を付与する際の本人確認の手順が明確にされている |
| | ・データライフサイクル管理（制御・監視・確認）<br>例：データ生成・入手、データ利用・交換・バックアップ・リストア、データ廃棄が実施されている |
| | ・データの機密性/完全性/可用性の維持（制御・監視・確認）<br>例：適切な管理的、物理的、および技術的な保護手段を継続して実施している |

| 分類 | クラウドベンダー側に確認すべき点 |
|---|---|
| データ | ・機密情報管理（制御・監視・確認）<br>例：クラウド提供者での個人情報の取扱方法 |
| | ・個人情報管理（制御・監視・確認）<br>例：クラウド提供者での個人情報の取扱方法 |

## 4 最適なクラウドを選択する際の留意点

　クラウドサービスを利用するにあたっては、クラウドに対する自社の明確な利用基準を設け、それに基づいて、自社にとって最適なクラウドを選定する。ただし、今回あげたセキュリティ要件をすべて満たさなければ、クラウドを利用できないというわけではない。

　重要なのは、利用する外部のクラウドベンダーが、自社のセキュリティ要件を満たせない場合でも、利用者が当該クラウドのセキュリティリスクを認識し、クラウドベンダーに依存するのではなく、利用者自身でリスク対策や回避を行えば、多くの場合許容できる要求レベルを確保できる。そのように補完すれば、クラウドベンダーの提供するクラウドサービス自体は、自社の利用基準を必ずしも満していなくても活用の機会はある。

**第2編**
実 務 編

# 第 8 章
# 情報セキュリティのシステム化

## 1 顧客略号と管理システム

(1) 概　要

　どこで誰が聞いているかわからず、社員の何気ない会話が重大な情報漏洩につながる危険性がある。よって社外では、顧客名やプロジェクト名など具体的な情報を含む会話や打合せは原則として禁止する。ただし、やむをえず社外で業務に関する話をしなければならない場合、周辺に人がいないことを確認するのは当然として、社外の者に顧客を特定されないよう、社内の者だけに通じる「顧客略号」を使う（顧客以外の情報についても、同様な管理手法が使える）。

(2) 顧客略号管理

　顧客略号の作成にあたっては、下記①～③に示す例のような作成ルールを定め、社員全員が共通認識をもつ。
　①顧客略号は、英大文字○桁とする
　②SEJ（セブン・イレブン・ジャパン）、KFC（ケンタッキー・フライド・チキン）、NRI（野村総合研究所）など、多くの人にわかる一般化した略称は使わない
　③一つの顧客略号に複数の顧客がつけられたり、逆に一つの顧客に複数の顧客略号がつけられることはないようにする

(3) 顧客略号システムの導入

　顧客略号を社内に周知し、社員が共通言語として利用できるよう、顧客略

号が容易に検索できる「顧客略号システム」を導入することが望ましい。

このシステムには、「顧客略号の新規登録」と「顧客略号の検索」の大きく二つの機能が必要である。

 a 顧客略号の新規登録機能
①顧客略号登録に必要な情報を、担当社員が入力する
②顧客略号システムの企画・統括部署が、入力内容について確認した後、顧客略号システムに正式に登録する

〈顧客略号登録に必要な情報の例〉
- 顧客略号
- 顧客名（正式名称）
- 顧客名（ひらがな）
- 顧客の本社所在地
- 登録者所属部署
- 登録者氏名
- 登録者社員番号

 b 顧客略号・顧客名の検索機能
①検索したい顧客略号（もしくは、顧客名）を入力すると、該当する顧客名（もしくは、顧客略号）が表示される
②顧客名は漢字名・ひらがな名・英語名のどれでも検索を可能とする
③顧客略号・顧客名の一部だけの入力でも検索を可能とする

 c その他の機能
顧客名順、業種別、略号順に並び替えて、一覧を一括ダウンロードできるようにする

**第2編**
実 務 編

(4) 導入時の留意点

既存顧客の略号については、顧客略号システムの企画・統括部署が、社員等の利用者の顧客略号システム利用開始前までに、あらかじめ登録しておかなければならない。

## 2 セキュリティ関連情報の管理

(1) 概　要

情報セキュリティへの脅威が高度化しているなかで、近年新たに登場してきた攻撃に対抗するため、情報セキュリティに関する各種の情報が組織内で共有できるセキュリティ関連の「情報共有管理システム」の利用のニーズが高まっている。それに応える仕組みを社内で構築する。

(2) 情報共有管理システムの構築

情報セキュリティに対する各種の脅威やその対策に関した最新情報を集めたウェブサイトを構築し、社内ポータルサイトからリンクを張ることで、すべての従業員が、下記①～⑥のような情報を、効率的かつ効果的に共有、利用できるようにする。

①情報セキュリティに関する社内の各種規程類
②情報セキュリティの啓蒙・教育活動情報
③社内で使用されているハードウエア・ソフトウエアに関する新手の脆弱性情報
④情報セキュリティインシデント情報
⑤個人情報管理簿
⑥顧客略号に関する情報

(3) 情報共有管理システム構築時の留意点

情報共有管理システム構築時には、下記の①～③に留意する必要がある。

①誰との間で共有すべき情報であるかを精査して、必要最小限のメンバーにアクセス権を付与する
②必要な情報については、利用者が簡単にアクセスおよび、発信できるようにする
③不要な情報が蓄積されることでサイトの利用効率が低下しないようにするために、定期的に情報の更新・削除等の見直しを行う

## 3 個人情報の利用状況管理

### (1) 概　要

　個人情報管理の目的は、保有個人情報の源泉である個人との約束に基づき、個人情報を保護することにある。取り決めた範囲を超えて個人情報が利用されないように利用者を限定し、個人情報をいつどこでどのように利用するか、あらかじめ報告することを利用者に求め、利用を終えた後は個人情報を確実に消去させる。
　業務で個人情報を扱う際は、個人情報自体、および、それを取り扱う情報システムへのアクセス制御など、個人情報に関する技術的な安全管理措置の登録を全社員に求める。そのうえで、個人情報の適切な利用が行われているかどうかを検証するため、登録内容を「個人情報管理簿」で集中管理する。

### (2) 個人情報管理簿システムの導入

　個人情報管理簿に登録すべき代表的な項目には、個人情報の「利用期限」と「利用者」がある。こうした項目を含んだ個人情報管理簿を全社で一括管理する「個人情報管理簿システム」を必要に応じて整備する必要がある。
　個人情報の利用状況は確実に記録に残し、個人情報の管理責任者や担当者、ならびに、個人情報の利用者に変更があった場合は、個人情報管理簿の所定の入力欄を更新する（図表2-8-1）。
　個人情報管理簿には、個人情報が特定の業務でどのように取り扱われるか

**第2編**
**実 務 編**

▼ 図表2-8-1　個人情報管理簿システム画面イメージ

```
┌─────────────────────────────────────────────────┐
│ http://                                          │
│ 個人情報管理簿システム                             │
│ ┌会社名：────┐ ┌本部名：────┐ ┌部室名：────┐    │
│ └────────┘ └────────┘ └────────┘    │
│ ┌管理簿番号：──────┐ ┌廃棄等区分：利用中／返却／廃棄／消去┐│
│ └──────────┘ │廃棄等確認者：              │ │
│                   └──────────────────┘ │
│ ┌授受日：──────┐ ┌利用期限：──────┐           │
│ └──────────┘ └──────────┘           │
│ ┌取得経緯：──────┐ ┌取扱業務：──────┐           │
│ └──────────┘ └──────────┘           │
│ ┌利用目的：──────────────────┐         │
│ └──────────────────────┘         │
│ ┌保管場所：──────┐ ┌安全管理措置：────┐         │
│ └──────────┘ └──────────┘         │
│ ┌担当者：──────┐ ┌管理責任者：─────┐         │
│ └──────────┘ └──────────┘         │
└─────────────────────────────────────────────────┘
```

という基礎情報が含まれており、リスク分析の入力情報となる。これを活用してリスクを正しく把握するには、業務プロセスごとに、個人情報がいかに取り扱われるかを把握し、各プロセスにどのようなリスクが存在するかを、業務の特性に照らして理解しなければならない。

(3)　個人情報管理簿の利活用

　個人情報管理簿システムで個人情報を集中管理することにより、個人情報の漏洩事故やその疑いが生じた場合には、漏洩経路を迅速に絞り込んだり、関係者に事情を尋ねたりすることができる。事故のない案件を含めて、リスク分析を定期的に行う際には個人情報管理簿を活用する。

　個人情報管理簿を、全社から利用できるようにシステム化するメリット

は、全体像の把握や記述項目の統一以外にも、組織変更や人事異動で担当者が不在となった個人情報の管理状態を適切な部門と担当者に再度割り当てることによって、迅速に是正できる点にある。

なお、個人情報管理簿が全社統一のかたちで情報システム化されていない場合は、部門単位で書式を定型化・共通化し、ファイルサーバーもしくは紙媒体で登録情報を管理することになる。全社にまたがるリスク分析を行う際に、個人情報管理簿の項目や記述内容に部門間で違いがあることが明らかになれば、記述の内容や水準を合わせるために関係者が調整する必要が出てくる。

(4) 個人情報管理簿システムの運用

個人情報の利用期限を情報システムに登録しておき、その期限を自動通知して確実に廃棄等を実行させることができる。

個人情報の利用者は、利用期限通知に対して、個人情報の削除や媒体の返却・廃棄等によって、その利用を適切に終了したことを個人情報管理簿に追記し、管理簿操作を終了する。実際の利用と個人情報管理簿とを同期させることで、管理簿に関する一連の作業が、自社で保有する個人情報のライフサイクルと整合するようにする。

個人情報管理簿に入力・登録する作業そのものが目的化してしまって、個人情報の適切な取扱いが形骸化しないよう、個人情報管理簿の統括部署は、個人情報利用部署との間で対話を続けていくことが重要である。また、個人情報管理に関連する定期的な研修や利用者の求めに応じて随時参照できるオンライン教材が提供されることが望ましい。

(5) 個人情報管理簿への適切な入力の促進

個人情報の適切な管理を利用部署に求めるため、個人情報管理簿システムの全社展開を図る際、展開するのは本社、展開される側は各本部と本社を

合わせたすべての部署になる。

　展開する側（本社）には、個人情報を利用するすべての部署に対して、個人情報管理簿システムが個人情報の目的外使用や漏洩事故を起こさないために有効な方法論であることを繰り返し伝え、一連の手続の実施を働きかけることが求められる。個人情報管理簿システムの運用開始後も、何のために管理簿に登録するのかを、機会あるごとに意識させる啓発活動が欠かせない。

　一方、利用部署においては、個人情報の利用状況を情報システムに登録する動機は、必ずしも十分ではないかもしれない。個人情報を取り扱う従業員全員に教育や研修を行ったとしても、登録への動機づけが伴わなければ登録が遅滞したり登録が漏れる状況が生まれる。あるいは、従業員が用いているデータが個人情報なのかどうかの判断能力が涵養されていないために、登録漏れが生じる状況も考えられる。これらは、最終的には内部監査上の課題となる。

　しかし、個人情報管理簿の登録遅延や登録漏れを内部監査で発見することは容易ではない。したがって、利用部署内部で相互確認を促すことが、第一にとるべき対応である。個人情報管理簿に登録ずみかどうかの確認は、本部または部室のような組織単位とし、組織の構成員が登録した個人情報管理簿は、組織単位内で共有する。つまり、同じ組織の構成員であれば個人情報管理簿の内容を誰でも確認できるようにする。そうすることで、組織内にある個人情報は、組織の全員で守るべき情報資産であることが意識されるようになる。

(6)　個人情報のライフサイクル

　個人情報管理簿システムは、利用部署内部の管理サイクル、すなわち、個人情報の取得から廃棄等に至る過程すべてで個人情報が保護されるような業務統制を促進するとともに、利用部署と内部監査との間を橋渡しして、利用部署における個人情報管理を全社的に統制する役割を果たす。

統制の観点から求められるのが、個人情報の取得から廃棄等に至るまで、当初の利用目的から逸脱せず、個人情報が利用部署で適切に管理されていることを記録するシステムである。

　個人情報の利用を終えたら、その個人情報が他の目的で無断利用されないように、コピーした電子情報はすべて廃棄する。個人情報管理簿の内容に照らして、どのように消去したのかを部室長が確認するかたちで、確実に消去した記録とする。個人情報の消去はこのように実施する者とそれを確認する者の少なくとも二者で対応する。個人情報の利用が業務システム内だけでとどまり、消去操作が業務システムのログに記録されるのであれば、業務から独立したシステム管理者がログが改ざんされていないことを確認することで、消去操作が行われたことを保証できる。この場合、いつ誰が何を消去したかが業務システムのログとして保存される。こうした確認に基づいて個人情報管理簿システムを構築していれば、部室長の確認行為を第三者の立場から保証できる。

## 4　情報セキュリティインシデントの管理

### (1) 目　的

　情報セキュリティインシデントとは、情報管理やシステム運用に関して保安上の脅威となる現象や事案を指す。こうした事案には、ウイルス感染や不正アクセス、情報漏洩、迷惑メール送信、サービス拒否攻撃（DoSアタック）などが含まれる。

　情報セキュリティインシデントが生じた際、自組織の対応が遅れたり不十分であったりすると被害の発生や拡大につながるため、発生および対応にあたっては、従業者の行動等を適切に管理する必要がある。

# 第2編
実 務 編

(2) 管理手法

a インシデントの分類

管理対象とする情報セキュリティインシデントを、発生するリスクの分野別に「故意過失の程度（原因）」と「影響の程度（結果）」で分類・レベル分けし、それぞれに応じて報告先や、故意過失に対する罰則などを詳細に定義する。定義の例を以下に示す（図表2−8−2）。

▼ 図表2−8−2　情報セキュリティインシデントの分類

| | | レベル | 個人情報・機密情報漏洩 | 影響の例 | 故意過失の程度（原因） | | |
|---|---|---|---|---|---|---|---|
| | | | | | 重大 ←→ 軽微 | | |
| | | | | | 3 | 2 | 1 |
| | | | | | 犯意あり、重大な過失あり | ルール違反や管理不徹底等、過失あり | 故意でない過失なし |
| 影響の程度（結果） | 重大 ↑↓ 軽微 | S | あり | 対外発表が必要<br>深刻な情報漏洩<br>組織・顧客へ著しい影響あり | S3 | S2 | S1 |
| | | A | あり | 顧客から正式な報告要請あり<br>機密情報／個人情報漏洩<br>組織・顧客への影響大 | A3 | A2 | A1 |
| | | B | | 情報漏洩、あるいはおそれあり<br>顧客には連絡だけで収束<br>組織・顧客への影響小 | B3 | B2 | B1 |
| | | C | なし | 情報漏洩のおそれなし<br>組織・顧客への影響なし | C3 | C2 | C1 |

b 管理システムの構築

情報セキュリティインシデントの発生および対応の状況を適切に管理するため、以下のような内容を管理するシステムを構築するのが望ましい。

(a) 管理項目

情報セキュリティインシデントの発生、対応、対応後の是正までの状況に応じ、管理すべき項目を定義、登録・管理する。以下に項目例を示す（図表2－8－3）。

▼ 図表2－8－3　情報セキュリティインシデント管理システムにおける管理項目の例

| | |
|---|---|
| 発生時 | 発生した事象、発生日時と場所、認知日時、紛失した情報・機器の具体的内容、安全対策の有無、情報漏洩の有無、事象発生の時系列経緯、外部との連絡状況、今後の対応予定等 |
| 対応時 | 事象発生の時系列経緯、リスクの状況、問題点の分析、対応策、再発防止策 |
| 是正時 | 根本となる原因の分析結果、是正計画、実施した是正措置内容、実施後の効果確認内容 |

(b) 対応状況ステータス管理

個別の情報セキュリティインシデントを一つの案件として、発生から案件完了までのステータスを定義し、進捗を管理する。以下に例を示す（図表2－8－4）。

▼ 図表2－8－4　対応状況ステータス管理の例

| | |
|---|---|
| 発生から対応まで | 仮報告⇒報告⇒受付⇒経過報告⇒対応完了報告⇒対応完了 |
| 対応後の是正から案件完了まで | 是正要⇒根本分析⇒是正計画⇒是正措置⇒効果確認⇒案件完了報告⇒案件完了 |

(c) 関係者への対応状況周知

発生した情報セキュリティインシデントへの対応の状況を社内の関係者に周知するため、上記の管理システムに登録された発生・対応内容およびステー

タスの更新状況を、電子メール等で更新のつど通知する。
　(d)　対応状況の分析
　生じた情報セキュリティインシデントについて、故意過失や影響のレベルや事故等が起きた情報の種類ごとに、発生件数を時系列、および組織別等で集計・分析し、今後の改善活動に活用する。

(3)　管理システムの運用
　a　インシデントへの対応手順
　情報セキュリティインシデント管理を主管する組織は下記①〜⑤の手順をルールとして規定し、従業者に周知を図る。また定期的または必要に応じて手順の見直しを図る。
　①発生インシデントの現場部署の責任者、および関係者への連絡を行うとともに情報セキュリティインシデント管理システムに入力
　②主管組織による情報セキュリティインシデントレベルの判定
　③主管組織による社内関係部署への連絡、および現場部署責任者との対応策についての協議
　④インシデント対応状況の経過報告、対応後の情報セキュリティインシデント報告書を主管組織に提出
　⑤インシデント発生原因の分析、是正処置の実施、および実施後のセキュリティ是正完了報告書を主管組織に提出
　b　是正処置の指示
　現場部署から主管組織に提出された情報セキュリティインシデント報告書の内容に基づき、同組織が必要と認めた場合、現場部署の責任者に是正処置を講じるよう指示する。
　この「必要と認めた場合」とは、おおむね組織的対応が必要なケースを指す。その客観性を担保するには、是正処置が必要であるかどうかについての一定の明確な水準を設けることが重要である。

(a) 是正の必要性についての判断基準の明確化

図表2-8-2に示す情報セキュリティインシデントレベル「S」から「C」のうち、たとえば「S」と「A」の重大なインシデントについては、その現場部署の責任者に対して是正処置を講じる指示ができるようにするなど、明確な基準を設けておく。

(b) 情報セキュリティインシデントの対象外として扱う例

① 入館証紛失のうち、報告と機能停止がすみやかになされ、不正入館の事実がない場合

② 携帯電話端末やモバイル通信カードの紛失で、そこに機密情報が保存されていない場合

③ ハードトークンについて、Pinコード（個人識別番号）とともに紛失したなど、危険を伴う態様でなかった場合

c 外部機関への報告

重要な情報セキュリティインシデントが発生し、図表2-8-5に示すような外部機関への報告義務が生じた場合は、前もって連絡先や情報セキュリティに関する外部機関の問合せ先を一覧化しておいて迅速に対処する。情報セキュリティインシデントが実際に発生した際の連絡・報告等は、主管部署が対応する。

第2編
実務編

▼ 図表2−8−5　情報セキュリティインシデント等で報告義務などが発生する外部機関と連絡内容

| 外部機関 | 問合せ／報告／届出等 |
|---|---|
| 消費者庁企画課個人情報保護推進室<br>個人情報保護法質問ダイヤル | 個人情報保護法に関する相談 |
| 経済産業省商務情報政策局<br>情報セキュリティ政策室 | 情報セキュリティに関する政策、緊急情報に関する問合せ |
| 事業等を所管する各省庁 | 個人情報漏洩等の報告 |
| JISA（情報サービス産業協会） | プライバシーマーク審査、事故報告 |
| 警視庁公安部公安総務課<br>サイバーテロ対策担当 | サイバーテロ等 |
| JPCERT／CC<br>（JPCERTコーディネーションセンター） | インシデント報告 |
| IPA（情報処理推進機構） | コンピュータウイルスに関する届出 |
| | 不正アクセスに関する届出 |
| | 脆弱性関連情報に関する届出 |

## 5 社外とのファイル共有の管理

(1) 概　要

　自社の優れた独自技術やノウハウなど、企業では多くの機密情報を含むファイルが取り扱われている。業務効率化・コスト削減のため、これらの機密情報を含むファイルは、顧客・自社・委託先企業の3者間で適宜共有されているが、仮にそれらが流出すると、流出元の企業の信頼は大きく失墜する。そのため、上記3者の利害関係者間のコミュニケーションを円滑に図りながら自然に協働でき、しかも安全にファイル共有できる仕組みが必要不可欠である。

(2) ファイル共有の手法
　a　ファイル共有が必要な業務
　顧客・自社・委託先企業の3者でファイル共有が必要となる業務の例として、下記①〜④があげられる。
　① 遠隔地にある拠点同士の情報共有
　自社の地方拠点・海外拠点との資料のやりとりや遠隔地に拠点を構える委託先企業・顧客との間での文書の共有、さらにはそれら関係者が協働してつくりあげた成果物（知的資産）を管理する。
　② 顧客との間での文書管理
　顧客から預かっている重要な文書類、あるいは顧客に提出した重要な文書の控えなどを管理する。
　③ 問合せ対応
　顧客・自社・委託先企業間での問合せとそれに対する回答結果の管理、また、問合せへの対応状況を、顧客や委託先企業との間で共有する。
　④ トラブル対策と管理
　顧客・自社や委託先企業間で、システム障害などのトラブルが発生したときの対策手順書や対策文書などを関係者間で共有し、トラブルに正確かつ迅速に対応する。自社内の運用管理部門とトラブル作業担当者との間で情報を共有することもある。
　b　ファイル共有システム
　上記の業務を円滑に推進していくには、関係者に限定したかたちでファイルが共有され、それらをいつでも安心して利用や確認ができるような仕組み（システム）を導入することが望ましい。下記ではファイル共有システムに必要な機能について記載する。
　(a) 情報共有に必要な機能
　① 登録・参照・更新（編集）機能
　ファイルの登録・参照・更新（編集）ができ、更新時には排他制御（複数

の利用者が同じファイルを同時に利用することがないように、ある利用者がファイルを利用している間、別の利用者によるファイルの利用を制限もしくは禁止する仕組みのこと）できる機能を指す。

② ファイルの高速送信機能

ファイル分割送信、エラーリトライ（エラー発生時に再送信）ができる機能を指す。これにより、ネットワーク事情が悪くて送信途中で回線が切断することもある海外などに対して、ファイルを送信できる。エラーが出ても最初からやり直す必要がなく、高速に送信できることから、ファイルのやりとりにかかる時間を大幅に短縮できる。

③ ファイルの授受管理とバージョン管理機能

ファイルの送信日時、受領状況、アクセス履歴（未読・既読）を一覧表示し、証跡としても利用できる機能を指す。また、改版履歴（改版日時・更新者・改版理由）を残しながら、最新版だけを表示するバージョン管理機能を指す。これにより、電子メールの送受信で生じることのある「送信した」「届いていない」などの行き違いを防止するとともに、最新版の情報やファイルが正しく共有できるようになり、コミュニケーションミスに伴う余分な手間やトラブルが減少する。

④ ファイル管理機能

ファイル番号を自動的につけていったり、下書きや草稿（ドラフト版）を登録した後に、たとえば上長に対して「承認」を依頼し、承認後に指定フォルダ上で公開される機能を指す。これにより、ファイル管理を効率化できる。また、重要度・活用度の一覧表示が可能となり、また保管期限の設定で、期限が来たファイルの自動削除を行うことによる不要ファイルの削減も促進される。

(b) セキュリティ面で備えるべき機能

① アクセス権設定と操作履歴記録機能

フォルダ・ファイルごとに、「表示」「読込み」「書込み」「削除」のいずれ

を許可するかについて、利用者およびグループ単位で設定できる機能を指す。また、各ファイルの操作履歴（いつ・誰が・どんな操作をしたのか）を記録しておいて、後から参照することもできる。

② ネットワーク構成および通信経路暗号化機能

インターネット経由のアクセスと企業内LANの安全とを両立させるため、ファイル共有システムではDMZ（非武装地帯）を設け、ここにウェブサーバーを設置し、インターネットと企業内LANとはファイアウォールを介して接続する。企業内LANから、イントラネット経由でファイル共有システムへアクセスする際は通信内容を暗号化しないが、インターネット経由で外部からファイル共有システムにファイルを送信する際は、暗号化したうえで送り、DMZのサーバーで復号する。

③ 履歴管理機能

登録されたファイルの履歴を保持し、改版日時・更新者・改版理由を確認できる機能を指す。

④ ファイルの暗号化機能

サーバー上で管理しているファイルを暗号化し、ダウンロード時に平文へ復号することで、仮に不正アクセスによってファイルが流出したとしても、ファイルは暗号化されているため、機密情報が漏洩することを防ぐことができる機能を指す。

**第2編**
実 務 編

# 第 9 章
# 情報セキュリティ監査

## ◼ 情報セキュリティ監査

### (1) 目 的

　企業等が社内に情報セキュリティマネジメントシステム（ISMS）を構築し、これを評価する仕組みを確立した後で実施すべきことの一つに、「情報セキュリティ監査」がある。この監査によって、統制の仕組みを整備し、その運用状況の検証・評価をもとに、情報セキュリティマネジメントの運用主体に対して適時適切な助言ができれば、情報セキュリティマネジメントを効果的かつ実効的なものに導くことができる。そして、情報セキュリティ監査を適切に実施・運用することは、情報セキュリティマネジメントにおけるPDCAサイクルを完結させることになる。

### (2) 期待効果

　情報セキュリティマネジメントシステムの運用主体（情報セキュリティ主管部）から独立した立場の監査機関が、本マネジメントシステムの不備や運用上の課題に関して、客観的かつ専門的な助言を与えることで、より効果的な改善活動が行われ、結果として自組織の情報セキュリティの水準が高まっていくことが期待できる。

### (3) 導入の準備

　情報セキュリティ監査を導入する際には、社内の既存の監査制度との整合性を図り、必要な調整を経て次の(4)に示す制度設計をする。成文化された監査制度が社内に存在しない場合には、新たに情報セキュリティ監査の位置づ

けや範囲を規定し、これらについて関係者の合意を得たうえで制度設計をする。

(4) 制度設計
　a　調　査
　他企業における情報セキュリティ監査制度の導入や運用に関する情報や経済産業省の同制度に関連した公開資料、さらには日本セキュリティ監査協会（JASA）の提供情報などを参考に、自社（組織）の情報セキュリティマネジメントの成熟度に合わせた制度設計をして導入することが肝要である。

　b　基本設計
　大規模な企業の場合、監査部門がすべての管理対象単位（たとえば、部室など）を対象として監査を実施することは困難なケースもある。そのため、監査に向けた予備調査という位置づけで、各部室が自組織内の自己監査を実施し、さらに、同じく予備調査という位置づけで、情報セキュリティ管理部門である情報セキュリティ主管部がアセスメントを実施する方式がとられることがある。前者を「予備調査Ⅰ（自己監査）」、後者を「予備調査Ⅱ（情報セキュリティ主管部アセスメント）」と呼び、両者を監査部門が行う「本監査」の前段とする。ただし、中小規模の企業の場合は、このように多層的である必要はなく、監査部門が被監査組織を直接監査すればよい。

　c　実施設計
　①監査計画の立案（監査基本計画、監査実施計画）
　②監査手続に沿った監査の実施
　③監査調書の作成と保存
　④監査報告書の作成
　⑤監査結果のフォローアップ

　d　規程整備
　情報セキュリティ監査にかかわる規程を策定する。

e　監査部門

社内においては、情報セキュリティ主管部から独立した立場の組織が、監査に関する主管部門として機能するよう、業務分掌として組織に関する規程に定める。一般的には社内の内部監査部門がこれに当たるが、社外の監査機関がその役割を担う場合もある。

(5)　規　程

内部監査部門が情報セキュリティ監査を担当する場合には、内部監査規程のなかで関連する事項を定める。また、個人情報に関する監査は、プライバシーマーク制度の要求事項などに対して、より柔軟に対応するという観点から、個人情報管理規程の実施要領に「個人情報監査編」として別に設けるのも有効である。社外の監査機関で監査を受ける場合には、その旨を考慮した規程にする。

(6)　運用・管理

情報セキュリティ監査は、一般に年度ごとに実施する企業が多い。この場合、情報セキュリティ主管部は、前年度末に、内部監査部門の長を、次年度の「情報セキュリティ監査責任者」に選任する。年度初めに、情報セキュリティ監査責任者が監査計画書を作成し、経営がこれを承認する。情報セキュリティ監査は、その監査計画に従って実施され、監査結果は所定の監査報告書として経営に報告される。

監査の結果、改善を要する事項があれば、内部監査部門（あるいは、外部監査機関）は、情報セキュリティ主管部に対して「改善勧告書」を提出する。指摘事項や検討事項（観察事項）を受けた情報セキュリティ主管部は、対応の要否、対応方法を検討して内部監査部門に回答し、一般にはより緊急性の高い事項からすみやかに改善に着手する。監査部門は、改善の進捗を把握・管理する。

## 2 自己監査

### (1) 目的
　被監査部門が行う自己点検は「自己監査」と呼び、情報セキュリティ主管部が行う個別監査とともに、監査部門が実施する監査の予備調査に位置づけられる。このように、予備調査を含む監査を多段階的に実施することによって、監査の効率を高められる。また、被監査部門自身が自らの管理実態を点検することは、部門が課題を理解し、改善を進めていくための動機づけにもなる。

### (2) 期待効果
　比較的大規模な企業であっても、自己監査であれば社内の多数の組織に対する監査（予備調査）が、短期間に、かつ網羅的にできる。特に、事業拠点が広域に及ぶ企業には有効である。また、自己点検の結果を経年比較することで、情報セキュリティに関する組織の成熟度や練度を被監査部門が自覚し、自発的な改善活動を促すきっかけにもなる。

### (3) 実施の準備
　情報セキュリティ主管部が、主な監査テーマを毎年度明示し、所定の書式の点検シートに従って全社統一の監査基準で自己点検を実施する。その際、被監査部門に対して、事前に実施要領や報告の形態等を周知徹底する。被監査部門に点検シートの入った電子ファイルを配布し、調達・記入結果を回収する方法でもよいが、回答・集計や分析・評価の効率を考えると、アンケート集計システムの活用を検討したい。

### (4) 運用・管理
　自己監査は、全社的な情報セキュリティ監査計画に従って実施するが、各

組織においては、自己監査についての個別計画書を別途策定する。個別計画書には、監査目的、監査内容（テーマ）、監査スケジュールなどを記載する。実施時期は、被監査部門の繁忙時期を避け、現場への負担を極力減らす。自己監査の結果は、情報セキュリティ主管部が回収して集計し、「自己監査報告書」として監査部門に提示するとともに、次に述べる個別監査の対象を選別するうえで参考にする。

### 3 個別監査

#### (1) 目 的

情報セキュリティ主管部は、自己監査の結果をもとに組織ごとの規程の遵守状況を確認する。これをふまえて、より詳細に管理実態を確認すべきと判断した被監査部門に対しては個別監査を実施する。一般的には、管理実態が比較的低位の組織に注力してアセスメントを行い改善に向けて指導する。

#### (2) 期待効果

社内（組織内）の広範な部署のなかから、特に改善指導を必要としている組織を対象に、詳細な調査を集中して実施することで、効率的に組織全体の情報セキュリティ管理レベルの底上げを図ることができる。

#### (3) 実施の準備

情報セキュリティ主管部が定めた監査テーマに沿って、個別監査を実施する。対象に選ばれた被監査部門に対しては、事前に選定理由を説明するとともに、実施要領を周知徹底する。監査は、実際に組織を訪問して、組織の長にヒアリングをするかたちで進める。効率を考えて、ヒアリングの内容は一覧性のあるシート形式にして事前に送付しておき、証跡が必要なものは事前準備を求める。

情報セキュリティ主管部は、そのヒアリングと証跡をもとに個別監査の結

果を「個別監査報告書」にまとめ、監査部門に提示する。情報セキュリティ主管部は、この監査結果をもとに、被監査部門の長に対して必要に応じて是正処置の要否や観察事項の有無をその内容とともに示し必要に応じて、改善計画の提出を求める。

(4) **運用・管理**

　従業者には、情報セキュリティ関連規程の遵守が求められる。それぞれの組織の長は管理義務を負っており、部下を指導することが不可欠である。情報セキュリティ主管部は、規程を定めるとともに諸施策によって社内の統制を図る。統制を徹底するために、情報セキュリティ主管部は、規程の遵守状況をモニタリングして分析し、アセスメントで評価する。

　一連の自己監査と個別監査は、監査部門が実施する監査の予備調査という位置づけであるとともに、情報セキュリティ主管部にとっては、自らが本来担う、情報セキュリティ管理に関する内部統制のPDCAサイクルの一環でもある。

　情報セキュリティ監査の計画は、一般的には、毎年度必ず策定したうえで監査を実施し、情報セキュリティ水準の継続的改善に役立てる。組織が大規模・広域になると、監査部門の手が回らず、本部や事業部など大ぐくりにとらえたり、実施期間に間が空いたりする。そうすると、継続的改善の進捗は緩くなる。すべての管理組織（部室）単位に、少なくとも年1回は実施する。

　そのためには、実施要領を十分に検討し、現場負担を軽減するなどの工夫をして継続可能な制度とする。

## 4　内部監査部門（あるいは社外監査機関）による監査

(1) **目　的**

　被監査部門から独立した立場で情報セキュリティに関するリスクを組織全

体として評価し、経営に対して監査結果を報告する。

(2) 期待効果

内部監査部門の対応力に限りがあるなかで、比較的規模の大きな組織において情報セキュリティ監査も単独で行おうとすると、広く浅いものになるか、もしくは実施間隔が空いてしまうおそれがある。

このような状況に対処する意味で、被監査部門による予備調査である自己監査や、情報セキュリティ主管部による個別監査の結果をもとに、内部監査部門ないし外部監査機関が本監査を実施することはきわめて有効であり、より広範な組織に対して毎年の本監査を実施することが容易になる。

(3) 実施の準備

上記の制度設計や規程の整備が完了した状態で本監査を実施する。被監査部門に対する実査やヒアリング・アンケートについては、現場負担を軽減するため繁忙期は避ける。前年度の監査で不適合となった事項については、対応結果をフォローアップしたうえで実施する。

(4) 運用・管理

内部監査部門は、監査計画に基づいて監査を実施し、自己監査および情報セキュリティ主管部が実施した個別監査についての監査結果を評価する。監査責任者は監査結果を承認し、被監査部門に監査結果を通知する。監査責任者は、情報セキュリティ主管部長に報告し、監査報告書には不適合になった事項を明示する。監査責任者は、経営に対しても監査結果を報告する。

## 5 委託元に対する監査

情報セキュリティ主管部は、社外への委託業務の発注元である部室またはプロジェクト（以下、「プロジェクト」という）が、委託先のセキュリティ管

理状況を適切に把握し、運用指導および是正指導を必要に応じて実施していることを確認する。

(1) 委託業務の開始前

情報セキュリティ主管部は、プロジェクトの責任者が委託先に対して、業務委託契約や請負契約等の契約書あるいは契約に付随する確認書等において情報セキュリティ管理の要求事項を明示し、それを遵守することに関して委託業務開始時までに委託先と合意していることを確認する。

(2) 委託業務の実施時

情報セキュリティ主管部は、プロジェクトの責任者が委託先の情報セキュリティ対策の状況を適切に把握していることを確認する。少なくとも、次に示す①～③の項目は確認すべきである。

①委託先が提出する情報セキュリティ報告書か、または委託先を委託元が訪問して行う調査に基づいて、委託先で情報セキュリティ対策が適切に行われているかどうかの確認が実施されている

②委託先の情報セキュリティ管理において不適合が認められた場合には、是正指導が実施されている

③上記の不適合事象に対する改善状況を、プロジェクトの責任者が把握している　など

このように情報セキュリティ主管部は、プロジェクトが委託先の情報セキュリティ対策の状況を適切に管理しているかどうかを評価し、不備がある場合は、委託元の部室ないしプロジェクトに対し是正を指導する。

(3) 委託業務の終了時

情報セキュリティ主管部は、社外への委託業務の終了時に、業務上の必要性から委託先に貸与・供与した関連文書やデータが、適切に返却・廃棄され

ていることを確認する。

## 6 委託先に対する監査

### (1) 委託先からの情報セキュリティ報告書

プロジェクト責任者は、委託業務が実際に開始された後、委託先が情報セキュリティ管理の要求事項を、契約等で合意したとおりに遵守していることを確認する必要がある。確認方法の一つとして、委託先における情報セキュリティ対策の遵守方法や管理体制について、委託先が取りまとめて提出する報告書（情報セキュリティ報告書）がある。

この報告書に盛り込む項目例としては以下がある。ただし、ここにあげた項目すべてを網羅する必要はなく、委託する業務の性質に応じて項目を選定する。

　a　組織的対策
　①情報セキュリティに関する管理体制の明示
　②定期的なセキュリティ教育の実施
　③機密情報の利用、保管、持出し、消去、破棄の取扱手順の明確化
　④個人所有物の持込みおよび利用の禁止
　⑤機密保持義務を含む誓約書の取得
　⑥再委託の有無および情報セキュリティ対策状況の確認

　b　物理的対策
　①情報セキュリティを確保するための入館にかかわる対策の実施（入館証の発行・停止、入館制限等）
　②重要度に応じた執務場所およびサーバー設置場所の確保（専用区画の設定等）
　③情報セキュリティを確保するための入退室にかかわる対策の実施（入退室制限、入退室記録および確認）
　④媒体管理手順の明確化（携帯型PCおよびUSBメモリー等の機器についての

管理、およびそれらの持込み・持出しについての管理）
⑤文書管理手順の明確化
　c　論理的対策
①PCセキュリティ対策の実施（ウイルス対策、脆弱性対策等）
②携帯型PCへの暗号化ソフトウエアの導入
③組織で許可されていないソフトウエアがインストールされていないことの定期的な確認
④情報セキュリティを確保するネットワークの対策
⑤業務に不要なインターネットアクセスの制限
⑥電子メールおよびインターネット利用に関するモニタリングの実施（およびそのことの周知）
⑦ユーザーIDおよびアクセス権限の管理手順の明確化
⑧電子メール誤送信対策の実施

(2)　**委託先への訪問調査**

　業務委託契約等で合意した情報セキュリティ管理の要求事項への遵守状況は、情報セキュリティ報告書の提出だけで確認できることもあるが、実際に社外委託業務の現場を訪問することにより、委託先の内部統制の信頼性が確認できる。委託先への訪問調査にあたっては、主に次のような方法がとられる。
　　a　ヒアリング
　関係者に口頭で問合せを行い、説明や回答を求める方法である。たとえば、委託先の情報セキュリティ責任者に対して、委託業務に関する情報セキュリティルールの周知・遵守方法を確認する。さらに、実際に周知されているかどうかを確認するために、委託業務の実際の担当者などに、ルールの周知や教育状況を直接に質問する方法もある。

第2編
実　務　編

　　b　目視確認
　目視によって現物ないし現状を確認する方法である。たとえば、重要情報を扱う執務室の入退室状況が監視カメラで適切にモニタリングされていることをチェックするために、カメラの設置状況等を目視で確認する。
　また、執務場所への物理的なアクセス状況を把握するため、委託先が使用するオフィス等において、受付から執務場所まで部外者が入り込めないことを含めて、訪問調査を行う委託元の担当者が目視で確認する。
　　c　記録の確認
　規程、手順書、記録（システムログも含む）等を調べることによって、情報セキュリティが確保されていることを確認する方法である。たとえば、機密情報の持出しに関する管理状況について、実際の持出し記録簿を調査し、ルールが適切に運用されているかどうかを確認する。

## 7　ウェブサイトの審査

　現在、インターネット上に公開されているウェブサイト（以下、「ウェブサイト」という）は、ビジネス活動に不可欠な情報システム基盤であり、今後もさらに利用が拡大していくと予想される。一方、セキュリティ面で脆弱なウェブサイトにおいては、公開情報が改ざんされたり、機密情報が盗み取られたりするなどのニュースもよく報じられている。
　このような状況にあって、企業は、自社のウェブサイトにおいて適切な情報セキュリティ対策がとられ、結果として高いセキュリティレベルを維持していることを、以下のような手順で確実に担保する必要がある。

(1)　開設申請
　部室またはプロジェクト（以下、「プロジェクト」という）が、新たにウェブサイトを開設する場合は、情報セキュリティ主管部に申請して承認を得る。情報セキュリティ主管部に申請する際には、次に示す情報セキュリティ

診断の結果もあわせて提示する。
　①ペネトレーションテスト
　②ウェブアプリケーションアセスメント（ウェブアプリケーションが組み込まれている場合のみ）

(2) **開設審査**

　情報セキュリティ主管部は、上記の開設申請があった場合、次に示す項目について審査を実施する。
　①表現・デザイン等に関するコンテンツの審査
　②法令遵守、コンプライアンスの全般に関する審査
　③商標・特許に関する審査
　④個人情報の取扱いに関する事項の記載等に関する審査
　⑤ペネトレーションテスト結果に関する審査
　⑥ウェブアプリケーションアセスメント結果に関する審査（ウェブアプリケーションが組み込まれている場合のみ）

　なお、情報セキュリティ主管部が審査をするためのシステム環境をやむをえずインターネット上に構築する場合は、接続元のIPアドレスを制限し、さらにユーザーIDとパスワードを必須とするなどの措置を講じて、一般に公開しないことが重要である。これは、審査段階における不正アクセスを防ぐためである。

(3) **開　設**

　情報セキュリティ主管部が承認すれば、プロジェクトはウェブサイトをインターネット上に公開できる。言い換えれば、「情報セキュリティ主管部の承認なしにウェブサイトをインターネット上に公開してはならない」というルールがしっかり守られる必要がある。

# 第2編
実務編

## (4) 定期的な診断

プロジェクトは、ウェブサイトの脆弱性の有無について、サイトの開設後も定期的に確認する。確認方法として、次のようなやり方がある

① 専門業者またはソフトウエアベンダーから提供される脆弱性情報の収集と吟味
② 専門業者が実施する、定期的なペネトレーションテスト結果の評価
③ 専門業者が実施する、定期的なウェブアプリケーションアセスメント結果の評価

プロジェクトの責任者は、次に示すような事項を発見・確認した場合は、すみやかに対策を講じる必要がある。

① 重大なセキュリティホール
② ウェブサイトコンテンツの改ざんまたはフィッシングサイトへの誘導
③ ウェブサイトコンテンツと実態との乖離
④ 外部から批判される可能性のある不適切なコンテンツの存在
⑤ その他、情報セキュリティに関連する問題点

## (5) 廃　止

ウェブサイトを廃止する場合、プロジェクトは情報セキュリティ主管部に通知する。情報セキュリティ主管部は、通知のあったウェブサイトが確実にインターネット上から廃止されていることを確認する。

# 第10章 グループ会社および海外拠点の情報セキュリティ管理

## 1 グループ会社および海外拠点の情報セキュリティ対策

### 1 背　景

　昨今、グループ会社や海外拠点で情報セキュリティ関連の事件や問題が発生すると、その影響は当該1社にとどまらず、グループで共有するブランドの信頼性を損なうなど、グループ全体にダメージを与える危険性がある。情報漏洩が、グループ会社や取引先で発生した場合であっても、本社の管理責任を問われるケースが多いため、グループ全体で情報セキュリティ管理のレベルを高めていくことが重要である。親会社はグループ各社に情報セキュリティ管理の必要性を浸透させるとともに、価値のあるすべての情報（たとえば、クレジットカード情報、その他の個人情報、企業機密情報等）について、グループ内で横断的な情報セキュリティ統制を確立する必要がある。

### 2 概　要

　国内・海外、組織の規模・業態、ネットワークやシステム構成、インターネットの利用形態などによって、情報セキュリティ管理の内容は異なってくるが、基本的には下記の流れでグループ全体を管理する。
　①本社が全グループにわたる「情報セキュリティ管理の基本方針」を策定する
　②同方針に基づき、各グループ会社で情報セキュリティ管理体制・ルールを整備する

③本社は各グループ会社からの報告を通じ、グループ全社の状況を把握する

④必要に応じて本社で改善指導を行う。改善すべき課題の内容によりグループ内の情報子会社や、社外のセキュリティ会社の支援も検討する

　以上は、一度策定・実施すればよいものではなく、これらを実効性のあるかたちで実務に取り込み、継続していくことが重要である。

## 3　管理の実務

(1)　基本方針および情報セキュリティ基準のひな型の策定

　グループ全社に共通して適用する考え方である、「情報セキュリティ管理の基本方針」（以下、「基本方針」という）を初めに示す。本社の示す基本方針は、いわゆる「方向づけ」までにとどめ、これに基づき、各グループ会社ごとに守るべき情報セキュリティ基準を作成する。その作成にあたっては、グループとして、最低限守るべき基準と対策レベルを示すために、「グループ情報セキュリティ基準のひな型」（以下、「ひな型」という）を本社で作成する。

(2)　各社における基準の作成

　各グループ会社で情報セキュリティ基準を作成する際のポイントは、下記の2点である。

①盛り込む項目は、自社の業務に合わせて取捨選択する

②本社から示された最低限守るべき基準の具体的な対策レベルは、各社の現場に合わせて設定する

　本社で作成された基本方針とひな型をもとに、各グループ会社独自の情報セキュリティ基準を作成する。各グループ会社は、自社の業種や地域の特性（法規制や業界動向など）に応じて、自社が遵守できる基準として盛り込むべき項目を取捨選択し、また、自らの判断により独自の基準を追加することもできる。たとえば、金融機関の場合、金融庁のガイドラインに準拠する

よう独自の基準を追加すべきであり、業態によっては、本社よりもグループ会社の情報セキュリティ基準のほうが厳しい場合も出てくる。

　海外のグループ会社についても考え方は同じであるが、合弁会社等の会社形態の違いや、日本と海外各国では制度・運営面で違いがあることから、拠点のある海外各国の制度をふまえた基準や対策とする。本社で示した日本式のやり方がよいのか、別の方法がよいのかは、海外の各グループ会社で検討・判断し、その結果を受けて本社側で評価する方法もある。

　原則としては、すべてのグループ会社において統一的な情報セキュリティ基準の作成を義務づけるが、ある程度の規模以上の会社には、事業特性に応じた修正を認め、そのうえで独自の基準を作成させる。小規模の子会社には、本社の基準にのっとって管理させる方法もある。

　加えて、プライバシーマーク制度やISMS認証の取得状況も、グループ各社が情報セキュリティ基準を独自に制定する際に考慮するべき点である。システムについての規程は、原則として統一とするべきであるが、情報インフラが異なるグループ会社があることも考慮し、アクセス権や運用等の細部の基準については、必ずしも同一である必要はない。

(3)　**本社による状況把握**

　各グループ会社で情報セキュリティ基準と対策を作成し、対策状況を確認するうえでのポイントは、下記の2点にある。

　①本社は、各グループ会社が作成した情報セキュリティ基準を、ひな型と照らし合わせて確認・管理する
　②各グループ会社からの報告を通じ、本社はグループ全社の情報セキュリティに関する状況を把握する

　各グループ会社は基準を独自に策定できるが、本社に当該基準を必ず提出することで、ひな型および各社の情報セキュリティ基準を本社で一元管理し、それら各社の更新内容を常に共有・把握できるようにしておく。

**第2編**
実　務　編

　各グループ会社が策定した情報セキュリティ基準と対策の達成状況は、各グループ会社自らによるチェックおよび本社による実態調査を組み合わせることで、本社がグループ全社の状況を把握できるようにする。自前のチェックだけの場合、チェック項目への理解が不十分なケースが多く、現場での実態調査を組み合わせることが望ましい。把握する項目は、「情報セキュリティポリシーを策定しているか」「情報セキュリティ管理基準は整備ずみか」など、ポリシーや基準の整備状況を中心として、年1回程度実施する。加えて、グループ会社における情報セキュリティレベルのチェックと情報セキュリティ対策の年度計画策定・実施状況も確認する。

　海外の拠点・グループ会社においては、国内との違いはあるものの、基本的には同じ仕組みで実施し、海外拠点の情報セキュリティ担当者が自前でチェックする。日本から各海外拠点に出向いて実態調査を行うことがむずかしい場合は、複数の海外拠点を集約した統轄地域単位（米国、欧州、中国、アジア等）での実施を検討する。前述の自前のチェック、実態調査は、基準の整備状況の把握が中心となるが、整備が進んでいる会社においては、セキュリティ水準の向上を図る目的で、日常業務における基準の遵守状況まで詳細に調査する。ただし、自前のチェックが各社の負荷になるケースもあるため、業務監査の一環として実施することを考えてもよい。

(4)　**本社からの改善指導**

　自前のチェックおよび実態調査で把握した内容は、本社が収集・集計し、分析結果を定量化・点数化したうえで、グループ各社や海外拠点を含めて、情報セキュリティ対策の達成状況を「見える化」する。そうすることで、全体的な傾向が把握でき、それらをふまえて次年度の重点課題を設定し、全社的な改善計画につなげられる。さらに、グループ会社固有の業務環境を加味したうえで定性的な評価を行い、各社・各拠点ごとに改善指導をする。

　各社に改善指導する際にチェック項目を一覧表にしたうえで、達成状況が

わかりやすいように、たとえば達成度が低い項目のセルは赤色にするなど、見せ方を工夫する。この表をもとに、全グループ会社・拠点の情報セキュリティ担当者が出席する会議で、各担当者にそれぞれの会社・地域の達成状況を共有してもらい、会社・地域間で一種の競争を促すことで、達成度の低い会社・地域のレベル引上げを図る。

　小規模なグループ会社や拠点では、体制を含めて各社の情報セキュリティ管理の状況が十分ではないことがある。たとえば、コンピュータウイルス対策ソフトの更新を怠っているPCがある場合、これらは本社からの改善指導後も内部監査等により定期的にフォローアップし、是正措置を講じていく。

## 4　管理の体制

　各グループ会社・拠点の情報セキュリティ水準の向上を推進するにあたり、体制面で考慮すべき点を以下にあげる。

### (1) 事業部門による間接的な管理体制

　グループ会社は、事業部門から出資を受けてはいるものの業態が違うこともある。その際は情報セキュリティに関しても、本社の情報セキュリティ部門が作成した「情報セキュリティに関するガイドライン」を事業部門がグループ会社に提示し、情報セキュリティに関する注意喚起および具体的な施策を指導する。

　海外拠点・グループ会社の場合については、現地語に翻訳した「情報セキュリティに関するガイドライン」をベースに同様に指導する。情報セキュリティに関しては、事業部門間の差異はあってもわずかであるため、事業部門の裁量が入る余地はほとんどなく、実質的には情報セキュリティ部門の指導・統制がグループ会社に反映される。各グループ会社が、自社の情報セキュリティ管理体制の構築・運用にあたって参考にできるよう、本社の情報セキュリティ管理のルール、IT施策、教育コンテンツを公開することも有効であ

る。ただし、一方的に各社に利用を強制するのではなく、各社が自主的に取り組むうえでの参考資料として提供するかたちが望ましい。

(2) 規模に応じた管理体制

　事業の展開計画や拠点等の規模に応じた管理体制にも配慮する。特に、普段は数人程度の駐在員事務所のような海外拠点の場合、本社などから支援することはあっても、具体的な情報セキュリティ管理は現地に任せざるをえない。ただし、海外拠点は事業規模の発展に応じて管理も見直していくことになる。したがって、現地の体制が脆弱な場合は、ITや情報セキュリティスキルをもつ要員を海外拠点に駐在させることも考慮して、管理体制の強化を図っていく。

(3) グループ情報セキュリティの会議体

　「グループ情報セキュリティ連絡会議」等の名目で定期的に会議を開催し、情報セキュリティに関するグループ各社の情報共有や意識向上に努める。

　会議の出席者は、各グループ会社を統括する本社の事業部門、および各グループ会社における総務部等の情報セキュリティ責任者とする。ここでは、個人情報保護に関する最新の動向や情報漏洩事故についての情報などをグループ内で共有し、対策についての議論やルールづくり等を話し合う。会議の結果は、役員会等で経営陣にも定期的に報告する。

(4) その他のコミュニケーション手段

　上記の会議体とは別に、グループ会社や海外拠点の情報システムおよび情報セキュリティ担当者とは実務レベルの会議を定期的に開催する。比較的小規模なグループ会社が多い場合は、システム関係の相談等を本社で随時受けることも多いため、会議体にこだわらず、こうした相談を通してセキュリティ面についてもコミュニケーションを密にとることが有効である。

## 5 その他の対策

### (1) 情報インフラの共通化

電子メールの環境は全グループ共通が望ましいが、大規模系拠点・グループ会社ではその拠点でサーバーを運用し、小規模拠点では本社のデータセンターのサーバーを共同利用するなどの形態もある。

基幹システムの場合、基幹ネットワークを通して本社のデータセンターに設置されたサーバーにアクセスする形態が多い。ただし、海外拠点では各国の法律・会計基準等により、国ごとに基幹システムを構築する場合もある。

ネットワークに関して、本社およびグループ会社が同一ネットワークでつながっていれば管理・運用が容易であり、運用ルールの共通化も図れる。しかし、海外ではインターネットの回線事情も異なるため、各国独自のネットワークをもたざるをえず、全社共通のネットワークが使えない場合が多い。

端末についても、ネットワーク同様、国内の場合は各グループ会社と共通化が図れるケースが多いが、海外は、端末・ソフトウエアが国内と同様に調達できないこともある。そのため、アンチウイルスソフトや端末暗号化ソフトなど、セキュリティに関連するソフトウェア要件のみを国内で定義して、そこまでを各社共通とするにとどめ、ほかは現地で調達する場合が多い。

このように全社共通化ができず、グループ会社ごとにシステムをもたざるをえない場合は、情報セキュリティにかかわるシステムの設定や運用要件について、情報セキュリティ基準よりもう一段具体化した、システムにかかわる「情報セキュリティに関するガイドライン」を本社で作成する。それをグループ各社で共有化し、必要に応じてガイドラインの整備状況を確認する。加えて、システム的な確認も定期的に実施していくことが重要である。

第2編
実務編

(2) 海外拠点における実際の情報セキュリティ対策
　海外拠点の規模が小さいと、情報セキュリティ対策の実務は現地法人に任せることになってしまい、情報セキュリティの統制が十分に利かない場合が多く、特に機密情報漏洩のリスクが懸念される。
　対策としては、システム的な漏洩防止策に加えて、現地での人的教育を徹底するという方法がある。加えて、日本から情報資産を提供する際のリスクの見極め方についてもあらためて検討し、海外拠点で保持すべき情報資産のレベルを厳格に定義したうえで管理することが有効な方策の一つである。具体的には、情報資産を重要度でレベル分けし、そのレベルに応じたルールを作成・適用する。
　具体的なルールの例としては、下記の①～③があげられる。
①海外拠点内では施設内を区分けし、人の入退館・入退室を管理する
②情報機器はすべて登録・台帳管理し、ウイルス対策ソフトやパッチを必ず適用する
③情報レベルと利用者の職階等に応じてファイルサーバー等へのアクセス権を設定する
教育に関する具体的な施策の例としては、下記の①～⑤がある。
①情報セキュリティに関するeラーニングの受講を、年1回グループ会社を含む全従業者に義務づける
②セキュリティ関連の教育用コンテンツは本社で用意し、それを各グループ会社が共有し、必要に応じて各社で修正・追加を行う
③本社の情報セキュリティ部門が各グループ会社に対しても、集合研修を継続的に実施し、従業員の意識向上を図るとともに、さまざまなディスカッションを交えることで、現場の状況や悩みも把握して、次の施策に反映する
④情報セキュリティに関する事故発生事例を中心にした「情報セキュリティ事故の事例と対策集」を作成・配布して、各グループ会社と共有す

る

⑤情報セキュリティを守るための「心得」をまとめたカードを配布し、社内報・グループ報も使って情報セキュリティへの意識向上を図る

## 6 「情報セキュリティ報告書」の作成と公開

### (1) 目的・位置づけ

「情報セキュリティ報告書」を公開する目的は、本社を含む企業グループ全体の情報セキュリティにかかわる取組みのうち、社会的関心の高いテーマについての活動状況等を開示し、当該グループの取組みが顧客や投資家などのステークホルダーから適正に評価されることである。

### (2) 期待する効果

情報セキュリティ報告書を開示することによって、企業グループを構成する従業者・外部委託先の情報セキュリティに対する意識・理解を高め、対外的な説明を共通化・統一化する効果がある。また、グループ会社や外部委託先など、社内と比べて統制が利きにくい部門に対しても、自社グループの姿勢や活動のイメージを共有してもらい、啓発する効果も得られる。

一方、情報セキュリティ報告書を顧客にも開示することで、「顧客情報・個人情報の保護」に誠意をもって取り組んでいることを示し、ブランドイメージを高める効果も生じる。また、取引先は、調達をはじめとして取引相手の企業が安定的に事業を継続することや、情報セキュリティ事故などが生じないよう、セキュリティ管理に高い関心を寄せてきており、第三者認証の取得を取引条件とするケースもみられる。情報セキュリティ報告書で取組状況を開示することは、こうしたニーズにも合致する。さらに、同報告書のなかで個人情報管理に関する自社の外部委託先の選定基準を明示することにより、委託先候補企業へのアピールにもなる。

第2編
実 務 編

(3) 報告書の主な項目

情報セキュリティ報告書に盛り込むべき主な項目は、下記のとおりである。
①「情報セキュリティに関する基本方針」および管理の対象範囲
②情報セキュリティの管理体制
③情報セキュリティ対策と実施結果および評価
　　策定した計画とその実施結果、およびそれに対する評価など
④情報セキュリティ対策計画と目標
　　中長期計画・年次計画に基づいたアクションプラン、および定量評価が可能な施策の数値目標を記述する。ただし、場合によっては不要なリスクを高める可能性があるため、セキュリティ対策の範囲や内容については慎重に開示する。下記のⅰ～ⅲは、開示することが望ましい事項の具体例である。
　　　ⅰ ISMS、プライバシーマーク制度等の認証取得に向けた活動
　　　ⅱ 企業グループ・社員への教育実施、研修実施頻度
　　　ⅲ 情報セキュリティ監査、セキュリティ診断テストの実施　等
⑤「情報セキュリティ対策」の主要テーマ
　　「情報セキュリティ対策」のなかで、特にアピールしたいテーマについて具体的に記述する。
⑥第三者評価、認証の取得状況
　　ISMSやプライバシーマーク制度など、第三者の客観的な評価につながる認証の取得状況や情報セキュリティ監査の実施状況

これらに加え、もし過去に情報セキュリティ（や情報システムに関する）事故が発生していた場合は、その事故についての概要と再発防止策を、あえて「事故管理状況」として記述する。そうすることは、情報を隠蔽せず適切に開示しているという企業姿勢を示し、一般的には顧客の信頼が高まる効果がある。

　　全グループとして「情報セキュリティ報告書」を発行する際は、各グルー

プ会社の業務内容や情報セキュリティ要件が異なる場合があるため、どこまで記述するのかについて、グループ内でなんらかの基準づくりと合意形成が必要である。

## 2 海外拠点の情報セキュリティ技術対策

### 1 情報システム基盤に関する基本的な技術対策

情報セキュリティ対策の基本的な要件は、海外拠点と本社とは同様であるが、本社と同じ要件をすべて満たす必要はなく、規模や従業者のスキル、リテラシーに応じて、とるべき対策を取捨選択する。

基本的な情報セキュリティ対策を、下記に整理する。

▼ 図表2-10-1　基本的な情報セキュリティ対策とその内容

| 対象 | 対策 | 対策内容 |
|---|---|---|
| PC、スマートデバイス | コンピュータウイルス対策 | アンチウイルスソフト導入、OS・ソフトウエアのセキュリティパッチ適用 |
| | 紛失時対策 | ハードディスク暗号化、リモートワイプ |
| | 情報漏洩対策 | 外部記憶媒体の利用制限 |
| 電子メール | コンピュータウイルス・スパム対策 | 電子メール送受信経路上でのコンピュータウイルス・マルウエアチェック |
| | 誤送信、不正利用対策 | 電子メール送受信ログの保管、電子メール送信時の宛先チェック、暗号化 |
| インターネット | 不正アクセス対策 | ファイアウォールの導入 |
| | 不正利用、情報漏洩、コンピュータウイルス・マルウエア対策 | URLフィルタリング、コンピュータウイルス・マルウエアチェック、アクセスログの保管 |
| ファイルサーバー | 脆弱性対策 | アンチウイルスソフトの導入とOS・ソフトウエアのセキュリティパッチ適用 |
| | 不正利用、情報漏洩対策 | ファイルアクセスログの保管 |

第2編
実　務　編

| 社内システム | 脆弱性対策 | アンチウイルスソフト導入とOS・ソフトウエアのセキュリティパッチ適用 |
|---|---|---|
| | 不正利用、情報漏洩対策 | アクセスログの保管と定期的確認 |
| リモートアクセス | 不正アクセス対策 | 利用者および端末の認証 |
| 拠点内ネットワーク | 不正アクセス対策 | 無線LANの暗号化、利用者認証、利用者のアクセス権に応じたネットワークの分離 |
| 入退館・入退室管理 | 不正入館対策 | 入退館時のICカード・指紋等による認証および入退館の記録取得 |

## 2　海外拠点における対策の留意点

　前述の対策のうち、海外拠点において対策をとるうえで留意すべきポイントは、下記(1)〜(3)のとおりである。

### (1)　PC、スマートデバイス

　海外拠点でPCやスマートデバイスのセキュリティを考える場合、利用端末やOS、ソフトウエアの対応言語、対応機種が多種多様になり、本社ですべてサポートするにも限界がある。また、本社に合わせて、日本語OS・日本での採用ソフトウエアに限定すると、それらは海外拠点では調達できず、しかも日本からの持出しも暗号化製品等の手続の関係上、非常に困難な場合があり現実的ではない。そこで、現地で調達できる「端末やソフトウエアの調達基準」を、本社が提示する必要がある。
　特に、ハードディスクの暗号化や外部記憶媒体の利用制限などのソフトウエアは、稼働条件が制限される場合があるため、Windowsの特定のバージョンではなく、情報セキュリティ対策に必要なソフトウエアが稼働することをOS選定の基準とする。

また、本社では、情報セキュリティ対策状況の一元的な把握を行う。具体的には、OS・アプリケーションに関するセキュリティパッチの適用やアンチウイルスソフトのパターンファイル更新、スキャン実施状況等をモニタリングすることや対策が未実施な端末の更新・適用を適宜管理する。本社・グループ会社とも、同一の社内ネットワーク管理下にある場合は、端末のインベントリ情報を一元的に収集し、対策が未実施な端末を最新状態に自動更新するシステムが構成できるが、ネットワークが分かれている場合が多い海外拠点は一元的な管理がむずかしい。とるべき対策として、大きく、下記の二つのやり方がある。

　① 拠点ごとにシステムを管理し本社に定期報告

　拠点ごとに、拠点内ネットワークにつながっている端末のインベントリ情報を取得し、個々に状況を把握して対策をとる形態である。ただし、この場合本社には要約を定期的に報告するため、即時性に欠け、各拠点および本社の運用負荷も高くなりがちである。しかも、拠点ごとに管理するため、一般的に管理・対策可能な項目が多くなるとともに、出てきた問題点へのきめ細かな対応が必要となる。

　② インターネット上のクラウドサービスを利用し本社で一元管理

　拠点内での端末利用、および社外に端末を持ち出した際の利用時を含め、全拠点の端末インベントリ情報をクラウドサービス上で一元管理する形態である。即時性が高く運用負荷は低いが、全拠点共通の管理のため管理・対策可能な項目は基本的なものに限定される。

　海外拠点は、それぞれの情報セキュリティ要件に応じて、上記二つのどちらかを選択することになる。その場合、大規模拠点は①、小規模拠点は②という選択になる可能性が高い。

(2) 電子メール

　電子メールの送受信経路上でのコンピュータウイルス・マルウエアチェッ

#### 第2編
実務編

クや送受信ログの保管等、メールサーバー側での対策が主となる。このため、サーバーを適切に設置・運用できる環境と要員を確保する必要がある。そこでサーバーは拠点ごとに用意せず、本社等で一元化し、海外拠点からは、インターネットVPN接続等を経由して電子メールを利用する形態が望ましい。

　最近は、クラウド上のメールサーバーサービスの利用も進んでおり、本社のメールサーバーを利用せず、海外拠点がクラウド上にメールサーバーを置く場合もある。その際は、本社側でクラウド上のメールサーバーに対する情報セキュリティ要件を定めたうえで、その要件を満たすクラウドのメールサーバーサービスを利用するよう、海外拠点に要請する。

(3) インターネット

　メールサーバーと同様、URLフィルタリングやアクセスログの保管、アクセス経路上のコンピュータウイルス・マルウエアチェック等、インターネットゲートウェイでの対策が必要になる。この場合、上記の対策を講じてある本社設置のインターネットゲートウェイを海外拠点が利用する形態になるが、そのたびに日本側のゲートウェイを経由するため、海外でインターネットを直接利用するよりも遅くなってしまう。そのため海外拠点においては、情報セキュリティ対策が不十分なかたちのままで、インターネットの利用を黙認せざるをえなくなる場合がある。

　しかし、最近はインターネットゲートウェイに必要な前述の機能を一つに集約したUTM装置が海外でも利用できるようになってきており、海外拠点からでも安全なインターネットゲートウェイが利用可能である。具体的には、下記のポリシーのもとに導入する。

　①本社がUTM装置の要件を提示し、それに基づいて海外拠点が機器を調達する
　②本社で規定したファイアウォールポリシーをもとに、現地で機器を設定

する
③海外拠点に設置した機器に対し、本社がリモートから一元的に情報セキュリティ監視を実施する

## 3 海外現地ベンダーとの協力体制の構築

　海外拠点で必要となるインターネット回線、PC、ファイアウォール等、現地調達せざるをえないIT機器等の購入・設置・運用については、海外の現地ベンダーの協力が欠かせない。特に、システム障害、情報セキュリティ障害時に迅速に対処できるよう、契約面・運用面を含め現地ベンダーと協力体制を構築しておく。

# 索 引

## A～Z
ATMシステム ································ 117
BYOD ········································· 357
CP訓練 ········································ 294
IaaS（Infrastructure as a Service） ··································· 387
ISMS適合性評価制度 ··················· 244
PaaS（Platform as a Service） ······· 387
SaaS（Software as a Service） ······ 387
SNS ············································· 137
URLフィルタリング ····················· 367
VPN接続 ····································· 333

## あ行
アカウント管理 ··························· 383
アクセスログ管理 ························ 384
安全管理措置 ······························· 96
委託先に対する監査 ···················· 422
委託元に対する監査 ···················· 420
位置情報 ····································· 157
一般財団法人 日本情報経済社会推進協会（JIPDEC） ················ 214
一般社団法人 JPCERTコーディネーションセンター（JPCERT/CC） ·························· 213
インサイダー情報 ························· 48
インシデントの分類 ···················· 406
インターネット ···················· 282, 366
インターネットバンキング ·········· 164
ウイルス対策 ······························ 351
ウェブアプリケーション診断 ······ 369
ウェブサイト審査 ······················· 424
営業秘密 ········································ 4
液状化リスク ······························ 322
オプトアウト制度 ························· 94

## か行
海外拠点における実際の情報セキュリティ対策 ························ 434
海外現地ベンダー ······················· 441
ガイドライン ······························ 253
鍵管理ボックス ··························· 319
鍵の貸出管理 ······························ 318
紙媒体の管理 ······························ 363
可用性 ·································· 2, 203
監査 ············································ 223
完全性 ·································· 2, 203
危機管理体制 ······························ 233
規程 ············································ 252
機微（センシティブ）情報 ············ 59
機密情報 ······························ 299, 302
機密性 ·································· 2, 203
脅威 ············································ 224
教育 ····································· 222, 285
共用エリアの安全なネットワーク認証 ······································ 377
金融機関における個人情報保護に関するQ&A ························· 47
クラウド ······························ 187, 385
グループ会社の情報セキュリティ管理 ······································ 427

442

経済産業省　商務情報政策局
　情報セキュリティ政策室 ………… 210
携帯PC ……………………………… 340
契約書 ……………………………… 256
ゲートウェイによるアンチウイ
　ルス対策 ………………………… 368
公益財団法人　金融情報システム
　センター（FISC） ……………… 214
顧客略号 …………………………… 398
個人顧客情報 ……………………… 32
個人情報管理簿システム ………… 401
個人情報のライフサイクル ……… 404
個人信用情報機関 ………………… 169
個人データ ………………………… 44
個人データ管理者 ………………… 99
個人データ管理責任者 …………… 99
個人データ取扱台帳 ……………… 101
個人データの共同利用 …………… 95
誤送信防止ツール ………………… 277
個別監査 …………………………… 418
雇用管理情報 ……………………… 126
コンピュータ・ウィルスに関す
　る罪 ……………………………… 13

## さ行

再委託 ……………………………… 178
サイバーフォースおよび警察庁
　サイバーフォースセンター …… 212
仕組み ……………………………… 222
自己監査 …………………………… 417
地震リスク ………………………… 322
システムリスク …………………… 36
実施要領 …………………………… 252
社内LAN …………………………… 371

重要情報 …………………………… 307
守秘義務 …………………………… 39
情報共有管理システム …………… 400
情報資産 ……………………… 204, 219, 297
情報処理推進機構　IPAセキュ
　リティセンター ………………… 211
情報セキュリティ監査 …………… 414
情報セキュリティ基本方針 ……… 225
情報セキュリティ人材 …………… 202
情報セキュリティ政策会議の統
　一管理基準 ……………………… 29
情報セキュリティ報告書 ………… 435
情報セキュリティマネジメント
　システム …………………… 24, 215
情報セキュリティリスク ………… 215
情報提供義務 ……………………… 75
シンクライアント端末 …………… 338
水害リスク ………………………… 322
スマートデバイス ……………… 200, 354
スマートフォンアプリケーショ
　ン診断 …………………………… 369
誓約書 ……………………………… 264
セキュリティ基本方針 …………… 250
セキュリティパッチ ……………… 350
送信先アドレス制限 ……………… 275
総務省　情報流通行政情報流
　通振興課　情報セキュリティ
　対策室 …………………………… 209

## た行

タブレット端末 …………………… 113
端末セキュリティ総合管理
　ソリューション ………………… 343
チャイニーズ・ウォール ………… 183

索引　443

| | | | |
|---|---|---|---|
| 通信履歴 | 157 | ファイアウォール規制 | 52 |
| ディスクレーマー | 278 | ファイル共有 | 411 |
| データセンター | 320 | フィッシング行為 | 21 |
| データベース診断 | 369 | 不正アクセス行為 | 17 |
| 手順書 | 253 | 不正競争 | 4 |
| でんさいネット | 173 | プライバシーマーク（Pマーク） | |
| 電子媒体 | 359 | 　制度 | 25, 239 |
| 電子メール | 273, 302 | プライベートクラウド | 386 |
| 同報アドレス | 276 | プラットフォーム診断 | 369 |
| 土砂災害リスク | 322 | 噴火リスク | 322 |
| | | 文書管理システム | 262 |

### な行

| | |
|---|---|
| 内閣官房　情報セキュリティセ | |
| 　ンター | 209 |
| 入退館および入退室の管理 | 312 |
| 入退管理システム | 316 |

| | |
|---|---|
| 閉域IP接続 | 333 |
| 防衛省・自衛隊 | 212 |
| 法人関係情報 | 50, 180 |
| 保険募集人 | 175 |

### ま行

| | |
|---|---|
| マニュアル | 253 |
| 無線LAN | 378 |
| メンテナンス接続 | 334 |
| 持株会社 | 189 |

### は行

| | |
|---|---|
| パスワードの管理 | 162 |
| 発信者情報 | 157 |
| パブリッククラウド | 386 |
| 番号法 | 193 |
| 反社会的勢力に関する情報 | 72 |
| 標的型攻撃 | 200 |
| 標的型攻撃メール対応訓練 | 293 |

### ら行

| | |
|---|---|
| リスク分析 | 218 |
| ルール | 220 |

## 情報セキュリティ管理の法務と実務

平成26年5月21日　第1刷発行

　　　　著　　者　野村総合研究所
　　　　　　　　　浅井国際法律事務所
　　　　発 行 者　加藤　一浩
　　　　印 刷 所　文唱堂印刷株式会社

〒160-8520　東京都新宿区南元町19
発行所・販売　株式会社　きんざい
　編 集 部　TEL 03(3355)1770　FAX 03(3355)1776
　販売受付　TEL 03(3358)2891　FAX 03(3358)0037
　　　　　　URL http://www.kinzai.jp/

・本書の内容の一部あるいは全部を無断で複写・複製・転訳載すること、および
　磁気または光記録媒体、コンピュータネットワーク上等へ入力することは、法
　律で認められた場合を除き、著作者および出版社の権利の侵害となります。
・落丁・乱丁本はお取替えいたします。定価はカバーに表示してあります。

ISBN978-4-322-12405-7